भीष्म साहनी : व्यक्ति और रचना
(आलोचना)

भीष्म साहनी : व्यक्ति और रचना

राजेश्वर सक्सेना
प्रताप ठाकुर

वाणी प्रकाशन

वाणी प्रकाशन
4695, 21-ए, दरियागंज, नयी दिल्ली 110 002
फ़ोन : +91 11 23273167 फ़ैक्स : +91 11 23275710

शाखाएँ
अशोक राजपथ, पटना 800 004, बिहार
कॉफ़ी हाउस कैम्पस, महात्मा गांधी मार्ग, इलाहाबाद 211 001, उत्तर प्रदेश
महात्मा गांधी अन्तरराष्ट्रीय हिन्दी विश्वविद्यालय, वर्धा 442 001, महाराष्ट्र

www.vaniprakashan.in
marketing@vaniprakashan.in
sales@vaniprakashan.in

BHISHM SAHANI : VYAKTI AUR RACHNA
Edited by Rajeshwar Saxena, Pratap Thakur

ISBN : 978-81-7055-380-9
Criticism

संस्करण 1997, 2005, 2010
आवृत्ति 2019

मूल्य : ₹ 495

एम.एस. प्रिंटर्स, दिल्ली-110 095 में मुद्रित

वाणी प्रकाशन का लोगो मक़बूल फ़िदा हुसेन की कूची से

प्रगतिशील आन्दोलन के सहकर्मियों के लिए

क्रम

शुरुआत

आधुनिक हिन्दी कथा का इतिहास भारत के राष्ट्रीय आन्दोलन से सम्बद्ध है। जागरूक कथाकारों ने राष्ट्रीय आन्दोलन की मूल भावना से प्रेरित होकर उपन्यास और कहानियाँ लिखीं। जो विद्वान हिन्दी कथा को पश्चिम की देन मानते हैं वे भारतीय साहित्य की लोककथात्मक संपृक्ति को यथार्थ महत्त्व नहीं दे पाते। आधुनिक हिन्दी उपन्यास और कहानी का जन्म कृषि-व्यवस्था से हुआ है। कथा के केन्द्र में किसान और किसानी है। इसी कृषि-व्यवस्था में जातीय इतिहास के यथार्थवाद का स्वरूप निर्माण हो सका है। इसी कृषि-व्यवस्था के दमखम पर राष्ट्रीय स्वतंत्रता की लड़ाई में सफलता प्राप्त की जा सकी है। भारत में पुनरुत्थान तथा आधुनिकता की लोक-ग्राह्य शक्तियों को समझना चाहिये, क्योंकि भारतीय जीवन की सृजनशीलता के स्रोत इसी लोकजीवन में हैं। प्रेमचन्द के कथा-साहित्य में जागरणशील लोक-संस्कृति के यथार्थ द्वन्द्वों की अभिव्यक्ति होती है। प्रेमचन्द ने हिन्दी कथा के रूप को, उसके शिल्प को तथा उसकी वस्तु-संरचना को लोक-जीवन के सृजनात्मक स्वभाव के अनुकूल बनाया। प्रेमचन्द ने पहली बार कथा में जनता की मुक्ति का वैचारिक विधान तैयार किया। प्रेमचन्द के कथा-मूल्य को इस संदर्भ में देखना चाहिये कि उन्होंने किस प्रकार ग्रामीण जनता की सामाजिक, आर्थिक और राजनीतिक चेतना को उठाते हुए यह साबित किया कि साम्राज्यवाद-उपनिवेशवाद के विरोध का एक अनिवार्य पहलू सामंतवाद और पूँजीवाद के विरोध से भी सम्बद्ध है। प्रेमचन्द इस असलियत को समझ चुके थे कि सामंती जड़ता और पिछड़ेपन को दूर किये बगैर तथा नवोदित पूँजी के शोषण की आधुनिकता का विरोध किये बगैर जनता की आजादी का कोई महत्त्व नहीं होगा। इसीलिए प्रेमचन्द धीरे-धीरे पुनरुत्थानवाद से मुक्त होते गए, राष्ट्रीय आन्दोलन की उदारवादिता से मुक्त होते गए तथा बदलते हुए परिवेश के अनुरूप प्रतिबद्ध होते गए। प्रेमचन्द के परवर्ती साहित्य पर क्रान्तिकारी विचारधारा का स्पष्ट प्रभाव दिखाई देता है, वे "बाल्शेविक उसूलों के कायल" होते गए। इस तरह प्रेमचन्द का प्रयास भारतीय कृषि-व्यवस्था की प्रतिबद्ध—राजनीतिक अभिव्यक्ति को उभारने का रहा है। प्रेमचन्द ने जनवादी प्रतिबद्धता के रचनात्मक आयामों को स्पष्ट किया था।

हिन्दी कथा के यथार्थवाद की रचना प्रेमचन्द ने की है। प्रेमचन्द ने खड़ीबोली की सृजनात्मक प्रवृत्ति के अनुकूल यथार्थवादी कथा-शिल्प को गढ़ा है। प्रेमचन्द के बाद हिन्दी कथा का विकास होता है। राष्ट्रीय जीवन की वस्तु के बहुमुखी विकास के अनुरूप हिन्दी

कथा की "वस्तु" में परिवर्तन होता है। दृष्टि और संरचना सम्बन्धी मानदण्ड बदलते हैं। आजादी के बाद प्रेमचन्द के सामाजिक यथार्थ की तर्क-शक्ति को तोड़ने का प्रयास किया जाता है। अज्ञेय, जैनेन्द्र और इलाचन्द्र जोशी ने हिन्दी कथा को व्यक्ति-मनोविज्ञान का विषय बना दिया, लेकिन रेणु, नागार्जुन, भैरवप्रसाद गुप्त आदि ने कथा की लोकधर्मिता को, उसकी जनवादी सृजन-धर्मिता को क्षीण नहीं होने दिया। आजादी की लड़ाई के मुख्य मुद्दों और पहलुओं को यशपाल ने अपने उपन्यासों और कहानियों में स्पष्ट किया।

भीष्म साहनी हिन्दी कथा की प्रगतिशील परम्परा के शक्तिशाली हस्ताक्षर हैं। इनके कथा-मानस पर प्रेमचन्द और यशपाल की गहरी छाप है। परिवेश की समग्रता में वस्तु और पात्र के अन्तर्सम्बन्धों को किस तरह खोला जाए तथा इन सम्बन्धों में जनता के मुक्ति-कामी संघर्षों को कैसे प्रतिपादित किया जाय, यह शिल्प भीष्मजी को प्रेमचन्द के निकट पहुँचा देता है। यद्यपि भीष्म साहनी ने प्रेमचन्द की ग्रामीण वस्तु को नहीं पकड़ा फिर भी, उनका मुहावरा प्रेमचन्द से मिलता-जुलता है। राष्ट्रीय और अन्तर्राष्ट्रीय सन्दर्भों में साम्राज्यवाद-पूँजीवाद की क्या भूमिका रही है? भारतीय जनता के आधुनिकीकरण की प्रक्रिया को विश्व साम्राज्यवाद और देशीय पूँजीवाद ने किस प्रकार से भ्रष्ट किया है? मध्ययुगीन सामन्ती व्यवस्था से समझौता करके पूँजीवाद ने नवोदित बूर्ज्वा संस्कृति को किस तरह पनपाया है, पेटीबूर्ज्वा संस्कार को लोकप्रिय बनाया है? तथा राष्ट्रीय जीवन के ऐतिहासिक अन्तर्विरोधों को किस प्रकार अपने लाभ के निमित्त बनाया है? इन तमाम समस्याओं की अभिव्यक्ति यशपाल के कथा-साहित्य में होती है। वस्तु-परिप्रेक्ष्य और घटना-दृष्टांतों की दृष्टि से भीष्म साहनी यशपाल के निकट दिखाई देते हैं।

भीष्म साहनी के कथा-संसार में भारतीय जनता की आजादी के यथार्थवादी तर्क का निर्माण हुआ है। इनके कथा-सन्दर्भों में सामन्तवाद और पूँजीवाद के अन्तर्विरोध, वर्ण और वर्ग के अन्तर्विरोध, मध्यवर्ग के आन्तरिक अन्तर्विरोध तथा पुनरुत्थानवाद और आधुनिकतावाद के अन्तर्विरोध क्रमशः खुलते जाते हैं। आधुनिक भारत के नगरों और महानगरों में रहने वाला मध्यवर्ग उनकी कथा के केन्द्र में है। भारत की पूँजीवादी व्यवस्था में औद्योगिक दबावों का जनता के जीवन पर कैसा प्रभाव पड़ा है? भारतीय पूँजी की आकांक्षाओं में पलने वाली उपभोक्ता संस्कृति तथा उसके विरुद्ध भारतीय जनता के श्रम से उत्पन्न होने वाली लोकतंत्रीय जनवाद की संस्कृति का संघर्ष भीष्म की रचनाओं में अन्तःस्रोत की तरह प्रवहमान है। यहीं पर भीष्म की रचना-प्रतिबद्धता स्पष्ट होती है। वर्णवादी, जातीय और साम्प्रदायिक दृष्टि के मूल कहाँ हैं? समन्वयवादी संस्कृति के इस महादेश में धर्म के नाम पर सामूहिक हत्याओं का मूल कारण कहाँ है? कृषि और औद्योगिक सम्बन्धों के बदलने में जनता के श्रम को यदि धर्म-निरपेक्ष आधार नहीं मिला, तो श्रमिक का नजरिया वैज्ञानिक न होकर जातीय और धार्मिक परम्पराओं वाला ही बना रहेगा। भीष्मजी ने अपनी कथा

में साम्प्रदायिकता के भौतिक परिवेश को विश्लेषित किया है। वे यह बतलाने में चूक नहीं करते कि पूंजी का संस्कार साम्प्रदायिक, गैर प्रजातांत्रिक और प्रतिबद्धता-विरोधी होता है जिसकी परिणति, अराजकता, अपराध और अन्त में फासिस्ट व्यवहार में होती है। अतः धर्म-निरपेक्ष होने का अर्थ है अपने भौतिक परिवेश के प्रति बौद्धिक होना तथा सामाजिक-आर्थिक सहकार में कर्म की चेतना को ग्रहण करना।

भीष्म साहनी की रचना का यथार्थवाद एक ओर तो सामाजिक जीवन की वास्तविकताओं को प्रभावशाली रूप प्रदान करता है दूसरी ओर चेतना का संस्कार देता है। इनके कथा यथार्थ में वस्तुओं, घटनाओं और पात्रों के आन्तरिक सम्बन्धों का निर्वाह हो सका है, इसीलिए सन्दर्भ-संगठन और दृष्टान्त-संयोजन में कहीं कोई त्रुटि नज़र नहीं आती। भीष्म साहनी का यथार्थवाद प्रेमचन्द की परम्परा का होते हुए भी उनसे बहुत आगे है। भीष्म साहनी को अपने कथा-साहित्य में दोहरी लड़ाई लड़नी पड़ी है, वे एक ओर तो आधुनिकता-बोध की विसंगति और पराएपन के खिलाफ हैं दूसरी ओर रूढ़ियों, अन्ध-विश्वासों वाली धार्मिक कुरूतियों के विरुद्ध हैं। इसके साथ ही राष्ट्रीय चरित्र के सम्प्रदाय निरपेक्ष—लोकतन्त्री निर्माण की भूमिका भी बनाते हैं। जनता के नैतिक संघर्ष के प्रति समझदारी पैदा करना भी भीष्म साहनी के कथा-यथार्थवाद की एक विशेषता है। भीष्म साहनी के साहित्य से जनवादी मनुष्य की धारणा बनती है। प्रगतिशील, ओजस्विता और प्रखरता का उद्घाटन सामाजिक सम्बन्धों के तर्क-सम्मत विश्लेषण से होता है और इन सम्बन्धों के विश्लेषण में क्रान्ति और मुक्ति की जिजीविषाएँ निरन्तर सक्रिय रहती हैं। भीष्म साहनी के प्रगतिशील सन्दर्भ जीवन्त हैं, वे समकालीन आवश्यकताओं की पूर्ति करने वाले हैं। आज जब कि विश्व साम्राज्यवाद जनता की आजादी के विरुद्ध बहुत आक्रामक हो गया है, राष्ट्रीय स्वतन्त्रता को समाप्त करने की साजिशें बना रहा है, वह देशीय पूंजीवाद से मिलकर लोकतन्त्र की नसों को काट रहा है। जातीय साम्प्रदायिक, पृथकतावादी शक्तियों को नए सिरे से बढ़ावा दे रहा है। आज पूरे देश में धर्म और जाति के नाम पर हिंसा भड़काने का दुष्चक्र फिर से चलाया जा रहा है। सभी तरह की प्रतिक्रियावादी शक्तियाँ एकजुट होकर विश्व साम्राज्यवाद की साजिश का अंग बन रही हैं। ऐसी हालत में भीष्म साहनी के लेख, नाटक, उपन्यास और कहानियाँ बहुत उपयोगी हो जाती हैं, भीष्म साहनी के लेखन-दृष्टिकोण में मनुष्य सामान्य के भौतिक विवेक की उच्चतर संस्कृति को देखा जा सकता है। भीष्म साहनी के शान्त और शालीन व्यक्तित्व की रचना में मार्क्सवादी द्वन्द्ववाद की सृजनशीलता के गुण विद्यमान हैं। भीष्म साहनी के लेखन से यह स्पष्ट हो सका है कि जीवन की वैचारिक ऊँचाइयों पर पहुँच कर ही यथार्थवादी भाव कल्पों को संजोया जा सकता है। साम्प्रदायिकता विरोध की लोकवादी दृष्टि का मूल्यांकन उक्त भूमिका से होना चाहिए। भारत के मध्यवर्ग का मन अभी तक आधुनिकीकरण की धर्म-निरपेक्ष लोकतन्त्रीय चेतना से विरत है। भीष्म साहनी ने अपने कथा-साहित्य में मध्यवर्ग के संस्कारों को बदलने का रचनात्मक प्रयास किया है। आधुनिक ज्ञान-विज्ञान के

परिप्रेक्ष्य में ही मनुष्य की सामाजिक उठान सम्भव है। भीष्म साहनी के पास मनुष्य के उत्थान और उत्कर्ष की वैज्ञानिक दृष्टि है। भीष्म साहनी ने राष्ट्रीय भावात्मक एकता की वस्तुपरक परिस्थितियों को स्पष्ट किया है।

भीष्म साहनी "राष्ट्रीय प्रगतिशील लेखक महासंघ" के महासचिव हैं। उनमें एक जागरूक संगठनकर्ता की सूझ-बूझ है। आज उन्हीं के निर्देशन से पूरे देश-भर में "राष्ट्रीय प्रगतिशील लेखक महासंघ" की सैकड़ों इकाइयाँ सक्रिय हैं। भीष्म साहनी का कथन है कि नगरों, कस्बों और गाँवों में छोटे-छोटे आयोजनों से वर्ग-बोध विकसित होता है। समकालीन समस्याओं के प्रति दृष्टिकोण बनता है। उदासीनता टूटती है, सक्रिय होने की ललक पैदा होती है। छोटे-छोटे आयोजनों से मनुष्य के भीतर छिपी सृजनात्मकता मचलने लगती है। इन आयोजनों की शिरकत से एक सही मनुष्य होने और बनने की इच्छा बलवती होने लगती है।

"महत्त्व भीष्म साहनी" के आयोजन के अवसर पर "प्रगतिशील लेखक संघ, बिलासपुर (म० प्र०) इकाई ने भीष्म साहनी के व्यक्तित्व और कृतित्व पर एक पूरी किताब तैयार करने की योजना बनाई है। हिन्दी के इतने सशक्त कथाकार, नाटककार और विचारक पर अभी तक कोई पुस्तक प्रकाशित नहीं हुई है। इस दृष्टि से यह हमारा प्रथम प्रयास है। हमारी इकाई ने उनके सम्पूर्ण रचना-व्यक्तित्व को पुस्तक में बाँधने की कोशिश की है। "महत्त्व भीष्म साहनी" के आयोजन के अवसर पर हमें प्रसन्नता है कि "भीष्म साहनी : व्यक्ति और रचना" का प्रकाशन कर सके हैं। इस पुस्तक के निर्माण में हम उन सभी लेखक बन्धुओं के आभारी हैं जिन्होंने हमारी योजना को सफल बनाने में हमें पूरा-पूरा सहयोग दिया है और ठीक समय पर सामग्री प्रदान की है। रणधीर सिन्हा, ज्ञानरंजन तथा कमला प्रसाद ने इस पुस्तक की योजना में हमें निरंतर सुझाव दिए हैं।

इनके अतिरिक्त बिलासपुर के राजेश्वर सक्सेना, भारती भट्टाचार्य, मंगला देवरस, प्रभा खरे, सुश्री उषा बैरागकर, नवल शर्मा, रफ़ीक खान, ओमप्रकाश सहाय, बसंत जायसवाल, रामसिंह, मेहमूद, मुश्ताक मकवाना, एवं कुमारी सुलभा देवरस आदि का हृदय से आभारी हूँ, इन सबने मिल-बैठकर इस प्रयास को पूरा करने में कोई कसर नहीं छोड़ी है। इस पुस्तक के प्रकाशक अशोक माहेश्वरी के प्रति किन शब्दों में शुक्रगुजार हों, जिन्होंने हमारी परेशानियों को ध्यान में रखकर ठीक समय पर पुस्तक हमारे हाथों में सौंप दी है।

—प्रताप ठाकुर

भीष्म साहनी : संक्षिप्त परिचय

जन्म-स्थान : रावल पिण्डी, 8 अगस्त 1915

शिक्षा : एम० ए० (अंग्रेजी साहित्य), पी-एच० डी०

लाहौर के गवर्नमेंट कालिज से 1937 में एम० ए० की परीक्षा पास करने के बाद कुछ वर्षों तक पिताजी के साथ व्यापार करता रहा, पर साथ ही साथ स्थानीय कालिज में आनरेरी तौर पर पढ़ाता भी रहा और ड्रामे खेलता रहा।

देश के बँटवारे के बाद पहले बम्बई और बाद में दिल्ली चला आया और एक कालिज में पढ़ाने लगा। तभी से नियमित रूप से साहित्यिक कार्य भी करने लगा। 1953 में पहला संग्रह 'भाग्य-रेखा' नाम से प्रकाशित हुआ, तीन साल बाद दूसरा कहानी-संग्रह 'पहला पाठ' प्रकाशित हुआ।

1957 में मास्को के विदेशी भाषा प्रकाशन गृह में अनुवादक के रूप में, विभिन्न भारतीय भाषाओं के लगभग चालीस अन्य मित्रों के साथ मास्को चला गया और वहाँ लगभग सात वर्ष तक रहा। इस दौरान लगभग बीस रूसी पुस्तकों का अनुवाद हिन्दी में किया, जिनमें टाल्सटाय का 'पुनरुत्थान' तथा लम्बी कहानियाँ, निकोलाई आस्त्राव्स्की का 'जयजीवन' आइतमातोव का 'पहला अध्यापक' आदि प्रमुख हैं।

1965 में 'नई कहानियाँ' का सम्पादन करने लगा जो लगभग अढ़ाई साल तक चला। 1965 में ही 'भटकती राख' नाम से तीसरा कहानी-संग्रह प्रकाशित हुआ।

अब तक छः कहानी-संग्रह, चार उपन्यास, दो नाटक, एक बालोपयोगी कहानी-संग्रह और एक जीवनी 'मेरे भाई बलराज' प्रकाशित हो चुके हैं।

'तमस' उपन्यास पर 1975 में साहित्य अकादमी पुरस्कार प्राप्त हुआ। इसी वर्ष पंजाब सरकार के भाषा विभाग

ने 'शिरोमणि लेखक' पुरस्कार से विभूषित किया। 1980 में ऐफ्रो-एशियाई लेखक संघ की ओर से 'लोटस' पुरस्कार प्राप्त हुआ। 'हानूश' तथा 'कबिरा खड़ा बाजार में' (नाटक) और 'झरोखे' (उपन्यास) पर भी इनाम मिले। दिल्ली प्रदेश साहित्य कला परिषद द्वारा भी सम्मानित और पुरस्कृत हुआ।

अनेक रचनाओं के अनुवाद अन्य भारतीय तथा विदेशी भाषाओं में हुए हैं।

प्रगतिशील लेखक महासंघ तथा ऐफ्रो-एशियायी लेखक संघ से सम्बद्ध हूँ।

8/30 ईस्ट पटेल नगर,
नई दिल्ली-110008

—भीष्म साहनी

भीष्म साहनी : व्यक्ति और रचना

बातचीत–एक

भीष्म साहनी के बारे में उनके एक मित्र का कहना है कि—'जीने के स्तर पर भीष्म के पास एक सुथरा, सुरक्षित, मजबूत चौखटा है जिसने भीष्म के समूचे लेखन और काफी हद तक जीवनदृष्टि को भी प्रभावित किया है। उनकी अपनी राजनीतिक आस्थाएँ हैं। 'इंटलैक्चुअल कमिटमेंट' हैं। मोटे तौर पर भीष्म को अपने कितने ही साथियों से कहीं ज्यादा सुविधा और समग्रता जिंदगी में मिली है। छोटी-मोटी सुविधाएँ—अच्छा घर, पढ़ी-लिखी बीवी, किताबों से भरी शेल्फें और रचनाओं को एकसार करती एक बँधी-बँधायी जिंदगी। जीवन के इस सुरक्षित पैटर्न ने जहाँ भीष्म को पनपने में मदद दी है वहाँ लेखक के लिए जमने की जो ज़मीन सिर्फ चुनौतियों से बनती है—भीष्म के आगे से दूर कर दी है, हटा दी है। यही वजह है कि लेखन के स्तर पर भीष्म को यह लड़ाई कुछ दूसरे ढंग से लड़नी पड़ती है।'

☐ मैं इंटरव्यू लेने के मामले में अनाड़ी हूँ···

मैं भी कम नहीं हूँ। असल में मुझे औपचारिक इंटरव्यू देना पसंद ही नहीं है। बातचीत कितनी भी हो सकती है।

☐ आपकी पहली कहानी कौन-सी है? कब लिखी और कहाँ छपी?

पहली कहानी उस समय लिखी थी जब स्कूल में पढ़ता था। बाद में यह कहानी कॉलेज की 'रावी' में छपी थी। 1934 की बात है। कहानी का नाम भूल गया हूँ।

☐ कहानी का विषय क्या था?

वही जो सभी पुरा-भारतीय लेखकों की पहली कहानी का विषय होता है—अबला नारी के बारे में। जिसे घर से निकाल दिया जाता है। और फिर उसके साथ समाज क्या सलूक करता है। आदि आदि। विस्तार से याद नहीं रह गयी है।

☐ क्या अतीत को याद करना आपको अच्छा लगता है? उसमें रस लेते हैं?

हाँ बहुत···वह अब मुझसे बहुत दूर हो गया है। बहुत कुछ छूट चुका है। अपना वतन, बहुत से प्रियजन, मित्र, सम्बन्धी कालावगत हो चुके हैं। कभी-कभी अतीत बहुत दर्द देता है।

☐ कभी-कभी ताकत भी देता है?

हाँ, ताकत भी देता है।

☐ अतीत की घटनाओं पर आपने और कौन-कौन-सी महत्त्वपूर्ण कहानियाँ लिखी हैं ?

एक कहानी है 'अहं ब्रह्मास्मि' जो राष्ट्रीय आंदोलन के बारे में है। पुराने ही समय की यादों पर एक कहानी 'खंडहर' भी है। कश्मीर में हमारा घर था जहाँ हम गर्मियों में जाया करते थे। भरापूरा घर था। चहल-पहल थी। अब जब मैंने उस घर को बरसों बाद, उन सब लोगों के बिना देखा तो गहरा धक्का लगा। पुरानी यादें ताज़ा हो गयीं। उस पर मैंने कहानी लिखी···पर अतीत की ओर मुड़-मुड़कर देखना कमज़ोरी है। अतीत में खोया हुआ व्यक्ति वर्तमान को ठीक तरह से परख नहीं सकता।

☐ सवाल पुराना है, पर महत्त्वपूर्ण है। साहित्य की भूमिका क्या है ? कुछ लोग मानते हैं कि साहित्य की कोई सामाजिक भूमिका नहीं हो सकती और कुछ लोग साहित्य को धारदार, पैना और नुकीला हथियार बताते हैं।

साहित्य जीवन में से ही जन्म लेता है। साहित्य का जीवन के साथ अटूट सम्बन्ध है। लेकिन जीवन कोई अमूर्त अवधारणा नहीं है; तरह-तरह के अनुभव, घटनाएँ, आपसी रिश्ते, मानव-समाज के भीतर चलानेवाले संघर्ष, विसंगतियाँ और अंतर्विरोध, विडंबनाएँ आदि, सभी जीवन की परिधि में आते हैं। ये सब लेखक के संवेदन को कहीं छूते हैं, उद्वेलित करते हैं। इन्हीं के आधार पर लेखक के संवेदन को अभिव्यक्ति की दिशा मिलती है। लेखक के लिए जीवन ही सर्वोपरि है और मनुष्य भी अकेला नहीं है, वह भी मानव समाज का अंग है। मनुष्य को उसके समाज के परिप्रेक्ष्य में देखना उसे अधिक स्पष्टता और पूर्णता से देखना है। इस तरह लेखक जीवन की परतों को हमारे सामने खोलता है, एक नज़रिया देता है, समाज के भीतर सक्रिय शक्तियों की भूमिका समझने में मदद देता है। हमें सजग और सचेत करता है। और इस तरह साहित्य अपनी सामाजिक भूमिका निभाता है। जहाँ तक साहित्य द्वारा सामाजिक परिवर्तन लाने का सवाल है, यह प्रक्रिया जटिल है और धीमी है। पाठक धीरे-धीरे सामाजिक स्थिति के प्रति सचेत होते हैं। उन्हें ज़िंदगी को देखने का, अपनी स्थिति को देखने का एक नज़रिया मिलता है। बाद में उसके परिणामस्वरूप समाज में भी परिवर्तन आते हैं।

☐ आजकल आप क्या लिख रहे हैं ?

एक उपन्यास पर काम कर रहा हूँ ··इसके अतिरिक्त अंग्रेज़ी में अपने भाई बलराज साहनी की जीवनी लिखता रहा हूँ।

☐ अंग्रेजी में ? अंग्रेजी में लिखते हुए दिक्कत नहीं महसूस होती ?

कुछ चीज़ें, जैसे लेख आदि, अंग्रेज़ी में आसानी से लिख लेता हूँ। क्योंकि लम्बे अर्से से अंग्रेज़ी पढ़ता-पढ़ाता रहा हूँ। लेकिन कहानी अंग्रेज़ी में लिखने की कोशिश नहीं की। वह तो हिन्दी में ही लिखता हूँ।

□ आपका साहित्य किन-किन चीजों, मतलब : जीवन में घटी घटनाओं, व्यक्तियों, परिस्थितियों या विचारों से प्रभावित हुआ, विशेष रूप से लेखन के प्रारंभिक दिनों में···उसका क्या असर पड़ा ?

बहुत कुछ है जो अपने बचपन से हम संस्कारस्वरूप ग्रहण करते हैं, ज्यों-ज्यों बालक अपने परिवेश पर आँखें खोलता है, जो जो कुछ वह देखता-सुनता है, वही संस्कार बनता जाता है। आकाश की नीलिमा, ठंडी हवा के झोंके, गली में घूमते भिखारियों की आवाज़ें, जहाँ कहीं कोई छोटी-सी घटना दिल को अथवा चेतना को छू जाती है, वही अपनी छाप छोड़ ज़ाती है। इसके अतिरिक्त बचपन में माता-पिता और घर के परिवेश का असर बहुत गहरा पड़ता है। मैंने जिस माहौल में आँख खोली वह 'ठहरा' हुआ दौर नहीं था। उसमें हलचल थी, नये-नये विचार समाज को आंदोलित कर रहे थे। मेरे पिताजी आर्य समाजी विचारों के थे। घर के अन्दर सदा समाज-सुधार की चर्चा चलती रहती। दूसरी ओर स्वतंत्रता-आंदोलन भी ज़ोर पकड़ रहा था। जलसे जुलूसों का जमाना था। भावनात्मकता से भरा वातावरण हमारे चारों ओर था। उसका प्रभाव मुझ पर और मेरे लेखन पर ज़रूर पड़ा है।

□ क्या कोई ऐसे व्यक्ति भी थे जिन्होंने आपको साहित्य रचना की प्रेरणा दी हो ?

मेरे अंग्रेजी के अध्यापक जसवंत राय। बड़े सुन्दर व्यक्तित्व के स्वामी थे। साहित्य में उनकी विशेष रुचि थी। अंग्रेज़ी कविता पढ़ाते तो एक अद्भुत संसार आँखों के सामने खुलता था। उनसे बड़ी प्रेरणा मिली। हमारे परिवार में साहित्यिक माहौल पहले से चला आ रहा था। मेरी फुफेरी बहनें, सत्यवती मल्लिक जानी-मानी कहानीकार थीं, पुरुषार्थवती छोटी उम्र में चल बसीं, पर बड़ी सुन्दर मर्मस्पर्शी कविताएँ छोड़ गयीं। उनके पति श्री चंद्रगुप्त विद्यालंकार ख्यातिप्राप्त लेखक हैं।

इनके अतिरिक्त अपने बड़े भाई बलराज साहनी का प्रभाव भी मुझ पर गहरा पड़ा। उनके व्यक्तित्व का भी और उनकी साहित्यिक रुचि का भी। उन्हीं के साथ बचपन से ही नाटक आदि भी खेलता रहा।

□ अभिनय भी किया है ?

हाँ, खूब किया है। अभिनय तो स्कूल-कॉलेज के दिनों में भी और बाद में भी करता रहा हूँ······एक अजीब तरह का उत्साह और कुछ कर गुज़रने का हौसला था उन दिनों···

□ यह तो हुई शुरू के माहौल की बात बाद में आपके जीवन और साहित्य में क्या परिवर्तन आया ?

सवाल बहुत सीधा नहीं है। खुद पर पड़े हुए प्रभावों को समझ पाना मेरे ख्याल से इतना सरल नहीं है। यह सब तो आदमी बाद में 'रैशनलाइज' करता है। चूंकि आज मैं समाजोन्मुखी साहित्य लिखता हूँ, इसलिए यह समझता हूँ कि उस वातावरण का समाज

सम्बन्धी प्रभाव मेरे ऊपर पड़ा है। यदि···

☐ उस जमाने में आपके प्रिय लेखक कौन···

बचपन में प्रेमचन्द और सुदर्शन। पिताजी के पास किसी 'मेहर' साहिब का कलाम भी रखा था। उसमें से वह हमें नज़में पढ़-पढ़ कर सुनाया करते थे। शेख साअदी के शेअर भी सुनते। पंचतंत्र और हितोपदेश की कहानियाँ भी उसी जमाने में सुनीं या पढ़ीं। सुदर्शन उस जमाने में बहुत लोकप्रिय थे। प्रेमचन्द का मेरे ऊपर गहरा प्रभाव है। अब भी है। उनकी कहानियों के कुछ पात्र या स्थितियाँ मुझे हांट करती रहीं। जैसे उनकी एक कहानी, जिसमें एक गरीब क्लर्क, साहब की कोठी पर जाता है। वहाँ उस पर साहब का कुत्ता झपटता है। प्रेमचन्द ने इस घटना का बयान इतने सशक्त तरीके से किया है कि उसकी छाप देर तक मेरे मन पर रही।

☐ क्या उस दौर में और आज के दौर में कोई फर्क है?

हाँ, फर्क है। इस बात के बावजूद कि वह दौर भी उतना ही पेचीदा था जितना आज का दौर है, फिर भी स्वतंत्रता-संग्राम के कारण माहौल में आत्मोत्सर्ग की भावना एक खास तरह का जोश और जनून पाये जाते थे। उसी के अनुरूप ऐसी कविताएँ और गीत भी लोकप्रिय हुए थे जो किसी न किसी रूप में इस भावना को व्यक्त करते थे। यूथिका रे द्वारा गाये गये मीराबाई के गीत सहसा लोकप्रिय हो उठे थे, क्योंकि उनमें भी आत्मोत्सर्ग की भावना पायी जाती थी। यों भी देश-प्रेम पर लिखे गीतों का प्रभाव था। जैसे वह छोटा-सा गीत जिसमें एक फूल, माली से कहता है :

मुझे तोड़ लेना बन-माली
उस पथ पर तुम देना फेंक
मातृभूमि पर शीष चढ़ाने
जिस पथ जायें वीर अनेक

इतिहास में से भी ऐसी ही कहानियाँ और घटना वृत्तांत चुन-चुन कर सामने लाये जाते थे जो देश-प्रेम की भावना पर बल देते थे। राजपूतों के आदि।

आज माहौल में वह भावना शिथिल पड़ गयी है। इस तरह की भावनात्मक कविताएँ भी बहुत कम लिखी जाती हैं। कविता-कहानी पर भी इसका असर है। इसके पीछे संशय, अविश्वास, मोहभंग आदि जैसी दृष्टि रही है विशेष रूप से मध्यवर्ग के साहित्यकारों के बीच। इस दृष्टि से फर्क आया है।

☐ आज का साहित्य पिछले साहित्य के साथ कहाँ जुड़ता है? कैसे जुड़ता है?

पिछले किसी दौर के साहित्य के साथ वहीं पर हमारा आज का साहित्य जुड़ता है, जहाँ पर हमारी भावना और दृष्टि जुड़ती है। आज हमें तुलसी और सूर की तुलना में कबीर अधिक प्रभावित करते हैं; क्योंकि आज अस्वीकृति और विरोध पर बल दिया जाने लगा है, और कबीर की कविता तथा जीवन में इनकी प्रधानता रही है। पिछले साहित्य

में से हम आज की रुचि के अनुरूप ही पुस्तकें निकाल-निकाल कर पढ़ते हैं। कुछ लेखक सदियों तक लोगों को भूले रहते हैं। फिर सहसा लोकप्रिय हो जाते हैं। यह इसीलिए कि उनका साहित्य कहीं किसी स्तर पर उस माहौल पर सही बैठता है।

□ आपकी प्रारंभिक और बाद की रचनाओं में क्या फर्क आया है ?

मूल-दृष्टि में तो कोई परिवर्तन नहीं आया। व्यंग्यात्मकता शायद बढ़ी है। किसी लेखक के लिए स्वयं इसका अंदाज लगा पाना कठिन है। पहले छोटी कहानियाँ लिखता था, अब कुछ बड़ी कहानियाँ लिखने लगा हूँ। पहले कहानी का चमत्कारिक अन्त अच्छा लगता था, अब झटकेवाला अन्त अच्छा नहीं लगता। पहले हाशिया-आराई से दूर रखता था, अब इसे बुरा नहीं समझता। इससे कहानी में रस आता है, लेखक को टिप्पणी करने का मौका मिलता है, और कहानी के लिए भावनात्मक माहौल भी बनता जाता है। पहले किस्सागोईवाली शैली अखरती थी, अब नहीं अखरती। हाँ, अब भी मूलतः इस बात को सही मानता हूँ कि कहानी को खुद बोलना चाहिए, हाशिया-आराई की बैसाखियों पर उसे आगे नहीं बढ़ना चाहिए।

□ आपकी मूल्य-दृष्टि के निर्माण में परिस्थितियों के अतिरिक्त जिन लेखकों का प्रभाव रहा है उनसे प्रेमचंद को आपने प्रमुख बताया है। प्रेमचंद की कौन-सी रचना आपको प्रिय है ?

गोदान। गोदान को मैंने बार-बार पढ़ा है और उसमें मुझे रस मिला है। प्रेमचन्द के पास एक व्यापक दृष्टि है। भारतीय जीवन को जितनी ईमानदारी और लगन से उन्होंने सामने रखा है वह मुझे प्रभावित करता है।

□ पिछले कुछ सालों से प्रेमचन्द की चर्चा फिर से शुरू हुई है। हाल ही में प्रेमचन्द पर कुछ किताबें भी आयी हैं। प्रेमचन्द के इस रिवाइवल का कारण ?

उनका समाजोन्मुखी और यथार्थोन्मुखी होना। उनके साहित्य की परिधि का फैलाव··· पर प्रेमचन्द की परम्परा की बात करते समय आज के संदर्भ में कुछ सचेत रहने की जरूरत है। मक्खी पर मक्खी मारने से काम नहीं चलेगा। उनकी सुधारवादी दृष्टि आज हमारी मदद नहीं कर सकती। समस्याओं के जो समाधान उन्होंने दिये हैं वे आज संगत नहीं रह गये हैं। आज प्रेमचन्द की परम्परा को अधिक वैज्ञानिक और कलात्मक आधार देकर आगे बढ़ाने की जरूरत है।

□ प्रेमचन्द के बाद जैनेंद्र कुमार और अज्ञेय की कहानियों ने क्या हिंदी कहानी को आगे बढ़ाया ? आप इन दोनों कहानीकारों की कहानियों पर क्या कहेंगे ?

किसी भी काल में कहानी एक ही ढंग से नहीं लिखी जाती। लेखक के संवेदन और दृष्टि के अनुरूप उसमें तरह-तरह के रंग आते हैं। हाँ, एक काल की प्रमुख धारा जरूर होती है, और उसका कुछ न कुछ प्रभाव उस काल के समूचे लेखन पर होता है। हमारे काल की प्रमुख धारा समाजोन्मुख यथार्थवाद है।

जैनेंद्र और अज्ञेय, प्रेमचन्द की परम्परा से बहुत बातों में अलग थे। दोनों ने ही अधिक व्यक्तिनिष्ठ साहित्य रचा। उनका भावना जगत भी सामाजिक सम्बन्धों का न होकर व्यक्ति का आंतरिक संसार रहा। शायद इसी कारण दोनों में 'घनीभूत पीड़ा' के स्वर अधिक मुखर हुए। दोनों का आपस में भी बहुत अन्तर है। जैनेंद्र जी आंतरिक पीड़ा को एक दार्शनिक स्तर पर देखते रहे हैं, ऐसा अज्ञेय में नहीं है। जिन दिनों 'त्यागपत्र' छप कर निकला था, मैं उससे बहुत प्रभावित हुआ था। अज्ञेय की रचनाएँ 'कोठरी की बात' भी उन्हीं दिनों पढ़ने को मिली थी। उन्होंने भी बहुत उद्वेलित किया था। उनकी कहानी 'रोज़' ने भी मुझे बहुत प्रभावित किया। उन्हीं दिनों यशपाल की कहानियाँ, 'पिंजरे की उड़ान', 'ज्ञानदान', आदि संग्रह छपने लगे थे। यशपाल का रंग अपना था, इन दोनों से अलग था। वह प्रेमचन्द की परम्परा से मुझे अधिक जुड़ते जान पड़े।

इसमें शक नहीं कि कहानी के विकास में इनका तथा इनके समकालीन अनेक अन्य लेखकों का महत्त्वपूर्ण योगदान रहा है।

□ क्या 'नयी कहानी' की भावभूमि का आधार अज्ञेय और जैनेंद्र कुमार की व्यक्तिवादी कहानियाँ नहीं हैं? 'नयी कहानी' आंदोलन पर जो आरोप लगाये जाते हैं, उनसे आप कहाँ तक सहमत हैं? जैसे भैरवप्रसाद गुप्त कहते हैं कि 'नयी कहानी' आंदोलन का जो वैचारिक आधार था उसे मोहन राकेश, कमलेश्वर और राजेंद्र यादव ने सेबोटाज़ कर दिया।

कोई भी लेखक किसी को 'सेबोटाज़' करने के लिए नहीं लिखता, अगर वह ऐसा करने की कोशिश करता है तो अपने को सेबोटाज कर डालता है। वैसे ही जैसे कोई लेखक किसी को रास्ता दिखाने के लिए नहीं लिखता। शायद लिखने की प्रक्रिया में चेतन मन इतना सक्रिय नहीं होता, जितना लेखक का अवचेतन। लेखक का संवेदन, उसके संस्कार, उसकी कल्पना उसकी दृष्टि और मान्यताएँ सभी घुलमिल कर, एकाकार होकर ही सक्रिय होती हैं। ज़िंदगी के साथ उसका लगाव, उसके अन्दर की तड़प, सभी कुछ। मात्र विचारों और मान्यताओं के बल पर कहानी नहीं लिखी जाती, विचार और मान्यताएँ उसके रचनात्मक व्यक्तित्व में खपकर ही कला का रूप लेते हैं।

पर साथ ही साथ, हमखयाल लेखक मिल बैठें, और पाठक वर्ग का ध्यान अपनी साझी दृष्टि की ओर आकृष्ट करने के लिए कोई पत्रिका निकालें, आवाज उठाएँ तो यह अस्वाभाविक नहीं है।

'नयी कहानी' आंदोलन से जिन दोस्तों के नाम जोड़े जाते हैं उनकी रचनाओं से तो मैं भली-भाँति परिचित हूँ, और उनकी अनेक रचनाओं से मैं बहुत प्रभावित भी हुआ हूँ। मोहन राकेश की 'मलबे का मालिक', कमलेश्वर की 'राजा निरबंसिया' और अनेक अन्य कहानियाँ, वैसे ही राजेंद्र यादव की 'जहाँ लक्ष्मी कैद है' आदि आदि, हिंदी कथा-साहित्य को सुन्दर देन है। उसी काल में अमरकांत की 'डिप्टी कलक्टरी', 'दोपहर का भोजन' और इसी भाँति शेखर जोशी, मार्कंडेय आदि की रचनाएँ भी छपती

रही हैं जो बड़ी प्रभावशाली रहीं। और जहाँ तथाकथित 'नयी कहानी' के लेखकों की रचनाएँ छपती रहीं, वहीं पर इनकी भी, बल्कि इन्हीं द्वारा सम्पादित पत्रिकाओं में। जिसका मतलब है कि कहीं पर ये लेखक एक-दूसरे से जुड़ते भी थे। शायद मूल आधार साझा था। इसी कारण मुझे लगता है कि 'नयी कहानी' की चीर-फाड़ जरूरत से ज्यादा की जाती है, कहानी के विकास-प्रभाव का अंग न मान कर उसे अलगाया जाता है, जो मुझे सही नहीं लगता।

हाँ, 'नयी कहानी' आंदोलन कैसे चला, या कैसे इसे चलाया गया, इसके साथ केवल तीन ही व्यक्ति जुड़े थे या इसे अधिक व्यापक बनाने की कोशिश थी। इस बारे में तरह-तरह की बातें सुनने में आती हैं। मेरा सौभाग्य कहिये या दुर्भाग्य, जिन दिनों यह जोरों पर था, उन दिनों मैं देश में नहीं था; मैं मास्को में अनुवाद कार्य कर रहा था। इसलिए किसी अधिकार के साथ इस पर टिप्पणी कर पाने में असमर्थ हूँ। और बात-बात पर टिप्पणी करना मुझे निरर्थक भी जान पड़ता है।

☐ नाटककार पर कहानीकार कहाँ तक हावी होता है? 'हानूश' को लिख कर कैसा महसूस हुआ?

ऐसा तो नहीं हो सकता कि लेखक समझे कि वह नाटक लिख रहा है, पर वास्तव में वह कहानी लिख रहा हो। कथोपकथन कहानी में भी पाये जाते हैं, बुनावट की दृष्टि से कहानी भी आगे बढ़ती चली जाती है और नाटक भी। लेकिन फिर भी कहानी, कहानी है और नाटक, नाटक। मैं नहीं समझता कि नाटक में कहानी का रंग कहाँ तक आता है, सम्भव है बरसों तक कहानियाँ लिखते रहने के कारण आता है, पर इसका भास मुझे नहीं हो सकता था।

'हानूश' लिखते समय महसूस हुआ कि कहानी में कोई पात्र धुँधला रह सकता है, लेकिन नाटक में नहीं रह सकता। उसमें प्रत्येक पात्र का अपना स्पष्ट व्यक्तित्व होना ज़रूरी है। दूसरे कथानक भले ही काल्पनिक हो, उसका क्रमिक विकास स्वाभाविक और विश्वसनीय होना ज़रूरी है? और इसके लिए पात्रों के लिए सामान्य स्थितियों का परिवेश जुटाना भी, आदि आदि। नाटक लेखन दूसरे प्रकार के अनुशासन की माँग करता है।

☐ विदेशी कहानीकारों में किस की याद गहरी और महत्त्वपूर्ण रही?

अंग्रेजी कथाकारों में कैथरीन मेन्सफील्ड ने प्रभावित किया, फ्रांसीसी लेखक मोपासां तथा रूसी लेखकों में गोर्की और ताल्स्तोय ने।

☐ अगर आप लेखक न होते तो क्या होते?

शायद पत्रकार होता। अध्यापक तो आज भी हूँ। कभी व्यापार भी किया था। पर व्यापार छोड़कर ही एक तरह से लेखन की ओर आया था इसलिए व्यापारी तो नहीं होता। फौजी भी नहीं होता, हालाँकि कॉलेज के दिनों में फौजी इम्तहान के लिए तैयारी करने लगा था। नाटक-अभिनेता भी। दिल पर हाथ रख कर कोई नहीं कह सकता कि लेखक न होता तो क्या होता। पढ़ा-लिखा न होता तो क्या मालूम पान-बीड़ी की

दुकान खोल लेता, लेखक के लिए यह इतना मुश्किल धंधा भी नहीं है।

☐ नाटक खेलने में बरसों पहले आपकी रुचि रही है, अब जो 'हानूश' का मंचन हुआ तो आपको कैसा लगा ?

नाटक की दुनिया बड़ी आकर्षक और निराली दुनिया है। किस तरह धीरे-धीरे एक नाटक रूप लेता है और रूप लेने पर किस एक नये संसार की जैसे सृष्टि हो जाती है। यह अनुभव बहुत ही सुखद और रोमांचकारी होता है। नाटक खेलनेवालों के सिर पर एक तरह का जनून छाया रहता है, जिसका मुकाबिला नहीं। मंच पर खेले जानेवाले नाटक से भी कहीं अधिक मनमोहक नाटकगृह का ग्रीनरूम होता है, अपनी-अपनी लाईनों तथा वेश-भूषा से उलझते अभिनेता किस रूप में प्रगट होंगे, ज़िंदगी में वे क्या हैं, यह गौण हो जाता है और नाटक में उसकी भूमिका—जो अपने में छाया से भी अधिक नहीं—महत्त्वपूर्ण बन जाती है। बरसों बाद 'हानूश' की रिहर्सलों के समय फिर से उस दुनिया में दाखिल होने का मौका मिला। एक दिन सुबह ग्यारह बजे निर्देशक महोदय से मिलने गया तो श्रीराम सेंटर की बाहरी दीवार पर कुछ लड़के-लड़कियाँ बैठे थे। उनके चेहरों पर अभी भी पिछली रात के शो की ख़ुमारी थी। कहीं-कहीं पर 'मेक-अप' की सुर्खी भी थी। अभिनेताओं के लिए आसपास की कारोबारी दुनिया का कोई अस्तित्व नहीं होता। जहाँ सुबह ग्यारह बजे लोग दफ़्तर-बाजारों में काम कर रहे होते हैं, यहाँ सुबह ग्यारह बजे रिहर्सल की तैयारी थी। उनके लिए अस्तित्व होता है नाटक की दुनिया का जो महीने-दो महीने में अस्तित्व में आयेगी और आँख झपकते फिर टूट-फूट जायेगी। बरसों बाद भी यह दुनिया मुझे बड़ी हृदयग्राही लगी और मन चाहा कि सब काम छोड़ कर फिर नाटक खेलूँ।

☐ अन्य किन कलाओं में रुचि रही ?

लड़कपन में मनुष्य की बीसियों चीज़ों में रुचि होती है। एक बार मूर्तिकला में भी गहरी रुचि पनपने लगी थी। श्रीनगर में एक विदेशी महिला बहुत बढ़िया बुत बनाती थीं। मैं उनके पास जा पहुँचा। उनका सिखाने का ढंग भी बहुत बढ़िया था। मेरा शौक बढ़ने लगा, लेकिन उनकी फीस बहुत ज्यादा थी। मैं दो-ढाई महीने से ज़्यादा नहीं सीख पाया।

कभी-कभी लगता है कि बाद में अपनाये जानेवाले किसी भी व्यवसाय अथवा शौक के बीज अंकुर बचपन में ढूँढ़े जा सकते हैं। अगर मैं बाजीगर बनता या पहलवान बनता तो उसके संस्कार भी मुझे अपने बचपन में मिल जाते।

☐ क्या जीवन में द्विविधा का क्षण भी कभी आया ?

द्विविधा के क्षण अनेक बार जीवन में आये और निर्णय प्रायः विडंबनापूर्ण ही रहा। एक मिसाल दूँ। कॉलेज छोड़ने के बाद मुझे लाहौर से एक तार मिला कि रेडियो के इंटरव्यू के लिए चले आओ, तुम्हारे कॉलेज के प्रिंसिपल ने तुम्हारे नाम की सिफारिश की है। मैं सोच में पड़ गया, जाऊँ या न जाऊँ। लाहौर का रेडियो स्टेशन उन्हीं दिनों खुलने जा रहा था, अच्छी नौकरी मिलने की सम्भावना थी। रेडियो की नौकरी करने

का मतलब था, शहर छोड़ना, माँ-बाप को अकेले छोड़ना, क्योंकि मेरे बड़े भाई पहले से बाहर जा चुके थे। मैंने फैसला किया कि नहीं जाऊँगा और नहीं गया। लगभग बीस बरस बाद मास्को में अनुवादक के रूप में नौकरी मिल रही थी और मैं फिर सोच में पड़ गया, जाऊँ या नहीं जाऊँ। जाने का मतलब था, बूढ़े माँ-बाप को अकेला छोड़ जाना। बहुत सोचने के बाद मैंने फैसला किया कि जाऊँगा, और चला गया। अब उस निर्णय के बारे में सोचता हूँ तो कभी-कभी बड़ा पछतावा होता है। जब माँ-बाप जवान थे और उन्हें मेरी बहुत ज़रूरत नहीं थी, उन दिनों मैं उन्हें छोड़ कर चला गया। यह पछतावा यह सोचकर कम नहीं होता कि दोनों मौकों पर पिताजी आग्रह करते रहे कि मैं चला जाऊँ।

□ कभी माँ-बाप के कहे वाक्य याद आते हैं ?

किसको याद नहीं आते। ऐसे ढेरों वाक्य हैं, जो बार-बार याद आते हैं। मसलन पिताजी कहा करते थे, "मुट्ठी भर मिट्टी भी उठानी हो तो बड़े ढेर में से उठाना।" माँ कहा करती थीं, "थोड़ा लद् सवेले आ।" (पंजाबी की कहावत है कि अपने गधे पर इतना सामान लादो कि उसे बेचकर जल्दी घर लौट सको)।

□ कहा जा रहा है कि आठवें दशक की हिंदी कहानी वाम कहानी है, उसमें प्रतिबद्धता है। क्या आप इस दशक की कहानी में कोई परिवर्तन महसूस करते हैं ?

हाँ, आठवें दशक की कहानी अधिक आक्रामक है। उसका झुकाव वामपंथ की ओर है। उसमें प्रोटेस्ट करने की प्रवृत्ति का विकास हुआ है। लेकिन दरअसल बात यह है कि यहाँ भी वही लेखक सफल हो पाये हैं जिनकी कहानियों में ज़िंदगी फूटकर निकलती है। लेबिल चिपका लेने से कुछ नहीं होता।

□ समकालीन लेखकों में आपको कौन-कौन से लेखक पसंद हैं ?

समकालीन लेखकों में मैंने सबको नियमित रूप से नहीं पढ़ा। इधर-उधर फुटकर रचनाएँ पढ़ी हैं। कुछ अच्छी लगीं और कुछ खराब। इसलिए मैं निश्चित रूप से कोई राय नहीं दे सकता।

□ अक्सर आपकी कहानियों पर आरोप लगाया जाता है कि 'चीफ की दावत' से लेकर आपकी नवीनतम कहानी तक की बुनावट, पात्रों तथा परिस्थितियों के विश्लेषण की क्षमता और पूरी संवेदनात्मक दृष्टि में कोई परिवर्तन नहीं आया है और सभी में एक प्रकार का सरलीकरण पाया जाता है।

सरलीकरण से क्या मुराद है ?

□ सपाट बयानी समझ लें···

अपनी वकालत कौन कर सकता है ? अगर कुछ लोगों को मेरी कहानियों में यह दोष दिखाई देता है तो यह उनकी नज़र की गहराई और मेरी कहानियों का उथलापन ही

दिखता है···हो सकता है यह मेरी सीमा हो···या असमर्थता हो···कोशिश तो सभी लेखक यही करते हैं कि जीवन के जिस प्रसंग पर वे लिख रहे हैं उसकी गहराई में जायें, सतह पर न चलें। मैं भी यही कोशिश करता हूँ।

□ यह सभी जानते हैं कि मार्क्सवादी दृष्टिकोण से आप जीवन को देखते हैं और साहित्य में लाते हैं। क्या आपकी विचारधारा कहीं-कहीं आप पर कोई अनावश्यक दबाव तो नहीं डालती···जैसे आप लिखना कुछ चाहते हैं पर विचारधारा के दबाव में लिखते कुछ और हों···कुछ लेखकों के साथ ऐसा हुआ है या होता भी है···या कहीं विचारधारा के प्रति अतिरिक्त उत्साह दिखाने का मोह···

वास्तव में जब किसी विचारधारा को कोई आत्मसात् करता है तो वह उसके सम्पूर्ण व्यक्तित्व में घुल-मिल जाती है। उसके विचार, भावना और शिल्प में विचारधारा बस जाती है। इस तरह उस व्यक्ति के साहित्य में और कहें कि उसकी जीवन-दृष्टि में परिलक्षित होती है। वह कोई बनावटी चेष्टा नहीं रह जाती। पर यदि लेखक वास्तव में किसी विचारधारा को आत्मसात् न कर सकेगा तो जाहिर है कि वह अच्छा नहीं लिख पायेगा। यह दिखाने के लिए कि वह एक निश्चित विचारधारा को मानता है, लेखक बने-बनाये निष्कर्ष निकालने लगेगा। व्याख्याएँ देने लगेगा। साहित्य का सबसे बड़ा गुण, मेरी नज़र में, उसकी प्रामाणिकता है। ऐसी भूलें हो सकती हैं और विशेष दौर में हुई भी हैं। कभी-कभी अत्यधिक उत्साह के कारण। पर यह विचारधारा का दोष नहीं है।

□ आप यह मानते ही हैं कि साहित्य की सामाजिक जिम्मेदारी होती है—तो आज हमारा साहित्य इस जिम्मेदारी को कैसे पूरा कर रहा है? सस्पेंस साहित्य की भरमार तथा स्वस्थ साहित्य की दयनीय दशा को सामने रखते हुए बतायें।

साहित्य-रचना अपने में एक सामाजिक क्रिया है। समाज से कट कर नहीं है। सस्ता साहित्य समाज में गम्भीर साहित्य के मुकाबले ज्यादा होता है। इसमें भी संदेह नहीं कि वह लोगों की रुचियों को बिगाड़ता है। आज यदि सस्ता साहित्य है तो स्वस्थ साहित्य भी है। लिखा जा रहा है···

□ क्या लोगों तक पहुँच रहा है? साहित्यिक पत्रिकाओं की संख्या में लगातार गिरावट आ रही है···

अब बड़े-बड़े प्रतिष्ठानों ने साहित्यिक पत्रिकायें निकाली हैं जो पहले नहीं थीं और उनका सरकुलेशन भी ज्यादा है, उनकी भूमिका भी महत्त्वपूर्ण हो उठी है और उनकी जिम्मेदारी भी बढ़ गयी है।

□ पर क्या वे पत्रिकायें साहित्यिक जिम्मेदारी निभा रही हैं?

उनमें अच्छी चीज़ भी छपती है और कमज़ोर भी। वास्तव में वे पूर्णतया साहित्यिक

पत्रिकायें नहीं हैं। लेकिन निश्चय ही सभी छपनेवाले उनकी ओर आकृष्ट होते हैं और चाहते हैं कि उनकी चीज़ें उनमें छपें। पर यह कहना कठिन है कि उनसे पाठक की साहित्यिक रुचि का परिष्कार होता है। उनके प्रकाशन का यह प्रमुख लक्ष्य भी नहीं होता। लघु पत्रिकायें बहुत-सी निकल रही हैं। गम्भीर साहित्य उनमें छपता है। पर वे घूम-फिर कर लेखकों के दायरे में ही सीमित हो जाती हैं।···कुछ कुछ विधायें हैं जिनमें लिखा साहित्य पाठक वर्ग से दूर होता जा रहा है, जैसे कविता···यह स्थिति बड़ी दुर्भाग्यपूर्ण है क्योंकि कहानी-निबंध की अपेक्षा कविता में अधिक प्रभावित करने की ताकत होती है···इधर यह भी है कि हिंदी कविता अपना 'नया ईडियम' बना रही है···

☐ किस कवि की कवितायें रुचि से पढ़ते हैं ?

जो भी कवितायें मिल जाती हैं। हिंदी कविता के सम्बन्ध में एक बात मुझे यह लगती है कि वह उर्दू कविता की तरह अधिक लोकप्रिय क्यों नहीं बन सकी···आज भी उर्दू कविता के पाठक अधिक हैं।

☐ कुछ लोग कहते हैं हिन्दी कविता का स्वाभाविक विकास नहीं हुआ है। यह 'ट्रांसप्लांट' की गयी है···

मैं भी इस बात से सहमत हूँ पर अधिकारपूर्वक नहीं कह सकता, शायद इसका एक कारण यह भी है कि इसके पीछे परम्परा से अपने को काटने की कोशिश है, और लोक-कविता आदि से भी। बाहर का प्रभाव भी हिंदी कविता पर बहुत अधिक है। इन बातों के बारे में सोचने की ज़रूरत है।

☐ आपने बार-बार 'समाजोन्मुखी साहित्यकार' एक्सप्रेशन का प्रयोग किया है। क्या आपके ख्याल से समाजोन्मुखी और प्रतिबद्ध साहित्यकार में कोई अन्तर है ?

नहीं, अन्तर नहीं है। आज साहित्य की प्रमुख धारा समाजोन्मुखी है। जो अस्तित्व-वादी साहित्यकार हैं, जो समाज को अन्धी गली में पहुँचा हुआ मानते हैं वे भी समाज की अवहेलना नहीं कर सकते। वे भी आज के जीवन की पेचीदगियों, विसंगतियों आदि से आक्रांत हैं।

☐ प्रतिबद्धता से यह अर्थ लगाया जाता है कि वे साहित्यकार जो मार्क्सवाद को अपनी विचारधारा मानते हैं और उसके आधार पर साहित्य लिखते हैं, समस्याओं को सामने लाते और विश्लेषण करते हैं। दूसरे कोई अन्य साहित्यकार जो इस विचारधारा को नहीं मानते पर समाज की विसंगतियों पर लिखते हैं। तो क्या दोनों में कोई अन्तर नहीं किया जायेगा ?

मैं प्रतिबद्ध और समाजोन्मुखी में बहुत बड़ा अन्तर नहीं मानता। दोनों की दृष्टि मानवतावादी होती है। हाँ एक मूलतः अपने अंतःकरण से उपेक्षित मानवीय सद्भावना की उपज है, दूसरा सामाजिक जीवन की तह में काम करनेवाले आर्थिक-सामाजिक तत्त्वों

के प्रति अधिक सचेत हैं, उन पर बल देता है। मार्क्सवाद, विकसित और वैज्ञानिक मानवतावाद है पर प्रेमचन्द या उनके जैसे दूसरे लेखकों की देन मानवतावादी साहित्य को महान है।

☐ आपातकाल का समर्थन प्रगतिशील लेखकों ने किया था। आप व्यक्तिगत रूप से क्या सोचते हैं ?

उस समय हवा यह थी कि 20 सूत्रीय कार्यक्रम से जनता का फायदा होगा। गरीबों को कुछ राहत मिलेगी। इस विश्वास के साथ हमने उसका समर्थन किया था। पर किसी लेखक ने अपने लेखन में यह नहीं कहा कि समाजवाद आ गया है···लेखन में हमारी दृष्टि उस समय भी जीवन की विसंगतियों तथा विडंबनाओं के प्रति सचेत थी।

☐ क्या आपातकाल के कारण प्रगतिशील शक्तियों को क्षति पहुँची ?

प्रगतिशील शक्ति मैं जनता को मानता हूँ जो जुझारू है, संघर्षशील है, तब भी थी और आज भी है···

☐ आपातकाल के दौरान आपने कोई कहानी लिखी ?

हाँ, थोड़ा-बहुत लिखता रहा। कुछ कहानियाँ लिखीं। अपना नाटक 'हानूश' साफ किया आदि।

☐ क्या 'मालिक का बंदा' शीर्षक कहानी उन्हीं दिनों लिखी गयी थी ? क्या वह प्रतीकात्मक कहानी है ?

कहानी उन्हीं दिनों लिखी गयी थी। व्यंग्यात्मक कहानी है। अगर कोई चाहे तो प्रतीकों में भी देख सकता है।

☐ अपनी रचना-प्रक्रिया के सम्बन्ध में कुछ बतायेंगे ? कुछ लोग इसे रहस्यात्मक या दैवी···

देखिए दैवी तो कुछ होता-हुवाता नहीं। अपने आसपास के जीवन ही में घटी कोई बात मन को चुभ जाती है और कहीं मन को उद्वेलित करती रहती है। कहीं कोई बहुत मामूली-सी बात मन में अटक-सी जाती है। कभी उसमें जीवन की किसी विडंबना की झलक मिलती है···कहीं जीवन का सत्य झलकता है। बीज रूप में कहानी अक्सर वहीं से शुरू होती है। पर जरूरी नहीं कि कहानी उसी के इर्द-गिर्द बुनी जाये।

☐ आपके बहुचर्चित उपन्यास 'तमस' लिखने के पीछे कौन-सी घटना थी ?

रावलपिंडी में जहाँ हमारा घर था, वहाँ हिंदुओं और मुसलमानों की मिली-जुली आबादी थी। मैंने साम्प्रदायिक दंगे अपनी आँखों से देखे हैं।

☐ परन्तु उन घटनाओं और 'तमस' लिखने के बीच इतना लम्बा अन्तराल क्यों ?

किसी चीज ने डिस्टर्ब किया होगा। अब याद नहीं कि वह घटना क्या थी। साम्प्रदायिकता की समस्या बटवारे के साथ खत्म नहीं हो गयी। वह मनोवृत्ति, वह रवैया

आज भी हमारे समाज में रह-रहकर अपना भयावह रूप दिखाते हैं। आदमी जो कुछ लिखता है, वह कहीं न कहीं तो उसके अपने काल से जुड़ता है, उसके अपने काल के लिए संगत होता है। भले ही वह मध्ययुग के बारे में लिखे।

□ फिल्म के लिए भी आपने लिखा है ?

नहीं, लिखा नहीं। जब बम्बई में बलराज जी के साथ रहता था तो वे 'गुंजन' फिल्म में रोल दिलाने के लिए ले गये थे। प्रेमधवन के साथ ही स्टूडियो वगैरा आता-जाता रहा पर रोल नहीं किया। फिर बम्बई में पत्रकारिता शुरू की। पर बम्बई का पानी मुझे रास नहीं आया। फिल्म में तो नहीं, हाँ ड्रामों में रोल किये हैं। यों कॉलेज की शिक्षा समाप्त करने के बाद जब घर आया तो पिताजी के साथ व्यापार करने लगा था।

□ प्रायः लेखकों को प्रकाशन सम्बन्धी परेशानियाँ रहती हैं। अब तो आपके सामने ऐसी कोई दिक्कत नहीं होगी ?

अब तो नहीं है, पहले जरूर रही है। मेरा पहला कहानी-संग्रह 'भाग्यरेखा' मेरे ससुर के मित्र के बेटे ने छापा था। कुछ दिन तो छोटी-मोटी रायल्टी मिलती रही फिर वे कैलेंडर छापने का धंधा करने लगे और मेरे कहानी-संग्रह की अनबिकी प्रतियाँ लौटा दीं। और उनकी कीमत भी मुझसे वसूल कर ली। दूसरा कहानी-संग्रह 'पहला पाठ' भी एक रिश्तेदार ने छापा था। उन्होंने एक कौड़ी नहीं दी। और प्रतियाँ भी नहीं दीं।

□ क्या आप किसी को लेखन पर ही जीवन निर्वाह करने की सलाह देंगे ?

बिल्कुल नहीं दूँगा। इतना पैसा मिल नहीं जायेगा कि रोजी-रोटी चल सके···पैसा कमाने के लिए रोज कुछ न कुछ लिखने का 'टैन्शन' अलग-अलग रहता है···विदेशों में ऐसा सम्भव है।

□ आपको लिखने का कितना पैसा मिल जाता है ?

तीन-चार सौ रुपये···इतने पैसों में किसका खर्च चल सकता है ? हिन्दी पाँच प्रांतों की भाषा है। पर हिन्दी के साहित्यकार लिखने के साथ-साथ दूसरी नौकरियाँ करने पर विवश हैं···किताब खरीदने के प्रति लोगों के मन में उत्साह नहीं है। रूस में कुछ ही दिनों में एक संस्करण बिक जाता है।

□ 1936 में अखिल भारतीय प्रगतिशील लेखक संघ की स्थापना हुई थी, उस समय राष्ट्रीय विचारधारा तथा मार्क्सवादी विचारधारा दोनों को माननेवाले लेखक एक साथ आ गये थे। पर क्या बात है कि आज दो कम्युनिस्ट पार्टियों के लेखक एक साथ नहीं आ पा रहे हैं ?

सवाल मूल दृष्टि का है, किसी पार्टी का नहीं। न ही प्रगतिशील लेखन किसी संगठन का मोहताज है। संगठन की अपनी भूमिका होती है, वह लोगों तक अपने विचार, रचना-दृष्टि आदि पहुँचाने का माध्यम होता है। रचना के क्षेत्र में भी उससे प्रेरणा मिल सकती है। यह सम्भव है कि प्रगतिशील लेखकों के बीच दिन-प्रतिदिन की राज-

नीति के प्रति मतभेद पाया जाये और जीवन और समाज के प्रति उनकी दृष्टि में गहरी समानता हो।

☐ वर्ष में कितनी कहानियाँ लिख लेते हैं ?

पहले दो-तीन लिखता था, अब चार-पाँच हो जाती हैं।

☐ क्या समय अधिक मिलता है।

अब मैं नियमित रूप से लिखता हूँ।

☐ लिखने-पढ़ने के अतिरिक्त और काम में घर पर समय बीतता है ?

हमारा छोटा परिवार। एक लड़की जिसकी शादी हो गयी है। लड़का मास्को में पढ़ता है। मैं और पत्नी रहते हैं। मेरे यहाँ कोई नौकर नहीं है। घर का कामकाज दोनों मिल कर ही करते हैं।

☐ आपके परिवार के सदस्य आपके साहित्य में रुचि लेते हैं ?

हाँ लेते हैं, मेरी कहानियों की पहली पाठक मेरी पत्नी होती है।

☐ तारीफ करती हैं या कभी-कभी बुराई भी ?

झूठी तारीफ नहीं करती। यदि पसंद न आये तो 'हूँ-हाँ' कर देती है और मैं समझ जाता हूँ कि रचना कमजोर है।

—असगर वजाहत

बातचीत–दो

अपने व्यक्तिगत अनुभवों को कथा में ढाल कर डॉ० भीष्म साहनी ने हिन्दी साहित्य को अत्यधिक सम्पन्न किया है। उनके लिए जिन्दगी लगातार आदान-प्रदान का विषय बनी रही। जिन्दगी से उन्होंने सच्ची घटनाएँ उठाईं, और जिन्दगी के विभिन्न पहलुओं को न सिर्फ गहराई से आँकने में सफल हुए, बल्कि समकालीन भारतीय साहित्य की कुछ सर्वाधिक जीवंत कृतियाँ भी दीं। साहित्य अकादमी द्वारा पुरस्कृत उनका उपन्यास 'तमस' उनकी अपनी अनूठी रचनाधर्मिता का बढ़िया उदाहरण है। यह उपन्यास हिंदी कथा साहित्य में एक मोड़ साबित हुआ है।

रावलपिंडी में जन्मे 66 वर्षीय भीष्म साहनी भी अपने अग्रज विख्यात अभिनेता बलराज साहनी के समान ही वामपंथ की तरफ झुके हुए हैं। फिर भी सिर्फ इसी कारण वे सामान्य लेखकों से अलग नहीं हैं। दिल्ली में वे बरसों से अंग्रेजी के प्राध्यापक हैं, फिर भी वे हिन्दी में ही लिखना पसन्द करते हैं। यही नहीं, एक कट्टर साम्यवादी के नाते वे धर्म के गूढ़तावाद में विश्वास नहीं करते, फिर भी आजकल एक पौराणिक नाटक पर काम कर रहे हैं। जिन्दगी के प्रति उनकी गहरी पकड़ उनकी पुस्तकों में दिखाई पड़ती है, लेकिन उनमें उनका अपना दृष्टिकोण और झुकाव कम ही है। इसीलिए यह तय करना बेहद मुश्किल है कि कौन अधिक प्रभावशाली है—खुद भीष्म साहनी या उनकी कृतियाँ।

भीष्म साहनी से कोई 100 मिनट तक हुई बातचीत के अंश यहाँ प्रस्तुत है :

□ डॉ० साहनी, आपके ज्यादातर उपन्यासों में मध्यम वर्ग की बदलती हुई प्रवृत्तियों का चित्रण है। आपने अपने लेखन को ऐसे विषय तक क्यों सीमित रखा?

कोई भी उन्हीं चीजों के बारे में विश्वास के साथ लिख पाता है, जिन्हें वह जानता है या जिनका वह अन्य बातों के बजाय ज्यादा गहराई से अनुभव करता है। अपनी ज्यादातर जिन्दगी मैंने छोटे शहरों या कुछ बड़े शहरों में गुजारी है और इसलिए मेरे अनुभव का दायरा भी मध्यम वर्ग—निम्न मध्यम वर्ग और मध्यम वर्ग तक ही रहा है।

□ परिवार के बदलते हुए रिश्ते भी आपकी रचनाओं में लगातार प्रतिबिम्बित हुए हैं। क्या आप ऐसे व्यक्तिगत अनुभवों से भी गुजरे हैं?

अवलोकन के स्तर पर, हाँ। लेकिन अपने व्यक्तिगत जीवन में इतना नहीं।

□ आपने मास्को में सात साल गुजारे हैं। इसका आप पर और आपकी कृतियों पर क्या प्रभाव पड़ा ?

जी हाँ, वह एक सुखद अनुभव था। वहाँ मैं मुख्य रूप से पुस्तकों का हिन्दी अनुवाद करने में व्यस्त था। मैंने ताल्सताय की कुछ कृतियों का और कुछ अन्य आधुनिक लेखकों की कृतियों का भी अनुवाद किया। मगर सोवियत संघ में ऐसी बहुत-सी बातें थीं, जिन्होंने मुझे बहुत प्रभावित किया। रूसियों में भारतीय संस्कृति और विश्व के मामलों में भारत की भूमिका के लिए बड़ा आदर भाव है। उनमें भारतीयों के प्रति बहुत हार्दिकता है। इसके अलावा भी, प्रगति की गति, खासकर उस समय चल रहे निर्माण कार्य ने भी मुझ पर प्रभाव डाला। कुछ ही महीनों में मकानों की पंक्तियाँ खड़ी हो जाती थीं। मुझे यह भी लगा कि जैसे पूरा राष्ट्र एक परिवार की तरह है, जो एक तरह के संयुक्त सामुदायिक प्रयास में जुटा हुआ है।

□ क्या सोवियत समाज का वह रूप आपके उपन्यासों में एक आदर्श के रूप में प्रतिबिम्बित हुआ है ?

सोवियत संघ पर आधारित किसी विषय पर मैंने नहीं लिखा है। देखिए, वहाँ की जीवन शैली बिलकुल ही अलग ढंग की है, लेकिन यह जरूरी है कि आप दूसरे लोगों के बारे में भी जानें, ताकि आप अपनी अभिव्यक्ति के साथ न्याय कर सकें। मैं रूसी भाषा जानता हूँ, अलबत्ता मुझे उसका सिर्फ कामचलाऊ ज्ञान ही है। हालाँकि मैंने कुछ कहानियाँ लिखी हैं, फिर भी किसी दूसरे देश की जिन्दगी के बारे में उपन्यास लिखने के लिए और अधिक गहरी समझ की जरूरत होती है।

□ कहा जाता है कि आपके उपन्यास 'झरोखा' में आपके अपने व्यक्तित्व का चित्रण है। अन्यथा, क्या आप अपनी कृतियों में अपने व्यक्तिगत जीवन को प्रतिबिम्बित करने के प्रति संकोची नहीं हैं ?

उलटे, मैं तो यह सोचता हूँ कि संकोच करने लायक, छिपाने लायक कुछ भी नहीं है। वास्तव में, 'झरोखा' आत्मकथात्मक ही है, जो मुख्य रूप से मेरे बचपन के बारे में है। अलबत्ता यह कथात्मक है, फिर जिन प्रभावों को यह प्रस्तुत करता है, वे मेरे द्वारा बहुत गहराई से अनुभव किए गए हैं।

□ क्या आप ऐसा कुछ खास बता सकते हैं, जो आपने अनुभव किया हो ?

हाँ, पारिवारिक वातावरण, उसमें दो भाइयों का आपसी सम्बन्ध, घर का नौकर। यह सब वास्तविक जिन्दगी से लिए गए हैं।

□ आपकी एक कहानी का शीर्षक बड़ा ही साहसपूर्ण है – 'हरामजादे'। इस कहानी का स्वागत किस तरह हुआ ?

(मुस्कुराते हुए) उसका काफी अच्छा स्वागत हुआ। यह विदेश में रहने वाले भारतीयों के बारे में है। अपने गृहदेश और अपने लोगों के लिए उनका मन बहुत ज्यादा ललकता है, मगर फिर भी वे वापस नहीं आ सकते। चूँकि वे वापस आने की स्थिति में नहीं होते, इसलिए वे उखड़े हुए से महसूस करते हैं।

☐ आपकी कौन-सी रचना आपके अपने विचारों की अधिकतम अभिव्यक्ति है ?

'तमस', क्योंकि यह हमारे देश में साम्प्रदायिक तनाव की सामाजिक समस्या के बारे में है। तमस में जिन खास तरह के अनुभवों का जिक्र हुआ है, जब मेरे शहर में दंगे फूट पड़े थे, तब मैं खुद उन अनुभवों से गुजरा हूँ। इस उपन्यास के लिए मैंने उन भयानक दिनों से बहुत कुछ लिया है।

☐ समीक्षकों का कहना है कि उसके तीन चरित्र—सिक्ख, हिन्दू और मुसलमान—जो शायद आपके विचारों के प्रवक्ता हैं, ऊपर से थोपे हुए हैं। कहानी के साथ उनकी संगति नहीं बैठती।

बिलकुल नहीं। वास्तव में, रचना की दृष्टि से यह कृति सामान्य उपन्यासों से अलग हट कर है। इसलिए ऐसा लग सकता है कि ये चरित्र ऊपर से थोपे हुए हैं। दरअसल मैंने यह बताने की कोशिश की है कि विभाजन के समय विभिन्न वर्गों में क्या हो रहा था। चूँकि मुख्य संघर्ष और तनाव साम्प्रदायिक ढंग का था, इसलिए मैंने उन सम्प्रदायों के आपसी रिश्तों में उनकी मनोवैज्ञानिक प्रतिक्रिया प्रतिबिम्बित करने का प्रयत्न किया है।

☐ उसके कुछ चरित्र वामपंथ की ओर झुके हुए लगते हैं।

ऐसा सिर्फ एक ही चरित्र है—एक कम्युनिस्ट। वह उपन्यास का केन्द्रीय चरित्र नहीं है। देखिए, उपन्यास किसी राजनीतिक सिद्धांत को थोपने के लिए नहीं लिखा गया है। मैंने इसे निरपेक्ष दृष्टि से ही लिखने की कोशिश की है।

☐ आपके परिवार पर आर्यसमाज का पर्याप्त प्रभाव रहा है। क्या आप पर भी प्रभाव पड़ा है ?

मेरे पिता कट्टर आर्यसमाजी थे। स्वाभाविक है कि हम उस वातावरण में रहे और फलस्वरूप उसका मेरे मस्तिष्क पर बड़ा गहरा प्रभाव पड़ा है। इसमें कोई शक नहीं कि उस समय आर्यसमाज का बहुत सक्रिय संगठन था और हिन्दू समाज में बहुत सारे परोपकारी काम कर रहे थे। जहाँ तक हिन्दुओं में सामाजिक सुधारों का सम्बन्ध है, उस समय आर्यसमाज ने अपनी आवाज उठाई। यह आज भी प्रासंगिक है। अलबत्ता यह दु;ख की बात है कि उसी मिशनरी भावना से उसका अनुसरण नहीं किया जा रहा है। आर्यसमाज और पुराने रूढ़िवादी धर्म में अन्तर है। मैं उस अन्तर के बारे में बात करना नहीं चाहूँगा, क्योंकि उसका मेरे कामकाज से सम्बन्ध नहीं है। मेरा अब आर्यसमाज से कोई सम्बन्ध नहीं है।

☐ आपकी एक कहानी 'चीफ की दावत' में एक सोद्देश्य आदर्शवादी विषय था। क्या वह भी वास्तविक घटना पर आधारित है ?

हाँ जी ! वह भी एक अनुभव पर आधारित, अलबत्ता वह अनुभव निजी किस्म का नहीं था। यह एक ऐसा विषय है जिस पर अनेक लेखकों ने लिखा है—बदलते हुए समय में माँ की स्थिति।

□ आपकी कौन-सी कृति व्यावसायिक रूप से ज्यादा सफल रही ?

'तमस'।

□ तमस के अलावा ?

तमस के अलावा हिन्दी साहित्य में व्यावसायिक सफलता जैसी कोई चीज नहीं है। कोई लेखक सिर्फ अपनी कलम पर जिन्दा नहीं रह सकता। स्थिति काफी निराशाजनक है। मेरी कोई भी पुस्तक व्यापक रूप से प्रचारित नहीं हुई। सिर्फ 2 हजार पुस्तकों का संस्करण बिकने में भी बरसों लग सकते हैं। मगर, निश्चित रूप से ऐसा कुछ जरूर है जो पाठक का ध्यान आकर्षित करता है और जो मुझे खुशी देता है। बजाय किसी और चीज के यह लेखक को प्रेरित करता है कि उसकी रचना ने ध्यान आकर्षित किया है और पढ़ी गई है।

□ उचित प्रतिदान का अभाव लेखक के लिए निराशजनक होता होगा ?

निश्चित रूप से, खासकर युवा लेखकों के लिए। क्योंकि किसी भी युवा लेखक को, चाहे वह कितना ही प्रतिभाशाली हो, पाठक पर प्रभाव डालने में लम्बा वक्त लगता है।

□ आप में एक विरोधाभास साफ दिखाई देता है। वह यह कि आप अंग्रेजी पढ़ाते हैं और हिन्दी में लिखते हैं। ऐसा क्यों ?

कोई भी उसी भाषा में लिखता है, जिसमें उसे सुविधाजनक लगता है। वास्तव में पंजाबी और भी उपयुक्त माध्यम होती। मगर मैं हिन्दी में ही लिखता हूँ क्योंकि मैं महसूस करता हूँ कि मैं इस भाषा को अच्छी तरह पढ़ और समझ सकता हूँ। आदमी जिन लोगों के बीच रहता है, भाषा उन्हीं लोगों की अपनी होनी चाहिए।

□ भारत में कोई 250 वर्ष के अंग्रेजी शासन को देखते हुए क्या आप ऐसा नहीं सोचते कि अंग्रेजी भी भारतीयों के लिए अपनी भाषा जैसी ही बन गई है ?

नहीं, आज भी मैं सोचता हूँ कि हमारे लोगों में से सिर्फ दो या तीन प्रतिशत ही अंग्रेजी में बातचीत करते हैं। यह भी सिर्फ शहरी इलाकों में है और वहाँ भी अंग्रेजी का व्यवहार बहुत कम होता है। बेशक, बाहर वालों से सम्पर्क के लिए यह बहुत उपयोगी है और इसमें थोड़ा-बहुत बढ़िया साहित्य भी लिखा गया है। यह बहुत बड़े फायदे हैं, लेकिन मैं निजी तौर पर सोचता हूँ कि किसी भारतीय द्वारा अंग्रेजी में लिखना गलत बात है।

□ हिन्दी लेखकों के बारे में मैंने एक अजीब बात देखी है। विभाजन और अन्य संवेदनशील विषयों पर अंग्रेजी में बहुत कुछ लिखा गया है, लेकिन हिन्दी लेखक राजनीतिक विषयों पर लिखने में क्यों झिझकते हैं, और वे वास्तविक जीवन की घटनाओं को नाटकीय क्यों बना देते हैं ?

मैं इससे सहमत नहीं हूँ। हाल ही में, ऐसे काफी नाटक लिखे गए हैं, जिन्हें राजनीतिक व्यंग्य कहा जा सकता है। मगर आपकी यह बात सही है, समकालीन राजनीतिक जीवन

अधिकतर हिन्दी कथा साहित्य का विषय नहीं बन पाया है। हो सकता है कि, हिन्दी लेखक सामान्यतः घरेलू और सामाजिक समस्याओं में उलझे हुए हों। अब साम्प्रदायिक तनाव और अछूत समस्या जैसे प्रश्न उभरने लगे हैं। फिर भी, मैं नहीं सोचता कि हिन्दी लेखक राजनीतिक विषयों के प्रति उदासीन हैं। हिन्दी लेखन में कई धाराएँ और प्रति-धाराएँ हैं। निस्संदेह हिन्दी लेखन की मुख्य प्रवृत्ति सामाजिक (सामाजिक दृष्टिकोण से जीवन का यथार्थपरक चित्रण की) है। मैं तो कहूँगा कि यह मुख्य प्रवृत्ति है, मगर एक मात्र नहीं। प्रेमचन्द के समय में ग्रामीण विषयों को बहुत लिखा गया और यह बाद में भी थोड़ा-बहुत जारी रहा। बाद में, बहुत सारे लेखक बड़े शहरों की जिन्दगी की तरफ मुड़े और शहरी मध्यम वर्ग के जीवन पर लिखने लगे। फिर एक प्रवृत्ति ऐसी भी थी जो 'नव लेखन' से बहुत ज्यादा प्रभावित थी। गद्य और पद्य दोनों में रूपगत प्रयोग भी काफी किए गए। इसलिए विकास बहुमुखी हुआ है।

☐ आपने कभी फिल्मों में कोई प्रयत्न क्यों नहीं किया। आपके भाई ने सिनेमा जगत में अपना प्रमुख स्थान बनाया था। आप क्या सोचते हैं?

जी हाँ, उन्होंने अपनी जगह बनाई। मगर मैंने परिस्थितियों के कारण फिल्मों में कभी कोशिश नहीं की।

☐ क्या आपको ऐसा नहीं लगता कि वह एक व्यापक माध्यम है?

कोई भी कलात्मक माध्यम व्यापक भी हो सकता है और संतोषप्रद भी।

☐ आपको लिखने के लिए किससे प्रेरणा मिली?

यह कहना मुश्किल है। कभी-कभी ऐसा लगता है कि मैं एक ऐसे परिवार में जन्मा, जिसके कई सदस्यों ने पहले ही लेखन को अपनाया था। मेरे भाई ने भी इसे अपनाया और मेरे चचेरे भाइयों ने भी। वातावरण तो था ही। कभी-कभी मैं सोचता हूँ कि अंग्रेजी साहित्य के मेरे एक अध्यापक ने इसमें बड़ी भूमिका निभाई है, मगर कुछ भी कह पाना बड़ा मुश्किल है।

☐ आपका क्या विचार है कि बंगला, तमिल, कन्नड़, मराठी और दूसरी क्षेत्रीय भाषाएँ ज्यादा प्रभावशाली और अभिव्यक्ति-क्षम हैं? क्या इसीलिए इन भाषाओं के साहित्य का प्रायः हिन्दी में अनुवाद किया जाता है?

बंगाल में बंकिमचंद्र चटर्जी जैसे साहित्यकार बहुत पहले हुए और हिन्दी में उनके जैसी कृतियाँ बहुत बाद में आईं। इसलिए स्वाभाविक है कि हिन्दी लेखक क्षेत्रीय भाषाओं की तरफ आकर्षित हुए और उन्होंने उनका अनुवाद करना शुरू किया। ऐसा है कि सृजनात्मक लेखन के क्षेत्र में आपका अपना माध्यम आपके लिए बहुत महत्त्वपूर्ण होता है। मगर उस समाज में, जिसमें आप रहते हैं, अगर किसी दूसरी भाषा को सम्मान दिया जाता है और आपकी मातृभाषा को नहीं, तो इससे तनाव पैदा हो सकता है। मुझे ऐसा कोई कारण दिखाई नहीं देता कि हमारे सामाजिक जीवन के हर क्षेत्र में अंग्रेजी को सम्मान दिया जाये। मैं सोचता हूँ यह अतीत का मोह है। मगर इस मोह

को आगे भी पुष्ट किया जा रहा है, यह दुर्भाग्यपूर्ण है ।

☐ एक प्रसिद्ध सम्पादक का मत है कि अगर जल्दी ही अंग्रेजी से छुटकारा नहीं पा लिया गया, तो अगले 50 वर्ष में भाषा के प्रश्न पर भारत में गृहयुद्ध तक हो सकता है । क्या आप इससे सहमत हैं ?

नहीं, मैं सहमत नहीं हूँ । मगर बंगला देश के गृहयुद्ध में एक मुद्दा बंगलाभाषियों पर उर्दू थोपने का भी था । तनाव बढ़ सकता है···मगर मैं कुछ कह नहीं सकता । मैंने वास्तव में इस पर कभी सोचा नहीं ।

☐ क्या आप वर्तमान भारतीय कथाकारों विशेष रूप से हिन्दी कथाकारों से संतुष्ट हैं ?

अच्छे लेखकों की संख्या काफी है, अलबत्ता उनकी विषय-निर्वाह की क्षमता सीमित है ।

☐ लगता है, आजकल आप उपन्यासों की तरफ ज्यादा झुके हुए हैं । क्या रंगमंच और नाटक लेखन के क्षेत्र में प्रयोगों के प्रति आपका मोहभंग हो चुका है ?

नहीं, बल्कि तथ्य यह है कि मैं आजकल रंगमंच से ज्यादा जुड़ा हुआ हूँ । मैंने अभी-अभी दो नाटक लिखे हैं—'हानूश' और 'कबीर' । हालाँकि मैंने और भी नाटक लिखे हैं, मगर उनकी प्रस्तुती से मेरा सीधा सम्बन्ध नहीं है ।

☐ लेखन के अतिरिक्त आपकी अन्य रुचियाँ क्या हैं ?

आजकल बहुत ज्यादा नहीं । पहले, मुझे यात्रा करना बहुत पसंद था । अपनी जवानी के दिनों में हॉकी भी खेलता था । मुझे चित्र और कला प्रदर्शनियाँ देखना पसंद है ।

☐ क्या आप किसी विशेष समय पर लिखते हैं या जब भी मूड आ जाता है, तभी ?

मेरा विचार है कि नियमित चर्चा से मदद मिलती है । लेकिन, हर कोई उस अनुशासन और चर्या से बंधा नहीं रह सकता । मैं नियमित रूप से लिखने की कोशिश करता हूँ ।

☐ आप नई कहानियाँ के सम्पादक भी रहे हैं । आप पत्रकारिता में सिर्फ यहीं तक सीमित कैसे रहे ?

नई कहानियाँ में पत्रकारीय लेखन के लिए कोई बहुत ज्यादा गुंजाइश नहीं थी । मैंने मुक्त रूप से भी थोड़ा लेखन कार्य किया है, लेकिन वह केवल सांस्कृतिक विषयों तक ही सीमित था । आम किस्म की पत्रकारिता में मुझे कभी रुचि नहीं रही ।

☐ साहित्य की तरफ पत्रकारीय माध्यम आज जो ध्यान दे रहा है, क्या आप उससे संतुष्ट हैं ?

हिन्दी के क्षेत्र में कई छोटे-छोटे प्रकाशन होते हैं जो व्यापक रूप से पढ़े नहीं जाते, मगर जो एक महत्त्वपूर्ण भूमिका निभाते हैं, खासकर कविता और समीक्षा के क्षेत्र में । हिंदी

में किताबें खरीदनेवाले लोग बहुत कम हैं। चूँकि लोग लोकप्रिय साहित्य खरीदना पसंद करते हैं, घटिया रोमांचक पत्रिकाएँ आमतौर पर ज्यादा बिकती हैं।

☐ आपको किन लेखकों ने सबसे अधिक प्रभावित किया है ?

हर लेखक दूसरे हर लेखक से प्रभावित होता है। बहुत-से लेखक छाप छोड़ते हैं। किसी विशेष समय पर कोई लेखक, चाहे कुछ भी हो, स्थायी छाप छोड़ता है। मगर अन्ततः हर कोई अपनी खुद की शैली विकसित कर लेता है। मुझे ताल्सताॅय, प्रेमचन्द और चेखव सबसे ज्यादा पसंद हैं।

☐ आजकल आप किस रचना पर काम कर रहे हैं ?

सुनकर आपको आश्चर्य होगा। आजकल मैं एक पौराणिक विषय पर आधारित नाटक पर काम कर रहा हूँ।

—दिनेश शर्मा

बातचीत–तीन

☐ भीष्म जी, जैसा कि आपके आरम्भिक जीवन के बारे में जहाँ-तहाँ पड़ा तथा आपकी अनेक कहानियों से जाना कि उन दिनों आपके घर का वातावरण एक विशेष प्रकार की धार्मिक कट्टरता लिए था, लेकिन ऐसा कम देखने-पढ़ने को मिला कि आपके मनमें उस वातावरण के प्रति कभी विद्रोह की भावना जागृत हुई हो। क्या आपको ऐसा कोई क्षण याद आता है जब आपने विद्रोह नहीं तो विरोध ही प्रकट करने की चेष्टा की हो ?

मेरे बचपन के दिनों में घर के माहौल में कट्टरता थी बेशक लेकिन उग्र प्रकार की कट्टरता नहीं थी। पिताजी कट्टर आर्यसमाजी थे, पर समाज-सुधार में भी गहरी दिलचस्पी रखते थे। आर्यसमाज द्वारा संचालित अस्पताल, वनिता आश्रम, स्कूल-कालिज आदि में सक्रिय रूप से काम करते थे जिसका असर एक तरह से अच्छा हुआ कि हम समाजोन्मुख हुए। आर्यसमाज का आंदोलन उन दिनों जहाँ हिंदु संगठन चाहता था, वहाँ हिंदु समाज में से अनेक कुरीतियों का विरोध भी करता था, जैसे बाल-विवाह, छुआछूत, जात-पात आदि और विधवा-विवाह, अछूतोद्धार, स्त्री-शिक्षा आदि का समर्थन करता था। मूर्ति-पूजा का खण्डन करता था। इसके अतिरिक्त पिताजी की दृष्टि मध्यवर्ग के पढ़े-लिखे व्यापारी की दृष्टि थी जो अध्यवसायी भी है और भौतिक दृष्टि से आगे भी बढ़ना चाहता है और जो यह भी समझता है कि उसके बच्चों का भविष्य आधुनिक शिक्षा के सहारे अधिक उज्ज्वल हो पायेगा। कुल मिलाकर उनका दृष्टिकोण उदारवादी अधिक और कट्टरपंथी कम था।

जहाँ तक विरोध का सवाल है, कुछेक बातें ध्यान में आती हैं, जब मैंने और उससे पहले मेरे बड़े भाई ने होश सँभाला, हमारे घर में बहसें होने लगीं। पिताजी के साथ खूब बहसें होती थीं और दसियों साल तक चलती रहीं। पिताजी अपनी बात भी कहते थे और दूसरों की सुनते भी थे। जहाँ तक विरोध करने का सवाल है ऐसी दो टूक कन्फ्रटेशन तो नहीं हुई। मेरे भाई की अधिक हुई और उसके विरोध से मेरा रास्ता साफ होता गया। पर बचपन अथवा लड़कपन में माता-पिता से विरोध ज़्यादातर छोटी-छोटी बातों को लेकर होता है।

बचपन को लाँघकर, लड़कपन में कदम रखते हुए, कब सिर पर से चुटिया गायब हुई, कब सिर पर थोड़े-बहुत कंघी करने लायक बाल रखे जाने लगे, कब पाय-

जामा की जगह पतलून ने ले ली, कब्र घर में वार्तालाप पंजाबी की जगह अंग्रेजी में होने लगा, चौके में खाना खाने के बजाय मेज़ पर परिवार बैठने लगा, कब मेरे मुसलमान दोस्त घर में आने लगे, कब भगतसिंह और उनके साथियों की तस्वीर घर में लगी, ये सब परिवर्तन समय के साथ-साथ होते गये। बटवारे के बाद मार्क्सवाद की चर्चा होने लगी थी आदि आदि।

संक्षेप में कहूँ तो घर के अन्दर बाहर की हवाएँ आती ही रहीं, उन्हें रोकने की कोशिश नहीं की गई।

पर फिर भी विरोध मैंने नहीं किया। दो-एक बार ऐसी नौबत भी आयी। पिताजी एक जगह पर अपने मित्र की बेटी के साथ मेरी शादी कर देना चाहते थे, मैं नहीं माना। पर सीधा विरोध करने के बजाय मैंने पिताजी के ही एक दूसरे मित्र से आग्रह किया कि वह पिताजी को समझाएँ। ऐसा हुआ और पिताजी मान गये। एम० ए० पास करने के बाद मैं व्यापार करने लगा था, पर मेरा मन इस काम में नहीं था। मैं इसे छोड़ भी नहीं सकता था। मुझसे पहले मेरे भाई व्यापार करते थे और तीन साल तक करते रहने के बाद छोड़कर शांतिनिकेतन चले गये थे। मैंने निश्चय किया था कि भाई के चले जाने के बाद मैं घर में रहूँगा और पिताजी के साथ व्यापार करूँगा। मैं व्यापार करता रहा पर साथ ही साथ स्थानीय कालिज में ऑनरेरी तौर पर पढ़ाने भी लगा और नाटक भी खेलने लगा। इससे व्यापार की कोफ्त कम हो गई। थोड़ा-बहुत कांग्रेस में भी काम करने लगा। पर व्यापार का तौक भी दस साल तक गले के साथ लटका रहा। इससे निजात तब मिली जब देश का बँटवारा हो गया। तब मैंने सचमुच बड़ा आज़ाद महसूस किया। इससे पहले छोड़ सकता था अगर विरोध करता। पर न तो विरोध करने की हिम्मत ही थी और न ही मन मानता था, क्योंकि भाई एक बार घर से निकले तो लौटकर नहीं आए और हम केवल दो ही भाई थे और हम दोनों ही माँ-बाप को छोड़कर घर से निकल जाएँ, यह सही नहीं लगता था। फिर व्यापार की घुटन, नाटक खेलने, कांग्रेस में काम करने और कालिज में पढ़ाने से बहुत कुछ कम हो गयी थी।

□ घर के माहौल के बाहर यदि आपको विरोध की कोई घटना याद हो?

हाँ, एक दूसरे स्तर पर विरोध जरूर किया। यह विरोध व्यक्तिगत स्तर पर न होकर सामूहिक स्तर पर था। बँटवारे के बाद पंजाब के एक कालिज में मैं भरती हो गया। वहाँ हमने उस्तादों की यूनियन बनाई। यूनियन शीघ्र ही फैलाकर प्रादेशिक यूनियन बन गई। तब मुजाहिरे भी हुए, एक दिन की प्रदेश भर में अलामती हड़ताल भी। मैं जनरल सेक्रेटरी चुना गया था। अपने साथियों के साथ शहर-शहर घूमता, पैम्फलैट छपवाता, मीटिंगें करता। नतीजा यह हुआ कि कालिज वालों ने मेरी छुट्टी कर दी। उन्हीं दिनों जन नाट्य संघ में भी काम करता था। वहाँ भी पुलिस के साथ लुका-छिपी चलती रहती थी। हम एक जगह पर नाटक खेलते और फौरन ही भाग खड़े होते,

और किसी दूसरी जगह मंच जुटा लेते। कुछ महीने तक यह चलता रहा। इस बीच मुझे एक और कालिज में नौकरी मिली, पर लगभग चार-पाँच महीने बाद वहाँ से भी छुट्टी हो गई और पंजाब में नौकरी मिल पाना लगभग असम्भव हो गया। इस बीच मेरी पत्नी नौकरी करने लगी, पहले जालन्धर में और फिर दिल्ली में। इससे बड़ा सहारा मिला। कुछ मुद्दत बाद मैं भी दिल्ली में आ गया और पहले आरजी तौर पर दिल्ली कालिज में नौकरी करता रहा, बाद में दिल्ली कालिज में ही नौकरी पक्की हो गयी।

□ क्या आपकी तरह आपके बड़े भाई बलराज जी भी स्थितियों को ज्यों-का-त्यों शिरोधार्य कर लेते ?

बलराज जी का जीवन अधिक संघर्षमय रहा। विरोध के स्तर पर भी, अपनी जीविका जुटा पाने के स्तर पर भी और एक कुशल कलाकार बन पाने के स्तर पर भी।

□ इन परिस्थितियों को ज्यों-का-त्यों शिरोधार्य कर लेने के पीछे मानसिक कमजोरी थी, भय या आतंक था या सामाजिक (पारिवारिक) मान्यता प्राप्त करने की ललक थी ?

अपने अवचेतन का विश्लेषण कर पाना आसान नहीं, विशेषकर जब इतना अधिक समय बीत गया है, कुछेक बातों का इशारा मैंने ऊपर किया है। मेरे भाई ने अपने संघर्ष द्वारा मेरा रास्ता साफ किया। लेकिन यह संघर्ष उसके विकास का संघर्ष था, विद्रोह नहीं था। मेरे मन में भाई के प्रति गहरा आदरभाव था, साथ ही मैं उसके साहस, पहल कदमी, निर्भीकता से ईर्ष्या भी करता था। यह भी सही है कि बचपन में यह बात भी मेरे अन्दर घर कर गयी थी कि वह एक उत्कृष्ट व्यक्ति है और मैं उसकी तुलना में निकृष्ट हूँ। घरवालों ने भी इसे दूर नहीं किया। वह गोरे रंग का था मैं साँवला था, वह बड़ा स्वस्थ और हृष्ट-पुष्ट था जबकि मैं बहुत दुबला था और अक्सर बीमार रहता था। वह पढ़ने में भी बहुत तेज था जबकि मैं साधारण। स्कूल के उस्ताद भी हमारी तुलना करते हुए कहा करते थे कि लालाजी के दोनों बेटों में नार्थ पोल और साउथ पोल का अन्तर है। हिन्दुओं के घरों में बड़े बेटे का स्थान और भूमिका भी कुछ अलग होती है, विशेष कर पाँच बेटियों के बाद एक बेटा हुआ हो। ऐसा नहीं कि मैं दब्बू स्वभाव का था। काफी शरारती था, खेल-कूद का भी शौकीन, गली-मुहल्ले में से टप्पे और गालियाँ सीख-सीख कर आता था लेकिन बाद में इसका असर भी मेरे मन पर उल्टा हुआ। भाई शरीफ कहा जाने लगा और मैं आवारा। और जब होश सँभाली तो मैं दब्बू स्वभाव का बन गया।

जिस समय भाई ने घर छोड़ने का फैसला कर लिया, उस समय मेरे लिए विरोध अथवा विद्रोह का सवाल ही नहीं उठता था। हमारा आपसी फैसला था कि मैं घर में बना रहूँगा, और घर की स्थिति को देखते हुए यही उचित लगा था।

पर हाँ एक बात जरूर है। वर्षों तक भाई को वीर नायक की भूमिका में देखते

रहने के कारण मेरा स्वतन्त्र चिन्तन बहुत कुछ शिथिल पड़ गया था। और पिताजी के साथ वर्षों तक रहने के कारण मैं अपनी भूमिका का अभ्यस्त हो गया था, दूसरी कोई भूमिका मुझे सूझती नहीं थी। हाँ, अपने शौक जरूर पूरे करता रहता था, पर दबे-दबे, अपनी जीवनचर्या के चौखटे में उन्हें फिर बैठाते हुए। इस तरह जहाँ कहीं बात न बनी, वहाँ छोटा-मोटा विरोध भी किया। हमारे शहर में लड़कियाँ स्टेज पर अभिनय नहीं कर सकती थीं। मैंने अपने कालिज में उन्हें स्टेज पर लाने का प्रस्ताव रखा तो कालिज वालों ने इन्कार कर दिया। मैंने किसी दूसरी जगह उसके मंचन का प्रबंध कर दिया। बड़ा वावैला मचा पर नाटक खेला गया। रावलपिण्डी जैसे शहर में यह बहुत मामूली बात नहीं थी।

स्कूल और कालिज के दिनों तक तो उसके व्यक्तित्व की छाप रही और उसी की क्यों, मेरे एक अध्यापक थे, हमें साहित्य पढ़ाते थे, उनकी भी। पर जब मनुष्य का अपना संघर्ष शुरू हो जाता है, तो वह किसी दूसरे की भूमिका अपना कर जूझ नहीं सकता, उसे अपने बलबूते का ही सहारा लेना पड़ता है।

☐ खान-पान या खेल-कूद अथवा पढ़ाई के बारे में आपका कभी कोई विशेष आग्रह रहा है, अथवा जब जैसा जो मिल गया उसी में सन्तुष्ट हो गए ?

खान-पान में मेरा कोई विशेष आग्रह नहीं है। खेल-कूद में बहुत रहा। स्कूल और कालिज के दिनों में हॉकी खेलने का बेहद शौक था। कालिज में विशेषकर। यहाँ तक कि बी० ए० के बाद मैंने एम० ए० में दाखिला इसीलिए लिया था कि मैं हॉकी खेल पाऊँगा। और उन्हीं दिनों की एक घटना दिल पर गहरी खरोंच भी छोड़ गई। बाद में लम्बे सैर, तैराकी घुमक्कड़ी आदि का शौक रहा और अब भी थोड़ा-बहुत है।

पढ़ाई के बारे में—लड़कपन में इतिहास में बड़ी रुचि थी। अब भी है। साहित्य, इतिहास, समाजशास्त्र आदि में रुचि है, पर मैं नियमित रूप से नहीं पढ़ पाता। यों भी बहुत कम पढ़ पाता हूँ।

☐ क्या आपने अपनी आत्मकथा लिखने के बारे में कभी सोचा है ?

सीधी-सीधी आत्मकथा लिखने का तो नहीं सोचा है, लेकिन अपने अनुभवों आदि को आधार मान कर उपन्यास लिखने के बारे में जरूर सोचा है।

☐ लेखक जब स्थापित हो जाते हैं तो बीते हुए समय के बारे में सोचते हुए अक्सर स्वयं को या विगत परिस्थितियों को गौरवान्वित करने लगते हैं, आप इस बारे में क्या सोचते हैं ?

गौरवान्वित तो नहीं कर सकते लेकिन कारण-कारक के तंतु जरूर जोड़ सकते हैं। अगर आज मैं कहानियाँ लिख रहा हूँ तो लिखने की इस प्रवृत्ति को अपने बचपन में खोज निकाल सकता हूँ। इसी तरह अभिनय अथवा नाटकों में अपनी दिलचस्पी को। लेकिन इस चेष्टा को अधिक महत्त्व नहीं दिया जा सकता। क्यों कर अगर मैं जिन्दगी में गवैया बनता तो गाना गाने की प्रवृत्ति को भी मैं बचपन में से निकाल सकता था।

और अगर वकील बनता तो मैं कह सकता था कि मैं शुरू से ही बहस मुबाहिसा का शौकीन था। कौन है जो बचपन में गाता न हो और तस्वीरें न बनाता हो और कहानियाँ न गढ़ता हो।

☐ विद्यार्थी जीवन में किसी क्षेत्र में आपने कभी कोई विशिष्टता हासिल की ?

मैं पढ़ाई में अच्छा था, हालाँकि उत्कृष्ट नहीं था। आठवीं जमात में जिले में चौथे नंबर पर आया, जिसके लिए मुझे मैडल मिला। हमारे नगर में साल में एकबार घोड़ों की मंडी लगती थी जिसमें फौज के लिए बढ़िया घोड़े खरीदे जाते थे। अच्छे पले हुए घोड़ों को इनाम दिये जाते थे। हुजूर डिप्टी कमिश्नर इनाम देते थे। ऐसे ही एक समारोह में मुझे मैडल से विभूषित किया गया। अंग्रेज साहिब बहादुर ने एक बढ़िया खच्चर के गले में मेडल डाला फिर मेरे गले में। दो-एक मैडल हॉकी में दो-एक डिबेटिंग में जीते। डिबेटिंग, हॉकी और स्टेज-अभिनय में मेरी भूमिका अच्छी रहती थी।

☐ आप उन दिनों अक्सर किस तरह के लोगों के साथ मित्रता करना पसंद करते थे ?

विद्यार्थी जीवन में मेरे मित्र गरीब लड़के हुआ करते थे। ऐसा क्यों हुआ मैं नहीं जानता। शायद इसलिए कि मैं उनकी सरपरस्ती कर सकता था, उनसे अपने को बेहतर महसूस कर सकता था, ऐसा स्कूल के दिनों में हुआ। और अजीब बात है स्कूली काल के अंत तक पहुँचते-पहुँचते उनमें से एक भी नहीं बचा। एक-एक करके सभी परलोक सिधार गये। उनके बारे में सोच कर भी दिल दहल जाता है। बड़े समझदार और बड़े स्नेही मित्र को।

जब हॉकी खेलने लगा तो दोस्तों का दायरा ज्यादह वसीह हुआ। हॉकी खेलने का शौक उन लड़कों में अधिक था, जिन्हें पढ़ाई का शौक नहीं था, घुमक्कड़ तबीयत के लड़के। इन्हीं दिनों अनेक मुसलमान लड़कों से दोस्ती हुई और देर तक चली। वे अक्सर बढ़िया खिलाड़ी हुआ करते थे।

कालिज के दिनों में और बाद में भी दोस्ती अपने से बड़े युवकों के साथ रही, जैसे भाई के दोस्तों, अपने अध्यापकों आदि के साथ। इसका अच्छा असर भी हुआ बुरा भी।

☐ क्या आपके सभी मित्रों को आपके घर में मान्यता और सम्मान मिलता था ?

स्कूल के दिनों में तो मेरे मित्र घर के अन्दर खूब आते-जाते रहते थे। मैं उनके साथ बैठकर स्कूल या। भाई कभी-कभी मेरा और मेरे मित्रों का इम्तहान लिया करते थे। वह प्रश्न पत्र बनाते, मैं और मेरे सहपाठी बाकायदा उनके उत्तर लिख कर देते, बाकायदा वे पेपर पढ़े जाते, नम्बर दिये जाते। यह एक तरह से खेल भी था और पढ़ाई भी। माँ-बाप हम दोनों से उम्र में बहुत ज्यादा बड़े थे। पिताजी मुझसे चालीस वर्ष बड़े

थे। इसलिए वे किसी विशेष आग्रह से मेरे मित्रों में दिलचस्पी लें, ऐसा नहीं था, लेकिन रोक-टोक भी नहीं थी। एक बार हम लोग हॉकी का मैच हार गये। मैं अपनी टीम का कप्तान था। जीती हुई टीम के सभी खिलाड़ी मेरे घर पर पहुँच गये और मुझ पर दबाव डालने लगे कि मैं अपने हाथ से लिख कर दूँ कि हमारी टीम हार गई थी। पर मैंने इन्कार किया। देर रात तक वे लोग हो-हल्ला मचाते रहे, लेकिन मेरे माता-पिता खड़े हँसते रहे, उन्हें सख्त-सुस्त कुछ नहीं कहा। न ही मुझ पर नाराज हुए।

स्कूल के बाद कालिज के आरम्भिक दिनों में, लाहौर जाने से पहले, मेरी दोस्ती कुछेक मुसलमान लड़कों से हो गयी थी। वे भी मेरे घर पर आते थे, मैं उनके साथ घूमता-फिरता था हॉकी खेलता था। वे उसी इण्टर कालिज के छात्र थे जिसमें मैं पढ़ता था और जिसकी मैनेजिंग कमेटी के पिताजी सदस्य थे। कोई रुकावट यहाँ भी नहीं थी। हाँ, बचपन में वह हमें गली-मुहल्ले के मुसलमान बच्चों के साथ नहीं खेलने देते थे।

□ मित्रता के कुछ ऐसे प्रसंग जिन्हें आप आज तक न भूल पाए हों?

मित्रता के प्रसंगों में दो-एक की चर्चा तो ऊपर कर चुका हूँ। जिन गरीब लड़कों—बरकतराम, हरबंसलाल, रोशनलाल, धर्मदत्त—के साथ दोस्ती थी, वह एक-एक करके परलोक सिधार गये। बरकतराम तो स्कूल के दिनों में ही मर गया था। बड़ा जहीन लड़का था, वजीफे के इम्तहान में बैठा था। अन्त तक मुकाबले में डँटा रहा था, पर उसे वजीफा नहीं मिला। बाद में धीरे-धीरे वह पढ़ाई में पिछड़ता गया। सातवीं जमात में पहुँचते-पहुँचते वह जैसे आँखों से ओझल हो गया। दूसरे लड़के हरबंसलाल के साथ मेरी बेतकल्लुफी थी। वह पढ़ाई में ज्यादा दूर नहीं गया। दसवीं जमात पास करके बाद में बिजली में फिटर बन गया। उसके बाद जब कभी घर पर आता तो झेंप महसूस करता, धीरे-धीरे उसने आना छोड़ दिया, और एक दिन जब मैं लाहौर से छुट्टियों में घर आया तो पता चला कि वह नहीं रहा। तीसरा रोशनलाल बी० ए० तक पढ़ा, पर घर की गरीबी ज्यों-की-त्यों बनी रही। उसे अपनी गरीबी कचोटती थी। वह शीघ्र ही तपेदिक का शिकार होकर मरा। लाहौर के अस्पताल में दाखिल हुआ था, जहाँ मैं उससे मिलने जाता रहा। चौथा धर्मदत्त अंधे बाप का बेटा था। उसका पिता गीत लिखता था, विवाह के गीत नाम से उसने एक छोटा-सा गुटका छपवाया भी था। पर जिस कोठरी में वे लोग रहते थे—वैसी अँधेरी कोठरी मैंने उम्र भर कभी नहीं देखी। लड़का बड़ा जहीन था, क्लास में अकसर पहले नम्बर पर आता था। पढ़ाई के दिनों में ही उसे सरसाम हुआ और चलता बना। तब हम लोग आठवीं जमात में पढ़ते थे।

कालिज की दोस्तियाँ बहुत गहरी दोस्तियाँ नहीं थीं, हाँ इल्ताफ हुसैन नाम के एक दोस्त के साथ बहुत प्यार था। वह बहुत खूबसूरत तस्वीरें बनाता था, और उसे कुत्ते पालने का शौक था। मेरे लाहौर चले जाने के बाद हम एक-दूसरे से दूर हो गये। देश के बँटवारे के दिनों में वह मुस्लिम लीगी था और मैं कांग्रेस में काम करता था। हमारी दोस्ती में कुछ तनाव भी आ गया था।

लाहौर में भी दोस्तों की मण्डली बनी। बँटवारे के बाद जब मैं पंजाब में पढ़ाने

लगा और टीचर्स यूनियन में काम करने लगा, तब भी नजदीकी दोस्तों को मण्डली बनी जो मेरे साथ यूनियन में काम करते थे, बाद में मास्को में भी बड़े अजीज दोस्त बने। इस दृष्टि से मैं बहुत खुशनसीब रहा हूँ।

☐ क्या आपके और बलराज जी के कोई साँझे दोस्त भी थे? आपको ऐसे मित्रों की संगत में कैसा लगता था?

बलराज जी के अनेक मित्र मेरे मित्र भी थे। बलराज जी के शहर छोड़ जाने के बाद मैं उन्हीं के साथ घूमता फिरता था। यह कालिज के बाद ज्यादा हुआ। कालिज के दिनों में लाहौर में भी ऐसा ही हुआ, पर इतना अधिक नहीं, वहाँ मेरा दायरा कुछ अलग था।

अपने से बड़े इन मित्रों के साथ घूमने का नुकसान ज्यादा हुआ लाभ कम। लाभ तो यह कि मेरी जानकारी बढ़ी, नुकसान यह कि मेरी उनके साथ बेतकल्लुफी नहीं हो सकती थी। मैं छोटा महसूस करता था कुछ-कुछ पिछड़ा हुआ भी। हमउम्र लोगों में जो खुलापन होता है उससे व्यक्ति के विकास में बड़ी मदद मिलती है। मैं सारा वक्त उनसे प्रभावित होता रहता था और ज्यादा से ज्यादा अन्तर्मुखी होता जा रहा था। शायद उसी सोहबत का यह नतीजा है कि मैं हर मिलने वाले को अपने से बड़ा मानने लगता हूँ। यह वृत्ति आज भी मौजूद है।

☐ बलराज जी के साथ किसी बात को लेकर कभी झगड़ा जरूर हुआ होगा, अक्सर कौन किस पर हावी रहता था?

बलराज ही मुझ पर हावी रहते थे। लेकिन झगड़ा, बहस-मुबाहिस बहुत होता था। दूर बचपन से शुरू होकर उनके जीवन के अन्तिम वर्षों तक। खाना खाने लगते तो बहस होने लगती, घूमने जाते तो बहस होने लगती। बचपन में तो गुत्थमगुत्था भी होते थे। बाद में बहसों तक ही बात रही। कभी-कभी बात गम्भीर भी हो जाती थी, लेकिन आम तौर पर एक-दूसरे को अपने विचार व्यक्त करने और दूसरे को मनवाने की ही कोशिश रहती थी।

जब भाई लन्दन से लौटे तो वह मार्क्सवादी थे जबकि मैं कांग्रेस का कार्यकर्त्ता था। पाकिस्तान के सवाल को लेकर बड़ी बहसें होतीं। बँटवारे के बाद वह I.P.T.A. में सक्रिय थे, मैं नया-नया बम्बई पहुँचा था, कला के बारे में मेरे विचार किताबी थे। यहाँ भी बहसों की बड़ी गुंजाइश थी। पालिटिक्स पर बहस तो सदा ही चलती रहती। बाद में वह पंजाबी भाषा की ओर जब बड़े उत्साह से उन्मुख हुए तो बहसों का तूफान आ गया। वह चाहते थे कि मैं पंजाबी में लिखूँ। मैं सिद्धान्ततः तो उनकी बात को सही मानता था लेकिन व्यवहारतः कदम उठाने की हिम्मत नहीं करता था।

☐ क्या आप दोनों भाइयों के बीच कोई ऐसी भेद-भरी बातें भी थीं जिन्हें आप दोनों के अतिरिक्त कोई न जानता हो?

जहाँ तक मुझे याद है हमारे बीच ऐसी कोई भेद-भरी बात नहीं थी जिसे हम दोनों ही

जानते हों और तीसरा कोई नहीं जानता हो। आरजी तौर पर कभी कोई मिली भगत हुई हो तो हुई हो लेकिन वह भी ज्यादा दिन तक छिपी नहीं रही।

□ लेखन के बारे में आपके मन में कब और कैसे विचार आया ? क्या कोई विशेष परिस्थितियाँ थीं जिसके दबाव के कारण आप लेखन की ओर अग्रसर हुए ?

साहित्य की ओर उन्मुख होने में कुछेक बाह्य कारणों का प्रभाव तो मैं देख सकता हूँ। मैं अंग्रेजी साहित्य का विद्यार्थी रहा, मेरे एक अध्यापक साहित्य के उत्कृष्ट अध्यापक थे, किसी रचना का निहित सौन्दर्य बड़े प्रेरणाप्रद ढंग से खोलते थे। हमारे घर में मेरे भाई के अतिरिक्त मेरी दो फुफेरी बहिनें भी साहित्य-सृजन करती थीं, और तो और मेरे पिताजी भी कहा करते थे, (लेकिन साहित्य-सृजन को कुछ-कुछ हल्का दिखाने की दृष्टि से) कि मेट्रिक्युलेशन का इम्तहान देने के बाद उन्होंने भी एक नावल लिखा था, जिसे बाद में उन्होंने कहीं फेंक दिया था।

इस तरह बाह्य परिस्थितियाँ और घर का माहौल तो इसके अनुकूल ही था।

कुछ अपने अध्ययन का असर भी रहा होगा। साहित्य का अध्ययन आपके संवेदन को प्रभावित तो करता ही है।

स्कूल के दिनों में पहली कहानी लिखी थी, कालिज के दिनों में कुछेक कविताएँ, जो कालिज की पत्रिका में छपीं भी। फिर कालिज के बाद भी यदा-कदा लिखता रहा। 'हंस' में 'नीली आँखें' शीर्षक से पहली कहानी छप कर आयी। बड़ा प्रोत्साहन मिला। सांस्कृतिक और साहित्यिक विषयों पर कुछेक लेख भी लिखे—जैसे 'शरत और समाज' (जो विशाल भारत में छपा)। कुछ अन्य पत्रिकाओं में भी। धीरे-धीरे लिखने की ओर आग्रह बढ़ता गया, हालाँकि मन में कोई स्पष्ट निर्णय नहीं था। साहित्य के प्रति एक आकर्षण था। कालिज छोड़ने के बाद प्रेमचन्द के पत्र भी इकट्ठा करने की धुन सवार हुई और चालीस के करीब पत्र इकट्ठे भी किये। इसी दौरान पढ़ाने और नाटक भी खेलने लगा था।

इस समय मैं सर्जनात्मक लेखन को बहुत ऊँचा मानता था, और अपने को इसके काबिल नहीं समझता था। यह स्थिति देर तक रही, पहले दो कहानी-संग्रहों के छप जाने के बाद भी। मास्को निवास के दिनों जब मैं और मेरी पत्नी प्राग (चेकोस्लेवेकिया) की यात्रा करने गये तो वहाँ निर्मल से मुलाकात हुई। वहाँ सड़कों पर टहलते हुए हम दोनों (मैं और निर्मल) ने एक-दूसरे से आत्मस्वीकृति के तौर पर कहा कि हम न तो लेखक कह सकते हैं, न मानते ही हैं।

ऐसी स्थिति मास्को से लौटने तक रही। तब मैंने ज्यादा संजीदगी के साथ लिखना शुरू किया। पहले इसके पीछे कोई संकल्प नहीं था।

□ जब आपकी पहली कहानी छपी तो आपको कैसा लगा ? आपके अन्य आत्मीयजनों पर इसकी क्या प्रतिक्रिया हुई ?

पहली कहानी छपने पर मैं फूला नहीं समाया था, बेहद खुश हुआ। पर मेरे भाई उन दिनों विदेश में थे। मुझे याद नहीं पड़ता कि मैंने उसे अपने पिताजी या माताजी को दिखाया होगा, शायद उनसे छिपाया ही था, क्योंकि पिताजी इस तरह के काम को बहुत पसन्द नहीं करते थे। हाँ बँटवारे के बाद उन्होंने मेरी कुछेक कहानियों को पढ़ा था। जितनी स्फूर्ति मुझे कहानी छपने पर हुई थी, उतनी लेख छपने पर नहीं हुई थी।

☐ क्या लिखते समय आपके सम्मुख कोई घटना होती है, जिसकी निष्पति के लिए आप ताना-बाना बुनते हैं या कोई समस्या और उसका समाधान?

यदि किसी घटना ने उद्वेलित किया हो तो कहानी लिखते समय मैं धीरे-धीरे उस घटना की ओर बढ़ने लगता हूँ। घटना का अपने में महत्त्व तभी होता है, जब उसमें जीवन की कोई विडम्बना छिपी हो, या वह जीवन के किसी महत्त्वपूर्ण पहलू पर प्रकाश डालती हो। घटना अपने में कहानी के लिए सम्पूर्ण सामग्री जुटाती हो, ऐसा भी नहीं है। उस घटना की विशिष्टता उजागर करने के लिए एक स्थिति अथवा परिस्थिति का निर्माण आवश्यक होता है। तथोचित पात्र भी। जिसे आप ताना-बाना कहते हैं, वह एक स्थिति विशेष में पात्रों को सक्रिय बनाना ही है। उसी ताने-बाने के एक स्थल पर पहुँच कर वह घटना घटती है। वह विश्वसनीय तभी होता है जब उससे जुड़े पात्र अपनी भूमिका में विश्वसनीय होते हैं। कई बार कोई घटना अपने सभी किरदारों और स्थितियों के साथ हमें प्रभावित कर जाती हैं। तब लेखक उसी अनुभूत घटना को कागज पर उतारता है। वह लिखते समय किसी लीक पर तो नहीं चलता कि उन किरदारों को ज्यों-का-त्यों पन्नों पर उतार ले। उस घटना की विशिष्टता के अनुरूप पात्र भी कुछ-कुछ बदल जाते हैं, उनके चरित्र के कुछ पहलुओं पर अधिक बल दिया जाता है, ताकि वह घटना घटे तो स्वाभाविक जान पड़े। कई बार किसी घटना के लिए बिल्कुल भिन्न परिवेश जुटाया जाता है, तब स्थिति और पात्र आदि बदल जाते हैं, संदर्भ भी बदल जाता है और उनके बीच यह घटना घटती है। पर वे कल्पना की उपज तब भी नहीं होते। किसी देखे-जाने व्यक्ति को लक्ष्य करके पात्र निर्माण होने लगता है।

लिखते समय ऐसी कोई समस्या नहीं होती जिसका समाधान मुझे खोजना है। कम से कम इस रूप में नहीं। कहानी जीवन के ठोस धरातल पर चलती है। किसी पात्र के जीवन में उठने वाली समस्या के रूप में, जीवन का अंग बनकर ही सामने आएगी और मैं उस स्थिति-विशेष को और उससे जुड़े पात्रों को उनकी जीवनचर्या की पृष्ठभूमि में ही रखकर उस समस्या से साक्षात् कर सकता हूँ। धीरे-धीरे वे पात्र सक्रिय होकर उस स्थिति में से निकलने की चेष्टा करने लगते हैं। इसी प्रयास को आँकते हुए कहानी किसी लक्ष्य की ओर बढ़ने लगती है।

☐ आज जब आप बलराज जी की जीवनी लिख रहे हैं तो क्या आप उन दिनों की घटनाओं और परिस्थितियों को उसी रूप में देखते हैं?

बलराज जी की जीवनी लिखते हुए पहले तो बीते दिन साकार होकर सामने आये, मैं उन दिनों के संग बचपन की गलियों में घूमने लगा, लेकिन मैं नहीं कह सकता कि वे भाव-

नाएँ भी उसी तरह उजागार हुईं जैसी मैं बीते बचपन या लड़कपन में महसूस करता था। बीते दिनों को याद करते हुए जो भावनाएँ जागती हैं, वे आज की स्मृति-जनित भावनाएँ होती हैं, उस काल की नहीं। घटनाओं और परिस्थितियों को भी मैं बलराज जी के समूचे जीवन के चौखटे में रखकर ही देख पाता हूँ। उनके जीवन के घटनाक्रम के अतिरिक्त, उनकी रुचियों, क्षमताओं के विकास आदि के सन्दर्भ में। घटनाएँ-परिस्थितियों असम्बद्ध और अलग-थलग मन में नहीं उभरतीं या उभरती हैं तो सम्बन्ध-सूत्र न पाकर गौण हो जाती हैं।

□ बलराज जी जब घर छोड़कर गए थे तो आप पर और घर के अन्य सदस्यों पर क्या प्रतिक्रिया हुई ?

बलराज जी के घर छोड़ने पर मेरी और परिवार के अन्य सदस्यों की प्रतिक्रिया का विस्तृत उल्लेख मैंने अन्यत्र किया है। शीघ्र ही आपको पढ़ने को दूँगा। एक ओर वह हीरो नज़र आता था, दूसरी ओर मुझे उस पर गुस्सा आता था कि वह माँ-बाप को इस उम्र में छोड़कर जा रहा है।

□ बलराज जी के फिल्मों में प्रवेश पर आपके परिवार और समाज वालों को कैसा लगा ?

इसका भी उल्लेख अन्यत्र मैं कर चुका हूँ। उन दिनों फिल्मों में काम करना बुरा माना जाता था, पर बलराज से पहले बलराज की पत्नी फिल्मों में काम करने लगी थी, जाहिर है परिवार में बड़ी हलचल मची।

□ आपने अपने भविष्य को लेकर कभी सपने देखे थे ? ये सपने अक्सर किस प्रकार के हुआ करते थे ? वैसा कुछ जीवन में आप पा सके ?

वक्त-वक्त पर आदमी तरह-तरह के सपने देखता है। पर यह उसकी स्थिति से कहीं न कहीं जुड़े होते हैं। जब हॉकी खेलता था तो गोल करने और मेडल जीतने के सपने देखता था। जब नाटक खेलने लगा तो उत्कृष्ट अभिनय के सपने देखता। पर ये सपने कम और दिवा स्वप्न अधिक हुआ करते थे। एम०ए० करने के बाद पिताजी ने प्रस्ताव रखा कि मैं कराची में जाकर व्यापार करूँ और अपना दफ्तर खोल लूँ। तब मैं अपने को एक चुस्त-दुरुस्त व्यापारी की भूमिका में देखने लगा, चमचमाते जूते, बढ़िया सूट और नेकटाई और जाने क्या-क्या। यों एक शब्द में कहूँ, तो मेरी वृत्ति दिवा स्वप्न देखने की ही अधिक है, ऐसे सपने जिनमें कोई बहुत बड़ी महत्त्वाकांक्षा छिपी हो, मैं नहीं देख पाता। ऐसे सपने देखने को मन चाहे भी तो मैं उसे रोक देता हूँ। अन्दर ही अन्दर यह पूर्वाग्रह-सा बैठा है, कि महत्त्वाकांक्षा की लम्बी-चौड़ी उड़ानें भरो तो बनता-बनाता कुछ नहीं है। धरती के साथ-साथ चलना ही बेहतर है।

□ इधर कहानी पर हर अर्द्ध अथवा पूर्ण दशक के बाद एक नया लेबल चिपकाया जा रहा है। जो अपने को पहले से सर्वथा भिन्न और नया मानते हैं, क्या यह स्वयं को स्थापित करने का अथवा अपनी पहचान बनाने का

एक निषेधात्मक रुख नहीं है ? यह प्रवृत्ति स्वस्थ कथाधारा के विकास में कहाँ तक हितकर है ?

हर दस बरस बाद एक नयी पीढ़ी साहित्य-सृजन के क्षेत्र में प्रवेश करती है, वह अपने से पिछली पीढ़ी के साहित्य को पढ़कर उसी से अथवा उसके पहले के साहित्य से प्रेरणा लेकर अक्सर साहित्य के क्षेत्र में उतरती है। जमाना कुछ-कुछ तो जरूर बदल चुका होता है, भले ही यह बदलाव बहुत महत्त्वपूर्ण न हो। देश के बँटवारे के समय वाली पीढ़ी और उसके बाद की पीढ़ी के अनुभव-क्षेत्र एक से नहीं होंगे। नयी पीढ़ी अपने अनुभव और अपनी नजर के आधार पर दुनिया को देखती परखती है, यह स्वाभाविक है, पर यह भेद रहते हुए भी उनके बीच बहुत कुछ साझा होता है। जीवन-पद्धति, इतिहास, समाज में पाए जाने वाले अन्तर्विरोध, परम्परागत मूल्य और मान्यताएँ ये सब पीढ़ी बदल जाने से नहीं बदल जाते, इसलिए एक पीढ़ी का अपने को पिछली पीढ़ी से बिलकुल भिन्न मानना बहुत कुछ भ्रामक होता है। पचासेक साल में तो कोई फर्क आ सकता है, पर दस साल में नहीं। फिर साहित्य-सृजन की प्रक्रिया कहीं टूटती नहीं, नयी पीढ़ी पिछली पीढ़ी के अनेक सूत्रों के पकड़कर ही आगे बढ़ती है। भले ही वह अपने लिए अलग रास्ता तलाश रही हो। हाँ, अगर परिवेश बहुत तेजी से बदल रहा है तो निश्चय ही साहित्य-सृजन पर भी उसका असर होगा। सन् 1910 के यूरोप और सन् 1920 के यूरोप में बहुत फर्क आ गया था, और निश्चय ही साहित्य में नये स्वर सुनाई पड़ने लगे थे, क्योंकि इस बीच यूरोप में पहला महायुद्ध हुआ था।

☐ अधिकांश हिन्दी लेखकों का विश्वास है कि कसबई बीवी के अतिरिक्त साहित्य-सृजन के लिए एक अदद प्रेमिका का होना भी जरूरी है, क्या आप भी ऐसा मानते हैं ?

जिन लेखकों के यहाँ कसबई बीवी है वे इस प्रश्न का उत्तर किसी अधिकार के साथ दे सकते हैं। मेरी बीवी शहरी है और सदा ही मेरे साथ रही है। कसबई बीवी की अलामतें भी उसमें नहीं हैं, वह पढ़ी-लिखी है, काम करती है, पति को परमेश्वर नहीं मानती, स्वच्छन्द रूप से सोचती है और आचरण करती है।

साहित्य-सृजन के लिए कसबई बीवी के अतिरिक्त अगर एक अदद प्रेमिका का होना जरूरी है, तो केवल साहित्य-सृजन के लिए ही क्यों ? यह बात व्यापारी भी उसी आग्रह के साथ कहते हैं, और सरकारी कर्मचारी भी और सैनिक भी। जहाजियों की तो हर बन्दरगाह पर एक प्रेमिका होती है। अगर कुछ लेखकों ने प्रतिवाद बनकर, प्रेमिका-सुख से वंचित रहते हुए भी बढ़िया साहित्य-सृजन नहीं किया होता, तो मैं इसे उत्कृष्ट लेखन का अनिवार्य नियम मान लेता।

☐ सम्प्रति लेखक-पाठक के बीच किसी तीसरे घटक (आलोचक) की भूमिका को आप कहाँ तक सार्थक समझते हैं ?

लेखक-पाठक का रिश्ता ज्यादा साफ होता है। शायद पहला रिश्ता लेखक और जीवन

का, और उसके बाद लेखक और पाठक का। यह लेखक के लिए अधिक सहायक होता है। उसमें लाग-लपेट नहीं होती, सीधी साफ प्रतिक्रिया होती है। आमतौर पर ऐसे पाठकों से पत्र आते हैं जिन्हें लेखक व्यक्तिगत रूप से नहीं जानता। उसे निश्चय ही इन पत्रों से प्रोत्साहन मिलता है।

आलोचक की भूमिका दूसरे प्रकार की है, उसकी टिप्पणियों से लेखक की जानकारी बढ़ती है। चूंकि आलोचक ने सामान्यत. बहुत कुछ पढ़ रखा होता है और नियमित रूप से पढ़ रखा होता है इसलिए उसके विचार और विश्लेषण लेखक को न केवल अपनी त्रुटियों से अवगत कराते हैं बल्कि उनमें उसकी सूझ भी बढ़ती है। आलोचक और लेखक के बीच दृष्टि का बहुत बड़ा अन्तर भी होता है। लेखक अपने संवेदन के बलबूते अपना रास्ता टटोलकर बना रहा होता है, जबकि आलोचक ने साहित्य सम्बन्धी अपने मूल्य और मान्यताएँ उत्कृष्ट साहित्य के अध्ययन पर बना रखी होती हैं। वह गुण-दोष तो बता सकता है लेकिन रास्ता नहीं सुझा सकता। लेखक को आलोचक से प्रोत्साहन की अपेक्षा रहती है, उसकी ख्वाहिश रहती है कि उसकी रचनाओं पर किसी अच्छे आलोचक की नजर पड़ जाये। पर इससे अधिक कुछ नहीं। वह लेखक को लिखना नहीं सिखा सकता। केवल लिखे पर अपनी राय दे सकता है। अगर आलोचक का भी दिमाग खुला रहे, वह भी साहित्य के मूल्यों का खोजी हो, तो उसकी दृष्टि विकासशील दृष्टि होगी, रचनात्मक दृष्टि होगी और वह लेखक का सहयात्री बन जायेगा। पर यदि वह चन्द किताबें पड़ जाने पर मठ का महन्त बन जाये, फतवे देने लगे, साहित्य में अपने चहेते लेखकों को 'अमृत्व' प्रदान करने लगे और जो लेखक उसे पसन्द नहीं हैं उनके पीछे लठ लेकर पड़ जाये तो इससे न तो साहित्य की सेवा होगी और न ही लेखक का मार्गदर्शन। जॉन कीट्स जब 26 साल की अल्पावस्था में मर गया तो कुछ लोगों ने कहा कि आलोचकों ने उसे मार डाला। बाद में आलोचक उसी पर बड़े-बड़े शोध ग्रन्थ लिखने लगे। कई बार साहित्य के बदलते तेवर को आलोचक देख नहीं पाता और उससे चिढ़ जाता है।

आलोचना जहाँ रचनात्मक धरातल पर रहती है तो साहित्य के विकास में अमूल्य भूमिका निभाती है। पर जड़ आलोचना मात्र कसौठियों पर कसने और फतवे देने वाली आलोचना किसी काम की नहीं।

यों आलोचक की बड़ी से बड़ी प्रशंसात्मक पुस्तक से भी लेखक को वह सन्तोष नहीं मिलना जो उसे किसी साहित्य-पाठक से मिलने वाले सराहना के पत्र से मिलता है। क्योंकि लिखने वाला पाठक के दिल तक ही पहुँचना चाहता है, आलोचक के दिमाग तक नहीं।

□ भारतीय लेखक के गिर्द या तो बहुत बड़ा प्रभामण्डल होता है, जिससे वह समाज से कई अतिरिक्त सहूलियतें चाहता है अथवा दूसरी ओर वह तुच्छ और उपेक्षित समझा जाता है कि उसकी सामान्य आवश्यकताएँ भी पूरी नहीं होतीं। इसका कारण आप क्या बताएँगे ?

वास्तव में सहूलतें इतनी कम हैं, और कार्यरत लेखकों की संख्या इतनी अधिक है ओर सामाजिक जीवन में तरह-तरह के परिवर्तन इतनी तेजी से हो रहे हैं कि एक तरह की आपाधापी पैदा हो गई है। पिछले 20-30 वर्षों में लेखक बड़े-बड़े शहरों की और आकृष्ट हुए। इसके पीछे नाम कमाने की धुन भी रही हो और बड़े शहर के अधिक विशाल संस्कृति क्षेत्र से प्रेरणा ग्रहण करने की धुन भी। छपने-छपाने का लोभ भी। उधर बाजार की होड़ ने साहित्यिक गति-विधि को भी प्रभावित किया। इसका एक दुष्परिणाम तो जरूर हुआ कि एक तरह की जल्दबाजी मच गयी, जल्दबाजी मच गयी, जल्दी लिखो और फौरन छपो ! इससे धैर्य से, गहरे में बैठकर तन-मन से लिखने की आदत छूटती-सी जा रही है। इस पर बढ़ती महँगाई और बड़े शहर के महँगे जीवन-यापन का असर न हुआ हो, ऐसा नहीं हो सकता। साहित्य-सृजन के क्षेत्र में भी एक तरह का तनाव आ गया है। जल्दबाजी आ गयी है। साथ ही साथ एक-दूसरे के साथ खुलकर बात करने, एक-दूसरे का अनुभव जानने, एक-दूसरे की रचनाओं को खुले दिल से पढ़ने और उन पर बात करने का माहौल भी चुकता जा रहा है। साहित्य के क्षेत्र में एक तरह की होड़ तो सदा ही रही है, लेकिन एक-दूसरे के साहित्यिक प्रयासों के प्रति सद्भावना और आग्रह का भाव जिससे साहित्यिक वातावरण बनता है, वह नहीं रहा।

दूसरी ओर समाज में भी लेखक को विशेष मान्यता नहीं मिली। छोटे-से पाठक वर्ग को छोड़कर हमारे समाज ने साहित्य को अपनाया नहीं है। किसी अच्छी किताब का प्रकाशन एक सामाजिक घटना नहीं बन पाती। सामान्यतः हमारे समाज में साहित्य और साहित्यकार दोनों ही उपेक्षित रहते हैं। अंग्रेजी में लिखने वाले की तो फिर भी कुछ कद्र है, हिन्दी में लिखने वाले की ओर कोई विशेष ध्यान नहीं देता। हमारे देश के कुछ अन्य प्रदेशों में ऐसी स्थिति नहीं है। बंगाल में किसी अच्छी पुस्तक का प्रकाशन अथवा किसी अच्छे नाटक की प्रस्तुति, विशाल जनसमुदाय के लिए एक सांस्कृतिक घटना बन जाती है, हमारे यहाँ गिने-चुने लोगों तक ही सीमित रहती है। इस स्थिति में प्रभा-मण्डल क्या होगा और सहूलियतों के लिए होड़ क्या होगी। आज निश्चय ही कुछ साधन लेखक को लोगों की नज़र में ले आते हैं। पुरस्कार प्राप्ति भी ऐसा ही एक साधन है। पुरस्कार से निश्चित ही लेखक को प्रोत्साहन मिलता है, लेकिन, प्रभामण्डल पुरस्कारों से नहीं अच्छी किताब लिखने से ही मिलता है इससे अतिरिक्त किसी बात से नहीं। चूँकि हमारे समाज में साहित्यिक क्रिया कलाप किसी ढर्रे पर नहीं आया, इसलिए छपने-छपाने और पुरस्कारों से प्राप्त होने वाले प्रभामण्डलों का महत्त्व बहुत बढ़ गया है और इसी के प्रतिक्रियास्वरूप सामान्य लेखक के प्रति उपेक्षा का भाव भी बहुत बढ़ गया है।

□ आप विभिन्न देशों में घूमे हैं और अर्से तक रूस में रहे हैं, आप अपने अनुभव के आधार पर भारतीय साहित्य को विश्व साहित्य की कोटि में कहाँ रखना चाहेंगे ?

मैं साहित्य के प्रति किसी प्रकार की तुलनात्मक दृष्टि को अपनाना अत्यन्त हानिकारक और दोषपूर्ण मानता हूँ। इससे तरह-तरह के भटकाव पैदा होते हैं। किसी देश के

साहित्य को उस देश के परिप्रेक्ष्य में रखकर ही देखा जा सकता है उससे काटकर नहीं। अफ्रीका के लेखन को भारत के लेखन के साथ और भारत के लेखन को यूरोप के लेखन के साथ मुकाबिला करने में क्या तुक है? बेशक हमें एक-दूसरे से बहुत कुछ सीखना है और अच्छे लेखक की कद्र भी करनी है, भले ही जहाँ भी लिखा जाता हो, लेकिन चलेंगे तो हर देश के लेखक अपने ही ढर्रे पर, अपने ही देश और संस्कृति से जुड़कर। यह जरूरी नहीं कि एक जलवायु का पौधा दूसरे जलवायु की जमीन पर रोपने से वह फले-फूलेगा ही।

अन्य देशों से भी हमारी क्या मुराद है? हाल ही में लेटिन अमेरिका से एक उपन्यास आया है। "One Hundred Years of Solitude" और उसने संसार भर के साहित्य-प्रेमियों को चकित कर दिया है। जीनियस कहीं से भी फूट सकता है, लेकिन सामान्यतः प्रत्येक लेखन अपने देश और काल की ही उपज होता है, उसी से जुड़ा होता है। यूरोप के साहित्य के सम्पर्क में आकर हमारा साहित्य अधिक सेक्युलर हुआ है; हमारा यथार्थ बोध भी बढ़ा है, हमारी अत्याधक भावुकता पर भी अंकुश लगने लगा है, साहित्य के क्राफ्ट में भी चुस्ती आने लगी है। इस सबके बावजूद हमारी जीवनदृष्टि हमारी अपनी होगी, क्योंकि उसका जन्म हमारे संस्कारों और हमारे सामाजिक जीवन से होता है।

अब 'War & Peace' की टक्कर की चीज यहाँ न लिखी गई हो तो क्या हम अपने साहित्य को नगण्य मानने लगेंगे? बाहर के देशों के साहित्य की बात तो दूर रही हमारे देश के अन्दर भी हम मुकाबिले करते रहते हैं। कल रोज ही एक महिला कह रही थी, कि हिन्दी का लेखक Parochial होता है जबकि अंग्रेजी में लिखने वाला भारतीय लेखक इस Parochialism से मुक्त होता है।

☐ 1936 में प्रगतिशील लेखक संघ की शुरूआत हुई। तत्कालीन लेखन की शायद यही प्रमुख धारा मानी जाती थी। क्या आप ऐसा मानते हैं कि आज भी यह परम्परा उसी रूप में जारी है?

1936 में प्र० ले० सम्मेलन हुआ, लेकिन वहाँ से प्रगतिशील लेखन की शुरूआत हुई हो, मैं ऐसा नहीं मानता। हमारी प्राचीन मानवतावादी परम्परा उन्नीसवीं शताब्दी के अंतिम वर्षों में ही समाजोन्मुख होने लगी थी। आदर्शवादी पुट देर तक बना रहा, लेकिन सामाजिक चेतना निश्चय ही बढ़ने लगी। ऐसा अकारण नहीं हुआ। इसके पीछे सचेत प्रयास भी थे और वातावरण में पायी जाने वाली एक नई दायित्व-भावना भी थी। इसे नवजागरण काल कहना गलत न होगा। इसमें प्राचीन संस्कृति का गौरव भी था। समाज में पायी जाने वाली कुरीतियों और कुप्रथाओं की कटु ालोचना भी थी और आगे बढ़ने, उन्नति करने की एक राष्ट्रव्यापी भावना भी थी। दे ।-प्रेम भी था।

1936 के सम्मेलन के आस-पास यह दृष्टि और भी अधिक स्पष्ट और सजग हुई। पिछला आदर्शवादी दृष्टिकोण असंगत होने लगा, संस्कृति का गौरवगान भी कम हुआ, लेखक समाज के भीतर पाई जाने वाली विसंगतिओं और अन्तर्विरोयों के प्रति

अधिक सचेत हुआ, समाज एक इकाई न रहकर वर्गों में बँटा हुआ जनसमुदाय बन गया। समाज के प्रति, उत्तरोत्तर मार्क्सवादी दृष्टि अपनाई जाने लगी। इसे पिछले समाजोन्मुख, मानवतावादी लेखन के विकास का अगला चरण कहना अधिक संगत होगा।

आज हमारे साहित्य में इसी दृष्टि की प्रधानता है। अन्य प्रवृत्तियों – जैसे व्यक्तिनिष्ठ साहित्य आदि ने कुछ देर के लिए जरूर लेखन को प्रभावित किया, परन्तु समाजोन्मुख यथार्थवाद की धारा ही प्रमुख बनी रही और आज भी है बल्कि मैं यह भी कहूँगा कि आत्मनिष्ठ साहित्य भी आज की पेचीदगियों से आक्रांत होकर समाज के अधिक निकट आया है, वह भी प्रबल शक्तियों की अवहेलना नहीं कर सकता जो सामाजिक जीवन को प्रभावित करती हैं। हाँ, उसके निष्कर्ष अलग हैं, वह आक्रान्त होकर दिशाहीन महसूस करता है, जबकि प्रगतिशील समाजोन्मुख साहित्य की आस्था जीवन और संघर्ष में बराबर बनी हुई है।

☐ I.P T.A. I.S.C.V.S. और P.W.A. तीनों समन्वित रूप से कार्य करते थे और जनमानस से सीधा सम्पर्क होने के कारण इसका गहरा प्रभाव भी होता था। आज भी ऐसा होता है क्या ?

I.P.T.A., I.S.C.V.S. और P.W.A. तीनों को एक साथ लेना भूल होगी। I.P.T.A. निश्चय ही एक देशव्यापी आंदोलन की दृष्टि से शिथिल पड़ गया है हालाँकि कहीं-कहीं पर उसकी इकाइयाँ सक्रिय हैं। I.S.C.V.S. सक्रिय है, मैंने सुना है, कि इसकी 1500 शाखाएं हैं। इसके कार्यक्रम भी नियमित रूप से होते हैं, लेकिन इस संगठन के साथ निकट से जुड़ा न होने के कारण मैं नहीं जानता कि कहाँ तक इसे स्वतः स्फूर्त उत्साह विशेषरूप से युवाजन का उत्साह प्राप्त है, जो ऐसे संगठनों के लिए वांछनीय है किसी जमाने में यह आंदोलन जैसा जान पड़ता था, तब विश्व के पहले समाजवादी देश के प्रति बड़ी जिज्ञासा और उत्सुकता पायी जाती थी, तब जानकारी भी कम थी, अब वर्षों तक के आदान-प्रदान के कारण बहुत कुछ जाना-पहचाना हो गया है। दूसरे, साम्यवादी शिविर में गहरे मतभेद पैदा हो जाने से और प्रतिक्रियावादी ताकतों द्वारा इसका पूरा-पूरा लाभ उठाने और सोवियत विरोधी प्रचार के फलस्वरूप युवा पीढ़ी पर जरूर इसका असर हुआ है, पर इन संगठनों की भूमिका को विगत समय की भूमिका के साथ तुलना करके देखना भूल होगी। बदलते जमाने के साथ-साथ वातावरण बदल जाता है, संगठनों के प्रति अपेक्षाएँ भी बदल जाती हैं।

P.W.A. के बारे में आप स्वयं सब कुछ जानते हैं, मुझे कहने की जरूरत नहीं। यह संगठन निश्चय ही सक्रिय है और अभी भी हमारे सामाजिक-साहित्यिक क्षेत्र में एक प्रभावशाली भूमिका अदा कर रहा है, पर यह बहुत कुछ कर सकता है, जो अभी तक कर नहीं पा रहा है यह भी सही है।

☐ I.P.T.A. ने एक जमाने में चोटी के कलाकार दिये हैं और P.W.A. ने शीर्षस्थ लेखक, अब यह धारा अवरुद्ध-सी जान पड़ती है, ऐसा क्यों ?

जिस समय I.P T.A. सक्रिय था उस समय उस पर नाक-भौंह चढ़ाने वाले लोग भी

बहुत थे। वही आक्षेप उस समय उस पर लगाए जाते थे जो आज भी लगाए जाते हैं कि वह मात्र प्रचार का माध्यम था, नाटकों में कला का तत्त्व न के बराबर था, गलियों-कूचों में ही खेला जा सकता था, इसमें नफासत नहीं थी, आदि, आदि। बाद में उसी I.P.T.A. की देन का ऊँचा मूल्य आँका जाने लगा। नाट्यकला के पुनरुत्थान और विकास में I.P.T.A. की बहुत महत्त्वपूर्ण भूमिका रही है।

आज भी नाट्यकला का बहुमुखी विकास हो रहा है, कहीं-कहीं पर I.P.T.A. सक्रिय हैं, तो कहीं-कहीं पर नई नाटक मण्डलियाँ पैदा हो गयी हैं। समाजोन्मुख नाटक की लोकप्रियता बढ़ी है भले ही सुगठित रूप सैं व्यापक स्तर पर, एक आंदोलन की तरह इसका काम नहीं चल रहा है।

P.W.A. की भूमिका के बारे में क्या कहूँ, आप बेहतर जानते हैं पर नागार्जुन, त्रिलोचन (हिन्दी में) तथा सभी भाषाओं में अनेक ज़ाने-माने नाम बाद में उभरे हैं, इसी बात को सिद्ध करते हैं कि प्रगतिशील साहित्य बड़े पैमाने पर लिखा जा रहा है। लघु पत्रिकाएँ ही इसका एक प्रमाण हैं।

☐ क्या अन्य ट्रेड यूनियनों की भाँति लेखक संगठन पर भी कोई अनुशासन लगाना सम्भव या उचित है?

लेखकों का संगठन ट्रेड यूनियन की तरह काम नहीं कर सकता। ट्रेड यूनियन में शामिल होने वाले लोग अपनी माँगों की ओर व्यापक स्तर पर देश की आर्थिक-सामाजिक-राजनीतिक समस्याओं को लेकर संघर्ष करते हैं, लेखक संगठन में प्रत्येक सदस्य रचनात्मक काम करता है। इस सृजनात्मक काम को संगठन में जुड़ने से प्रेरणा मिलती है, लेकिन सृजनात्मक काम फिर भी व्यक्तिगत स्तर पर ही किया जाता है और लेखक के लिए वह सर्वोपरि होता है। संगठनात्मक काम की सामाजिक भूमिका बड़ी महत्त्वपूर्ण है, और यहाँ बड़े पैमाने पर लेखकों का मिल बैठना, मिलकर आवाज उठाना जरूरी है, दोनों एक-दूसरे के पूरक हैं, पर ट्रेड यूनियन का अनुशासन यहाँ न होकर आपसी सूझ-बूझ, सहयोग, सैद्धान्तिक जानकारी और लक्ष्य के प्रति निष्ठा आदि अधिक सहायक होते हैं।

☐ विचारधारा कहाँ तक और किस रूप में लेखन को निर्दिष्ट करती है?

विचारधारा तभी लेखन को निर्दिष्ट करती है जब वह लेखक के संवेदन का उसके रचनात्मक व्यक्तित्व का अभिन्न अंग बन जाये।

☐ प्रेमचंद ने एक जगह लिखा है, लेखक राजनीति के आगे चलने वाली सच्चाई है, उसका पिछलग्गू नहीं। आप इसके बारे में आज के लेखन के संदर्भ में क्या कहना चाहेंगे?

लेखक का संवेदन अपने समय के यथार्थ को महसूस करता और आँकता है। उसके अन्तर्द्वन्द्व और अन्तर्विरोध के प्रति सचेत होता है। इसी दृष्टि से उसकी पकड़ समाज के भीतर चलनेवाले संघर्ष पर ज्यादा मजबूत होती है। और परिवर्तन की दिशा का

भी उसे भास होने लगता है, इसी के बल पर वह राजनीति से आगे होता है, पीछे नहीं। वह सामाजिक जीवन के ठोस यथार्थ से जुड़ा होने पर, ज्यादा दूर तक न भी हो, तो कुछ दूर तक तो जरूर ही देख सकता है।

आज का लेखन जहाँ जिन्दगी के साथ गहरे जुड़ा हुआ है वहाँ निश्चय ही परिवर्तन की दिशा का संकेत अधिक विश्वास के साथ कर सकता है, पर जहाँ उसका संबंध सतही है, अथवा सैद्धान्तिक अधिक और रागात्मक कम है वहाँ जीवन की पकड़ कमजोर होगी और राजनीति के आगे चलने वाली भूमिका में भी शिथिलता आ जाएगी।

☐ आप प्रगतिशील लेखक संघ से एक अर्से से जुड़े हैं और सम्प्रति इसके महामंत्री भी हैं। एफ्रोएशियाई तथा दूसरे संगठनों से भी आपका वास्ता पड़ता है, यह संगठन किस प्रकार लेखक के विकास और ह्रास के लिए उत्तरदायी हैं?

मैंने अभी तक कोई ऐसा लेखक नहीं देखा जिसका संगठन से जुड़ने पर ह्रास हुआ हो। रचना के स्तर पर निश्चय ही लेखक को लाभ पहुँचता है, उसका दृष्टिक्षेत्र फैलता है। आत्मविश्वास बढ़ता है, अपने तंग घेरे में से निकलने में सहायक होता है और एक प्रकार की स्फूर्ति और प्रेरणा भी मिलती है, अपनी दृष्टि के बहुत सारे नकारात्मक तत्त्व झरने लगते हैं, पर संगठन से जुड़ने पर यदि कोई लेखक लिखना छोड़ दे और मात्र संगठनात्मक काम ही करने लगे तो उसके लिए हानिकारक होगा या सारा वक्त बहसें करता रहे तो जरूर नुकसान पहुँचता है। लेखक के लिए संगठन की सबसे बड़ी प्रेरणा इस बात में होती है कि वह लेखक को जीवन के और अधिक निकट जाने को बाध्य करता है।

☐ कलम के इत्तर लेखक किस प्रकार अपने हक के लिए लड़ सकता है?

लिखने के अलावा लेखकों की बहुत-सी ऐसी साँझी समस्याएँ हैं जिनके लिए मिलकर संघर्ष करना जरूरी है। आज की स्थिति लेखक के लिए बहुत-सी बातों में पेचीदा हो गयी है, चाहते हुए भी कोई लेखक अपनी कलम के बल पर निर्वाह नहीं कर सकता। प्रकाशक की समस्याएँ, सही मूल्यांकन की समस्याएँ, पुस्तकों के वितरण की समस्याएँ आदि। गम्भीर साहित्य महँगा होकर बाजार से निकल रहा है, उसका स्थान सस्ता साहित्य उत्तरोत्तर ले रहा है। आज की स्थिति प्रत्येक लेखक को जल्दबाजी में काम करने पर बाध्य कर रही है, अनेक प्रबल सामाजिक-आर्थिक कारण काम कर रहे हैं, इस पक्ष को हाथ में लेना लेखकों के लिए अब जरूरी हो गया है।

☐ भारत एक बहुभाषी देश है और विभिन्न संस्कृतियाँ अपनी-अपनी भाषा के साथ जुड़ी हैं, इन इकाइयों की एकजुटता और रचनात्मक साझेदारी के लिए आपके क्या सुझाव हैं?

विभिन्न भाषाओं में लिखनेवाले लेखक एक-दूसरे की रचनाओं से परिचित नहीं होते। एक मंच पर मिल बैठने पर भी मात्र एक-दूसरे के नाम से ही परिचित हो पाते हैं।

इससे अधिक नहीं, इस दूरी को पाटना अत्यन्त आवश्यक है। हमें सच्चे अर्थों में एक-दूसरे के निकट आना चाहिए, सांस्कृतिक एकबद्धता, राष्ट्रीय एकबद्धता के नाते भी और जागरूक साहित्य कर्म के नाते भी। अनुवाद कार्य की भूमिका प्रमुख है, एक-दूसरे से मिलबैठने, एक-दूसरे के प्रदेश की यात्रा करने, सेमिनारों, गोष्ठियों में विचारों के आदान-प्रदान आदि सभी इस दिशा में सहायक होंगे। इस सृजनात्मक कार्य को निश्चय ही बड़ा प्रोत्साहन मिलेगा। साहित्य समृद्ध होगा।

☐ आप नई कहानियाँ से सम्बद्ध भी रहे हैं, सम्पादक की दृष्टि क्या संस्था की दृष्टि होती है या स्वतंत्र ?

संस्था सीधे-सीधे पत्रिका के सम्पादक पर कोई अंकुश नहीं लगाती, लेकिन जो व्यक्ति किसी संस्था का अंग बनकर पत्रिका चलायेगा तो वह संस्था के चरित्र और स्वभाव को भी धीरे-धीरे पहचान लेगा और कुछ-कुछ उसके रंग में रँगता भी जायेगा। साहित्यिक पत्रिका के सम्पादक को बड़ी छूट होती है, लेकिन वह कोई ऐसा कदम उठाने से गुरेज करेगा जिससे संस्था को नुकसान पहुँचने का डर हो ! किसी संस्थान में पत्रिका के सम्पादन का काम करते हुए उग्र सरकार विरोधी नीति अपनाना लगभग असम्भव है।

पर इस सीमा के अन्दर अन्दर एक सम्पादक बहुत कुछ कर सकता है, नये हस्ताक्षर खोज सकता है, मानवीय लेखन को प्रोत्साहन दे सकता है, बढ़िया साहित्य जुटा सकता है, विचार मंच प्रस्तुत कर सकता है आदि आदि।

☐ सम्पादक जब स्वयं कथा लेखक भी होता है तो उसे अपना सम्प्रदाय या मठ बनाने की चिंता भी होती है जो उसके नाम को आगे दूर तक पहुँचा सके, क्या आपने भी अपने सम्पादकत्व में ऐसा कभी सोचा ?

सम्पादक बनने पर दृष्टि अधिक वस्तुनिष्ठ होने लगती है। अक्सर सम्पादक अपनी रचनाएँ छपवाना पसंद नहीं करते। वह यह आरोप भी सुनना नहीं चाहते, कि वह अपनी ही दृष्टि के लेखकों की रचनाओं को प्राथमिकता दे रहे हैं। घिसीपिटी लाइन पर चलना भी पसन्द नहीं करते, पत्रिका में कुछ परिवर्तन लाना जरूर चाहते हैं। नये लेखकों को ढूंढ़ निकालने में उन्हें विशेष सुख मिलता है। सम्पादक बनना नयी-नयी चुनौतियों को स्वीकारने के बराबर होता है, सम्पादक की जरूर यह चेष्टा रहती है कि उसकी पत्रिका विशिष्ट भूमिका निभा पाये।

सम्पादक की अपनी दृष्टि से इन्कार नहीं बल्कि जितनी साफ सजग वह दृष्टि होगी उतनी ही पत्रिका के लिए सहायक होगी। उस स्थिति में विभिन्न दृष्टियों से लिखे साहित्य को छापते रहने के बावजूद पत्रिका का स्वरूप और चरित्र बदलेगा नहीं या गड्डमड्ड नहीं होगा बल्कि निखरेगा।

—केवल गोस्वामी

कुछ याद

दूर बचपन के बारे में सोचते ही, तरह-तरह की छिटपुट ध्वनियाँ, रंग, आकृतियाँ, धूप-छाँह, गली की आवाज़ें फिर से उभरने लगती हैं, और मन उद्वेलित-सा होने लगता है। इन्हीं के बीच बचपन आरम्भ हुआ था, कौन जाने, इन्हीं के संस्कार आज भी कहीं मेरे अन्दर कसमसाते रहते हों। बचपन की कहानी घटनाओं की कहानी इतनी न होकर उस माहौल की कहानी होती है, जिसमें हम साँस लेकर बड़े होते हैं, और उन भावनाओं की जो हमें उद्वेलित करती रहती हैं। दिल को मथने वाली के भावनाएँ, क्या मालूम व्यक्ति के संवेदन को रूप दे रही हों, और कानों में पड़ने वाले वाक्य, और वार्तालाप उसे कहीं दृष्टि दे रहे हों।

अपने बचपन के बारे में सोचता हूँ तो सब से पहले तो बीमार का बिस्तर ही आँखों के सामने उभरता है। और उसके साथ जुड़ी हुई कसक और दबी-दबी छटपटाहट और तरह-तरह की ललक। बचपन में मैं बार-बार बीमार पड़ता था और बीमारी के दिनों में घण्टों अकेले पड़ा रहता था और अक्सर मेरे पाँव भाई के पाँवों की आहट की ओर लगे रहते। भरा-पूरा घर था, दो बहनें, बड़ा भाई, माता-पिता, घर का नौकर, तुलसी। कभी पिताजी के भारी कदम, सीढ़ियाँ चढ़कर ऊपर आते, फिर वह थर्मामीटर निकालकर उसे बार-बार झटकते, वह मेरे माथे पर हाथ फेरते, फिर जेब में से इकन्नियाँ-दवन्नियाँ, पैसे निकालकर मेरे सिरहाने के नीचे रख देते, और फिर थोड़ी देर बाद सीढ़ियाँ उतर जाते। घर में फिर मौन छा जाता। लम्बी दोपहर अक्सर खाली होती। माँ किसी सत्संग में गयी होतीं, बहनें अपने-अपने स्कूलों में, और खाट पर पड़े-पड़े मेरी आँखें दहलीज के पार धीरे-धीरे सरकती धूप को देखती रहतीं। जब छाँव का हाशिया, धीरे-धीरे चौड़ा होकर, ईंटों की तीसरी लाइन तक जा पहुँचेगा तब माँ बाहर से लौटेंगी, जब पाँचवीं लाइन तक पहुँचेगा तो दोनों बहिनें लौटेंगी, हँसती-हँसती सीढ़ियाँ चढ़ कर ऊपर आ जायेंगी, जब छाँव का हाशिया और चौड़ा हो जायेगा और सातवीं रेखा पार कर जायेगा, तब भाई लौटेगा। पर कौन जाने, लौटेगा या नहीं लौटेगा। वह इतनी देर से क्यों आता है, स्कूल के बाद ज़ाने कहाँ खेलता रहता है। भाई लौटकर आता है तो दिल बल्लियों उछलता है, पर साथ ही हल्की-सी हूक भी दिल में उठती है, वह घण्टों बाहर खेलता रहता है, जबकि मैं खाट पर पड़ा रहता हूँ। वह लौटकर आता भी है तो ज्यादा देर मेरे पास नहीं टिकता। मेरी खाट की पाटी पर दोनों हाथ रखे, वह मुझे तरह-तरह की

बातें सुनाता है, और सारा वक्त उछलता रहता है। भाई हर बार कोई नई, अनूठी बात सुनाता है, जिसे सुनते ही मेरी आँखें फैल जाती हैं और लगता है वह सारा वक्त किसी परीलोक में खेलता रहा है। भाई आज तीर-कमान के खेल देखने जा रहा है, या फिर भाई ने नेज़ाबाज़ी का एक नया खेल निकाला है, या फिर भाई आज बाहर से एक हॉकी-स्टिक उठा लाया है, अब से वह हॉकी खेला करेगा। मैं बड़ी उत्सुकता से उसकी बातें सुनता रहता हूँ, और बड़ी ईर्ष्या से उस दुनिया के बारे में सोचता रहता हूँ जहाँ पर भाई दिन-भर विचरता है। भाई को मिलने वाली हर चीज़ घर में पहली बार आती है। आज उसे पीले रंग की ब्रह्मचारियों की धोती मिली है, अब वह गुरुकुल में पढ़ने जाया करेगा, सफेद और काले रंग की लाठी भी मिली है। वह साथ वाले कमरे में पीली धोती पहन कर और हाथ मे लाठी उठाये चलता हुआ हमारे सामने आया है। उसे देखते ही दोनों बहनें खिलखिला कर हँसने लगी हैं, पर माँ ने उसे छाती से लगाकर चूम लिया है। भाई को मिलनेवाली हर चीज में एक प्रकार का नयापन होता है, जब मेरी बारी आती है, तो वह पहले से जानी-पहचानी होती है, उसमें कोई नयापन नहीं होता। भाई जैसे भविष्य की ओट में से नई-नई चीजें उठाकर ले आता है। मुझसे दो बरस बड़ा होने के कारण वह सारा वक्त मेरे आगे-आगे चलता हुआ जैसे नये-नये दरवाजे खोलता रहता है। वह अभी से मुझे एक विलक्षण-सा व्यक्ति नज़र आने लगा है, जो हॉकी खेल सकता है, तीर-कमान चला सकता है, जो पीली धोती पहनकर गुरुकुल में जा सकता है, जो गणित के सवाल करता है, इतनी मोटी कापी में लिखता है, जिसे एक ऐसे मास्टर जी पढ़ाते हैं जिनका नाम मित्रविलास है, मुझे इस नाम वाला अध्यापक क्यों नहीं पढ़ाता। ललक, उत्सुकता, आत्मीयता, ईर्ष्या, सभी भावनाएँ एक साथ दिल को मथती रहती हैं।

भाई फिर घर से निकल गया है। अभी-अभी लौटा था, अभी-अभी फिर चला गया है। वह तीर-कमान के खेल देखने गया है। आर्यसमाज में एक आदमी तीर-कमान के खेल दिखाने लाहौर से आया है। जाने वह कौन-कौन से हुनर, कौन-कौन से करतब वहाँ देखेगा। मेरा मन फिर मसोस उठा है।

मैं फिर से अकेला पड़ गया हूँ। अँधेरा उतरने लगा है। माँ रसोईघर में चली गयी हैं, बहनें घर के किसी कोने में दुबकी बैठी खुस-फुस कर रही हैं। पिताजी छड़ी उठाकर घूमने चले गये हैं, मैं छत की ओर ताके जा रहा हूँ, छत पर तरह-तरह की आकृतियाँ उभरने लगी हैं, कहीं बादलों के तोदे, कहीं उछलता शेर, कहीं ढोल पीटता बाजीगर। गली में से भिखारियों की आवाज़ें आने लगी हैं। मैं एक-एक आवाज़ से परिचित हूँ, ये आवाज़ें रोज सुनता हूँ, पड़ोस में चीनी के बर्तन खनकने लगे हैं, जगह-जगह तन्दूर जलने लगे हैं, रोटियाँ सेंकने और औरतों के बतियाने की आवाज़ें आने लगी हैं। रात गहराने लगी है, भाई अभी तक नहीं लौटा। अब माँ उसे लिवाने के लिए तुलसी को उसके पास भेजेगी। माँ दूध का कटोरा लेकर मेरे पास आ बैठी हैं, मैं दूध पी चुकता हूँ तो वह मेरा सिर अपनी गोदी में रखकर मुझे बोंबी की कहानी सुनाने लगती हैं। माँ कभी कहानी सुनाती हैं तो कभी गीत गाने लगती हैं, धीमी-धीमी आवाज़ में। अगर

माँ का गीत पिताजी के कान में पड़ जाये तो वह माँ को टोक देते हैं : 'बच्चों को वैराग्य के गीत नहीं सुनाया करते। इन्हें खुशी के गीत सुनाते हैं।' हँसी-खेल के, वीरता के, मधुर, अवसादपूर्ण गीत सुनते हुए, माँ की गोद में अपार सुख का अनुभव होता है। और जाने कब मैं गहरी नींद में डूब जाता हूँ।

तन्दुरुस्त होने पर, खाट छोड़ने की देर है कि मैं घर से भाग खड़ा होता हूँ, उस प्यासे व्यक्ति की तरह जो पानी की ओर लपकता है। सबसे ज्यादा मज़ा किसी राह जाते ताँगे पर कूदकर चढ़ जाने में है, पायदान पर कूदकर चढ़ जाओ और वहीं खड़े-खड़े शहर-भर की सैर करो। ताँगा एक सड़क से दूसरी सड़क, दूसरी से तीसरी, जाने कहाँ-कहाँ जाता है। कभी-कभी जब गाड़ीवान मुझे चढ़ते देख लेता है तो बैठे-बैठे ही वह अपनी चाबुक पीछे की ओर झुलाता है। चाबुक का सरसराता तस्मा मेरे कान को या मेरे गाल को जलाता हुआ निकल जाता है, और मुझे ताँगे पर से कूद जाना पड़ता है। पर शहर में ताँगों की कमी नहीं, एक नहीं तो दूसरे पर चढ़ जायेंगे। बस, पायदान पर कूदने भर की देर है और भागते ताँगे पर से दुनिया देखने का अपना मज़ा है। भाई के खेल अपनी जगह, यह अपनी जगह।

तांगे पर नहीं चढ़ता तो गलियों में घूमता। जहाँ मन आता निकल जाता और अक्सर रास्ता भटक जाता। पिताजी ने मेरे गले में एक पीतल का एक गोल-सा पतरा लटका रखा था जिस पर पिताजी का नाम और पता अंकित था। रास्ता भटक जाने पर जब कभी किसी को सड़क पर डोलता नज़र आता तो कोई न कोई खुदातर्स गोद में उठाकर घर छोड़ जाता।

अगर गर्मी के दिन होते, और बारिश का छींटा पड़ता तो मैं कपड़े उतार कर सड़कों पर भागने लगता। यही हमारे शहर का चलन भी था, बच्चे-बड़े सभी सड़क पर भाग-भागकर नहाते थे, बरसात का स्वागत करते थे।

खाट छोड़ने के बाद, दो-तीन दिन में ही मैं इतनी भाग-दौड़ कर लेता कि अक्सर फिर बीमार पड़ जाता था, और खाट पर लेटे-लेटे फिर से कान बाहर की ओर लग जाते, फिर से भाई के क़दमों की आहट का इन्तज़ार करने लगता, फिर से गली-मुहल्ले की आवाज़ें सुनने लगता, और फिर से स्वच्छन्द घूमने और खेल पाने की ललक दिल में कसमसाने लगती।

भाई के साथ रहते अपार स्नेह मिला, साथ ही उसकी हर बात अनूठी और चमत्कारपूर्ण लगी। शायद हर घर में छोटे भाई की ऐसी ही स्थिति होती है। और यह स्थिति मन पर कहीं इस प्रकार का स्थायी प्रभाव भी छोड़ गयी कि हर गुणी व्यक्ति मुझे चमत्कारी जीव-सा लगता और मैं अभिभूत-सा महसूस करने लगता। बचपन में भाई मेरी युद्ध का पात्र बना रहा तो लड़कपन में मेरे साहित्य के एक अध्यापक ने वह स्थान ग्रहण कर लिया और वह मेरे समस्त आदरभाव का केन्द्र बन गये।

इस तरह की मनःस्थिति से नुकसान भी होता है। इससे एक संतुलित, परोक्ष दृष्टि पनप नहीं पाती। दूसरा व्यक्ति अपने से बहुत बड़ा जान पड़ता है और उसकी

त्रुटियाँ कहीं ढूँढे भी नज़र नहीं आतीं। और मनुष्य अपने को न केवल बहुत छोटा समझने लगता है बल्कि उसमें मूक अनुसरण की प्रवृत्ति भी बढ़ने लगती है।

और छुटपन के इस भाव को मेरे अन्दर गहरा बैठाने में, और मेहरबानों ने भी कोई कसर नहीं छोड़ी। स्कूल के एक मास्टर, बाबूजी के दो बेटों की परस्पर तुलना करने से कभी नहीं चूकते थे। "एक नार्थ पोल है तो दूसरा साउथ पोल," वह अक्सर मेरे मुँह पर कहा करते थे। एक बार मेरे एक सहपाठी ने अपने बड़े भाई का उस्तरा लेकर अपनी मूँछें मूँड डालीं। मूँछों की सफाई करना उन दिनों बहुत बड़ा गुनाह माना जाता था। और छठी-सातवीं जमात में मूँछें अभी आती ही कहाँ हैं। मात्र रोयें ही उगे थे। स्कूल में पहुँचा तो लड़कों ने उसे छेड़ना शुरू कर दिया। कहीं मैंने भी मज़ाक किया होगा, मुझे याद नहीं। पर उन साहिब ने हेडमास्टर से शिकायत कर दी, और छेड़ने वालों में मेरा नाम भी जोड़ दिया। हम हेडमास्टर के कमरे में तलब किये गये। मुझे देखते ही हेडमास्टर साहब उस लड़के को तो भूल गये, जो मूँछें मूँड कर आया था, उल्टे मुझ पर बरसने लगे। तभी पहली बार उनके मुँह से वह वाक्य निकला जो बाद में भी मुझे अनेकों बार सुनना पड़ा। पास में खड़े एक अध्यापक से बोले :

"इसमें और इसके भाई में उतना
ही अन्तर है जितना नार्थ पोल
और साउथ पोल में।"

इसी तरह एक बार एक वैद्यजी, हमारी बीमार बहन को देखने आये। लौटते समय वह मुझे भी एक नज़र ऊपर से नीचे तक देख गये, और सीढ़ियाँ उतरते हुए बोले : "इस लड़के का ख्याल रखने की ज़रूरत है।" दुबला-पतला तो मैं था ही, शायद वैद्यजी ने मेरे और दोष भी देख लिये हों। मेरा दिल बैठ गया। वैद्यजी का मतलब साफ़-साफ़ तो मैं नहीं समझ पाया, पर इतना ज़रूर था कि या तो इस लड़के को तपेदिक हो जायेगा, इसका ख़्याल रखने की जरूरत है, या फिर यह आवारा हो जायेगा, क्योंकि अपने भाई की तुलना में यह बहुत घटिया किस्म का लड़का है, इसका भी ख़्याल रखने की ज़रूरत है। भाई बड़ा शरीफ़ माना जाता था। भाई का दमकता चेहरा शरीफ़ आदमियों का चेहरा था। उसके चेहरे पर बदमाशों की छाइयाँ नहीं थीं, जैसी मेरे चेहरे पर थीं। उसकी आँखों के नीचे हल्के-हल्के साये भी नहीं पड़ते थे जैसे मेरी आँखों के नीचे, अस्वस्थता के कारण, पड़ते थे। पर मैं समझता था कि उसका चेहरा इसलिए दमकता है, कि उसके विचार पवित्र हैं, जबकि मेरे विचार दुष्ट लोगों के विचार हैं।

कहीं कोई कुलबुलाहट मेरे अन्दर ऐसी भी रही होगी जो मुझे शरारतें करने को उकसाती रहती थी। मैं छोटी-मोटी शरारतें करता भी रहता था, हालाँकि उस पर भी की गयी टिप्पणी मेरे ख़िलाफ़ जाती थी। मैं शायद अन्दर-ही-अन्दर यह मानने से इन्कार भी करता रहता था कि मैं निकृष्ट हूँ, घटिया हूँ, कभी ऐंठ कर, तो कभी शरारतें करके यह दिखाने की कोशिश करता था कि मैं किसी से ख़म खानेवाला नहीं हूँ। मुझ में उद्दण्डता न थी, न ही विद्रोहभाव था, लेकिन जब अन्दर की बेचैनी बर्दाश्त

के बाहर हो जाती तो उसे शांत कर पाने के लिए कभी भागते ताँगे पर जा चढ़ता, कभी भाई को घूँसा दे मारता, कभी स्कूल से भाग जाता था, कभी छोटी-मोटी शरारतें करने लगता था।

ऐसा तो था घर का माहौल। उस में बहुत कुछ और भी था, प्रभावों और संस्कारों की दृष्टि से भरपूर, पर मेरे अपने व्यक्तित्व से जुड़ी ऐसी ही भावनाएँ थीं जिनकी लपेट में मेरा बचपन बीता था।

पड़ोस में गाड़ीवान रहते थे, ताँगा हाँकनेवाले। घर के ऐन सामने उनका बहुत बड़ा बाड़ा था, जिसमें उनके बहुत-से परिवार रहते थे। बाड़े के बड़े आँगन में घोड़े और गाय-भैंस बँधे रहते, आँगन के बाहर, मिट्टी की दीवार के बाहर, सड़क के किनारे गाड़ीवान अपने खाली वक्त में, खाटों पर बैठे, छोटी-छोटी प्यालियों में कहवा पीते, हुक्के के कश लेते और गधे हाँकते थे। रमज़ान के दिनों में गुड़ का शर्बत घोल कर रोज़ा खोलते थे। उनकी औरतें, दीवार के पीछे, सारा वक्त या तो गोबर की थापियाँ दीवारों पर लगातीं, या आँगन साफ करतीं, या फिर मिट्टी के बर्तनों में चौका-रसोई करतीं। गाड़ीवान बड़ी-बड़ी मूँछों वाले कद्दावर लोग थे, बड़े हँसमुख और मिलनसार, पर जब कभी किसी से लड़ते तो खून के प्यासे हो जाते। एक बार एक आदमी किसी कोठरी में शराब पीते पकड़ा गया। किसी दूसरे मुहल्ले से आया था, पर उन्हीं के साथ उठने-बैठनेवाला आदमी था। कहीं पुरानी अदावत रही होती। उसे पकड़ कर एक खम्भे के साथ बाँध दिया गया। किसी की पगड़ी से उसे बाँधा गया, पर इस ज़ोर से उसकी कमर को कसते गये कि उसकी आँखें निकल आयीं और उसकी आँतें कुचली गयीं। इस पर थप्पड़ और घूँसे। अब भी याद करता हूँ तो पेट में बल पड़ने लगते हैं।

मुहल्ले के पास ही 'कमेटी' मैदान था। जाड़ों में हर इतवार को वहाँ कुत्तों की लड़ाई होती थी। यों तो हमारे शहर में बटेरों की लड़ाई, मुर्गों की लड़ाई भी जगह-जगह होती रहती थी, पर कुत्तों की लड़ाई सब से भयानक थी। कमेटी मैदान में बहुत बड़ा मजमा लगता, और बारी-बारी से झबरैले, पले हुए कुत्ते एक-दूसरे पर छोड़े जाते और उन पर शर्तें बाँधी जातीं। दोनों कुत्ते एक-दूसरे पर झपटते, एक-दूसरे को काटते, लहूलुहान करते। थोड़ी ही देर में एक का कान लटक रहा होता, या जाँघ पर से मांस का लोथड़ा लटक रहा होता। बुरी तरह से रौंदा जाने पर वह ज़ख्मी कुत्ता वहाँ से भागने की कोशिश करता, पर आसपास खड़े, घेरा बाँधे लोग उसे भागने कहाँ देते थे। जिन लोगों ने उस पर शर्तें बाँध रखी थीं वे भला उसे क्यों जाने देते? उसे पत्थर मार-मार कर फिर मैदान में उतारा जाता। दूसरा कुत्ता उस पर फिर से झपटता। इस बीच अक्सर शर्त लगाने वालों के बीच ही लड़ाई छिड़ जाती, लाठियाँ बरसने लगतीं, चाकू निकल आते, छोटा-मोटा फ़िसाद हो जाता। जब फिसाद थमता तो कुत्तों का दूसरा जोड़ा मैदान में उतरता।

मेरा जन्म खाते-पीते परिवार में हुआ था, पर चूँकि पिताजी ग़रीबी से उठे थे, इसलिए घर के रहन-सहन में कोई टीम-टाम न थी, कोई आडम्बर न था। आर्य्य-

स्कूल में पढ़ने जाते थे, जहाँ, दूसरी जमात में जब दाखल हुआ था तो फीस दो पैसे माहवार थी, और जब आठवीं जमात के बाद स्कूल छोड़ा तो फीस सात आने थी। लड़के सभी तरह के परिवारों से आते थे, पर ज्यादातर ग़रीब थे। उस्ताद भी सीधे-सादे लोग थे, भीरु स्वभाव और ग़रीब-तबह।

वे खेलकूद और गहरी दोस्तियों के दिन थे, और मेरी भी अनेक गहरी दोस्तियाँ हुईं। और इनमें से अनेक दोस्तियाँ ग़रीब लड़कों के साथ हुईं। पर इन दोस्तियों का क़िस्सा भी अपने में बड़ा अटपटा और दर्दनाक-सा है।

एक सहपाठी रोशनलाल था, और वह हमारे घर के नजदीक ही अपनी विधवा माँ, बड़े भाई और बहिन के साथ एक छोटी-सी कोठरी में रहता था। रोशनलाल पढ़ने में बड़ा ज़हीन था, और गुल्ली-डण्डा बहुत अच्छा खेलता था, और तख्ती पर जब इमला लिखता तो मोती पिरोता था। छोटा भाई होने के कारण मैं अपने भाई पर तो रोअब गाँठ नहीं सकता था, मैं अपना रोअब इन ग़रीब दोस्तों पर गाँठने की कोशिश करता। रोशनलाल के घर बन-सँवर कर जा पहुँचता, उजला कोट, पानी से धोकर चमकाये हुए जूते, सिर के छोटे-छोटे बालों में चमकता तेल। मैं रोशनलाल के घर की दहलीज पर जा खड़ा होता। रोशनलाल के पास कपड़ों का एक ही जोड़ा था, जिस कारण वह दिन को कपड़े पहनता और रात को नंगा सोता था। रोशनलाल की माँ हमारे घर छाछ लेने आती थी। जाड़े के दिनों में रोशन सारा वक्त ठिठुरता था। उसकी एक बहिन को एक गाड़ीवान भगाकर ले गया था, दूसरी बहिन घर में सारा वक्त बेसुध-सी डोलती रहती थी। रोशन का बड़ा भाई घुड़दौड़ों में 'बुकी' का काम किया करता था, जिस के लिए उसे दिन भर की घुड़दौड़ों के पीछे एक रुपया मिलता था। और ये घुड़-दौड़ें महीने में तीन या चार बार हुआ करती थीं।

पर रोशनलाल किसी से भी खम नहीं खाता था, बड़ा स्वाभिमानी लड़का था। उसका स्वाभिमान तब टूटा जब बाद में पढ़ाई छोड़ कर उसे क्लर्की करने पर मजबूर होना पड़ा। तब उसे मुझसे झेंप होने लगी, क्योंकि मैंने स्कूल छोड़ने के बाद पहले बी० ए० में और फिर एम० ए० में दाखला लिया। जब कभी मिलता तो बड़ा उखड़ा-उखड़ा महसूस करता। क्लर्की उसे अन्दर ही अन्दर सालती रहती थी। जिन दिनों मैं लाहौर में एम० ए० की पढ़ाई कर रहा था, उन्हीं दिनों वह तपेदिक का मरीज़ होकर लाहौर के ही एक अस्पताल में दाखिल हुआ था। मैं अपने हॉस्टल से उसे मिलने जाया करता। बीमारी के दिनों में भी उसकी आँखों में गहरी वेदना और असंतोष झलकते थे। एक दिन जब मैं अस्पताल में उसे देखने गया तो उसका पलंग खाली था। दो दिन पहले उसकी मृत्यु हो चुकी थी।

मेरा एक और मित्र भी था, धर्मदत्त नाम का। वह भी बड़ा ज़हीन था। उसका परिवार एक अँधेरी कोठरी में रहता था, जिसमें दिन के वक्त भी दिया टिमटिमाता रहता था। उसका बाप अंधा था, और बड़ी उम्र का था, और रोज़ी कमाने के लिए विवाह के गीत लिखा करता था। 'विवाह के गीत' नाम से एक छोटा-सा 16 पन्ने का

संग्रह मैंने धर्मदत्त के पास देखा भी था। मेरा वह सहपाठी भी जल्दी ही चल बसा और वह भी स्कूल ही के दिनों में। शायद ब्राह्मण होने के नाते वह बहुत कम बोलता था, और अलग-थलग बना रहता, खेल-कूद अथवा हँसी-मज़ाक में भाग नहीं लेता था। मरा तो वह ग़रीबी और अस्वस्थता के कारण था, पर हम सहपाठी समझते थे कि चूँकि कुछ दिन पहले गणित के अध्यापक ने जो लड़कों को बहुत पीटते थे—उसे बेंच पर खड़ा हो जाने की सज़ा दी थी, और ऐसी सज़ा उसे पहले कभी नहीं मिली थी, इस कारण उसके दिल को गहरी चोट पहुँची थी और घर पहुँचते ही बीमार पड़ गया था, और कुछ ही दिनों में चलता बना था। वास्तव में उसे सरसाम हो गया था, पर बीमारी की हालत में भी वह बड़बड़ाता और गणित के अध्यापक को सम्बोधित करता रहा था। उसकी अर्थी के दिन, मुझे याद है, मैं रो नहीं पा रहा था, पर रोने का बहाना ज़रूर कर रहा था और बार-बार आँखें पोंछ रहा था, जबकि गली में बैठी स्त्रियाँ हमें लड़कों को रोता देख कर स्वयं रोने लगती थीं :

"ये उसके साथी थे ना,
उसके साथ पढ़ते थे।
हाय, कैसा जुल्म हुआ है !"

मेरा एक और सहपाठी भी था, बरकतराम, एक और मित्र भी था, हरबंसलाल। इनमें से भी किसी के मन की साध पूरी नहीं हुई, दोनों होनहार थे पर ऐसे फूल जो खिल पाने से पहले ही मुर्झा गये। बरकतराम प्राइमरी में, वज़ीफ़े के इम्तहान में बैठा था, पर चौथी जमात के बाद ही उसे पढ़ाई छोड़नी पड़ी थी। हरबंसलाल नौवीं जमात तक अपने को घसीट ले गया, पर फिर स्कूल छोड़कर बिजली का फिटर बन गया। उसका ऊँचा लम्बा कद और घुँघराले बाल आज भी आँखों के सामने आ जाते हैं। उसे भी क्षयरोग ने मार गिराया था।

उसी जमाने में एक और मौत भी हुई थी, जो हमारे अपने घर में, मेरे बचपन में होनेवाली पहली मौत थी। मेरी एक बहिन, उन्नीस वर्ष की उम्र में चल बसी थी। उन दिनों घर में उसकी शादी की तैयारियाँ चल रही थीं। बड़े अनूठे और हृदयविदारक माहौल में यह मौत हुई। पिताजी, माँ, मेरी मौसी, बुआ, सभी घर पर थीं, और उसके कमरे में बैठी, धीमी आवाज में वेदमन्त्रों का उच्चारण कर रही थीं। माँ, किसी किसी वक्त उठ कर, दूसरे कमरे में चली जातीं जहाँ हमारी बड़ी बहिन—जिसकी शादी हो चुकी थी—प्रसूत पीड़ा में छटपटा रही थी। एक ही समय में एक जीव घर से विदा हो रहा था, और दूसरा जीव घर में जन्म ले रहा था। बहिन की मृत्यु लगभग उसी समय हुई जिस समय बड़ी बहिन ने बेटी को जन्म दिया। एक ओर क्रंदन तो दूसरी ओर नवजात शिशु की आवाज एक साथ सुनाई पड़ने लगे। माँ, हमें दिलासा देने के लिए, बार-बार हमारे पास आतीं और कहतीं, "तुम्हारी बहिन लौट आयी है, सावित्री लौट आयी है। उसी ने फिर से घर में जन्म लिया है।" और कहकर रोने-फफकने लगतीं।

मेरे बचपन ने मुझे और कुछ दिया हो या नहीं दिया हो, पर थोड़ा दर्द ज़रूर

दिया है। धनी परिवारों के बच्चों का जैसा तिरता-सा बचपन मेरा नहीं था।

बचपन की दोस्तियाँ मन पर अपना अमिट प्रभाव तो छोड़ ही जाती हैं, पर मैत्री के भीतर के अन्तर्विरोध और बिडम्बनाएँ भी बार-बार मैत्री के कोमली तन्तुओं को झटकती रहती हैं। ये विडम्बनाएँ भी दिल पर कटु यथार्थ का भास छोड़ गयी हैं। कौन-सी बात सच्ची थी, हमारी दोस्ती या हमारी दूरी? इसी कारण शायद, जब बरसों बाद मैंने समाजवादी साहित्य में वर्ग संघर्ष के बारे में पढ़ा तो वह मुझे सोलह आने सही जान पड़ा। भावनात्मक स्तर पर हम जीते हैं, बेशक, पर ज़िंदगी का यथार्थ मात्र भावनाओं की भीत पर खड़ा नहीं होता, न हो सकता है। प्रेम से बढ़ कर दिलों को जोड़नेवाली भावना और क्या होगी, पर आर्थिक विसंगतियों की चट्टान पर गहरी से गहरी प्रेम भावना भी चूर-चूर हो जाती है। इसीलिए मात्र प्रेम और भाईचारे का उपदेश देने से और आर्थिक-सामाजिक विषमताओं के प्रति आँखें मूँदें रहने से, कोई भी समस्या हल नहीं होती। इसी कारण समाज का चित्रण, इन्सानी रिश्तों का मात्र भावनात्मक स्तर पर किया गया चित्रण अधूरा होता है, वह हमें गुमराह भी कर सकता है और समाज में यथास्थिति को बनाये रखने में मदद भी करता है। ज़रूरत जीवन को, जहाँ तक हो सके, उसकी सम्पूर्णता में देखने की है, इसके बिना यथार्थ का चित्रण या तो एकांगी या फिर असंतुलित बना रहेगा। इस तरह इतिहास, समाजशास्त्र, अर्थशास्त्र, राजनीति आदि साहित्य के लिए असंगत न होकर, साहित्यकार की व्यापक, संतुलित दृष्टि ग्रहण करने में मदद ही करते हैं।

बचपन का यह लम्बा-चौड़ा ब्योरा आखिर किस काम का? शायद इससे अपने आपको समझने में मदद मिलती है। यह एक तरह से उन तंतुओं की खोज भी है जिस से संवेदन रूप लेता है, क्योंकि संवेदन कहीं न कहीं बचपन में ही जन्म लेकर उसी खाद में से अपना पोषण ग्रहण करता है।

आँखों के सामने अनेक चित्र, अस्फुट, धुँधले चित्र, पर कहीं-कहीं बड़े साफ भी, आँखों के सामने उभरते हैं।

रात के वक्त, पिताजी घर के बड़े कमरे में टहल रहे हैं, क्षुब्ध और उत्तेजित। टहलते हुए ही वह किसी वक्त टिप्पणी करते हैं, माँ खाट पर बैठी सुन रही हैं। पिताजी की टिप्पणी मेरी समझ में नहीं आती, पर उनके क्षोभ का असर मेरी भावनाओं पर भी पड़ता है। पिताजी की टिप्पणी घर के किसी मामले के बारे में नहीं है, उसका सम्बन्ध अंग्रेजों से है, अंग्रेजी राज से है। कभी उनकी टिप्पणी का सम्बन्ध हिन्दु समाज में पायी जानेवाली कुरीतियों से होता है, कभी आर्यसमाज के कार्यकलाप से, कभी मुसलमानों के बारे में। पिताजी जब भी इस तरह बोलते हैं, उत्तेजित आवाज में बोलते हैं, और मैं उनकी बातों को बिना समझे ही उद्वेलित होता रहता हूँ। पिताजी हर रात खाना खा चुकने के बाद इस तरह बड़े कमरे में टहलते हैं, और माँ द्वार पर बैठी उनकी बातें सुनती हैं और बीच-बीच में अपना मत प्रकट करती हैं।

... ...

कचहरी को जानेवाली लम्बी सड़क पर एक जुलूस बन रहा है। लम्बी पाँत दूर तक चली गयी है, पाँत में दो-दो आदमी साथ-साथ खड़े हैं। मैं नहीं जानता जुलूस क्या होता है, पर मैं भी पाँत में एक जगह अपने भाई के साथ खड़ा हूँ, भाई ने किसी के मुँह से सुना है कि लोकमान्य तिलक का देहांत हुआ है और वह वैसे ही मुझे सुना देता है। जुलूस धीरे-धीरे आगे सरकने लगा है। किसी-किसी वक्त दूर पीछे से किसी की आवाज़ आती है :

"क़ौमी नारा !"

और जवाब में लोग हाथ उठा कर कहते हैं :

"वन्दे मातरम !"

इस नारे की लहर सी, पीछे से शुरू होकर आगे की तरफ फैलती चली जाती है। हाथ उठते हैं और गिर जाते हैं। अब हम दोनों भी हाथ उठा कर, चिल्ला कर कहने लगे हैं :

"वन्दे मातरम् !"

... ...

कम्पनी बाग में, रात के वक्त, हमारी आँखों के सामने, धू-धू करके आग की लपटें उठ रही हैं। सफेद-सफेद कपड़े पहने बहुत-से लोगों की भीड़ एक ओर को बैठी उसे देखे जा रही है। भाई कहता है, विलायती कपड़ों की होली जलायी जा रही है। मैं और मेरा भाई सिर पर क्रिस्टी टोपियां पहने, और बदन पर जापानी, फूलदार कोट पहने बैठे हैं। माँ ने हमें सजा-धजा कर मानो मेला देखने के लिए भेजा है। उन्हें क्या मालूम कि हमारे साथ क्या बीतनेवाला है। एक महाशय, जो आर्यसमाज के सत्संग में भजन गाते हैं, आगे बढ़कर हमारे पास आते हैं, और हमारे सिर पर से टोपियाँ उतार, अब हमारे फूलदार कोट उतारने लगे हैं।

"तुम्हें उजली सफेद टोपी दूँगा,
गांधी टोपी।
ये विलायती टोपियाँ फेंक दो।"

वह मुझसे कहते हैं, और टोपियाँ और कोट लेकर आग की ओर बढ़ जाते हैं। वे इन चीज़ों को दूर से ही आग में फेंक रहे हैं। फिर वह एक ओर को हट जाते हैं। वह मेरी ओर, उजली सफेद टोपी देने मेरे पास नहीं आते। मैं आतुरता से उनकी राह देखे जा रहा हूँ कि कब वह मेरे लिए उजली सफेद टोपी लायेंगे। पर वह नहीं आते, और भीड़ में कहीं खो जाते हैं। जलसे के बाद, हम दोनों, एक-दूसरे का हाथ पकड़े घर लौट आते हैं, दोनों नंगे-बूचे, न सिर पर टोपी न बदन पर कोट। माँ हमें देखकर पहले तो हैरान हो जाती हैं, फिर भजनीक महाशय को ऊँचा-ऊँचा कोसने लगती हैं। घर में कोहराम-सा खड़ा हो जाता है।

... ...

कम्पनी बाग़ के ही मैदान में, एक ओर दिन खिली धूप में, बहुत-से लोग बैठे

हैं। धीरे-धीरे भीड़ जमा हो रही है। अभी जलसा शुरू होने में देर है। एक पेड़ के नीचे दो-तीन व्यक्ति बैठे हैं। ये लीडर हैं। लीडर शब्द मैं पहली बार सुनता हूँ। एक सज्जन गोरे-चिट्टे रंग के हैं, उनकी आँखों पर सुनहरी फ्रेम का चश्मा है, और वह धोती पहने हैं। वह चित्तरंजनदास हैं। उनकी बग़ल में एक और व्यक्ति भी बैठे हैं। उनकी आँखों पर भी चश्मा है, और उनकी छोटी-छोटी मूँछें हैं। वह डाक्टर किचलू हैं। देखते ही देखते मैदान भर गया है और हम लोग मंच की ओर मुड़ कर बैठ जाते हैं। ऊपर मंच पर एक सज्जन खड़े भाषण दे रहे हैं। वह अपना दायाँ बाजू आगे किये हैं और तर्जनी ऊपर को उठाये हुए हैं। उन्होंने सिर पर पगड़ी बाँध रखी है। कहीं से आवाज़ आती है :

"बोल लाला लाजपतराय की···!"

"जय !"

वही लाला लाजपतराय हैं। इनका चित्र, इसी मुद्रा में मैंने उर्दू के एक अखबार में भी देखा है।

··· ··· ···

अब आये दिन प्रभात फेरियाँ होती हैं। हम सोये-सोये, गली में से जाते लोगों के गीत सुनते हैं। कभी गीत, कभी नारे :

"बोल महात्मा गांधी की, जय !"

"वन्दे मातरम !"

कभी जलसों की मनादियाँ होती हैं। शहर में आये दिन जुलूस निकलते हैं।

··· ··· ···

आज मण्डी में आग लगी है। रात का वक्त है, आग की लपटों से आधा आसमान लाल हो रहा है। ऐसा दृश्य पहले कभी नहीं देखा। शहर में हिन्दू-मुसलमान दंगा भड़क उठा है। पिताजी बार-बार छत पर जाते हैं, फिर नीचे लौट आते हैं। नीचे किसी-किसी वक्त, भागते कदमों की आवाज़ आती है···

···बहुत बरस बीत गये हैं। अब मैं नौवीं या दसवीं जमात में पढ़ता हूँ। आज भगतसिंह को फाँसी हुई है। भगतसिंह के साथ बटकेश्वरदत्त और राजगुरु का भी नाम लिया जा रहा है। क्षोभ और उत्तेजना की लहर सारे शहर में दौड़ गयी है। सब की जबान पर भगतसिंह का नाम है। पिछले दो बरसों से भगतसिंह की तस्वीर जगह-जगह देखने को मिलती रही है, लगभग हर लड़के के पास उसकी तस्वीर है। सिर पर फेल्ट हैट, छोटी-छोटी मूँछें, पैनी आँखें, सुन्दर आकर्षक चेहरा। बार-बार सुनते थे कि गांधी जी उसे बचा लेंगे। उत्कण्ठा, आशंका, गहरी सहानुभूति, गर्व की भावना सभी में नौजवानों के दिल झूमते रहे हैं। पर कल रात तीनों देशभक्तों को रात के सन्नाटे में फाँसी से लटका कर, उनके शव, सतलुज के किनारे जला दिये गये हैं।

रोंगटे खड़े कर देनेवाली इस ख़बर को सुनने के बाद घर पर किसी से निचल्ला

बैठा ही नहीं जा सकता। स्कूल बंद हो गये हैं। शाम को जलसा होगा। पर सुनते हैं जलसा-जुलूस पर मनाही लगा दी गयी है। दिल के अन्दर बेचैनी है, पर न बहुत समझ है, न जानकारी। लड़के डोलते हुए कभी एक ओर को हो लेते हैं, कभी दूसरी ओर को। फिर, साइकलों पर सवार होकर टोपी पार्क की ओर रवाना हो जाते हैं। आज सभी नगरवासी अनशन करेंगे, अन्न का दाना भी कोई मुँह में नहीं डालेगा। हम भी भूखे-प्यासे दिन भर भटकते फिरे हैं। अपना विरोध प्रगट करने का और तो कोई उपाय नहीं सूझा, कागज के बने यूनियन जैक (इंग्लैण्ड का राष्ट्रीय झण्डा) पाँवों के जूते के सिरे पर लगाये घूम रहे हैं। शहर भर में उत्तेजना और आवेग की लहरें-सी उठ रही हैं, आँखों के सामने एक नया वीर नायक उभर रहा है।

कुछ ही दिनों में, कांग्रेस की प्रभातफेरी में नये-नये गीत सुनने को मिलने लगे हैं :

सरफ़रोशी की तमन्ना अब हमारे दिल में है
देखना है ज़ोर कितना बाज़ू-ए-कातिल में है
अब न पहले वलवले, अब न अरमानों की भीड़
एक मिट जाने की ख्वाहिश अब दिले-बिस्मिल में है

यह रामप्रसाद बिस्मिल का गीत है। वह भी फाँसी के तख़्ते पर झूल गया था।

यही कुछ छिटपुट झाँकियाँ हैं जो उस माहौल का अंदाज़ देती हैं, जिसमें मेरा बचपन और लड़कपन बीता है।

—भीष्म साहनी

भीष्म साहनी : आधी रोशनी, आधे अँधेरे से अलग और आगे

दोस्तो, बरसों पहले हमारी मुलाकात हुई भीष्म साहनी से आधी रोशनी और आधे अँधेरे वाले एक पोश रेस्तराँ में।

उन दिनों कनाट प्लेस का यह रेस्तराँ दिल्ली के सफेद-पोश लेखकों का अड्डा था। कॉफी के प्याले पर लिखने वाली किसी-न-किसी छोटी-बड़ी या असली-नकली शख्सियत को यहाँ अपने-अपने मुरीदों के साथ देखा जा सकता था।

एक दिलचस्प बात इस रेस्तराँ के बारे में बता दें कि इस रेस्तराँ को एक साथ कई साहित्यिक गुट-बन्दियों और इंसानी रिश्तों को पुख्ता और मजबूत कर देने का फख्र हासिल है। अगर दिल्ली के बहुत-से अदबी दोस्त इसकी हल्की रोशनी के जादू में गिरफ्तार हो धड़ाधड़ गृहस्थियाँ न जुटा बैठते तो यकीनन रेस्तराँ के मालिक इसे बन्द न करते।

खुदा हमसे झूठ न बुलवाए, हमारे कई खिलाड़ी दोस्तों ने इसके बन्द होने पर चैन की साँस ली थी। जिन्दगी के ताजे मौसम में ही इस रेस्तराँ के आधे उजाले और आधे अँधेरे का मजा लिया जा सकता था।

मुहब्बत और इश्क का नाम तो हम न लेंगे, हाँ साहित्यिक दोस्तियाँ और मीठे सलोने लगावों को हरा बनाए रखने के बहाने यह सस्ता लगने वाला महँगा रेस्तराँ सालों-साल खूब धड़ल्ले से चलता रहा।

फिर अचानक लोगों की बेखबरी में ही रेस्तराँ के कुशन ढीले पड़ने लगे। सीटों की टेपेस्ट्री घिसने नगी। तरेर-तिरकन वाली क्राकरी मेजों पर नजर आने लगी। शोखियों में लहराते अल्हड़ नौजवान जोड़े कुटुम्ब परिवार वाले ठस्से से लैस हो गये। इधर यह हुआ कि एक बैठक में छह प्यालों की औसत कम होकर दो पर उतर आई। हुआ वही जो होना था। नौकरी के फन्दे में, बीवी-बच्चों के धन्धों में, काले भरपूर सिर कम और नारंगी शेड ज्यादा दिखने लगे। उधर इस रेस्तराँ े पुराने आशिकों के घर आबाद हुए, उधर 'उस' पर खिजा उतर आई। देखते-देखते ह शा आबाद दिखने वाला कनाट प्लेस का सदाबहार, गुलजार कोना सुनसान हो गया।

अभी हाल ही में 'हशमत' उधर जा निकले त। कोई भूली-बिसरी यादें ताजा हो आईं। देखते क्या हैं वहाँ पुराने रेस्तराँ की जगह एक नई तर्ज का रेस्तराँ खुल गया

है । 'हशमत' ने ताक-झाँक की—कोई पुराने दोस्त नजर आएँ, दुआ-सलाम हो जाए, लेकिन देखते क्या हैं सन साठ वाली भीड़ अधेड़ हो चुकी है और अपने-अपने बच्चों के साथ आइसक्रीम, कॉफी वगैरह के कूपन खरीद रही है ।

देख कर 'हशमत' का दिल बैठ गया । दूसरों के चेहरों में अपना चेहरा नजर आने लगा । आइने की जरूरत ही न थी । सच तो यह है बरसों की गिनती के बुरे चक्कर । महबूबाएँ बीवियाँ बन जाएँ और दिलेर आशिक बच्चों के पपाजान, तो समझ लीजिए कैलेण्डर बदल गया है । चलते-चलते बस अगला मोड़ आ गया है ।

दोस्तो माफी – यह एक गैर-जरूरी चर्चा हमने सिर्फ इसलिए की कि भीष्म की बात सोचते ही हमें पुराने दिन याद आ गए । सोचा, हमारे दोस्त भी उस रेस्तराँ में गुजरी शामों की याद ताजा कर लें । और अपनी पुरानी जिन्दगी की अलबम से कुछ भूले-बिसरे चेहरों को निहार लें ।

एक शाम—भीष्म से हमने फोन पर वक्त तय किया और उनसे मिलने उस रेस्तराँ में जा पहुँचे । इधर-उधर निगाह मारी । मुलाकात क्योंकि पहली थी इसलिए किसी पत्रिका में छपी फोटो का ध्यान कर हम भीष्म साहनी को पहचानने की कोशिश करने लगे । दरवाजे पर टकटकी लगाए सोचने लगे कि अभी कोई लम्बा-ऊँचा साहनी अन्दर दाखिल होगा, तो हमें गर्म-जोशी से हाथ मिलाना होगा—और पाठकों के अंदाज में कहना होगा—भीष्म साहिब, आपसे मिलने की बड़ी तमन्ना थी । आज पूरी हुई । आने के लिए शुक्रिया ।

इन्तजार करते-करते थक गए तो वेटर को याद दिलाई—जरा बाहर देखिए ···बरामदे में कोई साहब इन्तजार तो नहीं कर रहे । भीष्म साहनी नाम है ।

साथ वाली मेज से आवाज आई—'तो हशमत साहब, आप ही हैं ! इधर आइए, मुझे भीष्म साहनी कहते हैं ।'

भीष्म ने गर्मजोशी से हाथ मिलाया ।

हमें लैम्प के नारंगी शेड में एक ऐसा चेहरा दीखा जो भीष्म साहनी न हों··· भीष्म साहनी का बेटा हो ।

गोरा-चिट्टा जवान चेहरा । आँखों में तल्खी 'न' के बराबर । हमने यहीं से कुछ-कुछ उनकी उम्र का हिसाब लगाया । यह कि वह खुद अपने बेटे नहीं—अपने बेटे के बाप हैं ।

भीष्म जो है वह सामने है

भीष्म के आगे कॉफी का प्याला और हाथ में सिगरेट । नोक-पलक तराशी हुई । चन्द ही मिनटों में हम यह भूल गए कि भीष्म वह चेहरा है जो आप में से किसी का बेटा हो सकता है । किसी का भाई, किसी का भतीजा और हर किसी का दोस्त । कहने का मतलब यह कि आप किसी भी कबीले में भीष्म जैसे बरखुरदार को मज-बूती से बँधा देख सकते हैं । भीष्म जो है वह सामने है । जितनी आँख और सब्र आपके पास है उतना ही सहजपन आप भीष्म के इर्द-गिर्द देख सकते हैं, पा सकते हैं । भीष्म

के पास कोई हाशिया नहीं है। कोई पर्दा नहीं। वह सादगीपसन्द सादामिजाज इंसान है।

भीष्म का पूरा व्यक्तित्व दाएँ-बाएँ का विस्तार नहीं। उसकी शख्सियत गहराई में बड़ी सादगी से अटी है। इसी से कई लोगों को भीष्म के लेखन की लकीर कुछ सपाट मालूम देती है। शायद इसलिए कि उनके समूचे लेखन में सहज साधारण पात्रों की बहुलता है। अनोखापन नहीं।

एक दूसरे ढंग की लड़ाई

जीने के स्तर पर भीष्म के पास एक सुथरा, सुरक्षित, मजबूत चौखटा है जिसने भीष्म के समूचे लेखन और काफी हद तक जीवन-दृष्टि को भी प्रभावित किया है। उनकी अपनी राजनीतिक आस्थाएँ हैं। 'इंटलैक्चुअल कमिटमेंट' हैं। मोटे तौर पर भीष्म को अपने कितने ही साथियों से कहीं ज़्यादा सुविधा और समग्रता जिन्दगी में मिली है। छोटी-मोटी सुविधाएँ—अच्छा घर, पढ़ी-लिखी बीवी। किताबों से भरी शैल्फें और रचनाओं को एकसार करती एक बँधी-बँधाई जिन्दगी। जीवन के इस सुरक्षित पैटर्न ने जहाँ भीष्म को पनपने में मदद दी है वहाँ लेखक के लिए जमाने की जो जमीन सिर्फ चुनौतियों से बनती हैं—भीष्म के आगे से दूर कर दी है, हटा दी है। यही वजह है कि लेखन के स्तर पर भीष्म को यह लड़ाई कुछ दूसरे ढंग से लड़नी पड़ती है।

भीष्म मध्यम-वर्ग की खरोंचें, जख्म, उसके दर्द और उसके ऊपरी खोल को छू-छू कर, अपने को उस भीड़ से अलग खड़ा कर लेते हैं और नए सिरे से अपनी पुरानी चिर-परिचित जमीन में उन्हें अंकित करने का निर्णय कर डालते हैं।

यह अकारण नहीं कि भीष्म के रचनाकार की आन्तरिक जमीन बाहर के उपकरणों की मोहताज नहीं।

वह अपने आस-पास के अलगाव से हट कर समाज के यथार्थ से हमेशा एक कोण बनाए रखने में सफल रहे हैं। उनका ऐसा साक्षात्कार उनके अपने परे हट जाने से पैदा होता है। बुद्धिजीवी होने के नाते भीष्म के सुथरे लेखन की खूबी भी यही है और कुछ आलोचकों के अनुसार कमजोरी भी यही है।

कुछ दोस्तों को भीष्म के साफ-सुथरे शिल्प और शैली में उस अतिरिक्त की वह कमी खटकती है जो खुद ही रचना को चमकाती-दमकाती है।

भीष्म के रहन-सहन और सलीके में भी आप यही अन्दाज देख सकते हैं। लेखक के व्यक्तित्व को रूमानी बनाने वाली चोंचलें और किसी हद तक जरूरी साज-सामान भीष्म के यहाँ गैर-हाज़िर हैं।

मिसाल के तौर पर भीष्म की साफ-सुथरी गृहस्थी में दूर-दूर तक भीष्म की किसी असली या काल्पनिक महबूबा का नाम हवा में नहीं लहराया। दरअसल भीष्म की बीवी ही इस साँझे आसन पर विराजमान है। दोस्तों का कहना है कि भीष्म को 'एक में तीन' जैसी बेनयाज बीवी मिली हुई है। बीवी—प्रेमिका और पाठिका—थ्री इन वन। सुनते हैं भीष्म की बीवी शीला हर बार भीष्म की रचनाओं की पहली पाठिका

है और आलोचक भी। हम यह मानना चाहेंगे कि पाठिका के नाते शीला ने अपना काम किस ढंग से निभाया है। बीवी और प्रेमिका के नाजुक रिश्ते की ओर 'हशमत' ने इशारा कर कुछ जानना चाहा तो भीष्म सिर्फ हँस दिए। 'हशमत' समझे तो इतना ही कि यह सवाल सुनते ही भीष्म ने एक लमहे में हजारों रंग जिन्दगी के देख लिए होंगे। कौन-कौन से यह न पूछिए।

भीष्म की तारीफ में यह कहना जरूरी है कि उसके दोस्तों का बड़ा गुच्छा उसके मिजाज का सबूत है। अंग्रेजी साहित्य पढ़ाने वालों की अमलदारी वाली ऊँची अदा भीष्म में कतई नहीं।

भीष्म का पेशा है अंग्रेजी पढ़ाना और अपनी मादरी जबान हिन्दी में साहित्य-सृजन करना। अंग्रेजी साहित्य के शिक्षकों और पाठकों को हिन्दी की हवा से हो जाने वाले जुकाम से भीष्म ने अपने को आजाद रखा है।

ओफ-ओ, किस खतरनाक नुकते को छू लिया 'हशमत' ने। अभी भी अंग्रेजी पर फिदा दोस्तों की बहुत बड़ी कतार है जो मान कर चलती है कि हिन्दी पिछड़ेपन की जबान है। इसमें कुछ लिखा भी जा सकता है—इसमें भी उन्हें शक है।

हिन्दी की सामर्थ्य का प्रमाण 'तमस'

अकादमी पुरस्कार-प्राप्त 'तमस' का पहला अध्याय पढ़ कर भाषा और शिल्प के स्तर पर हिन्दी न बिचारी लगती है, न पिछड़ी। हिन्दी समर्थ है, सुथरी है और जो चाहे व्यक्त कर सकती है।

लीजिए 'तमस' के विषय में कुछ दिलचस्प तथ्य पेश हैं :

भीष्म ने तमस को पहली बार गर्मी की छुट्टी में तरतीब दी। दिल पुरानी यादों में भटकता था—पुराने वतन और वतन की हवा में जीने के लिए।

जो कुछ भी जहन में आता रहा—आँखों के आगे घूमता रहा। भीष्म उसे पन्नों पर उतारते रहे।

अगली छुट्टियों में भीष्म इस पर जम कर बैठे। कहानी को दोहराया और काट-छाँट की।

'तमस' जिन्दगी की छोटी-बड़ी लड़ाइयों की कहानी नहीं। यह विभाजन जैसी ऐतिहासिक घटना का, संघर्ष का, एक महत्त्वपूर्ण दस्तावेज है, जिसमें एक साथ लाखों लोग अपने-अपने ठिकानों से उखड़े थे।

भीष्म खुद उस तूफान की चपेट में थे जिसे बँटवारे का नाम दिया जाता है।

एक पुराना बड़ा पेड़ जब जड़ों से टूटता है तब उसका हर हिस्सा, छोटी-मोटी शाखाएँ, पत्ते सब उस टूटने की यातना में साझेदार होते हैं। और अपने-अपने ढंग से अपने-अपने दर्द को सहन करते हैं। बदलाव का सामना करते हैं।

भीष्म उस दर्द को देर तक अपने में समोए-सहेजे रहे हैं। यह उन्हें सालता रहा है और सच तो यह है कि 'तमस' का लेखक बरसों तक उसे पालता रहा है। 'तमस' इस बात का सबूत है कि एक ईमानदार लेखक की तरह भीष्म उस भोगे हुए

दर्द को, दूरियों में से छानते चले गए होंगे और आखिरकार बँटवारे का वह ब्योरा पेश कर सके जो अपने सुथरे शिल्प और प्रस्तुतीकरण में महत्त्वपूर्ण और उल्लेखनीय रहेगा।

सच तो यह है कि जिनसे वतन छूटे हैं, पुराने रिश्ते टूटे हैं, वे ही इस गहरे दर्द के साक्षी हैं (इस ओर और उस ओर भी) जिसकी अभिव्यक्ति भीष्म ने 'तमस' लिख कर की है।

कई दोस्तों की यह शिकायत गलत नहीं कि भीष्म को जो भी अपनी 'इण्टलेक्चुअल' जलवायु है—आस्थाएँ और राजनीतिक मूल्य हैं उन्हीं के अनुसार 'तमस' के घटना-चक्र और परिणाम भी हैं। ये सब भीष्म की मानसिक प्रक्रिया के अभिन्न अंग हैं और उन्होंने ईमानदारी से क्योंकि इन्हें सहेजा-समेटा है—इसलिए इस पर एतराज करने की जरूरत ही महसूस नहीं होती।

'तमस' में विश्वास करने के कारण मौजूद हैं कि भीष्म ने इस खौफनाक घटना को बड़ी बारीकी से नितारा है और फैले हुए इतिहास और उसके राजनीतिक सन्दर्भ की लीक देकर कुछ ही दिनों को ढाँचे से बाँधने की कोशिश है। और इसमें शक नहीं यह एक बड़ी कोशिश थी। कोई भी बड़ी कोशिश महज कोशिश नहीं होती। उसके पीछे आस्थाएँ-संस्कार और मूल्य होते हैं जिनमें भीष्म जैसा जागरूक व्यक्ति बँधा होता है। 'कमिटेड' होता है।

विभाजन के सिलसिले में ऐसी कोई भी लीक देनी बेशक बड़ी कोशिश है। बंटवारे के दरमियान नफरत एक ऐसे पैमाने पर पहुँच गई थी जहाँ न सिर्फ जमीन की बाँट थी—मानवीय सम्बन्धों के टूटने, खत्म हो जाने की तिड़कन और टूटन भी थी।

यह सही है कि भीष्म जिस विचारधारा से जुड़े हैं—उसी ने 'तमस' के मुख्य सबर को बाँधे रखा है। तमस की कहानी की कड़ियाँ—हादसों के रूप में करीब-करीब भीष्म की विचारधारा से मेल खाती चली जाती हैं।

राजनीति का अपना तर्क होता है जो एक से ज्यादा विरोधाभासों को जन्म देता है। यह अकारण नहीं कि भीष्म की आँख ने विभाजन के जिस गलियारे को देखा है उसकी दोनों तरफें अपने-अपने राजनीतिक विश्वासों से आक्रांत थीं। उन्हें आत्मसात् करने के लिए भीष्म उनके काफी करीब थे। उस तूफान में जिन मूल्यों और कीमतों को भीष्म बचाना चाहते वे, करीब-करीब छोटे-बड़े पैमाने पर दोनों तरफ के अवाम भी उन्हीं जजबातों को बचाने की भरसक कोशिश कर रहे थे। आग की लपेटों में से अपने-अपने हमसाए, पड़ोसियों को बचाने की कोशिशें जारी थीं। मार-काट करने वाली भीड़ भी अपने-अपने मुहल्लों और बस्तियों में इन्सानी रिश्तों को निभा रही थी। भीष्म ने अपनी कलम की तटस्थ सादगी से उस खौफनाक दिल दहला देने वाले कुछ हादसों को पेश किया है जो विभाजन-साहित्य में बेजोड़ हैं।

हमलावर के डर से गुरुद्वारे से निकल कर कुएँ में छलाँग लगाने को तैयार औरतें—इस पूरे दृश्य को जिस वैराग्य से भीष्म ने प्रस्तुत किया है वह अपने आप में 'तमस' की प्राप्ति है।

सुथरी सेहतमंद कहानियाँ

भीष्म ने दर्जनों सुथरी सेहतमन्द कहानियाँ लिखी हैं जो लगातार उस सत्य को उजागर करती हैं जो भीष्म के निकट मूल्यवान हैं। भीष्म की राजनीति उसकी क्षमताओं को सिर्फ उकेरने वाली सहायक पूर्ति नहीं—वे मूल्य और आस्थाएँ हैं जिन्होंने भीष्म का पूरा का पूरा दृष्टिकोण स्थिर किया है।

हशमत इतना जरूर कहना चाहेंगे कि जिस मध्यवर्गीय खोखलेपन को भीष्म का लेखक उघाड़ता है, उसे देखने की आँख भी उसे उसी वर्ग से मिली है। 'चीफ की दावत' से लेकर 'भगवान के आदमी' तक की कहानियों में परिवेश के यथार्थ को भीष्म ने अपनी साहित्यिक मान्यताओं से परे नहीं जाने दिया। यही वह बिन्दु भी है जो भीष्म की रचनाओं को उसके मानसिक घनत्व से बराबर जोड़े रखता है।

इण्टलेक्चुअल तल पर दर्जा-ब-दर्जा उड़ानों या गहराइयों में खो जाने के साथ जिन्दगी के यथार्थ से हट जाना, प्रतिभा के बल पर अपने को विभाजित कर लेना, अपने पर खुद लीक लगा कर समाज से कट जाना किसी भी लेखक के लिए यह विभाजन से बड़ी ट्रैजडी है।

भीष्म ने इस विभाजन से अपने को बचाया है। उसकी नजर कटी नहीं। उसका सोचना अँधेरे और उजाले में डगमगाया नहीं।

दोस्तो, इसके पहले कि हम आपसे इजाजत लें, भीष्म के बारे में कुछ इधर-उधर की।

'तमस' के लिए अकादमी पुरस्कार के अलावा भीष्म भाषा विभाग पंजाब से साहित्य-शिरोमणि पुरस्कार भी पा चुके हैं। यह जान कर हमें कुछ अजीब तरह की खुशी हासिल हुई जो महज इनाम की प्राप्ति से अलग थी। हमें यकीन है कि आपको भी यह जान कर खुशी होगी कि यही पुरस्कार भीष्म के बड़े भाई स्वर्गीय बलराज साहनी को भी मिल चुका है।

यह उनके वतन के लिए गौरव की बात है। भीष्म हिन्दुस्तानी है, पर उसका पुराना वतन रावलपिंडी है। रावलपिंडी पाकिस्तान में है लेकिन बलराज और भीष्म दोनों रावलपिंडी के ही बेटे कहलायेंगे। उनका बचपन वहीं गुजरा था। बचपन एक बार जिया जाता है। उसे वहाँ की मिट्टी से कौन जुदा कर सकता था। (सिर्फ विभाजन!)

काश, हशमत बलराजजी और भीष्म जैसे बेटे बनाने वाले उनके स्वर्गीय माता-पिता की तस्वीरें पेश कर सकते! मौका मिला तो भीष्म की एलबम में झांकेंगे। कुछ मिल गया तो आपकी खिदमत में पेश करेंगे।

दोस्तो, भीष्म के साहबजादे वरुण की कोशिश से कीमती और दुर्लभ चित्र हम आपके लिए पेश कर रहे हैं।

—कृष्णा सोबती
(हशमत)

भीष्म : मेरे पति और लेखक

जब मेरी शादी हुई तब मेरी उम्र 20 वर्ष और भीष्म जी की 28 वर्ष थी। हम दोनों एक-दूसरे को शादी से पहले, थोड़ा-बहुत जानते थे क्योंकि भीष्म जी की मौसेरी बहन बी० ए० में मेरी जमात में पढ़ती थी, और भीष्म जी ने एकाध बार हमें पढ़ाया भी था। हमारी दोनों की शादी भीष्म जी की बहन की ही पहलक़दमी पर हुई थी। वह मेरी पक्की सहेली थी और भीष्म जी को भी बहुत चाहती थी। मैं एम० ए० में पढ़ने के लिए अभी लाहौर गई ही थी कि पीछे से मेरे पिताजी ने मेरी सगाई कर दी। बहुत ही सादे तरीके से हुई। भीष्मजी के पिताजी और मौसाजी हमारे घर 'सगन' लेने आये और केवल सवा रुपया लेकर चले गये। भीष्म जी ने ही ज़ोर दिया था कि वह केवल सवा रुपया ही लें। दो साल तक हमारी मँगनी हुई रही, परन्तु इस दौरान मैं पढ़ाई में लगी रही और भीष्म जी के संकोची स्वभाव के कारण हम एक-दूसरे से एक बार भी नहीं मिले। कई बार मेरा जी भी चाहता था और यह लाहौर आते भी थे। बस, कभी मिले नहीं। मुझे इनके बारे में कुछ भी मालूम नहीं था। बस इतना ही मालूम था कि बहुत चुप-से व्यक्ति हैं। उन दिनों यह खद्दर पहनते थे इसलिए मुझे और भी नीरस से दिखायी देते थे। मेरी दादी मुझे मज़ाक में कहती थी कि यह तो बोलता ही नहीं, तू बात किसके साथ करेगी। शुरू में मुझे सास-ससुर के साथ रहना पड़ा था, जो मेरे लिए काफी कठिन था। मैं बात-बात पर छिपकर रोने लगती थी, तब भीष्म जी परीक्षित को जो उस समय केवल पाँच साल का था, मुझे हँसाने के लिए भेजते थे। स्वयं भी मुझे खुश करने की पूरी कोशिश करते थे। मगर कई बातें थीं जो मुझे अखरती थीं, मसलनसारा वक्त सिर पर पल्ला होना चाहिये, बढ़िया कपड़े तथा ज़ेवर पहन कर बैठना चाहिये। भीष्म किसी बात पर बोलते ही नहीं थे। गर्मियों में हम सब कश्मीर चले जाते थे, वहीं पर हमारी बच्ची कल्पना पैदा हुई। भीष्म को उन दिनों साँस की थोड़ी तकलीफ रहती थी जो यह मुझसे छिपाते थे। मेरे अन्दर अभी बहुत ज्यादा बचपना था, मुझे हँसना, खेलना, दौड़ना, इकट्ठे घूमना पसन्द था, पर मगर यह तो हर वक्त गम्भीर बने रहते थे। उन दिनों भीष्म कांग्रेस में काफी ज़ोर-शोर से काम कर करते थे। व्यापार तो जमा हुआ था। अपने आप चलता रहता था। एक मुंशी और पिताजी काम चला लेते थे, मगर यह अपना ज्यादा समय कांग्रेस के काम को ही देते थे।

देश के बँटवारे के बाद हम सब दिल्ली आ गये। मैंने रेडियो में नौकरी शुरू कर

दी और भीष्म जी कालेज में पढ़ाने लगे। देश के बँटवारे का मुझे एक तरह से लाभ हुआ। अब मैं नौकरी करने लगी थी, ज्यादा आज़ाद थी। मैंने सिर ढकना छोड़ दिया था। मैं कार चलाती थी, मेरी सास का मेरे प्रति रवैया भी बदल गया था। भीष्म जी कुछ देर तो पंजाब में ही काम करते रहे, परन्तु बाद में यह भी दिल्ली आ गये और कॉलेज में पढ़ाने लगे। मैं शाम को रेडियो स्टेशन चली जाती थी और भीष्म जी अपना लिखते थे। बच्ची को हमने होस्टल में डाल दिया था। उन दिनों भीष्म जी ने काफी कहानियाँ लिखीं, 'चीफ़ की दावत' भी उन्हीं दिनों लिखी थी। शायद महीने में एक बार इनकी 'करोल बाग' में साहित्यिक गोष्ठी होती थी जिसमें सभी बारी-बारी से अपनी रचनाएँ पढ़ते थे। शायद उन्हीं दिनों से भीष्म जी को शाम के वक्त काम करने की आदत पड़ी होगी। क्योंकि मैं घर पर होती नहीं थी, और यह मजे से अपना काम करते थे। जब मैं रेडियो स्टेशन से घर लौटती थी तब यह मुझे पूरे मोहल्ले की खबरें भी सुना देते थे।...कि उसकी ननद आजकल यहाँ आई हुई है,...काम करते हुए जब थक जाते होंगे तब शायद बालकनी में खड़े हो जाया करते होंगे, और वहीं से इन्हें अपने मोहल्ले की सरगर्मियों के बारे में पता चलता होगा।

पति के रूप में मेरी भीष्म जी के खिलाफ कोई शिकायत नहीं। हाँ, शुरू-शुरू में कई बार लड़ाई हो जाती थी, कभी-कभी तो अब भी हो जाती है, तब भीष्म मुझसे कहते थे, कि तुम मुझे लिखकर बता दो कि मेरे अन्दर कौन-से नुक्स हैं, तब मैं उन्हें ठीक कर लूँगा। मैंने दो-ढाई पन्ने का एक लम्बा चिट्ठा तैयार कर दिया। परन्तु धीरे-धीरे मुझे भीष्म के नुक्स कम और अपने ज्यादा दिखायी देने लगे। भीष्म की एक बात है जो अब तक मुझे अच्छी नहीं लगती, उनकी अत्यधिक विनम्रता। विनम्रता अच्छी चीज है, मगर यह उसे बहुत दूर ले जाते हैं, जिसकी कोई जरूरत नहीं होती। विनम्र होना अच्छी बात है, परन्तु अति विनम्र होना तो अच्छा नहीं। लोग नाजायज फायदा उठाते हैं।

भीष्म की जब कहानी छपती है, तब बहुत खुश होते हैं। मैं पूछती हूँ, कितने पैसे मिलेंगे, तब जवाब देते हैं, अरे छप गयी है, क्या यह छोटी बात है। अब तो खैर अच्छे पैसे मिलने लग गये हैं। मगर 20-25 बरस पहले तो 20 रु०, 25 रु० ही मिला करते थे। भीष्म जी पत्रिका मिलते ही सब काम छोड़कर सबसे पहले अपनी कहानी पढ़ते हैं। आम तौर पर उन्हें उसमें कोई-न-कोई कमी नजर आ जाती है।

भीष्म जी बहुत ही अच्छे पति हैं, बहुत ही Considerate, गुस्सा उन्हें कभी नहीं आता और कोई बात इन्हें खिझाती नहीं। उनमें सहनशीलता बहुत ज्यादा है। जब मैं थक जाती हूँ तब मैं peevish हो जाती हूँ, मगर वह थकने के बाद भी वैसे ही सहज भाव बने रहते हैं। उनकी sense of human बहुत ही बढ़िता है। काम के साथ-साथ एकआध बात ऐसी कह देते हैं कि मेरी हँसी छूट जाती है। बच्चों को पापा बहुत पसंद हैं। हमारा बेटा वरुण पापा के साथ घंटों बहस करता है। मगर भीष्म जी कभी patience lose नहीं करते। बड़े आराम से उसके साथ बहस करते हैं, उसे समझाते

हैं। बच्चों की कोई problem होती है, तो वह भीष्म जी के साथ discuss करते हैं और भीष्म जी उन्हें अपनी सलाह देते हैं। ज्यादा बहसें हमारे घर में खाने वाली मेज पर ही होती हैं, क्योंकि उसी वक्त सबके पास फुर्सत होती है, वरना वरुण अपनी पढ़ायी में मस्त रहता है, कल्पना अपने काम में और भीष्म लिखने में।

भीष्म जी को, शाम के वक्त चाय के बाद जब अँधेरा छाने लगता है, लिखना बहुत अच्छा लगता है। यह उनका लिखने का प्रिय वक्त है। वह स्वयं मुझसे कहते हैं कि मुझे अपना रचनात्मक काम (वैसे तो वह दिन भर काम करते रहते हैं, कभी चिट्ठियों के जवाब देना कभी कोई लेख लिखना···) शाम के वक्त करने में जितना मजा आता है उतना किसी वक्त नहीं। शाम के वक्त यदि वह एक-दो घंटे अपनी मेज पर बैठ जायें तब वह बहुत संतुष्ट होते हैं। परन्तु मुझे उनका शाम के वक्त लिखना सूट नहीं करता था। मैं दफ्तर से काम करके थककर लौटती थी। हम दोनों इकट्ठे चाय पीते थे और वह मेज पर लिखने बैठ जाते थे। उन दिनों हमारा बेटा वरुण भी यहीं पर था। वह ऊपर अपने कमरे में पढ़ रहा होता और नीचे उसके पापा काम कर रहे होते। मैं चुपचाप थोड़ी देर तो रसोईघर में काम करती और इधर-उधर घूमती, मगर फिर परेशान होने लगती। काम करके घर आओ, और यहाँ बात करने वाला भी कोई नहीं। इनकी आदत थी कि फिर साढ़े सात या आठ बजे के करीब कहते, चलो बाहर कहीं घूमने चलोगी, कॉफी पीकर आयेंगे। तब तक मैं बुरी तरह से ऊब चुकी होती और मुझे गुस्सा आ जाता और मैं कहती कि मुझे कहीं नहीं जाना-वाना। कई बार इसी बात पर हमारे बीच झगड़ा हो जाता। जी मेरा भी बाहर जाने को चाह रहा होता, परन्तु मैं गुस्से में मना कर देती। यह क्या बात है कि जब आपका जी चाहे तब हम बाहर चलें। जब मेरा जी चाहेगा, तब मैं बाहर जाऊँगी।

उसके बाद भीष्म जी ने फैसला किया कि वह शाम के वक्त लिखा नहीं करेंगे, लिखने के लिए कोई और वक्त निकाल लेंगे। उन दिनों वे कॉलेज में पढ़ाते थे। उनकी सुबह दो या तीन क्लासें होती थीं। उन्होंने दोपहर के वक्त लाइब्रेरी में बैठकर लिखना शुरू किया। दो-तीन घंटे वहीं पर काम कर लेते थे और हम दोनों शाम को इकट्ठे घर लौटते थे। शाम के वक्त अगर हम घर पर रहते तब यह आधा घंटा, या एक घंटा और काम कर लेते। जब यह अपना कुछ लिख रहे हों और घर में कोई आ जाये, तब यह कहते तो कुछ नहीं, मगर इन्हें अच्छा नहीं लगता। बोलते तो वैसे भी बहुत कम हैं, मगर उस वक्त तो बिल्कुल ही गुमसुम होकर बैठ जाते हैं। ये मेहमान से कह भी नहीं सकते कि आप जाइये और बात भी नहीं कर सकते। उस हालत में मुझे ही बात करनी पड़ती है। अब धीरे-धीरे आने वाले भी समझ गये हैं, हमारे घर कम ही कोई शाम के वक्त आता है। कई बार तो हम चाहते भी हैं कि कोई आये, मगर कोई आता ही नहीं। मगर भीष्म जी जब चाहें तब लिखने बैठ सकते हैं। आजकल तो साहित्य अकादमी के पुस्तकालय के रीडिंग रूम में दिन-भर सुबह 10 बजे से लेकर शाम के 5 बजे तक काम करते हैं और शाम के वक्त हम दोनों इधर-उधर घूम-घाम कर और

कोई नाटक-वाटक देखकर घर लौटते हैं। भीष्म जी शोर हो, गर्मी हो, सर्दी हो, पंखा चल रहा हो या बंद हो, सख्त से सख्त गर्मी पड़ रही हो, टी० वी० या रेडियो चल रहा हो, कहीं भी लिख सकते हैं, कोई चीज इन्हें irritate नहीं करती और न ही Disturb करती है। मुझे याद है 'तमस' इन्होंने गर्मियों में ऊपर के कमरे में लिखी थी। मैं ऊपर जाकर देखती कि यह काम में मगन हैं और पंखा भी नहीं चल रहा। मैं चुपचाप पंखा ऑन करके नीचे चली आती। इनमें काम करने की बहुत ज्यादा capacity है। घंटों काम करते रहते हैं। जब थकते हैं तो कहते हैं, 'सिगरेट पिओगी'! मैं सिगरेट नहीं पीती, मगर इन्हें अच्छा लगता है कि सिगरेट पीते हुए कोई साथ बैठा हो। मुझसे कहते हैं, तुम भी एकाध सूटा मार लो। अब तो मुझे भी आदत पड़ गयी है, जब भी यह सिगरेट पीते हैं मैं अपना हिस्सा लेने के लिए पहुँच जाती हूँ। भीष्म जी लिखते हुए हमेशा यही कहते हैं कि लिखना बहुत मुश्किल काम है, कहानी बन नहीं रही। मैं लिखना भूल गया हूँ···हर बार जब कहानी लिखते हैं तो ऐसे लगता है मानो पहली बार लिख रहे हों। जब कहानी खत्म करते हैं, तो सबसे पहले मुझे पढ़ने के लिए देते हैं। कई बार रात के 10, 11 बजे कहानी खत्म करते हैं, तो कहते हैं, पढ़ोगी, तुम्हें तकलीफ तो नहीं होगी? तुम थकी हुई होगी। कल पढ़ लेना। मगर मुझे मालूम होता है कि यह काफी tense हैं, इसलिए मैं उसी वक्त पढ़ने लगती हूँ। वास्तव में मुझे भी कहानी पढ़ना अच्छा लगता है। जब मैं कहानी पढ़ रही होती हूँ तब भीष्म ऊपर, नीचे टहलते रहते हैं। मैंने एक बार कह ही दिया, भीष्म, मैं ऐसे नहीं पढ़ सकती, आप तो मुझे भी Tense बना देते हो। और इस तरह मैं इसे ठीक तरह से समझ भी नहीं पाऊँगी। तब यह दूसरे कमरे में चले जाते हैं। मगर मुझे मालूम होता है, कि इन्तजार कर रहे हैं। आम तौर पर मुझे इनकी कहानियाँ अच्छी लगती हैं, कई कहानियाँ तो मैं बार-बार पढ़ सकती हूँ, मगर कई बार मुझे लगता है कि बात बनी नहीं। फिर मैं इनसे पूछती हूँ कि भीष्म, आप कहना क्या चाहते थे? फिर हम दोनों उस पर विचार करते हैं। भीष्म कहते हैं, मैं तुम्हारी बात समझ गया हूँ और फिर उस पर दोबारा काम करते हैं। जो कहानी मुझे एकदम दिल को छू ले, वही मुझे सबसे अच्छी लगती है। जिसके बारे में सोचना पड़े कि लेखक कहना क्या चाहता था, वहाँ समझिये बात बनी नहीं। एक कहानी मुझे खास तौर से याद है। उसका नाम है 'बीवर'। वह इन्होंने मास्को में लिखी थी। मुझे जब इन्होंने पढ़ने के लिए दी, तब मुझे जमी नहीं। इन्होंने उसे रख दिया और उस पर और काम किया। कुछ दिनों बाद जब इन्होंने मुझे दोबारा पढ़ने के लिए दी, तब मुझे बहुत अच्छी लगी। मैं अभी भी सोचती हूँ कि वह इनकी अच्छी कहानियों में से एक है। जब भीष्म लिख रहे होते हैं, मैं कभी इनके कागजों को नहीं छेड़ती और न ही यह देखने की कोशिश ही करती हूँ कि यह क्या लिख रहे हैं। जब कोई चीज खत्म करते हैं तब खुद ही मुझे पढ़ने के लिए देते हैं। हाँ, कई बार मैं पूछ लेती हूँ, क्या लिख रहे हो? यदि यह कहें, कोई लेख लिख रहा हूँ, तब मुझे अच्छा नहीं लगता। वैसे इन्होंने कुछ बहुत अच्छे लेख लिखे हैं। भाषा पर (उर्दू जबान) लेख मुझे बहुत अच्छा लगा

था । भीष्म मेहनत बहुत करते हैं । एक बार लिखेंगे, फिर उसे ठीक करेंगे, फिर उसकी fair copy बनायेंगे । एक ही चीज को कई-कई बार लिखते हैं । इनमें patience बहुत ज्यादा है । कई बार मैं कहती हूँ कि टाइप करवा लीजिये, तो कहते हैं, हाथ से fair करने में एक फ़ायदा है कि कई नयी बातें सूझ जाती हैं ।

—शीला साहनी

जैसा मैंने जाना

भीष्म जी से मेरी मुलाकात गया में हुई, 1975 में—राष्ट्रीय प्रगतिशील लेखक महासंघ के अधिवेशन में । स्कूल के छात्रावास में हम लोग ठहराये गये थे । सबके लिए कमरों का बँटवारा प्रादेशिक ढंग से किया गया था । देश के कोने-कोने से आये विभिन्न भाषा-भाषी लेखक आपस में मिलकर गद्गद थे । एक-दूसरे का नाम जानते हों, उनकी रचनायें पढ़ी हों, पर प्रत्यक्ष मुलाकातों का मज़ा और ही होता है । इसी मज़े की लूट थी । एक तरह से सोचते-समझते साथी अपनापन और आत्मीयता में डूबे-डूबे जा रहे थे । सभी के चेहरों में हड़बड़ी थी – परस्पर गले लगने की । महीनों पूर्व से पत्रों में गया में मिलन की तस्वीरें घूम रही थीं । इस माहौल में से एक आदमी मेरे लिए अजनबी-सा सभी साथियों को हाथ जोड़-जोड़ कर नमस्कार करता, हालचाल पूछता—कभी अँग्रेजी में, कभी हिन्दी, पंजाबी या मराठी में और व्यवस्था सम्बन्धी जानकारी ले रहा था । पूछने पर ज्ञात हुआ कि "ये भीष्म साहनी हैं" । मैंने उन्हें प्रणाम किया । तबियत हरी हो गई । भीष्म जी का नाम तरह-तरह से स्मृति में मौजूद था । हम देहात और कस्बे के लोगों की स्मृतियाँ ज्यादा चटक और स्थायी होती हैं । सिने रीलों की तरह उनका आना-जाना नहीं होता । इनका दिमाग में उदय बिना पहचान के भी होता है । ये किसी की सुगन्ध या दुर्गन्ध से तैयार होकर श्रद्धा या घृणा के वेश में मँडराती हैं । ये संस्कारों के साथ घुली होती हैं । गाँव या कस्बे के लोग छपे शब्दों की पूजा करते हैं—क्योंकि उनमें उनको मानवीय उदात्तता मिलती है । धूल-धक्कड़ से जिसका वास्ता न हो, वह इसे नहीं जानेगा । यह तय बात है कि यदि आप में कस्बाई चरित्र जिन्दा है—तो आपके प्रिय लेखक होंगे—तुलसीदास, प्रेमचन्द, हरिशंकर परसाई । निर्मल वर्मा आपके नजदीक नहीं आयेंगे । उनका मानवीय संकट औसत रूप से भी मानवीय नहीं होता । भीष्म जी को हम जानते थे, कई कारणों से । हमने उनकी कहानियाँ पढ़ी थीं । साथियों को सुना-सुनाकर "चीफ़ की दावत" जैसी रचनाओं को गुना था । 'तमस्' की घटनायें कुछ पुरानी थीं, पर उसकी सच्चाई समाज में मौजूद दिखती थी । साम्प्रदायिक शक्तियों का असली नंगा चरित्र इस उपन्यास के जरिये जाना था । भीष्म जी के बारे में मित्रों से सुन रखा था कि वे बलराज साहनी के भाई हैं । बलराज का भाई होना, फिर इस तरह की रचनायें लिखना—हमारे लिए आदर की बात थी । इस स्मृति को जैसे ही आकृति मिली—बहुत सुखद अनुभव हुआ । उनसे मिलने से लगा कि पहले से जानते थे ।

सम्मेलन के तीन दिनों में उन्हें सुना। उनकी सपाट बातें चुभ जाती थीं। वे वक्तव्य या भाषण की तरह नहीं—कहानियों की तरह पेश होतीं। भीष्म जी का व्यवहार लोगों से बड़े भाई जैसा था—इसीलिए अन्ततः जो संगठन बना, उसके महासचिव नियुक्त हुए।

अब इस मुलाकात को सात वर्ष हो गये हैं। इन वर्षों में सब कुछ वैसा नहीं है—जैसा था। दुनिया में परिवर्तन की रफ्तार तेज हुई है। खोये हुए लोग मिले हैं, सोये हुए जागे हैं, रिक्शेवाले में मजदूरी की माँग के समय अकड़ पैदा हुई है, औरतों ने समानता का स्तर पाया है, वियतनाम का आत्मविश्वास दुनिया की जवानी में फैल गया है, युद्ध के प्रति नफरत पैदा हुई है, हमारे देश में कम्युनिस्ट शब्द का अर्थोत्कर्ष हुआ है। इसी परिवर्तन की गति मेरे भीतर भी मौजूद है। रूढ़ियों से मुक्ति और नये जनोन्मुख रिश्तों की हलचल ने चीजों के प्रति अधिकार तथा आदमियों के प्रति प्यार की मात्रा में गुणात्मक वृद्धि की है। इसी वृद्धि का एक सबूत यह है कि भीष्म जी के प्रति मन में कुछ मोह-सा भी उगा है। लगता है कि राष्ट्रीय प्रगतिशील लेखक के कार्य में लगातार वृद्धि, अपने प्रदेश में अधिक से अधिक सक्रिय साथियों की बिरादरी में इजाफ़ा—हर साल हजारों की संख्या में श्रेष्ठ पुस्तकों का प्रकाशन और अवाम में मुक्ति का स्वप्न जैसे-जैसे घर करेगा—यह मोह बढ़ता जायगा। भीष्म जी एक आदमी, संगठक और लेखक के रूप में मेरी मानसिक संरचना में शामिल होते जायेंगे—अपने अनन्त साथियों के साथ। जब मैं उन्हें याद करूँगा तो वे अकेले के बजाय तमाम साथियों के साथ मुझमें शामिल अनुभव होंगे।

भीष्म जी से संगठनात्मक गतिविधियों के दौर में हम लड़े-भिड़े और खीझे भी हैं, पर समुद्र के पंछी की तरह लौट-लौट कर उनसे काफी कुछ सीखा भी है। बहुत-से असाधारण गुण उनमें हैं, जो प्रभावित करते हैं। शत्रुओं के भीतर सोये हुए मनुष्य तक को कुरेदने वाला मानवीय गुण उनमें हैं। किसी कम्युनिस्ट को संवेदनशील आचरण की शिक्षा भीष्म जी से लेनी चाहिये।

भीष्म जी स्वभाव से बेहद नम्र हैं। मैंने उन्हें गुस्से में कम देखा है। अकारण गुस्से में रहने वाले साथी उन्हें गांधीवादी कहते हैं। कहते हैं कि वे ठण्डे आदमी हैं। वे नये लेखकों का नेतृत्व नहीं कर सकते। उनका मतलब है—कि जो आदमी गुस्से का स्थायी भाव पाल ले और जंग की मुद्रा में शब्दों का इस्तेमाल करे—वह नयी पीढ़ी का नेता होगा। मुझे 'तमस्' के कम्युनिस्ट नेता देवदत्त की बात अचानक याद आती है, "जल्दी में कोई काम नहीं करो साथी, हम मध्यवर्ग के लोग हैं, पुराने संस्कारों का हम पर गहरा प्रभाव है। मजदूर वर्ग के होते तो हिन्दू-मुसलमान का सवाल तुम्हें परेशान नहीं करता।" (152)। दरअसल देवदत्त के बहाने यही भीष्म जी की कार्यशैली भी है। दिक्कत है कि अधिकांश लेखकों का मेकअप अकादमिक होता है। चार दिन भी मेहनत के नहीं होते उनके। मजदूरों के साथ एकमएक होने का प्रश्न ही नहीं, उन गलियों से दुर्गंध के कारण नहीं गुजरते। वे मध्यवर्ग या निम्न मध्यवर्ग में होते हुए क्रमशः उच्चवर्गीय आकांक्षायें रखते हैं, इसलिए उनकी निरन्तर उलझनें अपने साथियों के बीच पोलि-

मिक्स की होती हैं। उनकी सारी शब्दावली प्रतिक्रियात्मक होती है। उस प्रतिक्रिया में गुस्सा तेज होता है, जो सामान्यीकृत होते हुए भी अपने बनाव में निजी होता है। वे बूर्ज्वा के खिलाफ़ होते हैं, पर उसकी चुनौतियों का दबाव दिमाग में अमूर्त होता है। जटिल परिस्थितियों को पलटने के जटिल कर्म का अन्दाज भी उन्हें नहीं होता। उनके शब्दों को प्रमाण माना जाय, तो क्रान्ति की वस्तुगत परिस्थितियाँ आमने-सामने होनी चाहिये—पर हकीकत इससे भिन्न है। रामविलास जी ने इसी तरह वस्तुगत परिस्थितियों से निरपेक्ष पहले दौर के प्रगतिशील लेखकों में से कुछ का हवाला देकर बताया कि वे अपने जीवन में कितने कायर थे। सातवें दशक की उग्र क्रांतिकारिता के अनुभव सामने हैं। अतः देखना है कि हम कहीं पुरानी भूलें तो नहीं दोहराते। हमें यह भी देखना चाहिए कि यदि दूसरे भूल करते हैं कि, वे ठण्डे हैं, उनकी समझ कच्ची है, तो क्यों नहीं हम उसकी भीतरी लड़ाई लड़कर नेतृत्व अपने हाथ में लेते आगे की चुनौतियाँ झेलते ? बहुतों को उत्तम कार्यशैली की संभावना इसी में दिखती है कि दूसरा संगठन बना लें। ताज्जुब यह है कि अब वे दूसरे संगठन बना लेते हैं तो उनके वक्तव्य बदल जाते हैं। तब वे अपनी क्षमता को मापते हैं तथा कालांकित प्राथमिकतायें भी तय करते हैं। आज हम जिस दौर से गुजर रहे हैं, उसमें लेखकों की जिम्मेदारी यह भी है कि वे बड़बोलेपन से मुक्त रहें। ऐसा न हो कि "भेड़िया आया, भेड़िया आया —" में भेड़िया के आने का अर्थ गायब हो जाय—जब वह सही में आये। भीष्म जी से बात कीजिये—वे निस्पृह और निश्चिन्त आदमी नहीं हैं। वे अपनी आस्था और धारणा में दृढ़ हैं। उनके व्यवहार की तरलता उनकी आस्था से प्रमाणित होती है। वह इसलिए कि नये से नये लोग साथ आ सकें। वे उनकी हार्दिकता से साथ आते हैं और वैचारिक एकता की ओर बढ़ चलते हैं। यही प्रक्रिया उन्हें मध्यवर्गीयता से मुक्त कर मज़दूरों के साथ करती है। भीष्म जी का खुद का रास्ता संघर्षों से होकर बना है। जवानी में जन्मभूमि छोड़ी, शरणार्थियों की तरह इधर-उधर भटके, साम्प्रदायिक दंगों के बीच घुसकर आँखों देखे समाचारों की रपटें लिखीं, अंग्रेजी चालाकियों को देखा, कांग्रेस की हाचपाच नीतियों को जाना, कम्युनिस्ट कार्यकर्त्ता के रूप में गली-गली घूमे, इप्टा में काम किया और अध्यापकी पेशा अन्त में मिला। उन्होंने रोटी-रोजी के लिए भी कम धक्के नहीं खाये।

इस रास्ते के अनुभव ही तो उनकी रचनात्मक धरोहर हैं। एक जगह लिखा—"साहित्य के क्षेत्र में भी मेरे अनुभव वैसे ही स्पष्ट और सीधे-सादे रहे, जैसे जीवन में। मैं समझता हूँ—अपने से अलग साहित्य नाम की कोई चीज भी नहीं होती, जैसा मैं हूँ, वैसी ही मैं रचनायें भी रच पाऊँगा, मेरे संस्कार, अनुभव, मेरा व्यक्तित्व, मेरी दृष्टि सभी मिलकर रचना की सृष्टि करते हैं, इनमें से एक भी झूठ हो, तो सारी रचना झूठी पड़ जाती है—" (सारिका, अप्रैल 1973, पृ० 33)।

बलराज साहनी ने "मेरी फिल्मी आत्मकथा" में अपनी जीवनयात्रा के अनेक मार्मिक प्रसंगों और मोड़ों में अपने छोटे भाई भीष्म जी को याद किया है। एक याद

है—बम्बई में 'इप्टा' के द्वारा खेले गये नाटक में इनकी भूमिका की। लिखते हैं, "किस्मत से मैंने इस मुश्किल वक्त में सहायक होने के लिए अपने छोटे भाई, भीष्म साहनी को रावलपिण्डी से बुला लिया था। पहले 'शो' में उन्होंने एक नहीं बल्कि तीन छोटे-छोटे पात्रों का रोल, मेकअप बदल-बदल कर बहुत अच्छी तरह निभाया। एक दृश्य में वे म्युनिसिपैलिटी के कर्मचारी के रूप में गली की लालटेन जलाने आये, जिसके नीचे मूढ़ों पर बैठकर मीर साहब, मिर्जा सेठ साहब और मुंशी बेदिल की गप-गोष्ठी होनी थी। संवाद न उसको याद थे, न मुंशी बेदिल को। पता नहीं किस बात पर दोनों एक-दूसरे से उलझ पड़े। यह झपट इतनी स्वाभाविक, दिलचस्प और मजेदार सिद्ध हुई कि हमेशा के लिए नाटक का भाग बन गई।" (76)। इस कथन से तीन बातें निकलती हैं—प्रथम कि भीष्म जी ने छोटे आदमियों का रोल किया, द्वितीय—संवाद याद किये बगैर अभिनय किया, तीसरी—अभिनय की निर्धारित स्थिति से बाहर स्वतः स्फूर्त क्रिया द्वारा नाटक के स्वरूप में वृद्धि की। कुल मिलाकर अभिनय करते हुए अपनी रचनात्मक शक्ति से उसका विकास किया। विकास का वर्गचरित्र क्या है? यही कि छोटे आदमी को नाटक के भीतर स्वभाव दे दिया। उस स्वभाव को उन्होंने एक क्षण के लिए जी लिया। और कोई होता तो निर्देशक तथा नाटक-दोनों की भद्द कर देता, पर भीष्म जी ने उसमें इजाफ़ा किया। भीष्म जी की तमाम रचनाओं में छोटे आदमियों की ओर से झड़पें मौजूद हैं। वे झड़पें कथा का अंग भी हैं। हाल में एक किताब छपी—'बसन्ती'। महानगरों को बनानेवाले राजस्थान या दूसरे प्रदेशों से आये मजदूरों की बस्ती में एक लड़की 'बसन्ती'। यह बस्ती इस अंदाज से बनती है कि शहर दूर है और जैसे ही शहर उनके पास तक फैलता आ जाता है, वे उजाड़ दिये जाते हैं। उनको इतना भी समय नहीं मिलता कि अपनी छोटी-सी गृहस्थी उठा लें और कहीं और टिक जायें। सरकारी वाहन आता है, उसमें जबरन वे बैठा लिये जाते हैं—वाहन चल देता है। उनकी चूल्हा-चक्की का सामान तो छूटता ही है, बच्चे भी रह जाते हैं। 'बसन्ती' ऐसी ही छूटी हुई लड़की है। उपन्यासकार उसके बहाने ऐसी बिरादरी की जीवन-कथा को अत्यन्त गहरी करुणा के साथ खोज लाता है। वह देखता है कि इस लड़की के पास कितनी अटूट जिजीविषा है। हर बार उजड़ती है और हर बार बसती है। उसमें अल्हड़ता है, उल्लास और दूसरों के प्रति ममता है, आत्मविश्वास तथा चुनौती झेलने की शक्ति भी। मार्क्स-वादी चिन्तन से इतना गहरे से जुड़ा लेखक जब तक चिन्तन को पात्रों के स्वभाव और भाषा में घोल नहीं देता—तब तक वह रचना नहीं। वह आदमी की बुनियादी ऐन्द्रिय संवेदनाओं की कैसे रक्षा करता है—यह देखने काबिल है। ये संवेदनायें लेखकीय अहं के चलते पहचान में नहीं आतीं। भीष्म जी में मौजूद व्यावहारिक तरलता का अर्थ यहीं खुलता है। वे हम जैसे छोटे साथियों को पत्र लिखते हैं—"आपका कृपा पत्र मिला"। एक पत्र याद आता है। सागर में प्रेमचन्द समारोह आयोजित था। भीष्म जी को मुख्य अतिथि के रूप में आना था। नहीं आ पाये। कार्ड में नाम छप गया था। उनको सुनने का उत्साह सागर में इतना था कि अच्छी-सी उपस्थिति हो गई थी। बार-बार लोग

इनके बारे में पूछ रहे थे, हमें लाचार होकर स्थिति बतानी पड़ी। कार्यक्रम तो बहुत अच्छा हुआ, पर भीष्म जी के अभाव को लोगों ने दिनों तक याद किया, बल्कि हमारी निन्दा भी हुई। मैंने उन्हें पत्र लिखा गुस्से में, तो उन्होंने उत्तर बड़े प्यार से दिया। पहला वाक्य था, "मैं हाथ जोड़कर माफी माँगता हूँ"। अब बताइये, कहाँ और कैसे कीजियेगा—गुस्सा। पत्र में उन्होंने ऐसा कारण बता दिया था—जिससे उनके न आने की मजबूरी को मैं समझ सका। भीष्म जी की तरलता पत्रों में ही नहीं—सामान्य व्यवहार में दिखती है। मैं दिल्ली जाता हूँ, टेलीफोन करता हूँ—उनके पास आने का समय पूछने के लिए, और वे खुद हाजिर हो जाते हैं। दूर से नमस्कार दाग देते हैं, आप झुक जायेंगे। उनकी इस नम्रता से कैसे प्रभावित नहीं होंगे। हमें मालूम है कि यह नम्रता न कायरता है और न नाटकीयता, वह स्वभाव की निर्वैयक्तिकता है। वह ज्ञानात्मक संवेदना की झलक है।

तुलसीदास ने अपने बारे में लिखा—"राम सों बड़ो है कौन, मो सों कौन छोटो" अपने कवि के बारे में लिखा—"कवित विवेक एक नहीं मोरे" और अपनी कविता के बारे में लिखा —"कविता कुमार्ग चली सरिता सों" और भी—"कविता भणित भूरि भलि सोई, सुरसरि सम सब कहँ हित होई"। सभी बातों को जोड़ें तो स्थिति यह बनी कि वे अपने को समाज की लघुतम इकाई मानते हैं, पर रचना को उसी तरह हीन या संकीर्ण नहीं कहते। यह इसलिए कि कवि में सर्वात्म बोध मौजूद होता है तथा वह सार्वजनिक हित के लिए सरिता की तरह उमँग कर कविता में प्रवाहित होता है। भीष्म जी की निजी नम्रता तथा रचना में मौजूद साहस, संकल्प, उत्साह और अमानवीय व्यवस्था को फोड़ती चली जाती धारा का आवेग—दोनों के बीच यही अन्तर्सम्बन्ध है। दोनों को जोड़कर देखे बगैर वे गांधीवादी दिख सकते हैं, लेकिन इसमें उनका क्या दोष? इतिहास की जीवन्त गवाह के साथ मौजूद लेखक की निजता और रचनात्मकता के बीच जो द्वन्द्वात्मक रिश्ता होता है, उसकी पहचान जरूरी होती है। यह संयोग नहीं है कि महान रचनाकारों के साथ वर्षों रहकर उनकी तमाम कमजोरियों के अर्थ खोजते उन्हें उनकी रचनाओं में पकड़ते कोई एक लेखक उस रचनाकार को समग्रता से पहचान सका। उदाहरण है—निराला और रामविलास शर्मा का। क्या इसमें संदेह है कि निराला की पहचान रामविलास शर्मा से अधिक कोई करा सका? उसके पहले इस कवि की तमाम जीवन क्रियाओं के बारे में कितनी बातें प्रचारित थीं, जो अब एक में गुँथी नजर आती हैं। भीष्म जी ऐसे लेखक हैं—जिनमें किसी तरह का काम्प्लेक्स नहीं दिखता। वे किसी से छीनते या ईर्ष्या करते नजर नहीं आते। उनमें सांगठनिक धैर्य और उदारता मौजूद है। ऐसी उदारता, जिसमें नये लोग रम सकें। यह उदारता उनकी संयत और झूमती चाल, चुनी हुई शब्दावली आदि में भी है। यह उदारता सर्वोदयी नहीं वर्गपहचान से जन्मी बूर्ज्वा के खिलाफ़ निर्णायक लड़ाई की प्रक्रिया में तैयारी की है। उनकी सौम्य आकृति में समझदारी के रेशे बारीकी से पिरोये होते हैं। वर्षों से संगठन में काम करते मैंने देखा है कि मुझमें एक अद्भुत धैर्य विकसित हो रहा है। मैं

किसी आदमी को अपना मानकर देखता हूँ—विश्वास से परिचय की शुरुआत करता हूँ और कभी-कभी उसकी चालाकी का शिकार भी हो जाता हूँ। ठगे जाने पर भी लगता है कि रास्ता यही है। इसी जगह आकर जब भीष्म जी की ओर पलटता हूँ तो लगता है कि वे ठीक हैं। मुझे लगता है कि इन जैसा स्वभाव हमारे हजार साथियों को मिल जाये, तो हम तमाम लोगों का दिल जीत लें।

—कमला प्रसाद

कहानी एक संघर्षशील कलाकार की

आत्मकथा लिखना साहित्य की शायद सबसे बड़ी चुनौती है, विशेषकर हिन्दी में तो ऐसा है ही। प्रकाशित कई कृतियों में उन घटनाओं या प्रसंगों को ओझल कर दिया गया है जो लेखक के प्रभामण्डल को तनिक भी धूमिल करते हैं और इसके विपरीत काल्पनिक किस्सों को एकत्रित कर अपनी छवि को उभारने के छद्म प्रयास किए गए हैं। जहाँ कहीं अन्य व्यक्तियों के प्रसंग आए हैं या जान-बूझकर लाए गए हैं वहाँ निर्ममता से वर्णन किया गया है कि उक्त पात्र का चरित्र कोयले से भी काला नजर आए।

दूसरी ओर अपनी निर्भीकता को सिद्ध करने के लिए इस प्रकार के फूहड़ प्रसंग भी कभी-कभी आत्मकथा में घुसेड़ दिए जाते हैं जो किसी भी प्रकार से रचनात्मक ऊर्जा अथवा संघर्ष का परिचय नहीं देते।

आत्मकथा से भी कठिन कार्य है जीवनी लेखक का। जहाँ आत्मकथा में लेखक प्रायः आत्मश्लाघा के दायरे से ही नहीं उबर पाता या अपने लिए सहानुभूति अथवा करुणा उपजाने में ही सारी शब्द शक्ति खर्च कर देता है, वहीं दूसरे व्यक्ति की जीवनी लिखने में भी वह कभी-कभी संयम खो बैठता है। कहीं तो घटनाक्रम या तथ्य गड़बड़ा जाते हैं अथवा रागद्वेष के कारण वह स्तुति या निंदा के घेरों में ही भटक कर रह जाता है।

एक सच्चा सृजनशील कलाकार जब दूसरे सच्चे कलाकार की जीवनी का दायित्व अपने ऊपर लेता है तो यह खतरे उसके आगे भी उसी तरह मँडराते रहते हैं। जबकि जीवनी ऐसे व्यक्तित्व की हो जिसका जीवन उसके साथ इस तरह जुड़ा हो कि किसी भी कोण से देखने पर उसे आदर्श पुरुष ही नजर आए। किन्तु भीष्म अपने बड़े भाई बलराज साहनी की जीवनी लिखते समय बड़ी खूबी से उबर कर वस्तुपरक दृष्टि से तमाम घटनाओं और प्रसंगों के क्रमिक विकास का परिचय देते हैं।

वह सारा परिदृश्य जिससे लेखक स्वयं प्रतिपल जुड़ा रहा हो, जिसके साथ उसके बचपन से लेकर युवावस्था के खट्टे-मीठे अनुभव जुड़े रहे हों, उसका वह वस्तुपरक ढंग से वर्णन कर सके, यह अपने आप में बहुत बड़ी बात है। लेकिन भीष्म यहाँ मात्र घटनाओं का वर्णन नहीं करते, वह हर घटना के सजगद्रष्टा, भोगता और आलोचक भी हैं। लेखक के भीतर के सृजक की यह ईमानदारी है, जब वह स्वीकार करता है कि—

"शायद एक भाई के लिए—जिसका जीवन उसके जीवन से इस कदर घुला-मिला हो, जिसके जीवन को उसने अपने तमाम जीवन का आदर्श मान लिया हो, वस्तुपरक दृष्टि से मूल्यांकन करना कठिन हो जाता है।"

भीष्म इसी में आगे लिखते हैं—"लेकिन मेरे विचार में जीवनी द्वारा किसी व्यक्ति के जीवन के सबल क्षणों की खोज होनी है, जिससे उसका व्यक्तित्व बना और निखरा हो, यों कमजोरियों से किस व्यक्ति का जीवन नहीं घिरा ? यदि कोई व्यक्ति विकास करता है और समाज में कोई स्थान प्राप्त करता है तो वह खामियों और कमजोरियों पर विजय प्राप्त करने के बाद ही सम्भव हो पाता है। हम उसका मूल्यांकन करते समय उसकी असफलताओं का लेखा-जोखा नहीं अपितु उसकी उपलब्धियों को ही ध्यान में रखते हैं।"

प्रस्तुत पुस्तक पढ़ते समय, जैसा कि मैंने पहले लिखा है सहभोगता और सहकर्मी होने के बावजूद लेखक उन क्षणों की ओर बड़ी ईमानदारी से संकेत करता है जहाँ उसकी नजर में बलराज दिग्भ्रमित हुए हैं, किन्तु दूसरे ही क्षण वह उसके भीतर छिपे कलाकार की तड़प पर भी भरपूर दृष्टि डालते हैं जिसके कारण अनवरत रूप से वह जीवन के सर्वोत्तम स्वरूप की तलाश में संलग्न रहता है। एक ऐसा कलाकार जिसकी कथनी और करनी में कोई अन्तर नहीं है, भले ही हर कदम पर नई चुनौतियाँ मुँह बाए उसके सामने खड़ी रहीं। उस साहसी पुरुष ने इन चुनौतियों के आगे घुटने नहीं टेके, समझौता नहीं किया, बल्कि इनसे शक्ति प्राप्त कर निरन्तर संघर्ष के पथ पर आगे बढ़ता रहा। चाहे यह फिल्म के माध्यम से हो, जहाँ अभिनय को उसने नये आयाम प्रदान किए। जहाँ वह प्रदेश, देश, परिवार की सीमाओं को लाँघ कर सभी के हृदय में बस गया। लाखों की भावनाओं को उसके विभिन्न पात्रों के अभिनय के द्वारा मूर्त्त रूप प्रदान किया।

साहित्य के क्षेत्र में अगर पंजाब सरकार ने उसे 'लेखक शिरोमणि' की उपाधि से नवाजा तो यह उसके लिए जीवन का सर्वोत्तम पुरस्कार हो गया।

अपने व्यक्तिगत जीवन में जहाँ एक तड़प एक ललक उसे बराबर भटकाव के पथ पर ले जाती थी और हर असफलता के बाद वह दूने उत्साह से उस सर्वोत्तम जीवन की तलाश में आगे बढ़ता था। यह तलाश उसके लिए स्वार्थसिद्धि का साधन नहीं थी अपितु यह तड़प समस्त मानवता के लिए थी। बहुजन हिताय और बहुजन सुखाय के लिए वह बार-बार खतरों को गले लगाता था।

उन दिनों कम्युनिस्ट पार्टी द्वारा नेहरू सरकार विरोधी लाइन लेने के कारण इप्टा की गतिविधियों पर भी इसका गहरा असर पड़ा। 'व्यवहारकुशल' कलाकार किनारे हो गए और दूसरी जगह जाकर सिर छिपाया, किन्तु बलराज अपने चन्द साथियों सहित इप्टा को जीवित रखने के लिए जूझते रहे। वे दिन बलराज के लिए घोर आर्थिक संकट के दिन थे, और अपनी इन गतिविधियों के कारण वह छः महीने के लिए जेल में डाल दिये गये। इससे अगर कुछ समय के लिए उनका मनोबल डावाँडोल भी हुआ तो

उसके सच्चे साथियों ने उसे बढ़ावा दिया।

एक सच्चा कलाकार हमेशा सीखने को तत्पर रहता है। इससे कोई फर्क नहीं पड़ता कि साथी उम्र में या पद में उससे छोटा है या बड़ा। बात हृदय को छूनी चाहिए। ऐसे ही एक सच्चे साथी नागरत —जो जिया सरहदी नामक निर्माता का सहयोगी था— ने उसके भीतर के कलाकार को खोज निकाला—उसकी बात बलराज के लिए ही नहीं अपितु उस स्थिति में पड़े तमाम कलाकरों के लिए आँखें खोलने वाली है। नागरत ने उसकी डावाँडोल मनःस्थिति पर चोट करते हुए कहा—"कायर अपने को कम्युनिस्ट कहता है, जबकि वास्तव में उसकी आत्मा धनी लोगों के कदमों में भटक रही है। तुम्हें शर्म आनी चाहिए। जब तक तुम्हारी निगाह दूसरों की कारों पर लगी है और तुम उनकी दौलत और शोहरत देखकर मरे जा रहे हो, तब तक तुम सुख की साँस नहीं ले सकते, न ही तुम्हारे भीतर का सच्चा कलाकार जाग सकता है। ईर्ष्या की आग तुम्हें भीतर ही भीतर खाए जा रही है। तुम्हारी निगाह कला पर नहीं उनकी दौलत पर है। वही सभी कुछ है, तुम्हारी दृष्टि में कला का कोई मूल्य नहीं है।"

यथार्थ के साथ सीधा साक्षात्कार बलराज के जीवन में इससे पहले शायद नहीं हुआ था, हुआ भी था तो इतने तीखे रूप में नहीं। बलराज के ही शब्दों में—"यथार्थ की यही विशेषता है कि वह कलाकार की कला को तीसरा आयाम देती है। अपने मंच और चलचित्र की भूमिकाओं में मैंने यह तीसरा आयाम लाने की भरसक चेष्टा की है। एक कलाकार के लिए यह एक दुष्कर मार्ग है। किन्तु यही वह मार्ग है जहाँ उसे रचनात्मकता का सुख प्राप्त होता है। अभिनेता को चरित्र में पैठ कर इस ढंग से प्रस्तुत करना चाहिए कि हर कदम पर दर्शकों के सम्मुख उसके व्यक्तित्व का नया रूप प्रस्तुत हो।"

अपने जीवन की 135 फिल्मों में बलराज ने अपने कथन की सच्चाई को सत्य सिद्ध करने की सफल चेष्टा की है। हिन्दी फिल्मों के छिछले स्तर और थोथी भावुकता और अति नाटकीयता के बावजूद, इस कलाकार ने, स्तरीय प्रामाणिक और संवेदनशील भूमिकाएँ प्रस्तुत कीं। यह उसके कलात्मक, सामाजिक दृष्टिकोण और संवेदनशील प्रकृति के कारण ही संभव हो सका। जहाँ उसने जीवन और प्रकृति दोनों से लगातार अपना नाता बनाए रखा।

ऐसे कलाकार कभी मरते नहीं। भीष्म जी उसकी मृत्यु के बाद की एक घटना का वर्णन करते हुए लिखते हैं :

"एक दिन बलराज मर गया। एक बड़ा हुजूम घर के भीतर और बाहर जमा हो गया। मित्रों, सम्बन्धियों और महान हस्तियों के अतिरिक्त मछुआरों, होटल के बैरों, स्थानीय गरीब-गुरबा की अपार भीड़ यहाँ तक कि गलियों के भिखमंगे भी, उसका घर सार्वजनिक स्थान बन गया था। मैं यह जानकर गद्गद हो गया था, जब मुझे बताया गया कि मछुआरे उसकी मृत्यु की खबर गुनकर कासोवा से चलकर आए हैं और रात-भर शव के पास बैठकर विलाप करते रहे। होटल के कृतज्ञ बैरे जिनकी लंबी

हड़ताल के दौरान बलराज ने उनकी आर्थिक सहायता की थी। दलित वर्ग के प्रत्येक व्यक्ति के साथ बलराज की किसी न किसी रूप में व्यक्तिगत जान-पहचान थी और वे उसे मन से चाहते थे।"

सम्प्रति सांस्कृतिक, रचनात्मक और कलात्मक ह्रास के वातावरण में जहाँ जनसाधारण से कलाकारों, रचनाकारों का सीधा सरोकार नहीं के बराबर है, वहाँ इस अद्भुत कलाकार की जीवनी के फैले विविध प्रसंगों, रेगिस्तानों, नखलिस्तानों, ऊँचे नीचे पहाड़ों, ठाठें मारते सागरों और जीवन को भरपूर जीने की ललक हमें प्रेरणा तो देती ही है और कुछ ठहर कर पीछे देखने को भी मजबूर करती है, जहाँ उन ठोस तंतुओं को पकड़ कर हम पूरी लगन से विकास की अगली सीढ़ियों पर चढ़ सकते हैं। भीष्म जी को लिखे बलराज के एक पत्र के हवाले से—

"भीड़ का एक अंग बनने का विचार मात्र ही घातक और असह्य है। फिर बड़ी-बड़ी प्रगतिशील घोषणाओं से लाभ ? जब भी मैं अपने गिर्द देखता हूँ कि मेरे सभी प्रगतिशील मित्र लगभग वैसे-वैसे ही हैं। वे हर समय आम आदमी की चर्चा तो करते हैं किन्तु वास्तव में उनकी सारी शक्ति आम आदमी से ऊपर उठने में ही लग जाती है। कुछ बनने और यश, लिप्सा में ही। मैं सोचता हूँ हमारे जीवन में यही बुनियादी विसंगति है। साधारणतया हम इस बारे में सचेत भी नहीं होते। बचपन से ही हमारी शिक्षा और विकास सामाजिक प्रतिष्ठा और यश प्राप्त करने की दिशा में होती है।"

यह पत्र हममें से कइयों पर खरा उतरता हो या नहीं, किन्तु यह तथ्य आज तक बहस का मुद्दा कम ही बना है और यही कारण है कि हमारा आंदोलन विकास की जिस मंजिल की ओर अग्रसर होना चाहिए था वहाँ इन विसंगतियों से उबरने में ही हमारी शक्तियाँ खर्च होती रहीं। इस पुस्तक के बहाने अगर हम अगले पड़ाव तक बढ़ पाए तो यह बहुत बड़ी उपलब्धि होगी।

—केवल गोस्वामी

सृजनशील यथार्थ

कथाकार भीष्म साहनी के यथार्थवाद का चरित्र, रूप और गुण कैसा है ? वह किस प्रकार की अभिरुचियों वाला है । उसके बुनियादी सवाल कौन-से हैं ? समस्यायें क्या हैं ? वह कितने बड़े समाज को अपने भीतर समेटे हुए है तथा उसका निर्वाह कैसे और किस परिप्रेक्ष्य में हुआ है ? अपनी प्राचीनता के मिथक-सुख में जीने वाले वर्ग विभक्त समाज के कितने अन्तर्विरोधों को भीष्म साहनी पकड़ सके हैं ? विकल्प क्या है तथा सम्भावनाओं की खोज में कितने प्रामाणिक ढंग से वस्तु-संदर्भों की सृष्टि कर सके हैं ? इन प्रश्नों पर सोचते समय भीष्म साहनी के कथा-साहित्य की परिस्थिति और परिवेश के रचनात्मक कारण और उसके उद्देश्य को ध्यान में रखना होगा ।

भीष्म साहनी यथार्थवादी रचनाकार हैं । उनकी प्रत्येक रचना सोद्देश्य है । उनकी पकड़ वैज्ञानिक है फिर भी, वे अपनी प्रतिबद्धताओं में उदार और शालीन हैं । उन्होंने अपने संवेद्य-पदार्थ और उसके व्यापार को ऐतिहासिक-सामाजिक सम्बन्धों में बाँधा है तथा उसे समसामयिक हालात के अनुरूप बनाकर नई दिशा देने की कोशिश की है । साहनी की वस्तु और चरित्र-रचना के केन्द्र में उनकी ऐतिहासिक समझ जो परिस्थिति और परिवेश के अन्तर्विरोधों को सामने लाती है तथा उन्हें दूर करते हुए विकासमान नतीजों तक ले जाती है । इस तरह साहनी की रचना में सामाजिक चेतना के विकसने और परिपक्व होने के मुद्दे स्पष्ट हैं ।

साहनी की कथा-रचना के अन्तःकरण में व्याप्त है 'कन्फ्रन्टेशन'—द्वन्द्वात्मक संघर्ष जो संवेदना और संस्कार के टकरावों से चरित्र को बदलता, वस्तु को आगे बढ़ाता तथा उद्देश्य को निर्धारित और निश्चित करता है । साहनी ने अपने कथा-साहित्य में सामन्तवादी पूँजीवादी समाज के इतिहास की खोजबीन की है तथा उसमें मानव-नियति को बनाने वाले आधारों की परीक्षा की है । इसीलिए यह मनुष्य की अस्वीकृति और अनुपस्थिति के विरोध से पैदा होने वाला यथार्थवाद है ।

साहनी ने जितने भी कथा-संदर्भों को रचा है, सभी में उनकी पक्षधरता स्पष्ट है । उनका लेखन मनुष्य के संघर्ष को सांस्कृतिक, ऐतिहासिक भूमिका में आगे बढ़ाता है । उनकी रचना में पात्र अक्सर अपनी ही आधारवस्तु के प्रति तार्किक हो जाते हैं और इस तरह अपने ही जीवन के अन्तर्विरोधों को पकड़ने लगते हैं । अपनी इच्छाओं, महत्त्वाकांक्षाओं को पूरा करने में अपने वर्गचरित्र का खुलासा करते हुए उसके विप-

रीतों को भी सामने लाते हैं । हर पात्र अपनी संवेदना के तहत अपने आरोपित संस्कार से लड़ता-सा नजर आता है और उसकी इस लड़ाई में समूचा परिवेश सम्बद्ध हो जाता है । वह अपने वर्तमान के लिए अपनी परम्पराओं से लड़ता नज़र आता है, अपने भौतिक वातावरण के तहत अपने चिरपरिचित धार्मिक, नैतिक प्रतिमानों और मूल्यों से लड़ता नज़र आता है । साहनी ने इसी संघर्ष को गति दी है और सैक्युलर मानव की रचना को सम्भव बनाया है ।

सैक्युलरिज़्म या धर्मनिरपेक्षता की खोज इतिहास की भौतिक परम्पराओं में ही सम्भव है । इतिहास से मुक्त या ऊपर से लादी गई धर्मनिरपेक्षता एक प्रस्ताव से अधिक कुछ नहीं हो सकती । जिन्दगी का अपना इतिहास और उसी के भीतर से निर्मित अपना तर्क होता है और उसी के आधार पर उसे निरन्तर बदला जा सकता है । साहनी ने अपने कथा-चिंतन में यथार्थवाद की सृजनशील परिस्थितियों को स्पष्ट किया है अतः सर्वत्र ही जीवन के द्वन्द्वों का उन्मीलन दिखाई पड़ता है । लेकिन भीष्म जी की कला और शिल्प में यह जुझारूपन खुरदरा और अनगढ़ नहीं है । साहनी के यथार्थवाद में वैज्ञानिक समझ की शालीनता दर्शनीय है ।

साहनी की कथा में, मुख्य रूप से मध्य वर्ग की अभिव्यक्ति हुई है, जिसके जीवन में अन्तर्विरोधों का विषम जाल बुना हुआ है । सामन्तवादी, पुनरुत्थानवादी और पूंजीवादी आधुनिकताबोध की विसंगतिपूर्ण, अमानवीय परिस्थितियों से जड़ होते हुए मध्य-वर्ग को नया जीवन कैसे दिया जाए ? उसे युग और समाज की प्राथमिकताओं से कैसे सम्बद्ध किया जाए ? नये जीवन की रचना में उसकी क्रियमान भूमिका को कैसे स्पष्ट किया जाए ? एक प्रतिबद्ध लेखक की तरह साहनी ने समाज और इतिहास की अनिवार्यताओं को ध्यान में रखकर इस वर्ग के श्रम-संस्कार को जगाया है, इस तरह उसके आत्मपरायेपन को तोड़ा है और उसमें भविष्य के प्रति वास्तविक आशा पैदा की है । उपन्यास और कहानी के रचना-शिल्प में इस तरह के आलोचनात्मक-विश्लेषण से कथ्य सम्प्रेषणीयता अधिक पुष्ट हो गयी है, और रचना-वस्तु का वज़न बढ़ गया है ।

भीष्म साहनी की कथा का एक और प्रमुख संदर्भ है—आधुनिकता का । इस आधुनिकता का अपना स्थिति-सापेक्ष यथार्थबोध है । क्योंकि पूँजीवादी व्यवस्था में आधुनिकता अपने भीतर के अन्तर्विरोधों से टूटने को बाध्य है । यहाँ पूँजीवादी-व्यवस्था है कि जिसमें समन्वय, समझौता और संशोधन के द्वारा संघर्ष को भ्रमित किया जाता है और एक सुधारवादी हल खोज लिया जाता है । इस तरह के आधुनिकता-बोध में कुल मिलाकर उद्योग, विज्ञान और तकनालाजी के विकास तथा समूचे मानव समाज की नियति को एक रिनासा-तर्क मिल पाता है जो अपनी आत्मपरकता और काल्पनिकता में खूबसूरत लगता है और इससे लोकवादी संघर्ष भ्रमित होता है । इसीलिए इस तमाम-आधुनिकता में वर्ग विशिष्ट व्यक्तिबोध है और सामाजिक बिलगाव की प्रवृत्तियाँ हैं, जिनसे सामाजिक यथार्थ का संकुचन होता है, उसमें दुराव आता है ।

भीष्म साहनी के यथार्थवाद में सामाजिक मनुष्य के नैतिक, सांस्कृतिक आधारों

का उसके सम-सामयिक भौतिक परिवेश से द्वन्द्वपूर्ण सम्बन्ध है। उसमें बदलते हुए जीवन के अनुकूल बनने की तथा उसमें सक्रिय रहने की ग्रहणशीलता और विचारशीलता है। पूँजीवादी आधुनिकताबोध हमेशा ही सामाजिक-यथार्थ की समग्रता को तोड़ता है, उसमें सामूहिक जीवन का गत्यात्मक स्वीकार नहीं होता। उसमें सामाजिक संगति के नियमों की अवहेलना होती है। साहनी के कथा-साहित्य में आधुनिकता-बोध और यथार्थवादी विचारधारा का संघर्ष है।

वैज्ञानिक यथार्थवाद में जीवन की स्वस्थ और नैतिक धारणाओं में निष्ठा होती है। लेकिन यह स्वस्थ और नैतिक धारणा चरित्रगर्भित ही नहीं होती, उसकी व्याप्ति वस्तु में होती है। वस्तु दृष्टि का नैतिक होना यथार्थ-चित्रण की सौन्दर्य दशा का परिचायक है, वह मूल्योचित होती है। साहनी के कथा-यथार्थ का यह रूप उल्लेखनीय है क्योंकि इसी आधार से उन्होंने अनुभववादी रचना-दृष्टि की अवास्तविकताओं को दूर किया है, और फिर यह भी सत्य है द्वन्द्वात्मक भौतिकवाद के आचरण वाली रचना के वस्तु और चरित्रनिर्मात्री संदर्भ उपदेशात्मक और शिक्षात्मक नहीं होते। यथार्थवादी रचना स्थूल और यांत्रिक नहीं होती। उसकी वस्तु और शिल्प निरन्तर समृद्ध होती है। ऐसी रचना में मनुष्य अपनी समूची भीतरी ताकत के साथ मूर्तित होता है, उसके मनःद्वन्द्वों के चित्र अमूर्त नहीं होते। रचना की रग-रग में जीवन गुँथा होता है। साहनी का साहित्य क्रांतिधर्मी मानव-संवेदन की ऊँचाइयों तक पहुँचा हुआ है। उसके राजनीतिक पहलू प्रखर और स्पष्ट हैं, वे सकारात्मक प्रभाव पैदा करने वाले हैं।

उनकी प्रत्येक रचना की राजनीतिक स्थिति कायम है। यह राजनीति सामाजिक सम्बन्धों के परिवर्तन की वैचारिक भूमिका बनकर उपस्थित होती है। उनके आलोचनात्मक विवेक की सामाजिकता में राजनीति भी सूक्ष्म रूप में व्याप्त है। यह राजनीति-दृष्टि है जो कथा के अंग-अंग को जागृत किये रहती है तथा उन्हें चुस्त बनाये रखती है। वह सम-सामयिक प्रासंगिकताओं को क्षीण नहीं होने देती।

भीष्म साहनी के 'झरोखे' और 'कड़ियाँ' उपन्यासों में राजनीतिक सोच अप्रत्यक्ष है जो समूची व्यवस्था पर पैनी चोट करती है। पुनरुत्थानवादी तथा पूंजीवादी सामाजिक सम्बन्धों के बीमार, कुंठित और खोखले आदर्शों को नङ्गा करती है। जबकि 'तमस' का प्रत्येक संदर्भ और पात्र तत्कालीन राजनीति के प्रभाव में है। 'तमस' पूरी तरह से जैसी राजनीति तैसा संघर्ष के अनुरूप है। जहाँ राजनीति है वहाँ उदासीनता नहीं रह सकती। 'तमस' में तटस्थता और उदासीनता के विरुद्ध ऐसा वातावरण है जिसमें सभी कुछ चाहे-अनचाहे सक्रिय हो जाता है। और फिर राजनीति-दृष्टि से ही तो प्रतिबद्धता का अमूर्तन नहीं हो पाता। उसमें छल, फरेब तथा लफ्फ़ाज़ी नहीं घुस पाती। विचारधारा विहीन राजनीतिक-सोच 'सर्वोदयी भाव' वाली होती है जिसका आचरण 'समग्र क्रांति' वालों जैसा होता है।

जैसा कि ऊपर कहा है कि भीष्म साहनी नगर के मध्यवर्गीय जीवन के विश्लेषक हैं। जहाँ कहीं भी श्रमिक है, मजदूर है अथवा निम्न वर्ग है वह पैटी-बुर्जुआ अभि-

जात्य के प्रतिपक्षी यथार्थ को उभारने के लिए है, बल्कि यूँ कहें कि मध्यवर्ग की मानसिकता का खुलासा करने के लिए है। मध्य वर्ग की निजता का चरित्र कितना अबूझ होता है, वह कितना पिलपिला होता है—इसका भरपूर विश्लेषण भीष्म साहनी की कहानियों में हुआ है। उन्होंने इस वर्ग-चरित्र का उद्घाटन अनेक प्रकार की स्थितियों को और संदर्भों को रचकर किया है। साहनी ने हर तरह के आभिजात्य और मैनरिज्म की जड़ीभूत परिस्थितियों के दिवालियेपन और दोगलेपन को सामने रख दिया है। वे टुटपुँजिया बुर्जुआ वृत्ति की आत्मपरकता को तथा उसके आत्मलीन आचरण को स्तर-दर-स्तर खोलते हैं। 'चीफ़ की दावत' कहानी में तो साहनी ने रीढ़विहीन मध्य वर्ग के व्यक्ति की निजी महत्त्वाकांक्षाओं का जो सामान्य चरित्र बनाया है उससे आधुनिक भारत के नौकरशाह और बाबू वर्ग का मिला-जुला स्वत्वहीन किन्तु आवेगपूर्ण और दिखावटी चरित्र स्पष्ट होता है।

आत्मपरकता की विविध शैलियाँ होती हैं। धर्म, नीति, रीति-रिवाज, मान-मर्यादा आदि में यह आत्मपरकता हज़ार-हज़ार भूल-भुलैयों में ले जाती है। उसमें मिथक के भीतर से मिथक पैदा होने लगते हैं। इस आत्मपरक भ्रम का भी बायोसाईकालाजिकल नशा होता है, इसका अपना विशिष्ट आह्लाद होता है, इसमें थ्रिल होता है। यह आत्मपरकता उस स्थिति को खोज लाती है जहाँ वैयक्तिकता का अनुकूल पक्ष अनेक प्रकार के बौद्धिक सरलीकरणों से निर्मित हो जाता है (बौद्धीकरण भी आत्मपरकता का ही बचाव है) साहनी के तीनों उपन्यासों में तथा अधिकांश कहानियों में इस आत्मपरक बीमार भावुकता के विरुद्ध यथार्थ संवेदनशीलता का टकराव मिलता है। मुख्य चोटें दर्शन पर, धर्म पर और नैतिक मान्यताओं पर की गयी हैं। यह सही है कि धार्मिक उन्माद या फ़ैनेटिसिज्म की परिणति अन्ततः फ़ासीवादी मानसिकता में होती है जो रंग-भेद, नस्ल-भेद, जाति-भेद और सम्प्रदाय-भेद को बढ़ाती है। रूढ़-परम्परावादी आदर्शों और मृत-प्राय धार्मिक-नैतिक विश्वासों से जो विलगाव पैदा होता है वह सहज ही में, स्वतः स्फूर्त ढंग से झूठी और लिजलिजी मान-मर्यादा के रूप में व्यक्ति को, परिवार को, समाज के जीवन से अलगा देता है। 'झरोखे' में चरित्र-संरचना के विकास की यथार्थ परिस्थितियों का विश्लेषण हुआ है। 'झरोखे' में यह स्पष्ट होता है कि धार्मिक-संस्कारों का उन्माद ज़िद्दी, चिड़चिड़ा और शंकालु स्वभाव का बना देता है, हीन बना देता है। मनुष्यता के विकासमान गुणों को सुखा देता है। उसके वर्तमान को नष्ट-भ्रष्ट कर देता है।

'झरोखे' में एक मध्यवर्गीय परिवार के सदस्य सन्ध्या-उपासना करते हैं, वे आर्यसमाजी संस्कार के हैं--प्राणायाम और जाप से एकाग्रचित्त होने तथा हवन से शुद्ध होने का कार्यक्रम चलाते हैं। बच्चों को पढ़ाने वाला पंडित भी योग और ब्रह्मचर्य की घिसी-पिटी बातों को सिखाता है। बच्चों में औरत के प्रति, लिंग के प्रति घृणा और भय पैदा कर दिया जाता है। शान्ति पाठ होता है, अर्जुन, पृथ्वीराज चौहान, राणा प्रताप जैसे आर्यवीर बनने की शिक्षा दी जाती है। यहाँ तक कि घर का नौकर तुलसी भी

मन्त्रपाठी हो जाता है। लेकिन 'झरोखे' उपन्यास में तुलसी को नौकर की हैसियत से मुक्ति नहीं मिलती। वह आयुर्वेद-चिकित्सालय में भी घर का नौकर है, उसके बच्चे भी उसकी नियति को पाते हैं। तुलसी की वास्तविक स्थिति में कोई परिवर्तन नहीं होता।

'झरोखे' उपन्यास में प्रवृत्ति दमन का, व्यक्तित्व दमन का चित्रांकन हुआ है। लाइफ इन्सटिंक्ट के अवरोध का वातावरण है। वीर्यपात और स्वप्नदोष से आतंकित होकर तरुण अपने यथार्थ विकास से विमुख हो जाते हैं। किताबों में से औरत के चित्र फाड़ डालते हैं—यह जीवन निषेध (life negation) है। इस तरह ग्लानि, हीनता और दमन के मूल में है जीवन-निषेध की वह अवधारणा जो धर्म-दर्शन और नीति के नाम से घुट्टी में पिलाई गई है। भय और पीड़ा से निर्मित संस्कार अमानवीय होता है, वह चरित्र-हत्या करने वाला होता है, छल-कपट और पाखण्ड को बढ़ाने वाला होता है। 'आर्य समाजी'—'हिन्दु सभाई' चरित्र निष्ठा के मूल में निवृत्ति है जो 'तमस' में वानप्रस्थ जी, मास्टर देवव्रत और उनके शिष्यों में दिखाई देती है। धार्मिक-दार्शनिक उन्माद के कारण राष्ट्रीय संस्कृति का विचार घोर साम्प्रदायिक हो जाता है। "वेदों में विज्ञान है, विमान है, बम है और योग-शक्ति में अग्नि प्रज्वलित कर देने की क्षमता है।" मुर्गा काटकर दीक्षित होने वाला आर्यवीर रणवीर का चरित्र हिन्दू-सभाई नमूने का है। (तमस के बारहवें सर्ग में सम्प्रदायवादी चरित्र का खुलासा है) 'तमस' में कम्युनिस्ट चरित्र का भी एक छोटा हिस्सा है, जिसका नजरिया वैज्ञानिक है। कम्युनिस्ट जानता है "शरारत अंग्रेज की है।" यदि "मजदूर होते तो हिन्दू-मुसलमान का सवाल परेशान नहीं करता।" और फिर "जजबात की रौ में बैठकर कोई कम्युनिस्ट नहीं बनता, इसके लिए समाज-विकास को समझना जरूरी है।" 'तमस' में देवदत्त है, सोहन सिंह है, मीरदाद है जो सम्प्रदायवाद के मूल कारण को जानते हैं, लेकिन पूरे उपन्यास में इनका प्रभाव-क्षेत्र नगण्य-सा है, इनकी विचारधारा के प्रसार और प्रचार की परिस्थितियों को आगे नहीं बढ़ाया गया है, उसकी सम्भावनाओं पर भी टिप्पणी नहीं की गयी है, जबकि राष्ट्रीय आन्दोलन के उत्तरार्ध में कम्युनिस्टों का प्रभाव-क्षेत्र इतना न्यून और नगण्य नहीं था जैसा तमस में दिखाई देता है। 'तमस' में विचारधारा का संघर्ष बहुत कच्चा है। साहनी ने प्रच्छन्न रूप से ही यह तथ्य प्रकट किया है कि सैक्युलर समाज की मूल-समस्या आर्थिक है, धार्मिक और जातीय नहीं। तमस में सैक्युलर विचार की राजनीति को आगे बढ़ाया जा सकता था और सम्प्रदायवाद की अवैज्ञानिकता को और सक्षम रूप से काटा जा सकता था, लेकिन 'तमस' में सम्प्रदायवाद की लीला अधिक है, लेखक मारकाट, हत्या, लूट के नजारों में रूपवादी-सा हो गया है। उसका इतिहासबोध स्मृतिदर्पण बनकर रह गया है।

'झरोखे' में बाल-मनोविज्ञान के परिस्थितिगत विकास की भूमिका यथार्थ है। संस्कार जनित पाप-बोध के कुपरिणाम कितने भयावह होते हैं, इसका सजीव चित्रण झरोखे उपन्यास में हुआ है। कड़ियाँ में महेन्द्र का पारिवारिक परिवेश हीनताग्रस्त है, वह टूटने वाला है तथा तमस में हिन्दू सभाई राष्ट्रीय परिवेश साम्प्रदायिकता ग्रस्त है। इस

धार्मिक-दार्शनिक जुनून की खासी अभिव्यक्ति उनकी अनेक कहानियों में हुई है। जिनमें प्रमुख हैं—'मालिक का बन्दा' और 'अहं ब्रह्मास्मि'। 'मालिक का बन्दा' में हवलदार रतनसिंह मन्दिर बनवाने के लिए चोरी-सीनाजोरी करता हुआ गैरकानूनी ढंग से मालिक के हुक्म के नाम पर क्या नहीं करता। वह मालिक के हुक्म से प्रेरित होकर रेलगाड़ी तोड़ सकता है, रोक सकता है, मुसाफिरों को बेइज्जत कर सकता है। हर भ्रष्ट काम करते हुए भी वह सुरक्षित है। 'अन्तरात्मा की पुकार' और अमूर्त लहरों से जिस देश का प्रजातंत्र बनता बदलता और बिगड़ता हो, उसमें हवलदार रतनसिंह का चरित्र ही ऊपर से नीचे तक सक्रिय दिखाई देता है। यहाँ भगवान का हुक्म ही भ्रष्टाचार का कारण है। 'अहं ब्रह्मास्मि' में भारतीय दर्शन का एक और नजारा है। कैन्टोन्मेन्ट में अंग्रेजी किताबों को बेचनेवाला भाटिया किस तरह संस्कृतिविहीन हो चुका है, आत्म-हीन हो चुका है। वह किसी भी स्तर पर आदरणीय नहीं रह गया है फिर भी, उसमें अंगरेजी जहन की जूठन के प्रति लगाव है, उसके रहन-सहन, आचरण और सोच में जड़ता है, कृत्रिमता है। एक अंग्रेज औरत उसे बुरा-भला कहती है, गाली देती है, सिनेमा में अंग्रेज़ों के द्वारा उसे बेइज्जत किया जाता है, लेकिन मोक्षदायक भारतीय वेदान्त का सहारा लेकर भाटिया दुनियादारी को माया समझता हुआ 'आई एम द डिवाइन फ्लेम' कहकर ग्लानि से, तिरस्कार से स्वयं को मुक्त समझनें लगता है। भाटिया के पतन की यह अपनी शैली है जिसमें जिन्दगी के यथार्थ रिश्तों और यथार्थ परिस्थितियों को नकारने वाली दार्शनिकता का किस तरह प्रयोग किया है। 'मालिक के बन्दे' में मालिक की शक्ति रतनसिंह के शरीर में आती है और 'अहं ब्रह्मास्मि' में भाटिया के अन्दर शक्ति का संचार होता है। वह वजूद में आता है, आसपास की दुनिया को भूल जाता है, ब्रह्मांड का अंग बन जाता है और ऊपर उठने लगता है।

भीष्म साहनी ने धर्म और दर्शन के कुप्रभाव को सामाजिक और राष्ट्रीय संदर्भों में दिखाया है। 'अमृतसर आ गया है' में जातीय उन्माद का एक और नाटकीय दृश्य है तथा 'भगोड़े' कहानी में एक और नया रूप है जिसमें तापस-साधना की अमनोवैज्ञा-निक असलियत को व्यक्त किया गया है। गजानन किस तरह जीवन की पुकार से साधना-विरत हो जाता है। मरते हुए और बाद में मरे हुए बच्चे के लिए माँ-बाप की तड़प से पीड़ित हो उसे लगा जैसे "मनुष्य का सत्य मनुष्य के हृदय में ही मिलेगा।" इस तरह भीष्म साहनी साम्प्रदायिक दर्शन की जड़ तक पहुँच सके हैं और उसके विरोध में अपना वैज्ञानिक तर्क दे सके हैं।

'कड़ियाँ' उपन्यास में मध्यवर्गीय संस्कार और संवेदन का संघर्ष है जो महेन्द्र के जीवन को बदल देता है। महेन्द्र, सुषमा के फेर में अपनी पत्नी प्रमिला को छोड़ देता है। वह पाप-पुण्य को बकवास मानते हुए भी स्वयं को संस्कारी कहता है, अपने भीतर की हीनताओं से मुक्ति पाने के लिए परिवार के नैतिक बन्धनों को तोड़ डालता है। आधुनिकता की छाप ने महेन्द्र को विसंगतियों का नमूना बना दिया है। महेन्द्र की भावुकता पूरे परिवार को तोड़ डालती है। महेन्द्र अपनी मनोग्रंथियों के कारण स्वतः

ही विडम्बनापूर्ण परिस्थितियों को आमंत्रित करता है।

'झरोखे' और 'कड़ियाँ' की अपेक्षा तमस का रचना-शिल्प चुस्त है, उद्देश्य भी व्यापक है। ऊपर से देखने पर तमस की राजनीति—अंग्रेजों की है, हिन्दू-मुसलमान और सिक्खों का तो अराजनीतिक आचरण है। वे नस्ल, जाति और धर्म के उन्माद में अलग-अलग रहने को ही अपनी-अपनी राजनीति मान लेते हैं। तमस में राजनीति और धर्म के अन्तर्विरोध को स्पष्ट किया गया है। धर्म स्वतः स्फूर्त उन्माद में फलता-फूलता है। राजनीति, सामाजिक चेतना के विकास से पैदा होती है। यह चेतना परिस्थिति और परिवेश सापेक्ष होती है और विकासमान होती है। उन्माद का आचरण अराजक होता है जिसकी परिणति असामाजिकता में होती है, मानवद्रोह में होती है। जबकि चेतना हमेशा विवेक के अनुशासन से युक्त होती है। धर्म ने उन्मादियों को पैदा किया है—उसका पुराना इतिहास है, संस्कृति है, उसके अपने शास्त्र हैं। साहनी ने तमस में राजनीति के निमित्त धर्म का पर्दाफाश किया है।

'तमस' का मूल मुद्दा है कि राजनीति-विवेक की प्रगति-दर-प्रगति से ही यथार्थ-वादी हुआ जा सकता है। लेकिन उनकी कहानियों में पुनरुत्थानवादी जीवन-मूल्यों और पूँजीवादी-आधुनिकता पर प्रहार किया गया है। यह आधुनिकता भी अरचनात्मक होकर धर्म की तरह अराजनीतिक होने को बाध्य करती है। हमारे यथार्थ को सम्मोहित करती है, अनुशासनमुक्त करती है। भीष्म साहनी ने इन समान-धर्मी दोनों प्रकार के बोधों को खूब घुमा-फिराकर स्पष्ट किया है।

पूँजीवादी आधुनिकता-बोध और यथार्थवादी-विचारधारा के अन्तर्विरोधों को मनोवैज्ञानिक, सामाजिक, पारिवारिक प्रसंगों में प्रकट किया गया है। 'पिकनिक', 'राधा-अनुराधा', 'सागमीट', 'त्रास', 'पटरियाँ', 'ललक', 'खंडहर' तथा 'मौका परस्त' आदि में इन अन्तर्विरोधों को खोला गया है। इन सभी कहानियों में वर्ग-विभक्त समाज की विसंगतियों का, छद्मों का, फ़रेबों का तथा शोषण की रीति-नीति का सकारण विवेचन हुआ है। इस सृजनहीन यांत्रिक आधुनिकता के मूल में है 'त्रास' जिसके कारण हर आदमी के मन में घृणा फैलती है, जो एक दिन फूट पड़ती है। अनजाने लोगों के प्रति अमूर्त घृणा सारे वातावरण में ज़हर घोलती है। घृणा एक धुन्ध की तरह सड़कों पर तैरती है।" यही घृणा त्रास कहानी में मोटर दुर्घटना का कारण है, यही घृणा पिकनिक में गौरी तथा उसके बच्चों के साथ है। इस घृणा के मूल में है शोषण और अतिरिक्त मूल्य की संस्कृति, जिसमें एक वर्ग अपनी सम्पन्नता से जानवर बन जाता है, दूसरा वर्ग अपनी विपन्नता से जानवर जैसा रह जाता है। 'सागमीट' का जग्गा नौकर, 'पिकनिक' की गौरी तथा 'राधा-अनुराधा' की राधा सभी को आधुनिकों ने चूसा है।

लेकिन भीष्म साहनी ने प्राथमिकता जग्गा, गौरी, राधा को नहीं दी है, प्राथमिक है इनका प्रतिपक्ष जो खलनायकों की तरह प्रत्यक्ष और प्रच्छन्न हथकंडों को अपनाकर शोषण के निम्नतम स्तर तक पहुँचता है। इन कहानियों में अवसर, स्वार्थ और हित साधन की आदतों का चित्रण हुआ है। सागमीट कहानी जग्गा नौकर की नहीं है

वह साहब के चरित्रांकन की है। भीष्म साहनी ने जग्गा के माध्यम से साहब के वर्ग-चरित्र को स्पष्ट किया है। इस कहानी में साहब के चरित्र को रिडीक्यूल किया गया है, गौरवान्वित नहीं किया गया है। धूर्त और चालाक बुर्जुआ हमेशा मीठे रहकर ही गरीब की ज़िन्दगी को मारता है। यह मध्यवर्गीय पैटी बुर्जुआ एक आडम्बरपूर्ण ज़िंदगी जीने का आदी होता है। उसकी विद्वत्ता, शौक, अभिरुचि में जीवन की यथार्थ संवेदना और समझ नहीं होती। इसका उदाहरण 'खंडहर' कहानी के शरत और उसकी पत्नी रचना से स्पष्ट हो जाता है।

भीष्म साहनी ने यथार्थवाद के उन पक्षधरों को भी नहीं छोड़ा है जो सिद्धांत के नाम पर, समाजवाद के नाम पर प्रपंची हो जाते हैं और सुविधाभोगी बन जाते हैं। एक मार्क्सवादी जब आधुनिक ब्रुर्जुआ बनता है तो उसमें एक खतरनाक किस्म का दोगलापन पैदा हो जाता है। 'नया मकान' और 'गुलमुच्छे' कहानियों में दो गिरे हुए मार्क्सवादियों के चित्र खींचे गये हैं। 'नया मकान' में किसी ज़माने के पुराने कामरेड शराबी हो गये हैं। उनकी पत्नी क्रान्ति का मजाक उड़ाती है। वे नपुंसक बनकर रह गये हैं। गुलमुच्छे कहानी में भी सिद्धान्त-विरत मध्यवर्गीय कामरेड के बुर्जुआ बनने की परिस्थितियों का चित्रण हुआ है। यह कहानी गम्भीर है। एक कामरेड ट्रेड-यूनियन के मार्ग से व्यवसाय के मार्ग पर पहुँचता है, इन्स्टीट्यूट का डायरेक्टर हो जाता है, उसे पोजीशन की चिन्ता रहती है। वह प्रदर्शन-प्रिय हो जाता है। आत्म-श्लाघा का शिकार हो जाता है। उसकी शौकीन पत्नी है—आधुनिक वेशभूषा वाले बच्चे हैं—बंगला है, नौकर हैं। वह साहब बन गया है। ट्रेड-यूनियन के कार्य को तथा कामरेडशिप को पुरानी स्मृतियों का रूमान मानने लगता है, मनोरंजन का विषय मानने लगता है। भीष्म साहनी ने जिस तरह धर्म का पर्दा खोला है और उसे नंगा किया है उसी तरह बुर्जुआ चरित्र को उघारा है, उसे नंगा किया है।

भीष्म साहनी की एक बहुत सशक्त कहानी है—"वाङ्चू" जिसमें एक चीनी सफीर के लगभग तीन दशाब्दों का दीर्घजीवी व्यक्तिबोध समाहित है। इस कहानी में महाकाव्य जैसी भव्यतापूर्ण त्रासदी है। "वाङ्चू" एक लघुकथा होते हुए भी देशकाल के बड़े हिस्से को अपने कलेवर में समेटे हुए है। वह फाह्यान और ह्वेनसांग जैसे बौद्ध भिक्षु वाङ्चू की कथा है जिसके ऐतिहासिक संदर्भ अलग-अलग हैं। प्रथम दो चीनी सफीरों की यात्रा इतिहास के पन्नों में सुख की स्मृति जगाती है, वाङ्चू की कथा एक गंभीर त्रासदी है। प्राचीन और मध्ययुग का जीवन-मूल्य धर्म और ईश्वर में केन्द्रित था, सफीर संस्कृति के वाहक थे—धर्म के प्रचारक थे, लेकिन आधुनिक युग केन्द्रित है विज्ञान और विवेक में—और राजनीति इन जीवन-मूल्यों को निर्धारित करती है। आधुनिक युग का हर आदमी अपने युग की, अपने देश की राजनीति से प्रभावित है, उसकी नियति में राजनीति प्रमुख है। राजनीति ही उसके अस्तित्व की नियामक है: "वाङ्चू" कहानी में राजनीति-विमुख बौद्ध-भिक्षु की त्रासदी अंकित हुई है। आज के वातावरण में युगबोध ही व्यक्तित्व विधायक है, व्यक्तिबोध व्यक्तित्वहंता है। "वाङ्चू"

भारत और चीन की बदलती हुई राजनीति में एक बौद्ध भिक्षु की मर्मकथा है। "वाङ्चू" मृतप्राय व्यक्तिवाद की और वर्तमान से कटे जीवन-बोध की कथा है।

वाङ्चू कहानी के मूल में है—"सामाजिक शक्तियों को समझे बिना तुम बौद्ध धर्म को भी कैसे समझ पाओगे—ज्ञान का प्रत्येक क्षेत्र एक-दूसरे से जुड़ा है—कोई चीज जीवन से अलग नहीं है। तुम जीवन से अलग होकर धर्म को भी कैसे समझ सकते हो।" वाङ्चू भारत में मतवाला बना घूम रहा है। उसमें बौद्ध-धर्म दर्शन का उत्साह है जिसने उसे भारत और चीन देशों के युगबोध से काट दिया है। वह पूर्णतया असंपृक्त है।

"वाङ्चू" चीन जाता है लेकिन वहाँ की बदली हुई समाजवादी व्यवस्था में उससे राजनीतिक, सामाजिक, आर्थिक प्रश्न पूछे जाते हैं—बौद्ध-धर्म के भौतिकवादी स्वरूप पर प्रश्न पूछे जाते हैं। वह मौन रहता है। वह पुनः भारत लौटता है। यहाँ की राजनीतिक परिस्थिति भी बदल जाती है। भारत-चीन युद्ध के समय भारतीय पुलिस उससे वैसे ही प्रश्न पूछती है, वह मौन रहता है। उसके शोधपत्रों को, किताबों को जब्त कर लिया जाता है, उसे कड़ी निगरानी में रखा जाता है। अन्त में वह निराश होकर मर जाता है। वाङ्चू की मौत गुमनाम है। वह इतिहास का अन्वेषक होकर भी अपना इतिहास नहीं बना सका। निर्वाणखोजी वाङ्चू के अर्थहीन, स्वत्वहीन जीवन की गाथा प्रस्तुत की गयी है। "वाङ्चू" में स्पष्ट है कि "जीवन और समाज से कटकर दर्शन और मृत्यु में कोई अन्तर नहीं होता।" वाङ्चू पहले भी अकेला था, गुमनाम था, मरने के बाद कोई हरकत नहीं दे सका। वाङ्चू जीवन निषेध की एक प्रवृत्ति है, जीवनेच्छा की प्रति-स्थापना है।

भीष्म साहनी ने अपने कथा-साहित्य में यह स्पष्ट कर दिया है कि धर्म और पूँजीवादी आधुनिकता-बोध से जीवन में विसंगतियों का जाल बुनता है, वह अमूर्त हो जाता है। इन्हीं दोनों के कारण इतिहास में अतिरिक्त मूल्यों वाली मुनाफ़ाख़ोर संस्कृति का विकास हुआ है। ये पूँजीपोषक अतिरिक्त मूल्य ही निरपेक्ष दर्शन और निरपेक्ष भावबोध में सदैव रूपान्तरित होते रहे हैं और निरपेक्षता ही शाश्वत और चिरन्तन की शब्द-छाया में पलती रही है। राजनीति में मुनाफाखोरी के अतिरिक्त मूल्यों का रूपान्तरण निरंकुशता और फ़ासीवाद में होता है। अर्थशास्त्र में उक्त प्रकार के अतिरिक्त मूल्यों का रूपान्तरण शोषण की व्यवसाय-नीति और लैसेंसफ़ेयर के नये-नये विधि विधानों में होता है। धर्म में अतिरिक्त मूल्यों का रूपान्तरण देववादी इलहामों में तथा साहित्य और कला में अतिरिक्त मूल्यों की अभिव्यक्ति शाश्वत आनन्दबोध में होती है।

यह पूँजीपोषक अतिरिक्त मूल्य है जो जाति और वंश में ब्राह्मणत्व, क्षत्रियत्व का प्रतीक बनता है और राजवंशों की उत्तराधिकार परम्परा में विभूषित होता है। समाज के विशिष्ट वर्गों ने भौतिक समृद्धि के बल पर अपनी रीति-नीति को अतिरिक्त रूप से मूल्यवान बना लिया और शेष समाज पर उसे बलात् आरोपित किया। इस तरह शेष समाज को हीन, दमित और दरिद्र बना दिया गया। अतिरिक्त मूल्य की संस्कृति का गौरव शोषण की भव्यता और औदात्य में झलकता है। इसमें वर्ण और

वर्ग वैषम्य की अनेक ऊँचनीच कोटियाँ मिलती हैं। हमारी संस्कृति में, दर्शन, धर्म और नीतिशास्त्र में तथा हमारे राजवंशीय इतिहास में, वर्ण-व्यवस्था में अतिरिक्त मूल्यों की आत्मपरक संस्कारशीलता रही है। हमारे साहित्य में इसका भावकोष अत्यन्त समृद्ध और भव्यतापूर्ण रहा है। इसी के आश्रित हमारी मानवतावादी-आदर्शवादिता के काल्पनिक चित्र बनते रहे हैं। इसमें यथार्थ की आँख को नश्वर और मायाजनित माना गया है। श्रम को वास्तविक मानकर उसकी सौन्दर्य छवियों का यशोगान होता रहा है। परन्तु इसमें सामाजिक, भौतिक जीवन का निषेध व्याप्त है। इसमें मनुष्य सैक्युलर नहीं रहा है, उसकी पहचान वंश से, वर्ण से, जाति और धर्म से होती रही है। शोषण पर आधारित संस्कृति के बुनियादी नियम हमेशा निषेधात्मक होते हैं। इस निषेध को अद्‌भुत और अद्वितीय बनाकर प्रस्तुत किया जाता है और उसका औचित्य सिद्ध किया जाता है। हमारे धर्मशास्त्र, नीतिशास्त्र, पुराण और स्मृतियाँ इसी औचित्य को सिद्ध करने में लगे रहे हैं। यह थी धर्म की साम्राज्यवादी, फ़ासीवादी शक्ति जो तत्कालीन राजसत्ता से अधिक प्रभावी थी।

इस सब ताम-झाम के बावजूद उक्त निषेध-परक अतिरिक्त मूल्यों वाली संस्कृति का सारतत्त्व क्या था ? शोषण पर आधारित संस्कृति के निषेध व्यापार की परिणति उस ह्रासशील मानसिकता में होती है जिसमें पूर्वाग्रहों, रूढ़ियों, अन्धविश्वासों, मृत रीति-रिवाजों, दिवास्वप्नों, अपार्थिव तत्त्वों, रहस्यात्मकताओं, आकस्मिकताओं, चमत्कारों और अतिवादिताओं का अबौद्धिक और यथार्थ चित्रण होता रहा है। ऐसी हालत में भाषा भी टोनही प्रकृति की हो जाती है, उसमें मंत्रों की, सूक्तियों की तावीज़ी-कूट-शैली को प्रश्रय मिलता रहा है। टोटम और टैबूज़ के जादूभरे आद्यरूपों, मिथकों और प्रतीकों में अतिरिक्त मूल्यों की शोषक वृत्ति का महोच्चार होता रहा है। समूचा जीवन मायावी-सा होने लगता है और सामाजिक रिश्तों में अतिरंजना और भ्रम पैदा होने लगता है। ऐसी हालात में मनुष्य और उसके श्रम का मूल्य गिर जाता है, उसकी इज़्ज़त लूटी जाती है। श्रम अर्थहीन होने लगता है। यहीं पर सभी तरह के आत्म-विलगावों की शैलियाँ और विचार समाहित होने लगते हैं। भीष्म साहनी ने अपनी कहानियों की वस्तु और पात्रों के यथार्थ-संदर्भों में उक्त प्रकार के इतिहास, संस्कृति और धर्म की सीवन को उधेड़ा है।

कुल मिलाकर साहनी ने अपने कथा-साहित्य में आधुनिक भारत की ऐतिहासिक, सामाजिक उथल-पुथल के चित्र बनाये हैं। इनमें वे एक आलोचनात्मक यथार्थवादी के रूप में सामने आते हैं। लेकिन उनकी आलोचनात्मक यथार्थवादी दृष्टि का मार्क्सवादी परिप्रेक्ष्य स्पष्ट है। उसमें तत्कालीन राजनीति और अर्थव्यवस्था की भूमिका है। उन्होंने वर्गीय द्वन्द्वों को पकड़ा है तथा जनता के इतिहास की विकासमान गति के अनुरूप क्रांतिकारी चेतना तक पहुँचाने का आधार बनाया है। जनता की आर्थिक लड़ाई को एक विकसित राजनीतिक समझ की जरूरत होती है तभी तात्कालिक मुद्दों और बुनियादी मुद्दों में भेद किया जा सकता है और तभी संघर्ष की सामूहिकता जोर पकड़ती

है, नैतिक मनोबल आता है और तभी ऐतिहासिक अनिवार्यता के रूप में जनता का कर्म स्पष्ट हो जाता है। भीष्म साहनी ने अपने कथा-साहित्य में भारतीय समाज की जिजीविषा को स्पष्ट किया है। उन्होंने सांस्कृतिक प्रदूषण को साफ़ किया है।

शहर के मध्यवर्गीय जीवन में पूँजीवादी व्यवस्था और उससे उत्पन्न आधुनिकता-बोध के कारण जो विकृतियाँ और विसंगतियाँ आ रही हैं उनके आलोचनात्मक विश्लेषण के साथ-साथ भीष्म साहनी ने मध्यवर्ग को रचनात्मक बनाये रखने की भौतिक परिस्थितियों का इतिहास-सम्मत चित्रण किया है। जीवन की सच्चाइयों को ठोस आकृति में बाँधने के अपने प्रयास में वे सफल रहे हैं।

—राजेश्वर सक्सेना

राख में दबी चिंगारियाँ

किसी रचना को पढ़ते हुए, आप अक्सर दो भागों में बँट जाते हैं, एक हिस्सा उसकी तात्कालिक प्रतिक्रियाएँ और प्रभाव लेता चलता है और दूसरा उन पर टिप्पणियाँ करता है···फिर दोनों एक-दूसरे के आमने-सामने आ जाते हैं और भीतर-ही-भीतर एक बहस शुरू हो जाती है।···मेरी नजर में नई और सार्थक रचना आपके हाथों में कोई निष्कर्ष थमा कर नहीं चल देती, आपके भीतर एक बहस शुरू कर देती है···

भीष्म साहनी के कहानी-संग्रह 'भटकती राख' को पढ़कर यह अपने-आपसे बहस का हिस्सा जो सितम्बर, 1967 के "ज्ञानोदय" में पहली बार प्रकाशित हुआ था।

●

यह एक अजीब बात है, उसने सोचा, मगर सच है, कि किसी रचना को लेकर जो आन्दोलन-उद्वेलन, बहस-मुबाहसे और जीवन-मरण के सवालों की तरह जो शाब्दिक लड़ाई लेखकों के एक सीमित तबके में होती है, उस रचना का पाठक वर्ग, उनसे लगभग अछूता होता है, उसकी वह परवाह ही नहीं करता। मुमकिन है उसकी प्रतिक्रिया भी उतनी फौरी और तीखी न हो, जोकि होनी उसी की चाहिए···कि तूफान की जगह प्याला नहीं, जीवन की खुली जमीन है।···

●

यह इसलिए भी, उसने कहा "कि कहानी को किसी भाष्य की जरूरत नहीं है। वह खुद जीवन का भाष्य है। उसके शैली-शिल्प में चाहे जितनी तब्दीलियाँ हुई हों, या हो रही हों, उसका यह रूप आज भी सार्थक और असरकारी है जिसमें लेखक-लोग आदमी की तन्दुरुस्ती की बजाय रूप-विधाओं की तन्दुरुस्ती और जिन्दगी से अधिक अभिव्यक्ति के संकट से त्रस्त न हो, जहाँ अपने-अपने भाष्यों से वे पाठकों की संवेदना और प्रतिक्रिया को एक तयशुदा और फैशनेबल दिशा में मोड़ने की कोशिशों में मुब्तिला न हो और जहाँ पाठकों को सीधे-सीधे कहानी से प्रतिकृत होने का खुला निमन्त्रण हो यह इसलिए भी कि कहानी का सम्बोधन निस्बतन् अधिक व्यापक है। इस सन्दर्भ में भीष्म साहनी की "भटकती राख" की कहानियाँ पढ़कर तुम्हें कैसा लगा।"

"मैं स्वीकार करता हूँ कि भीष्म की कहानियों में लोकप्रिय होने की काफी गुंजाइश है, बल्कि उनकी कहानियाँ काफी लोकप्रिय हैं भी। लोकप्रियता को मैं उन अर्थों में इस्तेमाल नहीं कर रहा हूँ, जिनमें लोकप्रियता बनाम साहित्यिकता का नारा देने वाले

कलावादी करते आ रहे हैं। मैं और आप सब जानते हैं कि लोकप्रियता से नाक-भौं सिकोड़ने वाले भी आखिरकार चाहते तो हैं ही कि उन्हें अधिक-से-अधिक लोग पढ़ें-सराहें वर्ना तू मेरी गा मैं तेरी गाऊँ के अन्दाज में एक-दूसरे पर इतनी लिखा-पढ़ी और गोष्ठीबाजी करने का और मकसद ही क्या है ? मेरा तो अनुभव है कि भीष्म की कहानियाँ पाठकों को अपने साथ बाँधे और बहाये ले चलती हैं और क्या यह सच नहीं है कि पाठक अव्वल-आखिर कहानियाँ पढ़ना ही चाहता है, उनसे कुछ सीखने और जानने की बात तो बाद में आती है। भीष्म की कहानियों में वह कथारस शायद सबसे ज्यादा है जिसे इधर कहानी-आलोचना में आधुनिकतावाद के फैशन और चक्कर में नकारने की जिद ही पकड़ ली गयी है। एक ओर जब शैली-शिल्प के चमत्कारिक प्रयोगों से कहानी में नये और नये की गुहार दी जा रही है तब अपनी जातीय, परम्परा सिद्ध और लगभग सनातन कथा-भाषा या मुहावरे को लिए हुए इन कहानियों का अपना ही अलग आकर्षण और महत्त्व है। कहानियों की भाषा अतीत धर्मा रही है—"एक था राजा" या "आज से बरसों पहले" से शुरू होकर भी कहानी वर्तमान को भूल नहीं पाती। भीष्म ने भी अपने, कहानी के अपने, आदिम कथारस को वर्तमान की अभिव्यक्ति का जरिया बनाया है। "भटकती राख" की कहानियाँ तो भविष्य के परदे पर आज की तस्वीरें भी हैं और बीते हुए कल के संदर्भ में आज की तात्कालिक ध्वनियाँ भी वहाँ मुखर होती हैं। फिर उनकी सबसे बड़ी ताकत इनकी सादगी है, एक पारदर्शी सहजता है जो इधर कहानी में लगातार विरल होती जा रही है। आप अलाव के इर्द-गिर्द, या सर्द रातों में गोरसी के आस-पास या गर्म रातों में किसी सुनसान से टीले पर बैठे हैं और कोई है जो एक के बाद दूसरी कहानी सुनाता चला जा रहा है, अपनी, अपने आस-पास की, इसकी, उसकी, सबकी, दुनिया जहान की। और न शिल्प के पेचोखम हैं, न सांकेतिकता के कलाबूत, न रूपवादी नक्काशी और न संगीत की रागधर्मी अमूर्तता···। कई बार तो वाकई अचरज होता है कि माहौल की हवा और वक्त के फैशन की जद में आये बगैर आज भी कोई ऐसी सीधी-सादी सहज कहानी कैसे लिख लेता है।"···

—"याने कि ये आज से असम्बद्ध हैं। समकालीन रचनापरिदृश्य में तब इनकी क्या अहमियत ?"···सवाल बिल्कुल सादा था।

—"नहीं, ये आज से कतई अछूती नहीं हैं। आपको ऊपरी नजर में लग सकता है कि वे आज की जटिलताओं और अन्तर्विरोधों में नहीं पैठतीं क्योंकि वे कोई द्राविड प्राणायाम न तो करती हैं और न कराती हैं। सीधी निगाहों से जो दिखता है उसका सीधा कथन ··अलेमेन्स लाजिक·· खून और रिश्तों पर तैरती विवशता की छायाएँ, आदमी की आर्थिक विवशताओं का दर्द उभारती हुई ये कहानियाँ बेहद डाइरेक्ट हैं। हर कहानी किसी-न-किसी जिन्दा चरित्र और रोजमर्रा यथार्थ का बयान करती हुई बहती-बहाती चली जाती है। और सीधे अपने गन्तव्य मर पहुँचती-पहुँचाती है। एक बात है जो कहनी है, जिसे कहे बिना रहा नहीं जा सकता। उसके लिए आस-पास के चरित्र, वास्तविक परिस्थितियाँ उसके इर्द-गिर्द एकत्र हो जाती हैं जैसे अपने आप, अना-

यास और कहना शुरू···ऐसे कि फिर खत्म करके ही दम लिया। पाठकों को वो सब कुछ बताती हैं, लुका-छिपी यहाँ नहीं है, कलावादी सांकेतिकता के चक्कर में वे अमूर्तन का सहारा लेकर पाठकों को मरमाती भी नहीं है इसीलिए शायद "कालातीत कला-दृष्टि" वाले आलोचकों की नजर इधर जाती नहीं है लेकिन जिस सामाजिक संदर्भ और चेतना का आग्रह लेकर नयी कहानी विकसित हुई, उसका, उस दृष्टि और बोध का पूरा पता इन या ऐसी ही कहानियों से मिलता है। चरित्र यदि अनुभव के रूपान्तरण हैं जो कि वो होते हैं, तो भीष्म की कहानियों में जिन्दगी के विस्तार और विविधता के आत्मीय सहज-अनुभवों की कतार की कतार है: बीवर से लेकर लेनिन का साथी, चेखव की क्लर्क की मौत की याद दिलाते हुए सिफारिशी चिट्ठी के त्रिलोकी बाबू सिर का सदका की ईशरो, चीफ की दावत की याद ताजा कर देने वाली—गीता सहस्सरनाम की चाची···। ये चरित्र और अनुभव की ये शकलें इतनी परिचित, आत्मीय और सामान्यीकृत हैं कि अक्सर ही हमसे कहीं-न-कहीं रोज ही टकरा जाती हैं और यादों में लगातार मंडराती हुई भीष्म की कहानियाँ, उनका सामना होते ही कौंध जाती हैं। होते हुए अनुभव को या तो वो एक नयी रोशनी से दीप्त कर देती है या अनुभव की रोशनी ही बदल जाती है। किसी कहानी का इस हद तक याद आना और साथ रहना ही मेरे लिए कहानी की सबसे बड़ी सार्थकता है, फिर चाहे आपके कलाचिन्तकों और बुद्धिजीवियों की चाहे जो भी राय हो···उसकी न मुझे परवाह है और न पाठक को"···

—"तुम्हारी बात सच हो तो भी मैं इतना जानता हूँ कि आज कहानी काफी विकसित हो गयी है। अब उसकी सार्थकता सिर्फ यह नहीं है कि उसमें कथारस है। एक कलामाध्यम की हैसियत से यह भी तो जरूरी है कि वह समकालीन जीवन, उसके अन्तर्विरोध और दबाव और उनसे उत्पन्न जटिल संवेदनाओं को भी वहन कर सके। सहजता और सादगी कहानी के रास्ते हो सकते हैं, मंज़िल तो नहीं। जिन्दगी वही तो नहीं है जो ऊपर से सतह पर दिखती है। कई बार यह भी होता है कि सीधी निगाहों से सिर्फ सतह ही पकड़ में आ पाती है और फिर तथ्यपरकता की परत के नीचे कितनी ही परतें और अन्तर्धारायें होती हैं जो एक-दूसरे को काटती हुई मौजूद होती हैं, कितने ही अन्तःस्वर होते हैं जो एक-दूसरे को ओव्हरलैप करते हैं। उनमें से केन्द्रीय स्वर और धारा को पहचानकर उसे रेखांकित करना भी तो कहानी या किसी भी कला का काम है···कि नहीं।"···

—"बेशक, लेकिन क्या तुम यह भी कहना चाहते हो कि समकालीन जीवन के अन्तर्विरोध और दबावों से उपजी जटिल संवेदनाओं की उतनी ही जटिल अभिव्यक्ति से ही किसी कला माध्यम की सार्थकता है।···क्या तुम्हारी जटिल संवेदनाओं वाली बात का रिश्ता प्रयोगवादियों की उलझी हुई संवेदनाओं की उस कलात्मक अभिव्यक्ति से कुछ भी नहीं है जो चन्द चुनिन्दा लोगों की दिमागी ऐय्याशी को खुराक भर देती रही है।···सहजता और सादगी का मतलब सरलता और सपाटता नहीं होता और अक्सर ही यह देखा गया है कि जो रचना जितनी सहज और सादी ऊपर से दिखाई

देती है, वह अपनी अन्दरूनी बनत में उतनी ही संश्लिष्ट होती है। बाज वक्त ऊपरी सलवटों और रूपवादी पेचोखम को देखकर ही लोग समझ लेते हैं कि उनके भीतर का संसार भी जटिलताओं और अन्तर्विरोधों से भरा है। रहस्यवादी संध्या भाषा में, अमूर्तन की शैली में आव्स्क्योर रचना की निस्बत एक सीधी, सहज और सादी भाषा में अपने अनुभव के जटिल संसार को उजागर करना ज्यादा कठिन और रचनात्मक चुनौती से भरा काम है। और फिर कलात्मक श्रेष्ठता और माध्यम की प्रकृति के अनुकूल ज्यादा से ज्यादा लोगों तक पहुँचने के लिए एक मानवीय संवाद रच पाने की जो ताकत इस तरह की सीधी-सादी और सहज रचनाओं में होती है, वह गद्य में कविता की थरथराती लय के पीछे भागने या भाषा में संगीत की अमूर्त राग-रागनियों को बजानेवाली रचनाओं में नहीं होता। रही बात तथ्यपरकता के नीचे की परतों, अन्तर्धाराओं और अन्तःस्वरों को पहचानने और केन्द्रित करने की, सो यह काम जिस तरह अपनी परम्परा में जैनेन्द्र की छद्म दार्शनिकता की बजाय प्रेमचन्द का यथार्थवाद अधिक कारगर ढंग से कर चुका है उसी तरह अज्ञेय और निर्मल वर्मा की बजाय आज भी यह काम परसाई, अमरकान्त और भीष्म सरीखे कहानीकार ज्यादा असरदार ढंग से कर रहे हैं। मसलन् होरी का वह दारुण गोदान, पूस की रात में हलकू का खेत उजाड़ते सूअर, डाक्टर के क्लब छोड़कर न आ पाने से सुजान भगत के लड़के की मौत, माधो का औरत के कफ़न के चन्दे से शराब पीकर भरपेट खा लेना और महाजनी सभ्यता की तथ्यपरकता के नीचे प्रेमचन्द ने ऐतिहासिक ताकतों के संघर्ष में जिन परतों, अन्तर्धाराओं और अन्तःस्वरों को केन्द्रित और रेखांकित किया है उसे दर्शनाभासी कुहासे और तथाकथित "कालातीत कलादृष्टि" वाली कितनी रचनायें आज तक कर पायी हैं।···दोस्त, सहजता महज शैली का नहीं, अनुभूति और संवेदना का भी गुण और माद्दा होता है। जो लोग ऊपरी रंगरोगन से प्रभावित होकर ही रचनाओं को कालजयी और कालातीत घोषित करने की बौद्धिक स्नाबरी करते हैं उन्हें समझना चाहिए कि हमारे साहित्य का पाठक-जागरूक पाठक—अब इन झाँसों में नहीं आ सकता। चन्द उच्चभ्रू पत्रिकाओं में छपी प्रशस्तियों से ही वह अपने लेखक तय नहीं करता, वह तो अपनी जिन्दगी और जद्दोजहद में भागीदार रचनाओं और रचनाकारों को ही अपना लेखक और साहित्य मानता है और उसमें वह खास और सामान्यजन की चौकन्नी निगाह होती है जो राख में दबी चिन्गारियों को भी पहचान लेती है"···

वह जो एक लगभग गजदन्ती मीनार की ऊँचाई से बोल रहा था उसने इस पर कोई प्रतिक्रिया नहीं की, सिर्फ आकर्ण एक ऐसी बुद्धिवादी मुस्कान उसके चेहरे पर चिपक गई जिसमें अपने सिवाय सारे जहान को उल्लू का पट्ठा समझने की अदा होती है।

—धनंजय वर्मा

बदलते आदमी की पहचान

नयी कहानी के दौर में जिन कहानीकारों ने कथा-साहित्य की जड़ता को तोड़ कर उसे ठोस सामाजिक आधार देने का महत्त्वपूर्ण काम किया उनमें भीष्म साहनी भी हैं। सामाजिक विसंगतियों, संकीर्णताओं और विषमताओं से निराश होकर पलायन-वादी रुख अपनाने के स्थान पर उनसे सक्रिय असहमति व्यक्त कर, उनके कारणों की ओर इशारा करने वाली उनकी कहानियों का केन्द्र बिन्दु 'व्यक्ति' नहीं बल्कि 'मनुष्य' है। भारतीय समाज के ऐतिहासिक परिदृश्य को भीष्म साहनी अपनी कहानियों से कभी ओझल नहीं होने देते। स्वाधीनता आंदोलन, स्वतंत्रता की प्राप्ति, सांप्रदायिक दंगे, विदेशी आक्रमण, पूँजीवादी शिकंजा, गड़बड़ाते जीवन-मूल्य, वर्गघृणा का फैलाव, अफसरशाही; दोगली राजनीति, सस्ती नेतागिरी हमारे इतिहास के हिस्से हैं। इन तमाम त्रासदियों के अन्तर्सूत्रों की पहचान सही लेखन के लिए जरूरी शर्त है और भीष्म साहनी का लेखन उसे पूरा करता है। पूँजीवादी व्यवस्था में पनपती विषमता, अमानवीयता, शोषण और चरित्र संकट के विरुद्ध किसी प्रकार का फार्मूलाबद्ध रूमानी दृष्टिकोण न रखकर उनके विद्रूप को उजागर करने का काम भीष्म साहनी की कहानियाँ करती हैं। प्रगतिशील विचारधारा, तीक्ष्ण दृष्टि और विश्लेषण की क्षमता के साथ ही गहरी संवेदनशीलता भीष्म साहनी के लेखन के सहज गुण स्वीकार किये जा सकते हैं। प्रगतिशील जीवन-मूल्यों के प्रति उनकी आस्था स्थूल रूप धारण कर किसी नारेबाजी के रूप में प्रकट नहीं होती बल्कि वह मनुष्य की संघर्षशीलता और जिजीविषा में विश्वास के रूप में आती है। यह मूल्य-बोध सृजनात्मक समझ के साथ आकर भीष्म साहनी की कहानियों को अधिकाधिक कलात्मक गुणों से सम्पन्न करता है।

वाङ्चू भीष्म साहनी की ग्यारह सधी, संतुलित कहानियों का संकलन है। इन कहानियों को पढ़ना इस मानी में सुखद अनुभव है कि ये स्वातंत्र्य पूर्व काल से लेकर समकालीन भारतीय समाज के जीवन के विविध पहलुओं और कोणों को उजागर करती हैं। ये कहानियाँ कहीं विश्लेषण प्रस्तुत करती हैं, कहीं प्रश्न उठाती हैं, कहीं संकेत देती हैं। गरज कि सार्थक और सोद्देश्य कहानी का जो भी दायित्व हो सकता है उसे वे पूरा करती हैं। बड़ी बात यह है कि इस दायित्व का निर्वाह भीष्म साहनी की कहानियाँ किसी बड़बोलेपन के बिना ही करती हैं। चाहे अहं ब्रह्मास्मि जैसी आइडियोलाजी से सीधी जुड़ी कहानी हो और चाहे गलमुच्छे और खूँटे जैसी कहानियाँ जो मानवीय रिश्तों को आहत करनेवाले वर्गीय अहम और मक्कारी को व्यक्त करती हैं, भीष्म साहनी किसी भी प्रकार की फार्मूलाबाजी और शास्त्रीय शब्दावली से अपने को बचा ले गये

हैं। यही कारण है कि वाङ्‌चू की कहानियों में कहीं कोई नकली गरमी और मसीहाई अंदाज नहीं दिखलाई देता।

संकलन की ओ हरामजादे, गलगुच्छे, खण्डहर, वाङ्‌चू मूलतः मानव रिश्तों से जुड़ी संवेदनाओं की कहानियाँ हैं। ये कहानियाँ बड़ी खूबी से आदमी के भीतरी संसार और बाहरी संसार के गहन संबंधों के स्वरूप को प्रकट करती हैं। मनुष्य का सारा व्यक्तित्व अंततोगत्वा मानवीय संबंधों पर टिका हुआ है, किन्तु ना तो ये सम्बन्ध समाज निरपेक्ष होते हैं और ना ही व्यक्तित्व वर्गीय परिस्थितियों से कटा हुआ जन्मजात स्वभाव। मनुष्य अपने परिवेश और रिश्तों का भोक्ता होता है। वह अपनी जमीन, अपने समाज, अपने रिश्तों और अपने कर्म से जुड़ा होता है, उनसे विस्थापित होने पर वह सूनेपन और निरर्थकता का अनुभव करता है। भीष्म साहनी उन कोमल तंतुओं को अपनी भाषा में उतारते हैं। गहन संवेदनाओं को आधार बनाकर लिखी गई उनकी कहानियाँ मनोविश्लेषणवादी कहानियों से बिलकुल भिन्न मनुष्य के आत्मीय संसार के सामाजिक पक्षों को उजागर करती हैं। ये कहानियाँ किसी एक व्यक्ति की ग्रंथियों के आसपास चक्र बनाती हुई उसके समाज निरपेक्ष आवेगों और कुंठाओं का चित्रण करती नहीं रह जातीं। ऐसा होना इसलिए संभव नहीं था क्योंकि यह लेखक का अभीष्ट नहीं था। वह स्पष्टतः समाज आबद्ध पात्रों की सृष्टि करना चाहता है और किन्हीं सामाजिक समस्याओं की ओर इशारा करना चाहता है। आत्मकेन्द्रित कुंठित व्यक्ति को आधार बनाकर लिखी गई मनोवैज्ञानिक कहानियों और भीष्म साहनी की कहानियों का बुनियादी फर्क यह है ये कहानियाँ पात्रों की ग्रन्थियों के विश्लेषण में ही शेष नहीं हो गई हैं। तथाकथित मनोवैज्ञानिक कहानियों के पात्रों और इन कहानी के पात्रों के अन्तर को स्पष्ट पहचाना जा सकता है। ओ हरामजादे का लाल किसी ग्रन्थि से पीड़ित नहीं है बल्कि उसके सारे क्रियाकलाप अपनी जमीन से कटने के दर्द से प्रेरित हैं। दूसरों की दृष्टि में पहले उसकी भावनाएँ रूमानी किस्म के देशप्रेम के रूप से दिखलाई पड़ती हैं जो देश के बाहर रहनेवाले हिन्दुस्तानी की आँखों में, अपने किसी देशवासी से मिलने पर चमकने लगता है। पर लाल के जीवन के पृष्ठ जैसे-जैसे खुलते जाते हैं उसकी समझदारी, प्रतिभासम्पन्नता और समृद्ध वर्तमान स्पष्ट होते चलते हैं। अपनी जमीन, भाषा और आत्मीयता की गर्मी के लिए उसकी छटपटाहट इन शब्दों में व्यक्त होती है—हाँ, एक बात की चाह मन में अभी तक भरी नहीं है, इस बुढ़ापे में भी नहीं गई है कि सड़क पर चलते हुए अचानक कहीं से आवाज आये—'ओ हरामजादे ! और मैं लपक कर उस आदमी को छाती से लगा लूँ।' अपने देश, घर और जीवन-पद्धति से उखड़े आदमी लाल की कहानी संकेत करती है कि व्यक्ति की सार्थकता उसके अपने परिवेश और समाज में है। व्यक्ति की यह सामाजिक पहचान उसकी किसी भी उपलब्धि से अधिक महत्त्वपूर्ण है। उसी तरह खण्डहर कहानी में लेखक अतीत की सभ्यता के खण्डहर और पारिवारिक जीवन के निकट अतीत के खण्डहरों के बीच तुलना करता है। भीष्म कहीं भी कोई मंतव्य ज़ाहिर नहीं करते। उनका लेखक स्थितियों का वस्तुपरक विश्लेषण

प्रस्तुत कर देता है और उसी में से जिंदगी की आँच हम महसूस करने लगते हैं।

वाङ्चू कहानी, जिस पर संग्रह से नामकरण किया गया है, एक चीनी बौद्ध शोधकर्त्ता को केन्द्र बनाकर रची गई है। स्वप्नदर्शी वाङ्चू के चरित्र की कमजोरियाँ और देशों के आपसी राजनैतिक तनाव के कारण उपजी शासकीय असहिष्णुताओं को भीष्म साहनी इस कहानी में एक साथ उभारते हैं। भारत के बौद्ध धर्म सम्बन्धी अवशेषों और संस्थाओं में घूमनेवाला भावुक चीनी बौद्ध वाङ्चू समकालीन जीवन-प्रवाह से बिलकुल कटा हुआ रहता है। भारत के अत्यंत महत्त्वपूर्ण राजनैतिक-सामाजिक परिवर्तनों से ही वह निर्लिप्त नहीं रहता बल्कि अपने देश की गतिविधियों से भी अनजान बना रहता है। इसी कारण भारत-चीन के तनावपूर्ण राजनैतिक वातावरण और युद्ध के दौरान वह चीन जाने और फिर भारत वापस लौटने का अव्यावहारिक निर्णय लेता है। फलस्वरूप दोनों ही देशों के अधिकारी उसे परेशान करते हैं और अन्त में वह गरीबी और परेशानी के बीच सारनाथ में दम तोड़ देता है। लेखक की सहानुभूति ना तो स्वप्नदर्शी वाङ्चू से है और ना राजनैतिक पटल पर होने वाले उन परिवर्तनों के प्रति जो वाङ्चू जैसे निरीह, भावुक, समर्पित और ईमानदार शोधकर्त्ता की मृत्यु के वस्तुतः जिम्मेदार हैं।

सागमीट, मालिक का बंदा, अहं ब्रह्मास्मि, त्रास और खूँटे कहानियों में व्यंग्य की महीन मार है और ये कहानियाँ बिना किसी सैद्धांतिक आवेग के समकालीन सामाजिक यथार्थ को पूर्ण प्रामाणिकता से सामने रखती हैं। सागमीट और त्रास कहानियाँ वर्ग-विभाजित समाज में पनपती अमानवीयता और उस तर्कहीन घृणा का चित्र प्रस्तुत करती हैं जो उच्चवर्ग के लोगों के मन में, निम्नवर्ग के लोगों के लिए होती है। सागमीट की श्रीमती सुमित्रा की दृष्टि में छोटे लोग उन कुत्तों की तरह हैं जिनके मुँह में हड्डी दिये रहो तो वे भूँकते नहीं हैं। उनके पति उन्हीं के शब्दों में—'इनको भगवान ने ऐसी समझदारी दी है, इनकी कोई कसम तक नहीं खाता। सभी इनके सामने हाथ जोड़ते हैं। ये जल्दी घबरा नहीं जाते ना, यही इनकी सबसे बड़ी खूबी है।' अपनी इसी खूबी के कारण श्रीमती सुमित्रा के पति अपने उस भाई को बड़ी खूबी से बचा लेते हैं जो उनके नौकर जग्गा की नवेली दुल्हन के साथ मजा मारता है और जिसके कारण जग्गा ट्रेन के सामने कूदकर आत्महत्या कर लेता है। ये सारी घटनाएँ सुमित्रा के लिए समय बिताने के लिए गप्पबाजी का मसाला हैं। इसी तरह त्रास कहानी के मोटर सवार रईस के मन में पैदल चलनेवालों तथा साइकिल पर चलनेवालों के प्रति एक स्थायी घृणा है इसलिए जिस साइकिल सवार को वह आसानी से बचा सकता था उसे वह कार की ठोकर से घायल कर देता है। उसी की जमात का एक रिटायर्ड अधिकारी भी साइकिल सवार को ही दोषी बतलाता है, साथ ही यह सलाह भी देता है कि भीड़ होने के पहले ही वह वहाँ से निकल जाये। घायल साइकिल सवार को अस्पताल के इमरजेंसी वार्ड में लाते-लाते मोटर सवार को सचमुच यह लगने लगता है कि उसने घायल को अस्पताल लाकर उस पर अहसान किया है।'''उसने फिर हाथ जोड़ दिये

और सिर हिलाने लगा। दयालुता और आत्मश्रद्धा के आवेग में मेरा हाथ पतलून की जेब में गया, जहाँ दो नोट पड़े थे। मैंने उँगलियों से दोनों नोट अलग-अलग किये। पाँच दूँ या दस ? दस दूँ या पाँच ? आसामी तो पाँच का नज़र आता है। तभी फिर हाथ रुक गया। यह क्या बेवकूफी करने जा रहे हो ? यह क्या कम है कि इसे अस्पताल में उठा लाये हो।'

मालिक का बंदा में एक ओर मानव-मूल्यों से कटे हुए सद्धर्म पर श्रद्धा रखने वाला कांस्टेबल है तो दूसरी ओर मानव-मूल्यों से कटे हुए कवि हैं जो रेल के एक डिब्बे पर कब्जा किये बैठे हैं। स्थिति की विडंबना यह है कि ये कविगण जनवादी कवि सम्मेलन में जा रहे हैं। अहं ब्रह्मास्मि कहानी भी मानव-मूल्यों की पड़ताल करनेवाली कहानी है। किसी वायवी अमूर्त लक्ष्य को लेकर आध्यात्मिक होना बेहतर है या ठोस और सार्थक उद्देश्य को आत्मसात् कर भौतिकवादी होना अच्छा है—यह प्रश्न इस कहानी में उठाया गया है। अंग्रेजों और उनकी जीवन-पद्धति पर आसक्त भाटिया जब अंग्रेजों के द्वारा अपमानित होता है तो घर आकर—अहं ब्रह्मास्मि, आइ एम द डिवाइन फ्लेम का जाप करते हुए अपने अपमान, अवज्ञा और तिरस्कार को भूलने का प्रयास करता है लेकिन उसी समय कांग्रेस का एक स्वयं सेवक थाने में पुलिस के डंडों की मार से 'भारत माता की जय' कहते हुए दम तोड़ता है। 'खूँटे' कहानी इस मानी में विशिष्ट है कि नौकरी पेशा मध्यमवर्ग के अन्दर की भी अपनी-अपनी चौहद्दियों में घिरे लोगों के मनोविज्ञान को यह बखूबी उभारती है। 'पिकनिक' और 'राधा अनुराधा' समाज के निम्नवर्ग की संघर्षशीलता और जिजीविषा की कहानियाँ हैं।

एक विचित्र-सा ठण्डापन और सपाट लहजा भीष्म साहनी की कहानियों में हमेशा रहा है। वाङ्चू की कहानियाँ भी इसमें अपवाद नहीं हैं। यह ठण्डापन लेखकीय अनासक्ति नहीं है बल्कि लेखन की तथ्यपरकता है। दृष्टव्य यह है कि इस सपाट लहजे ने उनकी कहानियों को अपठनीय नहीं बनाया है। एक ओर तेज उफान और आवेग-उद्वेग से बचकर प्रगतिशील लेखन को सहजता प्रदान करने में भीष्म साहनी का योगदान सराहनीय है तो दूसरी ओर कहानी को कहानी बनाये रखने का उनका काम भी महत्त्वपूर्ण है। मनोविश्लेषणवादी कहानियों के दौर में हिन्दी कहानी ने सूक्ष्मता भले ही पाई हो, किन्तु जहाँ उसने समाज की विविध हलचलों से अपने को काट लिया था वहीं कलात्मक स्तर पर वह सामान्य पाठक के लिए बेमज़ा होने लगी थी। इसी तरह नयी कहानी के दौर में मध्यवर्गीय जीवन के आसपास मँडराते रहने से और कथातत्त्व को सूक्ष्म बनाने के फेर में इसे लगभग लुप्त कर देने के कारण कहानी कुछ उबाऊ होने लगी थी। कहानी के कथातत्त्व को बनाये रखते हुए उसे पठनीय भी बनाये रखना पहले भी जरूरी था और आज भी जरूरी है। भीष्म साहनी की कहानियाँ इस मामले में आश्वस्त करती रही हैं। वाङ्चू की प्रत्येक कहानी को हर स्तर का पाठक कहानी के रूप में ग्रहण कर सकता है—पठनीय कहानी के रूप में।

—रमाकांत श्रीवास्तव

नयी कहानी की परिणति

नयी कहानी में भी दो धाराएँ थीं—प्रगतिशील धारा और पतनशील धारा। चूँकि उसमें प्रगतिशील धारा पतनशील धारा पर हावी थी इसलिए दूसरी धारा का अस्तित्व कभी-कभी नहीं भी दिखलायी पड़ता था। लेकिन वह धारा मौजूद थी और उसका एहसास जोरों से तब हुआ, जबकि वह साठोत्तरी कहानी के रूप में विकसित हुई। साठोत्तरी कहानी के रचनाकारों ने सम्पूर्ण नयी कहानी का प्रतिषेध किया था, पर वास्तविकता यह है कि उसकी एक धारा से उनकी आत्मीयता थी, बल्कि उनकी कहानियाँ उसी का अगला चरण थीं। यहाँ कमलेश्वर-जैसे कहानीकारों से साठोत्तरी कहानीकारों के टकराव को याद किया जा सकता है। 'धर्मयुग' में 'एय्याश प्रेतों का विद्रोह' (28 मई, '67) आदि शीर्षकों से कमलेश्वर ने एक लेखमाला लिखी थी जिसमें उन्होंने साठोत्तरी कहानी की अत्यन्त कटु आलोचना की थी। साठोत्तरी कहानीकारों की ओर से इस लेख का उतना ही कटु विरोध किया गया था। नयी कहानी की प्रगतिशील धारा से पतनशील साठोत्तरी कहानीकारों का टकराव लाजिमी था। वह होकर रहा।

नयी कहानी की प्रगतिशील धारा के कहानीकारों में रोमानियत थी, उनकी यथार्थ-दृष्टि अविकसित थी और उनकी भाषा में अनावश्यक काव्यत्व का मोह था, पर इसके साथ यह भी सही है कि उनमें सामाजिक भूमि पर टिकने का प्रयत्न था और वे सामाजिक यथार्थ को समझना तथा सामाजिक शक्तियों के द्वन्द्व को पहचानना चाहते थे। वे उच्चतर मानव-मूल्यों में निष्ठा रखते थे, भाषा को यथार्थवादी स्तर तक उठाना चाहते थे और कहानी के रूप को सुरक्षित रखने के पक्ष में थे। इन कहानीकारों में भीष्म साहनी इस दृष्टि से महत्त्वपूर्ण हैं कि उन्होंने धीरे-धीरे नयी कहानी के प्रगतिशील कहानीकारों की सीमाओं को जीता और सच्चे अर्थों में एक प्रगतिशील यथार्थवादी कहानीकार के रूप में अपना विकास किया। आज मोहन राकेश जीवित नहीं हैं, पर नयी कहानी के अनेक प्रगतिशील कहानीकार जीवित हैं, लेकिन जैसी सृजनशीलता हमें भीष्मजी में मिलती है, वैसी किसी कहानीकार में नहीं। भीष्मजी ने पिछले वर्षों में बिना किसी शोर-शराबे और प्रचार-प्रसार के अपने लेखन के बल पर अपने को अत्यंत सशक्त कहानीकार के रूप में स्थापित किया है। यह कहना अतिशयोक्ति नहीं होगी कि यदि नयी कहानी की प्रगतिशील परंपरा ने कहीं सार्थक परिणति प्राप्त की है तो वह भीष्मजी की कहानियों में।

भीष्मजी उसी वर्ग के कहानीकार हैं जिस वर्ग के कहानीकार निर्मल वर्मा, कृष्ण बलदेव वैद या उषा प्रियंवदा हैं। उनका कथा-क्षेत्र भी वही है जो इन कहानीकारों का है। लेकिन भीष्मजी का दृष्टिकोण दूसरा है। वह मानववादी दृष्टिकोण है, मानव-विरोधी नहीं, जो हमें पतनशील कहानीकारों में मिलता है। यहाँ यह कहने की आवश्यकता नहीं है कि मानववाद भी कई तरह का होता है। भीष्मजी के दृष्टिकोण का आधार जो मानववाद है, वह पूँजीवादी या काल्पनिक समाजवादी मानववाद न होकर मार्क्सवाद-लेनिनवाद पर आधारित समाजवादी मानववाद है। पूँजीवादी मानववाद के मूल्य चूँकि व्यक्तिगत संपत्ति और व्यक्तिवाद पर आधारित होते हैं इसलिए पूंजीवादी समाज में हमें मानववाद के आदर्श और उसके व्यवहार के बीच अनिवार्य रूप से एक अंतर्विरोध देखने को मिलता है। काल्पनिक समाजवादी मानववाद पूँजीवादी समाज की अमानवीय प्रकृति से परिचित होता है, लेकिन इतिहास के वस्तुनिष्ठ नियमों के ज्ञान के अभाव में वह उन प्रभावशाली मार्गों और साधनों की खोज में असमर्थ रहता है जिनके द्वारा ही एक न्यायपूर्ण समाज की स्थापना की जा सकती है। भीष्मजी ने जिस मानववाद को स्वीकार किया है उसका आधार वह वैज्ञानिक समाजवाद है जो श्रमजीवी-समुदाय को सामाजिक शोषण से मुक्ति दिलाकर समता पर आधारित उस समाज का निर्माण करता है जो सभी मनुष्यों के सामंजस्यपूर्ण विकास और सभी व्यक्तियों की वास्तविक स्वतंत्रता के लिए अनिवार्य है। जिस तरह भीष्मजी का दृष्टिकोण उपर्युक्त पतनशील कहानीकारों से भिन्न है, उसी तरह उनका ढंग भी। चूँकि उनके पास एक सुसंगत दृष्टिकोण है, इसलिए उनकी कहानियों का रूप सुगठित है। उन्होंने विघटित दृष्टिकोणवाले कहानीकारों की तरह कहानी को नुस्खे या चौखटे से बाहर निकालने के नाम पर उसके रूप का विघटन नहीं किया है, बल्कि उसे विषय-वस्तु के अनुरूप अकृत्रिम रूप और शिल्प प्रदान किया है। स्वभावतः हमें उनकी कहानियाँ कहानी के रूप में प्रभावित करती हैं।

'वाङ्चू' भीष्मजी की कहानियों का पाँचवाँ संग्रह है। इस संग्रह की कहानियों का क्षेत्र भी समाज का मध्यवर्गीय तबका ही है, जिसमें अफसर हैं, उनकी पत्नियाँ हैं, रेलवे पुलिस का हवलदार है, कवि-सम्मेलनी कवि हैं, ऐसा पार्टी का कार्य-कर्ता है जो बाद में व्यवसायी बन गया है, शुद्ध कला की प्रेमी बड़े घर की महिला है, अंग्रेजपरस्त अंग्रेजी किताबों का विक्रेता है, कारवाला साहब है और दफ्तर का बाबू है। इनके साथ कहानियों में निम्नवर्ग के पात्र भी आते हैं, जैसे घरों में काम करनेवाले नौकर, दाइयाँ और रसोइया, लेकिन वे मध्यवर्ग के चरित्र को उभारकर सामने लाने के लिए आते हैं। भीष्मजी की विशेषता है कि वे निम्नवर्ग का चित्रण भी बारीकी से करते चलते हैं और अपनी सहानुभूति उन्हीं को देते हैं। दूसरी बात यह है कि उनका चित्रण दृष्टिकोण के साथ तो किया जाता है, पर वह दृष्टिकोण कहानियों पर आरोपित नहीं होता है। वह बहुत ही कलात्मक ढंग से उनकी कहानियों में अन्तर्निहित होता है, कहानी के प्रत्येक अवयव से मिला हुआ होता है। उनकी प्रत्येक कहानी मध्यवर्गीय चरित्र के एक पहलू को उजा-

गर करती है। इस तरह भीष्मजी ने अपनी कहानियों में मध्यवर्ग के अनेक पहलुओं को बेपर्द किया है। उनकी कहानियाँ मध्यवर्ग की बहुत ही तीखी आलोचना हैं।

'साग-मीट' एक अफसर के परिवार से संबधित कहानी है। इसमें जग्गा नामक एक नौकर है जो अफसर के छोटे भाई के दुराचरण से व्यथित होकर मौन प्रतिरोध करता हुआ आत्महत्या कर लेता है। अफसर उसके प्रति 'दयालु' था, क्योंकि उसका कहना था कि 'सौ-पच्चास दे दो तो गरीबों का मुँह बंद हो जाता है।' वह भाई के प्रति अपने स्नेह को जग्गा की जान से बढ़कर समझता है। जग्गा उस परिवार में लगातार याद किया जाता है, पर इंसान के रूप में नहीं, बढ़िया 'साग-मीट' तैयार करने वाले रसोइये के रूप में। कहानी एकालाप-शैली में लिखी गयी है। अफसर की बीवी अपनी किसी नजदीकी सहेली के सामने अपने दिल की बातें कहती जाती है और अफसरी जीवन का सारा पाखंड और छद्म उघरता जाता है। कहानी शुरू से अन्त तक दिलचस्प बनी रहती है, क्योंकि एकालाप औरतों की प्रकृति और लहजे को ध्यान में रखकर रचा गया है। 'पिकनिक' शहर के घरों में काम करनेवाली गौरी नामक दाई की कहानी है। जिस मुहल्ले में वह काम करती है उसमें लोग कहीं उसे अपने बच्चों को डालने नहीं देते। अन्त में एक स्थान पर जब वह अपने बच्चों को डाल देती है, तो उन्हें काट खाने के लिए वहाँ एक दूसरे का कुत्ता लाकर बाँध दिया जाता है। एक वकील साहब हैं, जिनकी पत्नी सोचती है कि कुत्ता काट खाए तो वे कल से तो यहाँ नहीं बैठेंगे। लेकिन कुत्ता है जो बच्चों का हमजोली बनकर उनसे खेलने लगता है! इस तरह कहानी में वर्ग-विशेष के स्त्री-पुरुषों की अमानवीयता का चित्रण है। भीष्मजी कहानी में इस विधा की प्रकृति के अनुरूप यथार्थ के एक ही पक्ष को उभारते हैं, पर वे उसके शेष पक्षों को भी ध्यान में रखते हैं और यथास्थान उनका संकेत करते चलते हैं। 'पिकनिक' में एक स्थल पर गौरी तन जाती है और वकील की पत्नी से कहती है, 'उठवा के देख लो, देखें तो कौन हमें उठवाता है!' यह नये युग का प्रभाव है। भीष्मजी ने यह प्रभाव उसी मात्रा में चित्रित किया है, जिस मात्रा में वह सामाजिक यथार्थ का अंग बन सका है। उनकी विशेषता यथार्थ का यही संश्लिष्ट और सही ज्ञान है। 'मालिक का बंदा' में एक रेलवे पुलिस का हवलदार है। जो रेलवे का सामान चोरी कर मंदिर बनवाता है और कहता है कि उसने सबकुछ भगवान् के आदेश से किया है। उसके रक्षक उसके सुपरिटेंडेंट हैं जिनके प्रति वह इतना वफादार है कि उनके द्वारा निमंत्रित कवियों का खयाल कर वह न केवल टिकटवाले मुसाफिरों को भी ट्रेन के डिब्बे में नहीं चढ़ने देता है, बल्कि उनके साथ अत्यंत क्रूरता से पेश आता है। इस तरह यह कहानी वस्तुत: धार्मिक पाखंड की कहानी है, लेकिन इस घिसे-पिटे विषय को सरकारी भ्रष्टाचार और हवलदार की प्रकृति की विचित्रता से जोड़कर भीष्मजी ने अत्यन्त ही पैना और जानदार बना दिया है। कवि-सम्मेलन में निमंत्रित कवि अपनी सुविधाओं के लोभ में एक टिकटवाले मुसाफिर पर अत्याचार होते देखते रहते हैं। यह मध्यवर्गीय संस्कारोंवाले साहित्यकारों की कैफियत है। 'गलमुच्छे' एक पार्टी-कार्यकर्ता की कहानी है, जो कि बाद

में व्यवसायी हो गया है। धीरे-धीरे उसमें मध्यवर्गीय संस्कार दृढ़ होते जाते हैं जिससे सिद्धांत से तो वह पार्टी से जुड़ा रहता है, पर व्यवहार से वह पूरी तरह से पार्टी से हट जाता है। भीष्मजी ने उसकी कथनी और करनी के फर्क तथा उसके मध्यवर्गीय तरीकों को बहुत ही सजीव रूप में चित्रित किया है। वे बड़ी सरलता से जो बात अस्पष्ट होती है उसे स्पष्ट बना देते हैं और जो बात गिरफ्त में नहीं आनेवाली होती है, उसे गिरफ्त में ले लेते हैं। उदाहरण के लिए इस प्रसंग को देखा जा सकता है : "जिस आग्रह से उसने मुझे रुकने को कहा, उसी से मुझे भास हो गया था कि वह दूसरी बार झूठ बोल रहा है।"

'खंडहर' में रचना नाम की एक युवती है जो शुद्ध कलावादी दृष्टिकोण से पत्थर के एक वैसे टुकड़े को तो साथ ले चलने के लिए बेचैन हो उठती है जिस पर प्रेमी-प्रेमिका का चित्र खुदा हुआ लगता है, पर बुआ के जीर्ण चित्र को ले चलने से रोकती है, जिससे चित्र ले चलने की इच्छा रखनेवाले पात्र का गहरा लगाव रहा है। कहानी में बुआ की करुण कथा बहुत ही मार्मिक रूप में कही गयी है। बुआ एक स्मरणीय चरित्र है, पर उससे शुद्ध कलावाद को क्या ? 'अहं ब्रह्मास्मि' एक अंग्रेजपरस्त अंग्रेजी पुस्तकों के विक्रेता की कहानी है, जो दर्शन का सहारा लेकर अपनी भीरुता को छिपाता है। यह भाववादी दर्शन के खोखलेपन पर बहुत ही गहरा व्यंग्य है। कहानी द्वन्द्वपूर्ण है, क्योंकि एक ओर इसमें उपनिवेशवादियों से सहयोग करने वाला भाटिया है और दूसरी ओर कैंटोनमेंट में मुनादी करने वाला कांग्रेसी स्वयंसेवक। एक पेशाबखाने में अंग्रेजों के धक्के पर धक्के खाने के बाद भी 'आइ एम द डिवाइन फ्लेम !' का जाप करता है और दूसरा हिरासत में लिये जाकर पुलिस के डंडे से 'भारतमाता की जय' कहता हुआ खून उगलकर अपनी जान दे देता है। जितना गहरा कहानी का द्वन्द्व है, उतना ही गहरा उसका व्यंग्य है। 'राधा-अनुराधा' में राधा नामक एक निम्नवर्ग की किशोरी है जो घरों में काम करती है। उसका बाप उसे एक बूढ़े के हाथ बेचना चाहता है, पर वह छिपकर एक युवक के साथ शादी कर लेती है और उसके बाद एक दिन श्यामा बीबी के यहाँ, जहाँ वह काम करती थी, टेलिविजन पर फिल्म देखने के लिए पहुँचती है। श्यामा बीबी उसके प्रति स्नेह रखती थीं, पर जब उन्होंने देखा कि उसे अपने यहाँ छिपा-कर रखना खतरे से खाली नहीं है, तो उन्होंने उसे अपने यहाँ से निकाल दिया। इससे निम्नवर्ग और मध्यवर्ग इन दोनों की चारित्रिक विशेषता पर प्रकाश पड़ता है। ऊपर इसका संकेत किया जा चुका है कि भीष्मजी के चरित्र इतने सजीव और विशिष्टता से युक्त होते हैं कि साधारण घटना पर लिखी गयी उनकी कहानी उनके चलते असाधारण हो जाती है। इस कहानी की राधा एक अद्भुत चरित्र है। भीष्मजी ने उसके जीवन में ऊपर से प्रवाहित हास्य और भीतर से प्रवाहित करुणा के संयोग से अत्यंत कुशलता से उसकी मूर्ति का निर्माण किया है। इसके अलावा उसके चरित्र में अन्य विशेषताएँ भी मिलती हैं जो सामान्यतया अन्य किशोरियों में नहीं होतीं। 'त्रास' में भी दो वर्गों के, या एक ही वर्ग के दो स्तरों के पात्र हैं। एक कारवाला साहब है, जो एक निम्न-

मध्यवर्गीय व्यक्ति को, जो साइकिल पर सवार था, जान-बूझकर अपनी कार से धक्का दे देता है। यह साइकिलवालों के प्रति कारवालों की घृणा की अभिव्यक्ति थी। बाद में अपने बचाव के लिए जब उक्त साहब ने घायल साइकिलवाले व्यक्ति को अस्पताल पहुँचाया तो वह यह देखकर विस्मित रह गया कि उस व्यक्ति के मन में उसके प्रति आक्रोश न होकर कृतज्ञता का भाव था। यह भी दो वर्गों के चारित्रिक भेद का ही दृष्टांत है। यह कहानी इसलिए प्रभावशाली हो गयी है कि इसमें भीष्मजी ने कारवाले साहब के मनोविज्ञान और व्यवहार का बहुत ही सटीक चित्र खींचा है। 'खूँटे' में एक अफसर के रोब, उसकी कंजूसी, उसकी कामुकता तथा उसके स्वास्थ्य की हास्यास्पद स्थिति का वर्णन है। उसका अधीनस्थ छोटा अफसर उसकी मातहती से छुटकारा पाना चाहता है और अपनी अवकाश-प्राप्ति की कल्पना से आश्वस्त होता है, लेकिन यह संभावना दिखते ही कि उसे 'एक्सटेंशन' भी मिल सकता है, वह खूँटे से बँधने के लिए गिरता-पड़ता अपने अफसर के पास भागता है। निश्चय ही उसकी इस तत्परता के पीछे उसकी आर्थिक विवशता है। भीष्मजी ने बड़े अफसर के रोब और छोटे अफसर की मुक्ति-आकांक्षा तथा आर्थिक विवशता का चित्रण कर दो सामाजिक स्तरों की दो अवस्थाओं का चित्रण किया है। इस कहानी में भी उन्होंने जो कुछ लिखा है वह काफी मनोरंजक और मार्मिक ढंग से। मनोरंजकता और मार्मिकता ये दोनों ही उनके लेखन में काफी संयमित रूप में आती हैं। कहानी न तो लतीफा बन जाती है, न मानवीय करुणा से लिजलिजी ही होती है।

'वाङ्चू' की कहानियों में दो कहानियाँ अलग से चर्चा के लायक हैं। उनमें से एक है 'ओ हरामजादे' और दूसरी है 'वाङ्चू'। ये कहानियाँ इस बात का प्रमाण हैं कि भीष्मजी अपनी कहानियों में वर्ग-विशेष की जीवन-पद्धति और संस्कृति की आलोचना ही नहीं करते हैं, बल्कि जिन मूल्यों में उनकी आस्था है, उनकी स्थापना भी करते हैं। वैसे तो उनकी आलोचनात्मक कहानियाँ भी मूल्य-भावना से ही प्रेरित होती हैं, पर उनमें वे प्रत्यक्ष रूप से मूल्यों की स्थापना नहीं करते। 'ओ हरामजादे' और 'वाङ्चू' में उन्होंने प्रत्यक्ष रूप से मूल्यों की स्थापना की है। 'ओ हरामजादे' एक प्रवासी भारतीय की कहानी है जिसमें लाल नामक इंजीनियर के अपने देश के प्रति अद्‌भुत प्रेम का वर्णन किया गया है। देश-प्रेम का मतलब उसके लिए देश की प्रकृति नहीं, बल्कि देश का वासी और देश की संस्कृति भी है। देश-प्रेम के दूसरे छोर पर लाल का पत्नी-प्रेम है। कहानी इन दोनों के तनाव में ही रूप ग्रहण करती है, यद्यपि यह तनाव कभी जोरदार रूप में सामने नहीं आता है। लाल देश-प्रेम और पत्नी-प्रेम इन दोनों मूल्यों में सामंजस्य या अविरोध की स्थिति कायम रखता है—भारत के प्रति ललक बनाये रखकर वह देश-प्रेम का परिचय देता है और भारत न लौटने का निश्चय करके वह पत्नी-प्रेम का परिचय देता है। कहानी किंचित् विस्तार से कही गयी है और इसमें जिस तरह जालंधर की घटनाओं का ब्योरा दिया गया है उससे वह अत्यंत आकर्षक हो गयी है। लेकिन इस संग्रह की सर्वश्रेष्ठ उपलब्धि उसकी 'वाङ्चू' शीर्षक कहानी है

जिस पर इस संग्रह का नामकरण किया गया है। इसका मुख्य पात्र वाङ्चू नामक एक चीनी बौद्ध भिक्षु है, जिसे धर्म के अलावा और किसी चीज से मतलब नहीं था, लेकिन जिसे राजनीति और समाज ने परेशान कर दिया। यह कहानी धार्मिक स्वतंत्रता के मूल्य की स्थापना करती है, लेकिन वैसे धर्म की आलोचना भी करती है, जो समाज और राजनीति से विच्छिन्न होता है। गलत राजनीति दो देशों के बीच के मानवीय और सांस्कृतिक सम्बन्ध को नहीं देख पाती है, जबकि राजनीति का आधार इसी तरह का सम्बन्ध होना चाहिए। वाङ्चू वस्तुतः न चीनी था, न भारतीय। वह मात्र मनुष्य था और इसलिए वह चीनी भी था और भारतीय भी। इस बात को गलत राजनीति ने नहीं समझा और मानव-मूल्य की उपेक्षा की गयी। ऊपर संकेत किया जा चुका है कि भीष्मजी कहानी में संश्लिष्ट रूप में यथार्थ का चित्रण करते हैं। इस कारण वे जिस घटना या पात्र पर अपनी दृष्टि केंद्रित करते हैं, उसके साथ लिपटी हुई बहुत सारी बातें कहानी में चली आती हैं। यदि ये बातें कहानी में न आएँ तो कहानी संश्लिष्ट यथार्थ-बोध की कहानी न हो सकेगी। भीष्मजी की विशेषता यह है कि वे उसके बाद भी कहानी के रूप को सुरक्षित रखते हैं और उसके प्रभाव को बिखरने नहीं देते हैं। हमें उनकी कहानियों में अनेक बार कहानी के भीतर कहानी चलती हुई प्रतीत होती है, पर इस खूबी के साथ कि कहानी की अखंडता हर तरह से बरकरार रहें। उदाहरण के लिए 'साग-मीट' में एक कहानी अफसर और उसकी बीवी की है तो दूसरी कहानी जग्गा की, 'पिकनिक' में एक कहानी मुहल्ले के मध्यवर्गीय पुरुषों और स्त्रियों की है तो दूसरी कहानी गौरी की, 'खंडहर' में एक कहानी शरत और रचना की है तो दूसरी कहानी बुआ की, 'राधा-अनुराधा' में एक कहानी राधा की है तो दूसरी कहानी श्यामा बीवी की, 'त्रास' में एक कहानी कारवाले साहब की है तो दूसरी कहानी साइकिलवाले बाबू की और 'खूँटे' में एक कहानी जैन की है तो दूसरी कहानी विनायक की।

भीष्मजी की सभी कहानियाँ रूप की दृष्टि से सुगठित हैं। इस रूप की विशेषता यह है कि यह कहीं भी कृत्रिम नहीं है। कहानियों में यात्रा-वृत्तांत ('ओ हरामजादे'), एकालाप ('साग-मीट'), पूर्व-दर्शन ('खंडहर'), संस्मरण ('वाङ्चू') आदि की पद्धति स्वाभाविक रूप से अपनायी गयी है। भीष्मजी अत्यंत कुशलता से इन पद्धतियों का कहानी के लिए उपयोग करते हैं और कोई भी पद्धति क्यों न हो, उसे कहानी के रूप में ढाल देते हैं। उनकी कहानियों में चरम बिंदु अनिवार्य रूप से आता है, सशक्त अथवा अशक्त रूप में, पर उनकी कहानी मात्र चरम बिंदु पर टिकी हुई नहीं होती है, जैसा कि हम चमत्कारवादी अथवा व्यावसायिक कहानीकारों में पाते हैं। उनकी कहानियों में चरम बिंदु कभी भी इतना सशक्त नहीं होता है कि वह शेष कहानी पर हावी हो जाए। भीष्म जी की कहानियों में कहानी का पूरा रचाव महत्त्वपूर्ण होता है। इस कारण उनकी कहानियों को ठीक से ग्रहण करने के लिए पूरी कहानी से गुजरना और उसे ध्यान में रखना आवश्यक है। उनकी भाषा बिना किसी शोर-शराबेवाली नदी की तरह बहती रहती है। उसमें हल्का-सा स्वर है, उत्ताल तरंगें और उनसे उत्पन्न होनेवाला कोला-

हल नहीं, पर उसमें बहुत अधिक सामर्थ्य है । उसके द्वारा सूक्ष्म से सूक्ष्म मनोभावों और जटिल से जटिल स्थितियों का अंकन संभव है । उदाहरण के लिए इस वर्णन को देखा जा सकता है : "मैं लगभग बीस बरस के बाद उससे मिलने जा रहा था । आम तौर पर मैं पुराने दोस्तों से मिलने से कतराता हूँ । उनसे मिलने पर सुखद स्मृतियों का प्रभाव बहुत-कुछ टूट-फूट जाता है, और वर्तमान की वास्तविकता भी कहीं-न-कहीं मन में अकुलाहट-सी पैदा करती है । चेहरे पर समय के साये, खिचड़ी बाल, धूसर चेहरा देखकर मन को कोफ्त होती है । फिर आँखों के भाव में पुरानी सहजता के स्थान पर अनुभव का पैनापन आ चुका होता है, संशय का भाव आ चुका होता है, और आँखें बार-बार एक-दूसरे को तौलती-सी नजर आती हैं कि तुम कहाँ तक पहुँचे । और धीरे-धीरे सारा उत्साह और स्नेह एक प्रकार की ठंडी औपचारिकता में सिमटकर रह जाता है ।" ('गलमुच्छे') इससे अनुमान लगाया जा सकता है कि मंद गति और मंद स्वरवाली यह भाषा कितनी समर्थ है । भीष्मजी की यह भाषा दैनिक जीवन की खड़ी बोली है जिसे उन्होंने सृजनात्मक रूप दे दिया है । उसमें बीच-बीच में उर्दू और पंजाबी के प्रयोग —शब्द और मुहावरे—मिलते हैं, जिससे वह भाषा अधिक सरस हो गयी है । पिछले दिनों कुछ कहानीकारों ने अपनी कहानी की निस्सारता को छिपाने के लिए उन्हें चुटकुलों और लतीफों से भर दिया था । भीष्मजी की कहानियों में भी हमें चुटकुले और लतीफे-जैसी चीज मिलती है, पर अत्यंत संयमित रूप में और अत्यंत आवश्यक होने पर ही । ऊपर जिस कहानी से उद्धरण दिया गया है, उसी में यह स्थल भी है : "पाजामा जैसे जिस्म पर से उतरे, वैसे ही फर्श पर पड़ा रहे, 8 का अंक बनाता हुआ । रात को तुम लौटो, उसी 8 के अंक पर खड़े हो जाओ और पाजामा ऊपर खींच लो···।" भीष्म जी चूँकि कहानी के मूल विषय को महत्त्व देते हैं इसलिए वे चुटकुले और लतीफे गढ़ने की अपनी क्षमता को नियंत्रण में रखने में सफल हुए हैं । उनकी पीढ़ी के अनेक कहानीकार अपनी कहानियों में अनावश्यक मात्रा में काव्यत्व का समावेश किया करते थे । पाठकों को धोखा देने का यह दूसरा गुर था । भीष्मजी में भी गद्य में काव्यत्व लाने की क्षमता है, पर वे इस खतरनाक चीज का भी बहुत ही संयम के साथ इस्तेमाल करते हैं । 'खूँटे' कहानी का एक स्थल द्रष्टव्य है : "मंदिर तक पहुँचते-पहुँचते चार बज गये । पहाड़ी के नीचे एक ओर को चौड़ी झील बिछी थी । ऊपर आकाश का रंग ताँबे-जैसा लाल हो रहा था । यही यहाँ का सूर्यास्त माना जाता होगा । आस-पास की लाली के कारण नीचे की झील किसी दहकते द्रव्य का बहुत बड़ा कुंड लग रही थी । चारों ओर फैली इस लाली की पृष्ठभूमि में अनेक पक्षी अपने पतले-पतले काले पंख फैलाये, जैसे आग की लपटों से बच पाने के लिए भागे जा रहे थे । किसी-किसी वक्त किसी पक्षी की तीखी चीख सुनायी दे जाती, जो असह्य उल्लास की चीख भी हो सकती थी और असह्य वेदना की भी । ऐसा दृश्य मैंने पहले कभी नहीं देखा था ।" इसमें एक असाधारण दृश्य का असाधारण वर्णन किया गया है, पर यह वर्णन सर्वथा प्रासंगिक है । इससे भीष्मजी की क्षमता का ज्ञान अच्छी तरह से हो जाता है । दूसरे स्थलों पर

तो उन्होंने एक या दो काव्यात्मक पंक्तियों से ही अपना काम चला लिया है, जैसे 'घृणा एक धुंध की तरह सड़कों पर तैरती रहती है।' ('त्रास')

प्रगतिशील कहानी कभी निदर्शनात्मक हो जाती रही है, कभी विषय की दृष्टि से रूढ़ और सीमित। भीष्मजी ने 'वाङ्चू' की कहानियों में पुनः यह दिखलाया है कि प्रगतिशील कहानी वस्तुतः कितनी सृजनात्मक, मुक्त और वैविध्य-युक्त होती है।

—नन्दकिशोर नवल

भारतीय जीवन की सुख-पीड़ा में शामिल होने का अनुभव

भीष्म साहनी हमारी समकालीन पीढ़ी के लिए इस मायने में एक आदर्श लेखक हो सकते हैं कि वे इस उम्र में भी निरन्तर गंभीर और सार्थक लेखन एक स्तर के साथ जारी रखे हैं। समकालीनता आयु की नहीं, समकालीन दबावों को महसूस करने और अपनी चेतना को उसके अनुरूप परिवर्तित करने से सम्बन्ध रखती है—दरअसल महत्त्वपूर्ण बात यह है कि एक लेखक के रूप में समकालीन मनुष्य के जीवन से संबंधित महत्त्वपूर्ण प्रश्नों से आपकी रचना टकराती-जूझती है या नहीं तथा उस रचना में जीवन के इस गम्भीर तनाव को कितना और किस हद तक जिया गया है। उन थोड़े-से लेखकों में हम बेशक भीष्म साहनी की गणना कर सकते हैं जो एक लम्बे अर्से से निरन्तर लिख रहे हैं और उस लिखे हुए में वे लगातार उन सवालों से जुड़े रहे हैं जो एक युवा और समकालीन लेखक की चिन्ता और रचना के सबसे अहम् सवाल हैं। विशेष रूप से उनकी कहानियाँ इसका जीवंत साक्ष्य हैं।

भीष्म साहनी का रचनाकार अपने व्यक्तित्व के विकास के अनुरूप रचना को अधिक परिपक्व, प्रामाणिक और यथार्थग्राही बनाता चलता है। उनका प्रथम कहानी-संग्रह 'भाग्यरेखा' (1961) से उनके नवीनतम कहानी-संग्रह 'वाङ्‌चू' (1978) तक उनके कथायात्रा के विविध आयामों को तथा निरन्तर परिपक्व होते रचनाकार का स्वरूप देख सकते हैं।

एक सच्चे मार्क्सवादी रचनाकार के रूप में समूची मानवीय आस्था प्रगतिशील दृष्टि तथा वैज्ञानिक सोच को वे भारतीय जीवन के सन्दर्भ में अपनी धरती से जुड़े अपने जातीय जीवन की जय-पराजय में शामिल और सामान्य जन को सम्बोधित अपनी रचना को वे पक्षधर भूमिका के साथ प्रस्तुत करते हैं। दर्शन उनके लिए कोई स्थिर जड़ मान्यताओं का पुंज नहीं जो वैचारिक कठमुल्लेपन की ईजाद करता है वरन् एक ऐसी सक्रिय स्फूर्ति है जिसे हम चीजों को देखने-समझने और विश्लेषित करने का उपयोग करते हैं।

उनकी अधिकांश कहानियाँ एक ऐसा प्रतिपक्ष तैयार करती हैं जो यथास्थिति की जड़ता के विरुद्ध, भद्रजनों की लूटमार करने वाली संस्कृति के विरुद्ध, मेहनत करने वाली लेकिन इतिहास की लम्बी यात्रा में छली गयी शोषण की शिकार जनता के साथ

है । उच्चतम कलामूल्यों के साथ यह दर्शन की वैचारिक तेजस्विता का रचनात्मक हस्तक्षेप है, इस मायने में उनकी वैचारिक प्रतिबद्धता सक्रिय स्फूर्ति का रूप ले लेती है । बकौल लेमाण्ट "आम आदमी की लड़ाई से दर्शन अलग और ऊपर नहीं है वरन् वह ऐसे तमाम लोगों और सामाजिक समुदायों के भाग्य तथा भविष्य से जुड़ा है, उन्हें प्रभावित करता है तथा उनसे प्रभावित होता है जो जीविकोपार्जन में लगे हुए हैं, सरकारें बनाते हैं, युद्ध लड़ते हैं और धरती में वास्तविक सुख और शान्ति पाना चाहते हैं ।"

उनकी कहानियों का रचना-संसार गहरे रचनात्मक दायित्व-बोध को स्वीकार करता है, अतः वे ऐसे यथार्थ के प्रति प्रतिबद्ध नहीं हैं जो जड़ और स्थिर है; वह बदल रहा है, उसके बदलने के साथ रचना में जरूरी तौर पर परिवर्तन आता है । सोद्देश्यता का सन्दर्भ हम उनके पहले कथा-संग्रह 'भाग्यरेखा' में भी देखते हैं किन्तु उसमें बड़ी स्थूलता और सपाटबयानी का सहारा लिया गया है—मनुष्य और चीजों के बीच मौजूद द्वन्द्व को समझने की दृष्टि वहाँ बेहद सतही है तथा कहानियों का शिल्प बहुत खुरदरा है । यही बात हम 'पहला पाठ' की अधिकांश कहानियों पर लागू कर सकते हैं । इस दौर में लिखी गयी कहानियाँ मात्र इस बात के लिए आश्वस्त करती हैं कि लेखक इन कहानियों में जो कुछ भी कहना चाहता है वह जिन्दगी के बारे में है, यथार्थ के बारे में है और लेखक की मुद्रा एक पक्षधर रचनाकार की तरह है किन्तु उनका मँजा हुआ उस्ताद कलाकार इनमें नजर नहीं आता । अन्तर्विरोध को पकड़ने की उनकी गम्भीर दृष्टि और यथार्थ-अंकन की सूक्ष्म कला इन कहानियों में विकसित नहीं हो पायी है । हम केवल संवेदना के स्तर पर उनसे जुड़ सकते हैं लेकिन कोई सार्थक कलात्मकता के दर्शन उन प्रारम्भिक कहानियों में नहीं कर सकते । यह उस दौर की कहानियों की सीमा है । यहस्थिति इस दौर की अधिकांश कहानियों के बारे में है, मसलन 'जोत', 'मुर्गी की कीमत', 'नीली आँखें', 'ऊब', 'गंगो का जाया', 'भाग्यरेखा', 'घर बेघरे', 'पहिला पाठ', 'खून के छींटे', 'घर की इज्जत' आदि ।

भीष्म साहनी की असली पहचान तो उनकी पहली वजनदार और चर्चित कहानी 'चीफ की दावत' से शुरू होती है । इस कहानी में मध्यवर्गीय जीवन के अन्तर्विरोध को बहुत सूक्ष्मतापूर्वक उद्घाटित करने का प्रयास किया है । मध्यवर्गीय जीवन के जिस यथार्थ को आजादी के बाद देश में विकसित होने का अवसर मिला, उसमें इस वर्ग में जीवन की आंतरिक और बाह्य स्थिति बड़ी विसंगतियों, विचित्रताओं और अमानवीयता से लथ-पथ हो गयी । 'चीफ की दावत' कहानी का मूल स्वर इसकी यही विडम्बना उद्घाटित करना है । यह कहानी अन्तर्विरोध से शुरू होती है, जिसमें नये रिश्ते बन रहे थे और चले आते सामाजिक सम्बन्ध तेजी से टूट रहे थे । नयी कहानी आन्दोलन के अधिकांश कहानीकार अपनी कहानियों में सम्बन्धों की इसी विसंगति के इर्द-गिर्द अपनी कहानियों का ताना-बाना बुनते रहे । सम्बन्धों का अतिक्रमण करके बहुत कम कहानियाँ जीवन का बदलता यथार्थ पेश कर सकीं—मोहन राकेश, निर्मल वर्मा, राजेन्द्र यादव, उषा प्रियम्वदा आदि की मूल्य-चेतना और सामाजिकता की यही सीमा थी । जबकि अमरकांत,

भीष्म साहनी, हरिशंकर परसाई आदि ने व्यापक सन्दर्भ में अपनी रचना के यथार्थ को रखा। इसे ध्यान में रखने की आवश्यकता है कि नई कहानी का पूरा आन्दोलन एक ही विचारधारा, एक ही प्रवृत्ति और एक ही चिन्ता को लेकर नहीं चला है, उसमें बराबर ही विभिन्न धाराएँ और प्रवृत्तियाँ रही हैं—नयी कहानी को जिस धारा के लिए हम रेखांकित करना चाह रहे हैं और जिसकी ऐतिहासिक निरन्तरता बराबर अब भी प्रासंगिक रूप में बनी रही है, वह धारा और वह प्रवृत्ति सामाजिक चेतना की है। कहने की आवश्यकता नहीं कि आधुनिकतावाद की पतनशील साहित्यिक प्रवृत्ति से कारगर लड़ाई लड़ते हुए उसने अपनी पहचान कायम की है और भीष्म साहनी नई कहानी की उसी धारा और प्रवृत्ति के एक गतिशील और यथार्थवादी कथाकार रहे हैं।

इधर भीष्म साहनी ने अपने कथा-संसार को बहुत अधिक विकसित किया है, उसमें मध्यवर्ग के घेरे के बाहर वृहत्तर जनता के जीवन को, उसके संघर्ष और यातना को, उसके दबाव और पीड़ा को समझने की कोशिश की गई है। 'पटरियाँ' और 'भटकती राख' तथा 'वाङ्चू' संग्रह की कहानियों को इस सन्दर्भ में पेश किया किया जा सकता है। इन कहानियों में यथार्थ के विभिन्न अन्तर्विरोधों को वे पकड़ते हैं। उनकी कहानियाँ जिस यथार्थ का आकलन करती हैं, उसे वे प्राय: रोजमर्रा की छोटी-छोटी घटनाओं के माध्यम से चित्रित करते हैं। व्यक्तिगत और सामाजिक अन्तर्विरोधों को पकड़ने की यह कला उनमें बहुत विकसित हुई है। यहाँ यथार्थ की स्थूल अवधारणा और दृष्टिकोण की एकांगिता भी नहीं आ पायी और समकालीन जीवन से हमारा साक्षात्कार रचनात्मक धरातल पर हो जाता है। यहाँ उनका यथार्थवादी कलाकार असाधारण प्रौढ़ता प्राप्त करता है। कहानी में द्वन्द्वात्मक दृष्टि का जो विकास 'कफन' से प्रेमचन्द ने शुरू किया, उसे नई कहानी की सामाजिक चेतना के कथाकार बड़ी व्याप्ति देते है—अमरकान्त ने अपनी कहानी 'जिन्दगी और जोंक' में, कमलेश्वर ने 'राजा निरबंसिया' में तथा भीष्म साहनी ने 'चीफ की दावत' और 'जख्म' जैसी कहानियों में इस द्वन्द्वात्मकता के सहारे अपनी दृष्टि को गहराया है और जीवन का अधिक पूर्ण चित्र प्रस्तुत किया है। लूकाच ने कहा है, "केवल द्वन्द्वात्मकता के माध्यम से ही किसी एकपक्षीय यथार्थ अवधारणा की अपूर्णता, स्थिरता और फलहीनता पर पार पाना संभव होता है, केवल द्वन्द्वात्मकता के सही और सच्चे प्रयोग के जरिये ही हम ज्ञान की अनन्त प्रक्रिया को समझ सकते हैं और अपनी विचारणा को वस्तुपरक यथार्थ के गतिमय आनन्त्य के सन्निकट ला सकते हैं।"

लूकाच ने यथार्थवाद सम्बन्धी अपने अध्ययन में द्वन्द्वात्मकता को इतना महत्त्व केवल इसलिए दिया है कि उसके प्रयोग से हम यथार्थ की सम्पूर्ण और सच्ची प्रकृति की पहचान करते हैं। भीष्म साहनी की कहानियों में जिन चरित्रों को उभारा गया है वे चरित्र एकपक्षीय अच्छे या बुरे, पूर्ण और अपूर्ण नहीं हैं वे एक मिला-जुला पूर्ण और वास्तविक रूप हैं और इसी तरह वे अपने वस्तुगत सत्य या जीवन-यथार्थ को जिन घटनाओं अथवा स्थितियों के माध्यम से चित्रित करते हैं, वे भी समय और इतिहास सापेक्ष हैं, इसलिए उनके समक्ष वस्तुपरक सत्य स्थिर और जड़ नहीं है, सतत गतिशील

है । वस्तुओं और व्यक्तियों तथा उनके कार्यकलापों के सन्दर्भ में 'चीफ की दावत' से लेकर 'रामचन्दानी' और 'शोभायात्रा' कहानी तक इस गतिशील सम्पूर्णता की यथार्थ दृष्टि को देखा जा सकता है ।

क्या यह आश्चर्य की बात नहीं है कि भीष्म साहनी की अधिकांश कहानियाँ उस समय और घटना तथा परिवेश में बार-बार लौट जाना चाहती हैं जिसका सम्बन्ध हमारे देश के बँटवारे से है । खूनी साम्प्रदायिक दंगे, शरणार्थियों के काफिले, विस्थापितों की समस्या और वर्गघृणा का जहर अब तक किसी न किसी रूप में उनकी चेतना को जैसे लगातार सालता रहता है । आश्चर्य नहीं, उनकी लगभग हर महत्त्वपूर्ण रचना में पंजाब का वह परिवेश मौजूद है । लाहौर, जालन्धर, अमृतसर जैसे उनके अपने घर हैं, चेतना बार-बार वहीं लौटती है और लेखक की सम्वेदना को बाँध लेती है । उनके सर्वश्रेष्ठ उपन्यास 'तमस' की कथावस्तु भी विभाजन और दंगों से जुड़ी है तो कहानी में 'अमृतसर आ गया है', 'अहं ब्रह्मास्मि', 'ओ हरामजादे' आदि में वही मौजूद है । उनकी कहानियों पर बात करते समय इस बिन्दु को विस्मृत नहीं किया जा सकता ।

भीष्म साहनी ने एक भोक्ता की हैसियत से विभाजन के दुर्भाग्यपूर्ण खूनी इतिहास को जिया है, इसलिए उनके सम्पूर्ण कलात्मक रचाव में वही समय जैसे फिर जिन्दा हो जाता है । स्मृति के एक झटके में जैसे फिर वह इतिहास स्पंदित होने लगता है और धीरे-धीरे उसकी चेतना में कोई नासूर रिसने लगता है ।

भीष्म साहनी की कहानियों में अन्तर्विरोध या विसंगति और विडम्बना की चर्चा के साथ ही व्यंग्य को भूलना असम्भव है । उन्होंने कथा-साहित्य में गद्य के व्यंग्य को बहुत बारीक शक्ल दी है, जिससे व्यंग्य का एक नया आयाम खुलता है । मध्यवर्गीय जीवन के कुछ खास मुद्दे और आम जीवन की विसंगतियों पर उन्होंने तेज व्यंग्य किये हैं और उनकी कहानियों को एक नया और विशेष अर्थ दिया है ।

अमरकांत की कहानियों में व्यंग्य से जहाँ प्रायः करुणा का घना अवसाद पैदा होता है तो प्रायः तल्खी समाप्त हो जाती है । उस अवसाद को धीरे-धीरे सहलाने की सी तबीयत बनने लगती है । वे इस मामले में चेखव के बहुत निकट हैं लेकिन भीष्म साहनी निर्मम चोट करते हैं । वे इस मामले में कवि-कथाकार नागार्जुन और हरिशंकर परसाई के निकट बैठते हैं । जीवन जब ऐसी स्थिति में पहुँच जाये कि मात्र गम्भीर यथार्थ के विश्लेषण से उसकी विद्रूपता को चित्रित न किया जा सके तो व्यंग्य के अलावा और कोई चारा नहीं बचता । व्यंग्य एक ऐसी कलात्मक क्षमता पैदा करता है कि हम वस्तुओं, चरित्रों और घटनाओं के द्वन्द्व को उससे कहीं अधिक आसानी से ज्यादा बड़े अर्थ पैदा करने का बड़ा सशक्त माध्यम पाते हैं । भीष्म साहनी की पहली सशक्त रचना 'चीफ की दावत' से 'पटरियाँ', 'जखम', 'सागमीट', 'खुदा का बन्दा', 'अहं ब्रह्मास्मि' तथा 'राधा-अनुराधा' जैसी कहानियों में निरन्तर विकसित होते व्यंग्यकार के तेवर को महसूस कर सकते हैं । समकालीन जीवन की विडम्बनाओं और विसंगतियों को विश्लेषित करने में व्यंग्य भीष्म साहनी की कहानियों का जरूरी हिस्सा है । वे नई कहानी के

आन्दोलनधर्मी चरित्र के बाहर मात्र मध्यवर्गीय स्त्री-पुरुष सम्बन्धों से आगे जीवन के वृहत्तर यथार्थ से जुड़े रहे बगैर आधुनिकतावाद और अस्तित्ववादी आतंक को स्वीकार किये जो उस दौर में बहुत सशक्त था, इसीलिए उनकी कहानियाँ किसी खास घेरे के भीतर और खास वर्ग से सम्बन्ध रखने मात्र की लाचारी से मुक्त हैं। वे भारतीय जीवन-शैली की रचनात्मक खोज करना चाहते हैं और इस प्रयास में निरन्तर ही अपनी यथार्थाग्रही दृष्टि को सजग रखते हैं इसलिए उनकी कहानियाँ प्रेमचन्द की कहानी-परम्परा में एक सृजनशील विस्तार के साथ ही कलात्मक मूल्य की दृष्टि से भी महत्त्वपूर्ण हो उठती हैं। उनकी कहानियों को पढ़ने का आशय है, अपनी जाति और देश की वास्तविक सुख-पीड़ा में शामिल होना और अपनी क्षुद्रता-महानता से एक साथ साक्षात् करना जहाँ भाषा के स्तर पर निहायत सादगी मौजूद है—दरअसल हम एक बेहतर कहानी के संसार में इसके अलावा और क्या अपेक्षा करते हैं ?

—**कपिल तिवारी**

आत्मनिर्वासन के खिलाफ़

'झरोखे' (1967) भीष्म साहनी का पहला उपन्यास है। इसमें उन्होंने धार्मिक आडम्बरों, मिथ्या आदर्शों, झूठे सिद्धांतों और रूढ़ परिपाटियों के विरुद्ध एक गैर साम्प्रदायिक सामाजिक दृष्टिकोण की खोज की है। धर्म की तंगदिली से मनुष्य कमजोर और विभाजित हो जाता है, वह आत्मनिर्वासित हो जाता है।

उपन्यास के प्रारंभ में ही उपन्यासकार ने यह जिज्ञासा व्यक्त की है, "क्या जीवन की गतिविधि को सूत्रबद्ध करने वाले तन्तु भी हुआ करते हैं या नियमितता की भूखी हमारी कल्पना ही उन्हें कोई सुसंगत रूप देने की चेष्टा करती रहती है।"

भीष्म साहनी ने अपने कथा-साहित्य में मुख्यतः मध्य वर्ग और निम्न-मध्य वर्ग के जीवन की समस्याओं का उद्घाटन किया है। वे इसे वर्ग का परत-दर-परत विश्लेषण कर सके हैं। 'झरोखे' उपन्यास में आगत पीढ़ी अर्थात् परिवार के बालकों को ध्यान में रखकर संस्कार-निर्माण की यथार्थ दशाओं को स्पष्ट किया गया है। बालक परिवार की मूल जीवन-चेतना को, पारिवारिक द्वन्द्वों को सहज ही ग्रहण कर लेता है और उसके जीवन की छोटी-छोटी घटनाएँ, अप्रमुख से लगने वाले प्रसंग, बड़ी गहराई के साथ उसके भावी जीवन का निर्माण तथा चरित्र की रचना करते हैं।

भारत के मध्यवर्गीय जीवन में धर्म का विशेष महत्त्व है। मध्यवर्गीय परिवार अपनी नैतिक परम्पराओं के प्रति बेहद चिंतित होते हैं। भीष्म साहनी ने 'झरोखे' उपन्यास में उन तमाम परम्पराओं और निष्ठाओं की समीक्षा की है जिनसे बच्चे न केवल प्रभावित होते हैं बल्कि अपने जीवन के गन्तव्य को उन्हीं झरोखों के माध्यम से देखते चलते हैं। इतिहास-परम्परा और व्यक्ति के आंतरिक सम्बन्धों, संघर्षों का अत्यन्त सजीव चित्र इस उपन्यास में उभरा है।

भीष्म साहनी ने बगैर किसी सैद्धांतिक आग्रह के सामाजिक परिवेश में जीवित एवं व्यावहारिक मान्यताओं का विश्लेषण किया है और यह स्पष्ट किया है कि, हमारे नैतिक बोध पर, धर्म का आचरण हावी रहता है, फलस्वरूप हमारा नैतिक बोध किसी 'सेक्युलर' अर्थ में मानवीय नहीं हो पाता, मनुष्य अपने धार्मिक आचरण के वृत्त में सम्प्रदाय-विशेष की आत्मनिष्ठ स्थितियों से प्रभावित होता है और होता यह है कि मनुष्य सही अर्थ में सामाजिक गुणों को ग्रहण नहीं कर पाता। उसके सामाजिक संबंध तथा मानवीय संबंध संकीर्ण अर्थ में जातीय परिपाटी के अंधानुकृत रूप हुआ करते हैं। झरोखे में इन संकीर्णताओं की जाँच-पड़ताल की गयी है। भीष्म साहनी उपन्यास के

पूरे परिवेश और वातावरण के भीतर से जीवन की विसंगतियों, विडम्बनाओं को खोज सके हैं।

'झरोखे' उपन्यास में एक मध्यवर्गीय हिन्दू परिवार है जो आर्यसमाजी है। उस परिवार के सभी सदस्यों पर आर्य धर्म का गहरा प्रभाव है। परिवार का प्रत्येक सदस्य ऐसे वातावरण में जीता है जहाँ बचपन से मोतीराम संत के बारहमासे गीत सुनाये जाते हैं जिनमें संसार के प्रति मिथ्याभाव, जीवन की क्षणभंगुरता तथा मृत्यु की शाश्वत घोषणा रहती है। रागात्मक सम्बन्धों को तोड़ने का प्रयास बचपन से ही आरंभ हो जाता है। पिता वेदज्ञ हैं, वे बच्चों को मंत्र, संध्या, पूजा, हवन के लिए प्रेरित करते हैं। भाई और बहनें सभी प्राचीन नैतिक बंधनों में बँधे हैं, तथा इस बंधन को अनुशासन माना जाता है। एक ऐसा अनुशासन जिसमें उन्मुक्त होकर हँसना भी अशिष्टता है, कदम-कदम पर पाबंदियाँ लगी हैं।

परिवार ऐसे मोहल्ले में है जहाँ हिन्दू-मुसलमान दोनों रहते हैं पर दोनों के बीच विद्वेष, वैमनस्य, घृणा की भावना है। मोहल्ले का वातावरण कुछ इस प्रकार का है कि यदि मुसलमान के घर बकरी भूनी जाती है तो हिन्दू परिवार अपनी शुद्धि के लिए हवन करना जरूरी समझता है।

'झरोखे' में भीष्म साहनी की निरीक्षण-शक्ति अत्यन्त सूक्ष्म है, उन्हें मालूम है कि व्यापारिक वर्ग का धर्म भिन्न प्रकार का होता है, उन्हें मालूम है कि व्यापार की कोई जाति नहीं होती। अत: व्यापारी हिन्दू और व्यापारी मुसलमान के भेद बहुत गहरे नहीं हैं। हिन्दू मुसलमानों को म्लेच्छ समझते हैं, अपने बच्चों को उनसे अलग रखते हैं। उपन्यास की कथा भारतीय समाज के हजार-हजार अन्तर्विरोधों से भरी है। भीष्म साहनी को मध्यवर्ग की सही पहचान है, वे जानते हैं कि हिन्दू परिवार और मुसलमान परिवार में तरह-तरह की कुण्ठाएँ होती हैं। ये कुण्ठाएँ व्यक्तिगत ही नहीं होतीं, इनका निर्माण जातीय परम्पराओं, धार्मिक मान्यताओं से भी होता है। भारतीय समाज में इस प्रकार की कुण्ठाएँ बिखरी पड़ी हैं।

घर के नौकर तुलसी को विश्वास दिलाया जाता है कि यदि हवन संध्या करेगा तो आर्यवीर बन जायेगा, लेकिन तुलसी की सामाजिक स्थिति में कहीं कोई परिवर्तन नहीं होता। तुलसी अपनी प्रखर बुद्धि के बल पर पढ़ना-लिखना, मंत्र, श्लोक, संध्या, हवन पूजा, वैद्यगिरी, सिलाई सभी कुछ सीख लेता है, लेकिन उसके मन में एक प्रश्न बराबर रहता है, "क्या सारी उम्र मैं बर्तन ही माँजता रहूँगा?" आर्यसमाज के औषधालय में जब वैद्यगिरी सीखने जाता है तो वहाँ उसका पूरा समय सीढ़ियाँ धोते, वैद्य जी का काम करते गुजर जाता है। उपन्यास के अन्त में वह पुन: उसी परिवार के घरेलू कामकाज में जुट जाता है और अपने बेटे को भी लगा देता है।

हिन्दू परिवार के दोनों लड़कों को ब्रह्मचर्य की शिक्षा दी जाती है। स्त्रियों के प्रति गैर मनोवैज्ञानिक दृष्टि दी जाती है, उन्हें बदलते हुए सामाजिक सम्बन्धों से पृथक् रखा जाता है। फलस्वरूप उनमें ग्लानि और हीनता आ जाती है। वे दिशाहीन से हो

जाते हैं तथा समाज में एक सार्थक भूमिका निभाने में असफल हो जाते हैं, उनमें आत्म-विश्वास नहीं रहता और वे एक विरासत-भरी 'मीडियाकर लाइफ' जीने को मजबूर हो जाते हैं। उनका विद्रोह किसी व्यक्ति से हो सकता है, पिता से हो सकता है, लेकिन व्यवस्था के बारे में वे सोच भी नहीं सकते। वे निर्णयहीनता की अनिवार्य नियति को भोगते हैं।

सहज और सादगी के साथ—'झरोखे' उपन्यास में भीष्म साहनी ने मध्यवित्त वर्ग के वातावरण का यथार्थ चित्र बनाया है। छोटे-छोटे अनुभवों को पूरी संवेदनशीलता के साथ उभारा गया है और यह स्पष्ट किया गया है कि इतिहास, संस्कृति, मूल्य के यथास्थितिवादी भ्रमों से मुक्त तभी हुआ जा सकता है जब मनुष्य को सामाजिक विकास के यथार्थवादी दृष्टिकोण से परिचित कराया जाये।

भीष्म साहनी ने इतिहास की यथास्थितिवादी अथवा गैर-परिवर्तनकारी स्थिर रूपों की कटु आलोचना की है। 'झरोखे' में भीष्म साहनी ने मनुष्य के कुण्ठामुक्त होने की सामाजिक परिस्थितियों का निर्माण किया है। इसमें सामंतवादी जीवन-दर्शन से मुक्त होने के कारणों को स्पष्ट किया गया है। इस दृष्टि से यह उपन्यास अत्यन्त उपयोगी है।

—प्रभा खरे

उपन्यास-दृष्टि और मानवीय आस्था

राल्फ फॉक्स मानता है, साहित्य में जीवन के विषय में लेखक की राय दरकार नहीं, वहाँ जीवन की तस्वीर चाहिए। जीवन की यह तस्वीर स्वयं लेखक की दृष्टि को स्पष्ट कर देती है। भीष्म की उपन्यास-दृष्टि के संदर्भ में यह कथन महत्त्व रखता है, साथ ही यहाँ भारतीय सामाजिक संरचना का साम्प्रदायिक और वर्गीय ढाँचा भी विशेष महत्त्व रखता है। स्वतंत्रता आंदोलन से लेकर आज तक का भारतीय समाज जाति, धर्म और सम्प्रदाय के तिगड्डे पर भड़राता रहा है। वर्ग बनते और बिगड़ते रहे क्योंकि इनके मूल के उत्पादन सम्बन्धों में परिवर्तन होता रहा है। ये उत्पादन सम्बन्ध अलगाव और बिखराव की स्थिति उत्पन्न करते रहे, क्योंकि उत्पादन-साधनों पर विघटनकारी शक्तियों का प्रभुत्व रहा है।

भारतीय सामाजिक संरचना में नियतिवाद की जड़ें काफी गहरी और पुरानी हैं। यह नियतिवादी विचारधारा पीढ़ियों से इस देश की चेतना में धुन्ध बनकर छाई है। इसका परिणाम यह हुआ कि मानवीय जीवन आस्था को विकृत करने वाले तत्त्व सक्रिय रहे और विकृतियों से ग्रस्त मनुष्य आर्थिक कारणों को खोजने में असमर्थ रहा। यहीं से श्रम का अवमूल्यन प्रारम्भ हुआ। श्रम से अनास्था का जन्म नियतिवाद में आस्था को पुष्ट करता है, साथ ही उचित मूल्य के अभाव में श्रम से अविश्वास और परायापन (Alienation) भी हो जाता है। विभेद के कई औजार बहुत पहले से यहाँ गढ़ लिए गये। हिन्दी उपन्यास साहित्य में इस तथ्य को सफलता के साथ उद्घाटित किया गया है। प्रेमचन्द, यशपाल, नागार्जुन और रेणु नियतिवादी संस्कारों को प्रस्तुत करते हुए भी मनुष्य को आर्थिक कारणों की पहचान कराते हैं, इसीलिए उनके प्रतिनिधि चरित्र इस दर्शन से मुक्ति के लिए संघर्षरत हैं और उनका यह संघर्ष आर्थिक संघर्ष के रूप में प्रकट होता है। भीष्म इसी परम्परा का विकास करते हैं, जड़ बनाने वाले नियतिवादी दर्शन का समर्थन नहीं।

सम्प्रदाय, जाति, धर्म और राजनीति जितनी तेजी से स्वतंत्रता आन्दोलन के साथ विकसित, अन्तर्संग्रथित और विघटित होते हैं, इसके पहले नहीं। अब धर्म और राजनीति एक-दूसरे के पूरक हो जाते हैं, क्योंकि सामन्तवाद और पूँजीवाद का गठबंधन ज्यादा मजबूत हो जाता है। अंग्रेजी साम्राज्यवाद को समाप्त होते देख सामन्त तथा पूँजीपतियों ने राजनीति और आर्थिक तंत्र में अपनी जगह सुरक्षित कर ली। सामान्यजन भाववादी दर्शन, सम्प्रदाय, जाति, धर्म, पाप-पुण्य, पुनर्जन्म आदि को अपनी नियति

मान लेता है, फलतः महायुद्धों के लिए फौज के रूप में, सत्तातंत्र को सुरक्षित रखने के लिए पुलिस बल के रूप में, कारखाने चलाने के लिए श्रमिक के रूप में उसका उपयोग किया जाता है। बेहतर जिंदगी, स्वतंत्रता और समाजवाद का भ्रम पैदा किया जाता है। साम्प्रदायिक शक्तियाँ अलग-अलग आजादी का भ्रम पैदा करती हैं : पाकिस्तान और हिन्दुस्तान हो अथवा आज खालिस्तान और असम जैसे सवाल।

बहुत-सी विचारधाराएँ मनुष्यता के विनाश में सक्रिय हैं चाहे अन्धराष्ट्रवाद हो, हिन्दूवाद हो या मुस्लिमवाद। क्योंकि मनुष्य की बुनियादी दृष्टि विकसित हो जाने पर अमानवीयतावादी इन सारी शक्तियों का अन्त अनिवार्य है। इसलिए हर बार ये शक्तियाँ अपना रूप बदलती हैं। सामान्यजन को यज्ञ-अनुष्ठान, राहतकार्य, जाँच कमीशन और साम्प्रदायिक घृणा के व्यूह में उलझाये रखा जाता है। जोड़-तोड़ और इस्तेमाल की राजनीति में जनसामान्य का उपयोग किया जाता है। ('तमस' के मुरादअली हों या नत्थू अथवा 'बसन्ती' के मजदूर और पुलिस)। ये पात्र वास्तविक कारण खोजने में असमर्थ हैं। यह जासूसतंत्र सभी जगह सक्रिय है, विनाश में भी और शान्ति में भी। इस तंत्र में साम्राज्यवादी, सामन्तवादी और पूँजीवादी व्यवस्था के संचालक और गुर्गे होते हैं, जिनका उद्देश्य अवाम की एकता को विखंडित करना तथा तंत्र पर अपना इज़ारा बनाये रखना होता है। फूट डालने में धर्म सबसे कारगर हथियार इस देश में साबित होता है, फलतः मूल्यों का वर्गभेद ज्यादा सक्रिय हो जाता है जो सम्पूर्ण सामाजिक तंत्र को अपनी गिरफ्त में ले लेता है, व्यक्तित्व भी कई रूपों में विभाजित हो जाता है (तमस में अंग्रेज गवर्नर रिचर्ड का चरित्र पति, प्रशासक और इतिहासकार के रूप में)।

भीष्म की रचना-दृष्टि और इतिहास-दृष्टि में सम्पूर्ण भारतीय समाज उपस्थित है। यहाँ नगर हैं तो गाँव भी। भले ही घटनाएँ पंजाब के इलाके या दिल्ली में चलती हों। घटनास्थल की परिधि सीमित हो सकती है—औपन्यासिक प्रक्रिया के कारण, लेकिन दूसरी तरफ कोई भी वर्ग, तबका या संस्कार दृष्टि से ओझल नहीं है। दिल्ली (बसन्ती) में आकर लेखक ने इन सबको एक जगह उपस्थित कर दिया है। यह इस दृष्टि से भी महत्त्वपूर्ण है कि सारी अमानवीयता केन्द्रीय राजधानी दिल्ली में घटित हो रही है, जहाँ से जनता की खुशहाली और प्रगति के फरमान जारी होते हैं। नगर, गाँव और परिवार की त्रयी पर निर्मित भीष्म के उपन्यास अपनी संवेदना और विचारधारा को भी स्पष्ट कर देते हैं।

रचनाकार के संस्कार, अनुभव तथा संघर्ष को रचना के सम्पूर्ण कैनवस पर विकृति के साथ आरोपित करना उसकी दिशा-दृष्टि को गुमराह करके प्रस्तुत करना होगा, ऐसा वही कर सकते हैं जो विकृत मानसिकता में विश्वास करते हैं और सामान्यजन की क्रान्तिधर्मिता को कहीं न कहीं भोथरा करते हैं। रिरियाने की भाषा में इनके लेखन का चरित्र ज्यादा स्पष्ट हो जाता है, जैसा कि महीपसिंह ने 'तमस' पर आरोप लगाया है (देखिए, आधुनिक हिन्दी उपन्यास : सं० नरेन्द्र मोहन)। इसी तरह से भीष्म की इतिहास-दृष्टि और मानवीय दृष्टि को समझे बिना 'बसन्ती' पर भी कई तरह के

आरोप लगाए जा सकते हैं कि कथा सपाट है, ठंडी या बसन्ती का चरित्र फूहड़ किस्म का है और यह कि झुग्गी-झोपड़ी वालों को उजाड़कर बेघर करना सरकार की कोई सूत्रीय योजना के अन्तर्गत है, इससे देश की राजधानी खूबसूरत बनती है और सरकारी तुर्रा यह कि उन्हें बसने को मैदान दिया जाता है।

भीष्म पहले परिवेश का सूक्ष्म, गंभीर और संवेदनात्मक जायजा लेते हैं। बारीक से बारीक हरकत भी उनकी दृष्टि से ओझल नहीं होने पाती, चाहे व्यक्ति हो या समाज, चाहे रिचर्ड हो या लिजा, लक्ष्मीनारायण हों या शाहनवाज, बख्शी जी हों या मास्टर देवव्रत, नत्थू हो या तुलसी, बसन्ती हो या श्यामा बीबी, कम्युनिस्ट देवदत्त हो या हयातबख्श, रणवीर हो या शंकर अथवा हिन्दू महासभा हो, कांग्रेस हो या मुस्लिम लीग या सरकारी तंत्र। रिचर्ड अंग्रेजी हुकूमत का एक पुर्जा बनकर रह जाता है, निर्णय भी लेता है तो अंग्रेजी हितों के पक्ष में, क्योंकि "हुकूमत करने वाले यह नहीं देखते कि प्रजा में कौन-सी समानता पायी जाती है, उनकी दिलचस्पी तो यह देखने में होती है कि वे किन-किन बातों में एक-दूसरे से अलग हैं" (तमस : पृ० 45)। सत्ता का अंग बनते ही मानवीय संवेदना के स्थान पर उसका वर्गचरित्र बदल दिया गया है। वह स्वीकार करता है, "प्रशासन के क्षेत्र में उसकी निजी मान्यताओं का कोई दखल नहीं था, बल्कि वे असंगत थीं। यह विचार कि हमारा आचरण हमारी मान्यताओं के अनुरूप होना चाहिए, एक ऐसा भोंड़ा आदर्शवाद है जिससे सिविल सर्विस में नाम लिखाते ही अफसर अपना पिण्ड छुड़ा लेते हैं" (तमस : पृ० 41)। वह अपनी पत्नी लिजा पर भी विश्वास नहीं करता, वास्तविकता को छुपाते हुए कहता है, "वे धर्म के नाम पर आपस में लड़ते हैं, देश के नाम पर हमारे साथ लड़ते हैं।" उनको सभी हिन्दुस्तानी छोटे आदमी नजर आते हैं दृष्टि के कारण।

दूसरी तरफ कांग्रेस है। उसके अन्दर ही इतने ज्यादा अन्तर्विरोध मौजूद हैं कि कोई उम्मीद की ही नहीं जा सकती। वह तामीरी काम को सत्ता प्राप्त करने का माध्यम बनाना चाहती है। बख्शी जी कहते हैं, "तामीरी काम का यह मतलब तो नहीं कि सचमुच नालियाँ साफ करने लग जाओ। इसका तो इतना भर मतलब है कि लोगों का ध्यान सफाई की ओर दिलाओ और देश की आजादी की ओर" (तमस : पृ० 51)। इसीलिए कांग्रेस में लोफर भर्ती होते जाते हैं, साथ ही उसमें फूट भी पड़ती जाती है। एक मेहताजी हैं जो कांग्रेसी भी करते हैं और बीमा एजेन्टी भी। फलतः तमाम सेठ-साहूकार कांग्रेस मे घुस जाते हैं और मेहताजी हैं कि व्यक्तिगत स्वार्थ के कारण सेठों को चुनावी टिकट का आश्वासन देते हैं। यहीं से कांग्रेस का वर्गचरित्र स्पष्ट होने लगता है। शंकर का विरोध भी व्यक्तिवादी है। इन कांग्रेसियों को सदैव यह खतरा रहता है कि अंग्रेजों के जाने पर सत्ता हिन्दू महासभा, मुस्लिम लीगी या कम्युनिस्ट न मार ले जायें, फलतः सारा स्वार्थ-संघर्ष यहीं टिक जाता है।

हिन्दू महासभा में जनसंघ की कवायत, असलों का जमाव, वानप्रस्थी जी का प्रवचन, मास्टर देवव्रत और उनकी शिक्षा साथ ही युवा पीढ़ी की सृजनात्मक मान-

सिकता को कुंठित कर उन्हें हत्या, हिन्दू जातिवाद, हथियार चलाने की शिक्षा-दीक्षा साथ ही घृणा के रक्तरंजित कारनामे देखे जा सकते हैं। साथ ही सिख सम्प्रदाय और मुस्लिम लीगियों की अमानवीयता, लूट और हत्या, मज़हबी जनून के कारण विनाश लीला में देखी जा सकती है। ये साम्प्रदायिक शक्तियाँ एक-दूसरे से घृणा तो करती ही हैं, लेकिन इनको ज्यादा घृणा उन शक्तियों से है जो साम्प्रदायिक मानसिकता को समाप्त कर मानवीय एकता स्थापित करने में प्रयत्नशील हैं। 'तमस' के देवदत्त, सोहनसिंह और मीरदाद अलग-अलग तरीकों से अपनी ही जाति के अन्दर यातनाग्रस्त हैं। क्योंकि यहाँ पुनरत्थानवादी शक्तियाँ ज्यादा तेजी के साथ सक्रिय होती हैं जो अतीत के स्वर्णयुगों का हवाला प्रस्तुत करती हैं। दूसरी तरफ मुस्लिम लीगी हैं जो मुसलमानों के अन्दर यह संस्कार डालते हैं कि 'कांग्रेस हिन्दुओं की जमात है, इसके साथ मुसलमानों का कोई वास्ता नहीं' और 'हिन्दुस्तान की आजादी हिन्दुओं के लिए होगी : आजाद पाकिस्तान में ही मुसलमान आजाद होंगे'। यह है साम्प्रदायिकता का जहर जिसमें सामान्यजन तबाह होता है।

जैसाकि मैंने स्वीकार किया है भीष्म के उपन्यास भारतीय जनता के संघर्षों के मध्य विकसित होते हैं। यह उनकी ऐतिहासिक तथा वैज्ञानिक दृष्टि है जो सामाजिक, सांस्कृतिक, आर्थिक तथा राजनैतिक सभी गतिविधियों को आत्मसात् करती चलती है। इसे समाज के गंभीर दबाव ही कहा जाना चाहिए कि भीष्म जहाँ राष्ट्रीय घटनाचक्र को दृष्टि में रखते हैं वहीं शहर, गाँव उनकी रचनाधुरी के केन्द्र में उपस्थित हैं। साथ ही उनकी दृष्टि जनसामान्य की परिस्थिति, संस्कृति, सौन्दर्य, लोक-परम्पराएँ, उल्लास और संघर्ष (झरोखे तथा बसन्ती के बहुत से प्रसंग) पर ज्यादा केन्द्रित है। इसीलिए जनसामान्य के यथार्थ चित्र उनकी उपन्यास-दृष्टि को ज्यादा पुख्ता करते हैं और आभिजात्य या सत्तापक्ष का जो नक्शा प्रस्तुत हुआ है (तमस, बसन्ती) वह उस वर्ग की विकृतियों के प्रति घृणा उत्पन्न करता है।

धर्म और राजनीति के गठबन्धन की बहुत-सी गुत्थियाँ भीष्म खोलते हैं। यहाँ धर्म का विकृत स्वरूप ज्यादा प्रधान है। यद्यपि सामन्तवाद बहुत उभरकर नहीं आया है लेकिन उसके हथियारों का पूँजीवादी शक्तियों के साथ पूर्ण सामंजस्य है और नियतिवादी दबाव भी। 'झरोखे', 'तमस', 'बसन्ती' सभी में भीष्म ने धर्म के इस स्वरूप को प्रस्तुत किया है। धर्म और पूँजीवादी गठबन्धन के तहत एक ओर सामान्य मुसलमानों के प्रति घृणा भाव विकसित किया जाता है तो दूसरी ओर व्यापारी मुसलमान के प्रति आदर और स्नेह भाव। "'बपारी' मुसलमान में और मुहल्ले के मुसलमान में बड़ा फर्क है। 'बपारी' मुसलमानों के साथ पिताजी हँस-हँसकर बातें करते हैं, उनकी 'ठुड्डी' को हाथ लगाते हैं, उन्हें चाय पिलाते हैं, खाना खिलाते हैं। मुहल्ले के मुसलमान म्लेच्छ हैं, वे बकरे की सिरी भूनते हैं, वे हिन्दुओं के खोमचे लूट लेते हैं और उनके बच्चे इश्किया गीत गाते हैं और गंदी गालियाँ देते हैं। इसीलिए पिताजी उनके साथ हमें खेलने नहीं देते" (झरोखे : पृ० 67)। 'तमस' में लाला लक्ष्मीनारायण की मुसलमान

शाहनवाज रक्षा करता है, गोदामों में भरे माल की सुरक्षा करता है। दोनों व्यापारी-पूंजीपति हैं, उनका आर्थिक वर्ग एक है। लेकिन इसके अतिरिक्त इन सबका एक दूसरा व्यक्तित्व भी है—घृणा का और साम्प्रदायिक। शाहनवाज अपनी इस घृणा को लक्ष्मीनारायण के हिन्दू नौकर मिलखी पर उतारता है। लक्ष्मीनारायण खुद मुसल्लों पर एतबार नहीं करते, पड़ोसी फजलदीन से सावधान रहते हैं। हिन्दू और मुसलमान दोनों के अन्दर इस घृणा के बीज पनपते हैं। लाला लक्ष्मीनारायण के पुत्र रणवीर को हिन्दू महासभा में ऐसे ही संस्कार मिले हैं। रणवीर ने यह जाना कि म्लेच्छ कौन होते हैं, "म्लेच्छ गन्दे होते हैं, म्लेच्छ नहाते नहीं, पाखाना करके हाथ नहीं धोते, एक-दूसरे का जूठा खा लेते हैं, समय पर शौच नहीं जाते।" रणवीर की आँखों के सामने बार-बार म्लेच्छ घूम जाते हैं। पड़ोस में सड़क के किनारे बैठा मोची म्लेच्छ है, घर के सामने टाँगा हाँकने वाला गाड़ीवान म्लेच्छ है, मेरी ही कक्षा में पढ़ने वाला हमीद म्लेच्छ है, गली में मंजीफा माँगने वाला फकीर म्लेच्छ है, पड़ोस में रहने वाला परिवार म्लेच्छों का है" (तमस : पृ० 66)। इसी तरह मुसलमानों के अन्दर काफिर के प्रति घृणा के बीज बोये जाते हैं। और मार्के की बात तो यह है कि यह घृणा गरीबों के साथ जुड़ी है।

इस साम्प्रदायिक घृणा का शिकार कौन होते हैं? इसका शिकार होता है इत्र बेचने वाला गरीब मुसलमान, हरनामसिंह और उसका लड़का इक़बालसिंह, कांग्रेसी अक्खड़ जरनैल जो अभावग्रस्त रहता है, लाला लक्ष्मीनारायण का हिन्दू नौकर मिलखी और मानसिक रूप से नत्थू। रणवीर अपने जाति भाई हलवाई को भी नहीं छोड़ता। इसीलिए कामरेड देवदत्त शरणार्थी शिविर में, मरने वालों में अमीर और गरीबों की संख्या जानना चाहता है, हिन्दू और मुसलमान की नहीं।

भीष्म की उपन्यास-यात्रा के साथ उनकी उपन्यास-दृष्टि का विकास होता है। 'बसन्ती' इसीलिए बदली हुई सामाजिक स्थितियों और आर्थिक तनावों के मध्य सामान्य जन के हालातों को ज्यादा स्पष्टता के साथ व्यक्त करता है। रोजी-रोटी की खोज जनसामान्य को महानगरों की तरफ खींचती है, उसका कारण औद्योगिक और महानगरीय जीवन तो होता ही है, मानसिकता परिवर्तित करने वाले संस्कार भी यहाँ पाये जाते हैं। सौन्दर्य प्रसाधन, अभिजात वर्गीय मनोरंजन के साधन, टी०वी० संगीत, फिल्म, बीड़ी-सिगरेट, शराब का चलन भी बहुतायत में होता है। अब केवल गाँवों का उत्पादन ही नगरों में नहीं पहुँचता, बल्कि मानवीय श्रम भी वहाँ पहुँच जाता है और श्रम-बिकाऊ होने के कारण जनसामान्थ का उससे भी अधिकार खत्म हो जाता है। नियतिवाद फिर यहाँ अपना काम करता है। 'बसन्ती' के झुग्गी-झोपड़ी के बासिन्दे कई प्रान्तों, जातियों और धर्मों के लोग हैं राजमिस्त्री, कारीगर, धोबी, मोची, नाई, मजूर आदि। इन्हें यहाँ रहते पीढ़ियाँ गुजर गयीं।

नौकरतंत्र में अफसर का चरित्र भीष्म की दृष्टि में है। बड़े साहबों में इतनी सहजता और विनम्रता (वर्गीयचरित्र का छद्म) होती है कि वह वर्गीय क्रूरताओं को

जनसामान्य के लिए हँसकर सहने के लिए बाध्य करती है। जबकि उससे नीचे का अफसर (New working class) सीधे मुँह बात नहीं करता। यहीं उसका अक्खड़-पन ज्यादा उभरता है। वह काइयाँ बनने की प्रक्रिया में है, उसका वर्गचरित्र धीरे-धीरे बदल रहा है। वह फैसले सुनाता है जो ऊपर से मिलते हैं या निर्णय भी लेता है तो शासन के पक्ष में, अंग्रेज गवर्नर रिचर्ड की तरह। निर्णयों को वह गोली की तरह दाग देता है, मीठा बोलना उसका काम नहीं। नियतिवाद और अफसरी चरित्र की मुली-जुली अभिव्यक्ति झुग्गी-झोपड़ियों के प्रतिनिधि हीरा के इस कथन में है, "अरे बोलो तो मीठा, काम तो होगा, नहीं होगा, यह तो भगवान के हाथ में है, पर बोलो तो मीठा। हमसे कड़वा बोलकर तुम्हें क्या मिलेगा। तुम्हारे भाग अच्छे थे, तुम अफ-सर बन गये। हमारे भाग खोटे थे, हम मिस्त्री-मजूर बने, पर भाई बोलो तो मीठा। हमारा पानी तो नहीं उतारो···हम तुम्हारे द्वार पर आये हैं, हमारी पगड़ी तो नहीं उछालो।···हमारे साथ बोलो तो मीठा" (बसन्ती : पृ० 11)। बसन्ती के प्रति श्यामा बीबी की जो दया और सहानुभूति है उसके कारण हैं : बढ़ती सम्पत्ति के कारण बढ़ता भय और असुरक्षा। उसके लिए वह डाक्टर के पास जाती है, गंडा-ताबीज भी करवाती है—पुखराज की अँगूठी भी पहनती है और अन्त में पण्डितजी महाराज के कहने पर इसी सेवा-भावना के तहत एक सुबह बसन्ती से मुलाकात होती है। घेर का काम भी चलता है और बीमारी को दूर करने के लिए सेवा-दया भाव भी। भाववादी विचार-धारा के भय के कारण बसन्ती के मनमानी करने पर भी श्यामा बीबी उसको बर्दाश्त करती हैं। फिर भी बसन्ती के चरित्र-विकास के साथश्यामा बीबी उससे सावधान रहती हैं तथा उन्हें बसन्ती चोर नजर आती है। यहीं से उनका दृष्टिभेद गहराने लगता है। इसीलिए वे बसन्ती को पुनः उन्हीं हालातों में पहुँचा देना चाहती हैं जिनसे बसन्ती ने मुक्ति ली है। इसीलिए बाद में बसन्ती जब भी श्यामा बीबी से मिलती है, उसकी सुख-शान्ति छिन जाती है और वह मानसिक अन्तर्द्वन्द्व में फँस जाती है जैसे नत्थू सूअर मारने के बाद अशान्ति में जीता है।

जनसामान्य का प्रतिनिधि चरित्र बसन्ती एक पाजिटिव कैरेक्टर है जो अप-मान, शारीरिक शोषण और अमानवीय शिकंजों को एकबारगी तोड़ देती है, उनसे लोहा लेती है। अपमान के जहर, तिरस्कार और लांछन को अपनी उन्मुक्त हँसी से बेमानी साबित करती है। जहाँ असुरक्षा का वातावरण हो, वहाँ वह दीनू के पास सुरक्षित अनुभव करती है। वह किसी के सामने फरियाद नहीं करती, घरों में काम करती है और बाद में तंदूर चलाती है, जिसे उजाड़ दिया जाता है। वह लगातार श्रम से जुड़ी रहती है, इसीलिए श्यामा बीबी के नियतिवाद का जवाब देती है, "भगवानजी खुश कब हुए हैं?···भगवानजी मेरे साथ तो सदा ही मुँह फुलाये रहते हैं,···ऐंठकर बोलो तो भी नाराज, हँसो तो भी नाराज, पेड़ पर चढ़ो तो भी नाराज, नीचे उतरो तो भी नाराज ···किस-किससे डरकर रहूँ, बीबीजी? बापू से? माँ से? आपसे? भगवान से?" (बसन्ती : पृ० 34)। उसमें वैज्ञानिक दृष्टि का अभाव है, इसीलिए सही-गलत का निर्णय

उसके बस का नहीं। अगर भीष्म उसे वैज्ञानिक शिक्षा से लैस कर देते तो बसन्ती का चरित्र असहज और अस्वाभाविक हो जाता। जिस समाज में स्त्री को जिन्स माना जाता है वहाँ बसन्ती जैसा चरित्र सबको ललकारता है। पिता चौधरी के लिए रुपया कमाने का साधन है, बुलाकीराम को बुढ़ापे में पत्नी का शौक चर्राया है, प्रेमी दीनू के लिए थकान मिटाने वाली और रोटी का इंतजाम करने वाली वस्तु। पिता, बुलाकीराम, दीनू, श्यामा बीबी सबको एक-एक कर छोड़ना उसका मुक्ति के लिए संघर्ष है। पिता चौधरी इसके अलावा कुछ नहीं कर सकता क्योंकि शहर की हवा लड़की को लग गयी है। इसलिए जहाँ वर्ग-विषमता का महाचक्र कई आयामों को एक साथ लेकर चल रहा हो, वहाँ जनसामान्य सामाजिक तथा आर्थिक रूप से कमजोर तथा असुरक्षित होगा।

लेकिन 'झरोखे' का तुलसी एक सामान्य टाइप चरित्र है जो अपनी जिन्दगी के तमाम वर्ष एक ही ढर्रे पर गुजारता है। गाँव से आया यह तुलसी बसन्ती की तरह चालाक और तेज नहीं है, न ही उतनी विवेक-बुद्धि लेकिन परिश्रम करने की उसमें अकूत क्षमता है। यद्यपि वह दुनिया की हवा से प्रभावित नहीं है लेकिन वर्ग-भेद को अच्छी तरह से पहचानता है। इसके कारण उसे हर बार अपने को नीचा देखना पड़ता है। उच्चवर्गीय धारणा कि नौकर को पढ़ा-लिखा कर उसकी ज़िन्दगी को बर्बाद करना है, क्योंकि तब उसे वास्तविक कारणों की जानकारी हो जाएगी, उसे अपना वर्ग-शत्रु पहचान में आ जाएगा, तब वह विद्रोह भी कर सकता है। "पढ़-लिख जाएगा तो क्या करेगा, क्या बैंक का मैनेजर बन जाएगा ? यह बर्तन ही माँजेगा, और क्या करेगा ? इसे जैसा है वैसा ही रहने दो। क्यों इसकी जिन्दगी बर्बाद करते हो" (झरोखे : पृ० 53)। यह है वर्गीय मानसिकता। इसीलिए जब तुलसी का बोध जागृत हो जाता है तो उच्च वर्ग उसके प्रति करुणा या सहानुभूति से कुछ नहीं करता। क्योंकि इस वर्ग की करुणा और सहानुभूति भी छद्म होती है—स्वार्थ के लिए, श्यामा बीबी की तरह। तुलसी आर्यसमाज औषधालय, बैंक सब जगह भटकता है नियतिवाद को ढोते हुए लेकिन उसे कहीं भी उचित मुआवजा नहीं मिलता। इसलिए वह औषधालय और बैंक के अनेक परिवारों का बोझा न ढोकर पुनः पुराने एक परिवार में आ जाता है। नत्थू, बसन्ती और तुलसी तीनों मिलकर सामान्य जन की जिन्दगी का पूरा खाका प्रस्तुत करते हैं—अकेले में हर पात्र अधूरा है, अपने-अपने घटनाक्रम को सम्पूर्णता के साथ प्रस्तुत करता हुआ।

'बसन्ती' की बस्तियाँ बार-बार उजाड़ी जाती हैं। महत्त्वपूर्ण यह है कि बस्तियाँ किनकी उजाड़ी जाती हैं। उन मजूरों की जो दूर-दराज के प्रांतों से आजीविका के लिए आये हैं, जो फुटपाथी ज़िन्दगी व्यतीत करते हैं। और इनके उजाड़े जाने से प्रसन्नता किनको होती है, वे जो सामान्य जन के वर्ग शत्रु हैं। "मार्कीट के बड़े-बड़े दूकानदार और कितने ही मनचले दूकानों के बाहर आकर खड़े हो गये थे और खोमचे वाले, नाई, धोबी, मोची, पटरी पर बैठकर धन्धा करने वालों के खदेड़े जाने का तमाशा देख रहे थे" (बसन्ती : पृ० 165)।

बसन्ती का पिता चौधरी जाति का अहीर और धन्धे से नाई है जो बसन्ती को बेचता है लँगड़े बुलाकी दर्जी के हाथ। चौधरी पर आरोप लगाया जा सकता है लड़की बेचने का। अभावों में बेटा-बेटी बेचना मध्यकाल में भी था। चौधरी बेटी बेचकर रोटी चला सकेगा, यह वर्ग सत्य है। लेकिन बात यहीं समाप्त नहीं हो जाती। यह तो मात्र शुरुआत है और यह लेखक का उद्देश्य भी नहीं। बल्कि 'बसन्ती' के माध्यम से लेखक व्यवस्था के जिस चरित्र को उद्‍घाटित करना चाहता है तथा उस व्यवस्था में मनुष्य के जिस सामाजिक अन्तर्विरोध को प्रस्तुत करना चाहता है, उसमें वह पूरी तरह सफल है। यही भीष्म की उपन्यास-दृष्टि है।

'बसन्ती' के बुलाकीराम, 'तमस' के जरनैल और 'झरोखे' के तुलसी में बहुत-सी समानान्तर रेखाएँ तलाशी जा सकती हैं। सभी मिजाजी हैं, कोई भी अपनी ज़िन्दगी को बेहतर नहीं बना पाता। जरनैल गांधी का नाम लेते हुए मारा जाता है, तुलसी पुराना जीवन जीने का अभिशप्त है और बुलाकीराम की आकांक्षा अधूरी रह जाती है। जरनैल अकेले कांग्रेस के वर्ग चरित्र को नहीं ठीक कर पाता। तुलसी को अपनी यातना से मुक्ति नहीं मिलती और बुलाकीराम को बसन्ती नहीं मिलती। बसन्ती चूहामार गोलियाँ खा लेती है, एक बार बस्ती उजाड़े जाने के कारण बच जाती है या दीनू के दुबारा मिलते ही बुलाकीराम को छोड़कर भाग जाती है। निश्चय ही इन सबके गहरे कारण हैं और भीष्म जैसा सजग लेखक ही इस द्वन्द्व को सफलता के साथ प्रस्तुत कर सका है। लेकिन पीढ़ी-अन्तराल, रुचि और दृष्टि की मानसिकता के अन्तर और द्वन्द्व को समझे बिना हम महीपसिंह की तरह गलत निष्कर्षों पर पहुँच जायेंगे।

'बसन्ती' के कई तथ्यों में एक है – जिन मज़दूरों की बस्तियाँ उजाड़ी जा रही हैं, वे स्वयं बीस रुपये मज़ूरी में अपने जाति, परिवार और वर्ग के विरुद्ध हैं। आर्थिक मजबूरियों के कारण वैज्ञानिक चेतना से शून्य मज़ूरों का उपयोग शासन उन्हीं के वर्ग के खिलाफ करता है। लेकिन बसन्ती वर्ग सत्य को समझते हुए इसका विरोध करती है तो उत्तर मिलता है, "बनाई थी तो बनाई थी···सरकार तो इन्हें तोड़ेगी ही। हम अपनी मज़ूरी क्यों छोड़ें। हम नहीं तोड़ेंगे तो कोई दूसरा आकर तोड़ेगा" (बसन्ती : पृ० 25)। 'बसन्ती' का दर्दनाक दृश्य है बस्तियाँ उजाड़ना और उजड़ी बस्तियों का ट्रकों में भर-भरकर अन्यत्र पहुँचाना, बिल्कुल 'तमस' जैसी स्थिति—शरणार्थियों की तरह। एकदम से सब कुछ अव्यवस्थित हो जाता है और चीजों की पहचान भी आसान नहीं रहती। यहाँ आकर अमानवीयता को कानून का दर्जा दिया जाता है। परती जमीन पर मज़ूरों का झोपड़ी बनाना गैरकानूनी। इसीलिए आहूजा साहब कहते हैं, "कानून कानून है क्या किया जाय···मैंने मूलराज से कहा भी था। मैंने कहा मूलराज, तुम कोठरियाँ पक्की नहीं करो। पक्की कोठरियाँ बनाना गैरकानूनी है। पक्की कोठरियाँ बनाना ही नहीं, सरकारी जमीन पर कब्ज़ा करना ही गैरकानूनी है। बैठे-बैठाए मुफ्त को अपनी कोठरियाँ खड़ी कर लीं" (बसन्ती : पृ० 28)। यह आहूजा साहब का वर्गसत्य है जो मानवीय संवेदना से शून्य है प्रशासन के अधिकारी की तरह, 'तमस' के रिचर्ड के कथन

की तरह।

'तमस' के देवदत्त, सोहनसिंह और मीरदाद कम्युनिस्ट कार्यकर्ता हैं, जिनकी कार्य-पद्धति को उस परिवेश में देखना जरूरी है। क्योंकि ये पात्र सामाजिक एकता और अन्याय के विरुद्ध सक्रिय सहयोग के लिए लगातार प्रयासरत हैं और लोगों का ध्यान उस ओर दिलाना चाहते हैं जिस ओर कांग्रेस के बख्शीजी का ध्यान बहुत बाद में जाता है। लेकिन अन्य विचारधाराओं के द्वारा जो नियतिवादी तथा साम्प्रदायिक संस्कार यहाँ के परिवेश में बो दिये गये हैं, उनको दूर करने में देवदत्त आदि पूर्ण सफल नहीं होते जिसके कारण वे इस आन्दोलन को सही दिशा नहीं दे पाते। तात्कालिक निर्णय ऐसे मौके पर ज्यादा महत्त्वपूर्ण होते हैं। इसे भीष्म की सीमित दृष्टि कहना कहाँ तक उचित है, महीपसिंह जवाब देंगे। राजनीति को समझना, समस्या को समझना और उसे विश्लेषित करना एक बड़ी जटिल और वैज्ञानिक प्रक्रिया है और यह जटिलता महीपसिंह के साथ जुड़ी है। सोहनसिंह हिन्दुओं को समझाता है, "हमें यह नहीं भूलना चाहिए कि हम लोगों को मुसलमानों के खिलाफ भड़काया जा रहा है और मुसलमानों को हमारे खिलाफ भड़काया जा रहा है। हम झूठी अफवाहें सुन-सुनकर एक-दूसरे के खिलाफ तैश में आ रहे हैं। हमें अपनी तरफ से पूरी कोशिश करनी चाहिए कि गाँव के मुसलमानों के साथ मेल-जोल बनाए रखें और हत्तुलवसा कोशिश करें कि गाँव में फिसाद न हो" (तमस : पृ० 176)। इसी तरह मीरदाद मुसलमानों को समझाता है, "अगर हिन्दू-मुसलमान-सिख मिल जाते हैं, उनमें इत्तहाद हो जाता है तो अंग्रेज की हालत कमज़ोर पड़ जाती है, अगर हम आपस में लड़ते रहते हैं तो उसकी हालत मज़बूत बनी रहती है" (वही : पृ० 179)। तमस का बूढ़ा करीमखान इस जटिलता को जानता है। इसीलिए वह कहता है, "हाकिमों के मन की थाह पाना आम आदमी के बस का नहीं होता, हाकिम दूर की सोचता है, उसके हर फेअल के पीछे दूर अन्देशी पायी जाती है, जो कुछ वह देखता है उसे आम इंसान नहीं देख पाता" (वही : पृ० 93)। नहीं तो क्या कारण है मुट्ठीभर फिरंगी समन्दर पार इतने बड़े देश में शासन कर रहे हैं। और आजादी के आन्दोलन में जो अगुआ हैं, उनसे आजादी आ भी गयी तो वह हमारे लिए नहीं क्योंकि हम तो पहले भी बोझा ढोते थे आजादी के बाद भी बोझा ढोयेंगे। यहाँ आकर भीष्म की दृष्टि की पहचान संदेहास्पद नहीं रह जाती और सारी जटिलता भी स्पष्ट हो जाती है। कांग्रेसी बख्शी भी इस बात को समझते हैं लेकिन उनके समझने के पीछे छिपी उनकी दृष्टि और मंसा को समझना जरूरी है। बख्शीजी का उलाहना और रोष है, "फिसाद कराने वाला भी अंग्रेज, फिसाद रोकने वाला भी अंग्रेज, भूखों मारने वाला भी अंग्रेज, रोटी देने वाला भी अंग्रेज, घर से बेघर करने वाला भी अंग्रेज, घरों में बसाने वाला भी अंग्रेज, अं ज फिर बाजी ले गया" (तमस : पृ० 223)। अंग्रेज याने सत्ता पक्ष। भीष्म का इससे अधिक व्यंग्यात्मक वाक्य दूसरा नहीं हो सकता, क्योंकि बख्शी या कांग्रेस के पूरे वर्ग-चरित्र को नंगा करके रख देता है। क्योंकि अगर इसी दृष्टि को 'बसन्ती' में घटित किया जाय तो कहा जा सकता है,

"फिसाद कराने वाला भी कांग्रेस, फिसाद रोकने वाला भी कांग्रेस, भूखों मारनेवाला भी कांग्रेस, रोटी देने वाला भी कांग्रेस, घर से बेघर करने वाला भी कांग्रेस, घरों में बसाने वाला भी कांग्रेस, कांग्रेस फिर बाजी ले गया।" इससे हम भीष्म की प्रतिबद्धता और दृष्टि की ईमानदारी को समझ सकते हैं।

भीष्म कोई फार्मूलाबद्ध मार्क्सवादी रचनाकार नहीं हैं, न ही उग्रपंथ जैसे बचकाने मर्ज के शिकार हैं, क्योंकि अक्सर यह आरोप मार्क्सवादी रचनाकारों पर लगाया जाता है। बल्कि भीष्म मानवीय संवेदना और जीवन की आस्था के रचनाकार हैं और इस अर्थ में वे छद्म संवेदना और छद्म आस्था के विरोधी हैं। लेकिन उनका विरोध अराजक या रूमानी किस्म का नहीं है, वरन् सामाजिक परिवेश के रूप में सामने आता है। यह बात उनके पात्रों के मानसिक अन्तर्द्वन्द्व से स्पष्ट है। 'तमस' के हरनामसिंह के साथ रमजान की यही मानवीय संवेदना है "दो-तीन बार रमजान ने कुल्हाड़ी उठाने की कोशिश की, पर कुल्हाड़ी हाथ में रहते भी उसे उठा नहीं पाया। काफिर को मारना और बात है, अपने घर के अन्दर जान-पहचान के पनाहगज़ीन को मारना दूसरी बात। उसका खून करना पहाड़ की चोटी पार करने से भी ज्यादा कठिन हो रहा था। मजहबी ज़नून और नफरत के इस माहौल में एक पतली-सी लकीर कहीं पर अभी भी खिंची थी जिसे पार करना बहुत ही मुश्किल था। उसे रमज़ान भी पार नहीं कर पा रहा था" (तमस : पृ० 197)। इस परिवेश की जानकारी के बिना हम भीष्म की दृष्टि को नहीं समझ सकते। बसन्ती, नत्थू, तुलसी, हरनामसिंह या देवदत्त आदि कम्युनिस्ट हारे हुए पात्र हैं और लेखक इन्हीं पराजित पात्रों के साथ है। क्योंकि ये पात्र लेखक के साथ हैं, इसलिए हारकर भी विजयी हैं और अपनी पहचान स्थापित करते हैं। भीष्म की दृष्टि की सबसे बड़ी विशेषता यह है कि वह कहीं भी अतिवादी या संकीर्ण आग्रहों में सीमित नहीं है, बल्कि सहजता के साथ विकसित होती है। उनकी सहज वैज्ञानिक दृष्टि सूक्ष्म और पैनेपन के साथ वर्गघृणा और वर्गप्रेम के संस्कारों को उद्घाटित करती है। इस संदर्भ में उनके सम्पन्न जीवनानुभव, भाषारचना की गहरी समझ और उपन्यास की रचना-प्रक्रिया के वैज्ञानिक आधारों को भुलाला नहीं जा सकता।

जरूरी यह है कि जनसामान्य वास्तविक कारणों को समझे, उनकी खोज करे। समाज के उत्पादन सम्बन्धों का गंभीर जायज़ा ले, तभी संघर्ष का ठोस विकल्प प्रस्तुत कर पायेगा। परिवेश की प्रामाणिक जानकारी और वैज्ञानिक दृष्टि इसका एकमात्र रास्ता है। आज संघर्ष की दिशा बदल गयी है। आज संघर्ष है सम्प्रदाय, जाति, धर्म और पूँजीवादी साम्राज्यवादी राजनीति के खिलाफ। वर्गसंघर्ष भी स्वरूप बदलकर अपनी रणनीति तय करता है। भीष्म जन-संवेदना के यथार्थवादी स्तरों की पहचान के साथ समाज की मुक्तिकामी चिन्ता को ज़्यादा नज़र में रखते हैं। विगलित और प्रताड़ित युग में जनता को उसकी क्रान्तिधर्मिता और सांस्कृतिक अस्मिता की पहचान आवश्यक है। रचना की जनवादी परम्परा को कायम रखने और विकास करने के लिए

भीष्म समाज के वास्तविक मूल्यों और सामान्य जन के समाजार्थिक संघर्ष को ज्यादा धार देते हैं।

भीष्म के उपन्यासों में अंग्रेजी साम्राज्यवाद, भारतीय सामन्तवाद और आयातित पूंजीवाद के विरुद्ध सामान्य जन संघर्ष करता है। यहाँ मध्यवर्गीय चरित्र भी हैं जो घुटन, बड़बोलेपन, कुंठा, वर्गहीनता का बोध और छद्म का जीवन व्यतीत कर रहे हैं और संघर्ष के बजाय समझौता कर रहे हैं। यहाँ सामान्य जन परम्पराओं का बोझ ढो रहे हैं, उनसे मुक्ति की छटपटाहट लिये हैं, साथ ही वे अपनी सीमाएँ भी जानते हैं, उनमें अगर दुःख, करुणा है तो आशा और उत्साह भी है। यहाँ वर्ग-विषमता का स्वरूप गहरा और जटिल है लेकिन धुंधलका छँट रहा है। नगरीय और ग्रामीण परिवेश अपने यथार्थ रूप में उपस्थित है तो सामन्ती-पूँजीवादी गठबन्धन भी वर्गीय स्वार्थों के लिए बहुत साफ रूप में उभरा है। यहाँ राजनीतिक गतिविधियाँ तेज हैं तो पंचायतों और धार्मिक, साम्प्रदायिक, जातिगत समितियों की साजिश और बनावट भी दृष्टि से ओझल नहीं है। राजनैतिक पार्टियों की टकराहट, देश-विभाजन की विभीषिका, उच्च वर्गीय अनैतिक जीवन सभी परिवेश के अंगरूप में उपस्थित हैं। हम फिर राल्फ फॉक्स की बात कहेंगे, "विश्व-साहित्य एक पंगु शिशु है। पूँजीवादी उत्पादन की जिन परिस्थितियों ने इसे जन्म दिया था, वे ही इसके सहज विकास में बाधक हैं। जातीय और राष्ट्रीय विद्वेष, वर्गशत्रुता, सबल राष्ट्रों द्वारा निर्बल राष्ट्रों के राष्ट्रीय विकास का बलपूर्वक रोका जाना, यहाँ तक कि यौन हठ और यौन शत्रुता, नगरों और देहातों के बीच विरोध, माल के सामूहिक उत्पादन के परिणामस्वरूप मानसिक और शारीरिक श्रम के बीच दिन-दिन चौड़ी होती हुई खाई—पूँजीवादी समाज के अन्तर्विरोधों से उत्पन्न ये सब चीजें विश्व-साहित्य के विकास को अवरुद्ध करती हैं। इससे परिणाम यह निकला कि उपन्यासकार की कठिनाइयों का हल हमारे समाज की वास्तविकता को नजर में रखकर एक क्रांतिकारी ढंग से ही हो सकता है।" भीष्म ने ऐसा ही किया है।

—वीरेन्द्र मोहन

साम्प्रदायिकता का तमस

स्वतन्त्रता के बाद का भारत भी 'अँधेरे में' है तो इसका एक प्रमुख कारण यह भी है कि भारतीय जनता के मनोजगत पर अभी भी साम्प्रदायिकता का तमस छाया हुआ है। भीष्म साहनी का 'तमस' शीर्षक उपन्यास यद्यपि स्वतन्त्रता-पूर्व भारत के पश्चिम-उत्तर प्रदेश के निवासी हिन्दुओं-सिक्खों और मुसलमानों के आपसी वैमनस्य की, उस वैमनस्य के कारणों, परिणामों और उससे जुड़े सन्दर्भों को यथार्थवादी स्पैक्ट्रम पर प्रतिबिम्बित करता है तथापि वह साम्प्रदायिकता के जिस तमस पर प्रकाश डालता है, वह आज भी अपनी समस्त विभीषिका के साथ भारतीय जन-मानस के क्षितिज को आवृत किये हुए है। हाल ही में घटी अलीगढ़ और जमशेदपुर की दुर्घटनाएँ इस बात की ओर हमारा ध्यान ले जाती हैं कि इस समस्या को 'पुरानी' और 'घिसी-पिटी' कहकर साहित्य के लिए अप्रासांगिक घोषित नहीं किया जा सकता। साम्प्रदायिकता के तमस को कम करने के लिए एक 'तमस' उपन्यास या एक 'झूठा सच' पर्याप्त नहीं। केवल हिन्दी साहित्य में ही कम से कम 'तमस' जैसे एक दर्जन उपन्यास लिखे जाने चाहिएँ; प्रस्तुत उपन्यास की समकालीन प्रासंगिकता और सार्थकता के बारे में फिलहाल इतना कहना ही काफी होगा।

'काल-विस्तार की दृष्टि से यह केवल पाँच दिनों' (आज़ादी से पहले के पाँच दिनों) की कहानी है लेकिन इन पाँच ही दिनों की कथा में जो प्रसंग, जो सन्दर्भ और जो निष्कर्ष उभरते हैं; उनके कारण, यह पाँच दिनों की कथा बीसवीं सदी के भारत की अब तक के लगभग 80 वर्षों की कथा हो जाती है। अनुत्तेजित गम्भीरता, संतुलित भावमयता, प्रखर बौद्धिकता, निर्लिप्त जागरूकता, सहजता, सरलता और रोचकता जैसे गुणों से युक्त, भीष्म साहनी की कथा कहने की शैली, इस उपन्यास में अपने चरमोत्कर्ष का परिचय देती हुई, आरोपण, बड़बोलेपन, और उपदेश-कथन आदि दूषणों से बचती हुई भारतीय जनता को कुछ निष्कर्षपूर्ण मनःस्थितियों की ओर उत्प्रेरिक करती है और अपने व्यंजनात्मक आशयों के साथ आत्मालोचन के लिए तैयार करती है। यह औपन्यासिक शैली अपने पाठकों को और अधिक जागरूक बनाती हुई 'जाति-प्रेम', 'धर्म', 'संस्कृति', 'परम्परा', 'इतिहास' और 'राजनीति' जैसी संकल्पनाओं की आड़ में शिकार खेलने वाली प्रतिगामी शक्तियों के दुःसाहस-भरे जोखिमों को खुलासा पेश करती है। साथ ही, इन जोखिमों की पीठिका में छिपे दुराशयों से आगाह करती हुई यह सुझाव भी

देती है कि अर्थवान संकल्पनाओं और उनमें निहित सदाशयों को जिस तत्परता और आतुरता के साथ आंतमसात् करना ज़रूरी है, उतना ही ज़रूरी है कि उन संकल्पनाओं के नकारात्मक पहलुओं में निहित अनर्थकारी मन्तव्यों से खबरदार रहा जाए।

उपन्यास के प्रारम्भ में हमारा परिचय नत्थू नामक चमार से होता है जो एक बदरंग, कँटीले और तोंदियल सूअर को मारने की लम्बी, उबाऊ और थका देने वाली प्रक्रिया में संलग्न है। मुरादअली नामक कमेटी के कारिन्दे ने पाँच का एक नोट उसकी जेब में डालते हुए उसे यह काम सौंपा था—"हमारे सलोतरी साहब को एक मरा हुआ सूअर चाहिए···इधर पिगरी के सूअर बहुत घूमते हैं, एक सूअर को इधर कोठरी के अन्दर कर लो और उसे काट डालो।" बाद में वही सूअर एक मस्जिद के सामने फिंकवा दिया जाता है। इस कर्मकाण्ड का सूत्रधार कौन है, यह बाद में उद्घाटित होता है। मस्जिद में सूअर का शव देखकर मुसलमान उत्तेजित हो जाते हैं। फिर एक गाय की हत्या हो जाती है। हिन्दू भी भड़क उठते हैं। माहौल में एक तनावपूर्ण संवादहीनता व्याप्त हो जाती है। अफ़वाहें और खुसर-पुसर करती हुई कानाफूसियाँ हवा में फैलने लगती हैं। सन्देह, अविश्वास, असुरक्षा के भाव ज़ोर पकड़ लेते हैं। तनाव की यह स्थिति गाँवों, कस्बों और शहरों तक महामारी की तरह फैलने लगती है। यही तनावपूर्ण संवादहीनता की स्थिति ही धीरे-धीरे साम्प्रदायिक दंगे के रूप में भड़क उठती है। दोनों ओर से घात-प्रतिघात, हिंसा-प्रतिहिंसा आदि की क्रियाओं-प्रतिक्रियाओं द्वारा यही दंगा एक वीभत्स और अमानवीय जन-संहार में बदल जाता है। कथा, यहाँ स्वतंत्रतापूर्व भारत की कथामात्र न रहकर, स्वतन्त्रता के बाद के भारत की भी कथा लगने लगती है, सिर्फ इस अन्तर के साथ कि स्वतंत्रता से पहले इन दंगों के सूत्रधार अंग्रेज हाकिम होते थे और अब उनके चले जाने के बाद यह कार्य-भार साम्राज्यवादी शक्तियों और उनके पिट्ठुओं ने अपने कन्धे पर ले लिया है।

इस उपन्यास की ताकत देश-व्यापी गृह-दाह में ईंधन जुटाने वाली प्रतिगामी शक्तियों के आलम को बेनकाब कर देने वाली, उस व्यंग्यात्मक शैली में निहित है, जो भाषा की व्यंजनात्मक शक्ति का भरपूर इस्तेमाल करती हुई फिरकापरस्ती, कट्टरधर्मिता, धर्मान्धता आदि की मनःस्थितियों के सामाजिक सन्दर्भों को पर्त-दर-पर्त उघाड़ती चलती है। कट्टर हिन्दूवाद का बखिया उधेड़ती हुई यह भाषा-शैली अपने कन्टेण्ट को ट्रांसपैरेण्ट क्रिस्टलों के रूप में बिखेरती जाती है, "···युवकों को तेल उबालने के लिए कहाड़ी नहीं मिल रही थी। खिड़की के दासे पर तीन चाकू, एक छुरा, एक छोटी-सी किरपान साथ-साथ जोड़कर रख दिए गए थे। कमरे के कोने में दस लाठियाँ रखी थीं जिनके सिर पर पीतल की मूठ और नीली मेखें गाड़ दी गई थीं। दीवार के साथ एक-के-साथ एक तीरकमान लटक रहे थे। बोधराज लेटकर बाण चला सकता था, शब्द-बेधी बाण चला सकता था, शीशे में अक्स देखकर बाण चला सकता था, लटकती रस्सी को निशाना बना सकता था। बाणों के सिर पर लगाने के लिए वह धातु की तिकोन नोकें बनवा लाया था और अपने साथियों से उनकी संभावनाएँ बयान करता रहा था।

इसकी नोक पर संखिया रगड़ दें तो यह विषबाण बन जाएगा, इसके आगे मुश्क काफूर लगा दें तो अग्निबाण बन जाएगा···नीला थोथा लगा दें तो···" आदि-आदि (पृ० 69)। ऐसे प्रसंगों में उपन्यासकार ऐसे अर्थ-संकेत भी देता चलता है कि कट्टर-पंथी हिन्दुत्व की घृणा का शिकार अक्सर गरीब मुसलमान ही होता है। जब किसी रईस मुसलमान से उसका सामना होता है तो मज़हबी जनून उच्च-वर्गीय शालीनता, शिष्टता और इन्सानियत की दुहाई देता हुआ दोस्ताना लिहाज़ का बाना पहन लेता है।

धर्मान्ध और कट्टर हिन्दूवाद पीढ़ी-दर-पीढ़ी किस प्रकार फैलता है, इसका भी चित्रण बड़े ही सटीक ढंग से किया गया है। दीक्षा-प्रसंग का वर्णन करते हुए उपन्यास-कार यह दिखाने में सफल होता है कि एक भोले-भाले किशोर (रणवीर) को देवव्रत की दीक्षापद्धति किस प्रकार नृशंस हत्यारा बना देती है और देखते ही देखते देवव्रत के बाद रणवीर के रूप में अपने ज़हरीले दाँत लिये एक और पीढ़ी तैयार हो जाती है।

इस मोर्चाबन्दी का दूसरा पक्ष भी है। उसे भी देख लेना अप्रासंगिक न होगा, "असला पिछले लम्बे बरामदे में तथा ग्रन्थी की कोठरी में इकट्ठा किया जा रहा था। गाँव में सात गुरु सिंहों के पास दोनाली बन्दूकें थीं और पाँच बक्से कारतूसों के थे। जत्थेदार किशनसिंह सुरक्षा का प्रबन्ध कर रहा था। किशनसिंह पिछली जंग में बर्मा की लड़ाई में भाग ले चुका था और बर्मा की लड़ाई के दाव-पेंच वह अपने कस्बे के मुसलमानों पर चलाना चाहता था।" (पृ० 171) उधर मुसलमानों की तैयारियों का ज़िक्र करते हुए उपन्यासकार कहता है, "हरे छज्जे वाले शेखों के मकान में कस्बे के मुसलमान असला इकट्ठा कर रहे थे।···यहाँ पर गाँव के सभी मुसलमान—किसान, तेली, नानबाई अब मुजाहिद बन गये थे, काफिरों के खिलाफ जिहाद की तैयारियाँ चल रही थीं। आँखों में यहाँ भी खून उतर आया था और कुर्बानी का जज़्बा दिलों में लहरें मार रहा था।" (पृ० 173)

ऐसे माहौल में सोहनसिंह सिक्खों को और मीरदाद मुसलमानों को समझाते हैं कि अंग्रेज़ हिन्दुओं, सिक्खों और मुसलमानों को आपस में लड़ा रहा है, लेकिन मज़हबी जनून के दीवाने इस ओर ध्यान नहीं देते। उल्टे मोटा कसाई कहता है कि अंग्रेज़ हमारे मज़हबी मामलों में दखल नहीं देता, अंग्रेज़ 'इन्साफ-पसन्द' है। मीरदाद की बात को कोई गम्भीरता से नहीं लेता, क्योंकि उसके पास न तो अपनी ज़मीन है और न अपना मकान। यूँ भी ऐसा होना स्वाभाविक ही है। सम्पत्ति की लूट-खसोट और निजी स्वामित्व पर आधारित वर्ग-विभक्त समाज में उस आदमी की बात कौन सुनेगा जिसके पास न तो अपनी ज़मीन है और न अपना मकान !

दूसरी ओर शाहनवाज़ जैसे रईसज़ादे की बातों में इतना 'वज़न' है कि उसकी बातें मुसलमानों को ही नहीं, हिन्दुओं को भी प्रभावित करती हैं। जब दंगा अपनी पराकाष्ठा पर होता है, ऐसे तनावपूर्ण और मार-काट वाले माहौल में भी शाहनवाज़ खुलेआम अपनी नीले रंग की मोटर में सवार सड़कों पर मटरगश्ती करता दिखाई

देता है। दंगे की आँच उन पर सेक का भी असर नहीं रखती जबकि एक ग़रीब इत्र-फ़रोश मुसलमान एक हिन्दू लड़के के छुरे का शिकार होता है। रईस शाहनवाज़ अपने रईस हिन्दू दोस्त रघुनाथ की खोज-खबर लेते हैं, रघुनाथ की पत्नी के जेवरों की पोटली की हिफाज़त के लिए चिन्तित दिखाई देते हैं। लेकिन रघुनाथ के नौकर मिल्खी को देखकर उनका हिन्दू-विरोधी संस्कार प्रबल हो उठता है। रघुनाथ ने (संकटग्रस्त इलाके में रहना निरापद नहीं होगा, यह सोचकर) कहीं दूर सुरक्षित स्थान पर अपना अड्डा जमा लिया, लेकिन उनकी गृह-लक्ष्मी के ज़ेवरों का डिब्बा पिछले निवास-स्थान पर रह गया। उस मकान में उनका हिन्दू नौकर भी रह गया है, इसकी उन्हें कोई परवाह नहीं है। शाहनवाज़ जब ज़ेवरों का डिब्बा लेने रघुनाथ के पिछले निवास-स्थान पर आता है तो वहाँ रघुनाथ के हिन्दू नौकर मिल्खी को देखकर उनका हिन्दुत्व-विरोधी संस्कार प्रबल हो उठता है। भीष्म साहनी ऐसे दृश्यों के वर्णन में बड़े ही कलात्मक कौशल, मनोवैज्ञानिक सूझ-बूझ और विचारधारात्मक जागरूकता का परिचय देते हैं; यह सब घटना के ताने-बाने की ही बुनावट का अंग होता है, कहीं भी आरोपित नहीं होता, "जेवरों के डिब्बे को दोनों हाथों में उठाए शाहनवाज़ पीछे-पीछे चला आ रहा था जब सहसा उसके अन्दर भभूका-सा उठा, न जाने ऐसा क्यों हुआ; मिल्ख़ी की चुटिया पर नज़र रखने के कारण, मस्जिद के आँगन में लोगों की भीड़ देखकर या इस कारण कि जो कुछ वह पिछले दिनों से देखता-सुनता आया है, वह विष की तरह उसके अन्दर घुलता रहा था। शाहनवाज़ ने सहसा ही बढ़कर मिल्ख़ी की पीठ में ज़ोरसे लात जमायी। मिल्ख़ी लुढ़कता हुआ गिरा···मिल्ख़ी की आँखें खुली थीं और शाहनवाज़ के चेहरे पर ऐसे लगी थीं मानो बात समझ में न आ रही हो कि उसकी किस भूल से खफा होकर खान जी (शाहनवाज़) ने उसे मारा था।" (पृ० 133) इसी हत्यारे शाहनवाज़ को हम 'अमन कायम हो जाने पर' अमन-कमेटी की बस के पेट्रोल का खर्चा वहन करने के लिए आतुर होते देखते हैं।

लगभग इसी स्थिति के समानान्तर, ग़रीब हरनामसिंह चायवाला और उसकी पत्नी बन्तो को अधेड़ावस्था में बेघर होना पड़ता है, लेकिन लाखों का माल सहेजकर रखने वाले 'तेजस्वी' मुखिया सरदार तेजासिंह का बाल भी बाँका नहीं होता। सरदार तेजासिंह तुर्कों से पंथ की रक्षा करने के लिए गरीब सरदारों और उनके बीवी-बच्चों की कुर्बानी माँगते हैं और इन्हीं भावनाओं को लेकर उनके 'मस्तिष्क में सुनहरी धूल' सी उड़ती रहती है, उनकी यही मस्ती है, यही वजद है; लेकिन इन्हीं तेजासिंह को जब तुर्कों से समझौता करने पर राज़ी होना पड़ता है और समझौते की शर्त के अनुसार दो लाख रुपये की अदायगी के लिए तुर्क ज़िद पकड़ लेते हैं तो वे मुहल्ले की सभी औरतों के गहने उतरवाने पर आमादा हो जाते हैं, लेकिन जो माया उन्होंने इकट्ठी की थी, उसका एक शतांश भी नहीं देते। एक सिक्ख तब कहता भी है, "देना चाहें तो दो लाख आप अकेले दे सकते हैं···" तो तेजासिंह जी सुनकर भी अनसुना कर जाते हैं और पंथ की खातिर आर्थिक कुर्बानी देने से कतरा जाते हैं। भीष्म साहनी बड़े ही सटीक ढंग

से यहाँ इस तथ्य को रेखांकित कर देते हैं कि कट्टरपंथी मतान्धता (Fanaticism) के मूल में कोई सच्चा जाति-प्रेम या समुदाय-प्रेम नहीं होता बल्कि कुछ इतर स्वार्थों के लिए एक घालमेलपूर्ण अभिनय-मुद्रा ही उसकी 'नैतिकता' होती है ।

फिसाद के दौरान सोहनसिंह की जिस ढंग से मृत्यु होती है, वह आदर्शवादी भावुकता की पराजयपूर्ण नियति की ओर एक इशारा है ।

दंगा-फिसाद ठंडा पड़ जाने पर रिलीफ-कमेटी का कार्यकर्त्ता एक रजिस्टर खोले सिर्फ आँकड़ों की पूछताछ करते हुए कहता है, "हमें आँकड़े चाहिए, केवल आँकड़े । आप समझते क्यों नहीं ? आप लम्बी हाँकने लगते हैं, सारी रामकहानी सुनाने लगते हैं, मुझे रामकहानी नहीं चाहिए । मुझे केवल आँकड़े चाहिए । कितने मरे, कितने घायल हुए, कितना माली नुकसान हुआ ।" इसी समय कामरेड देवदत्त आँकड़े दर्ज करने वाले कार्यकर्त्ता से कहता है, "पन्नों पर एक खाना और जोड़ दो । ग़रीब कितने मरे और खाते-पीते कितने मरे ।" इस पर कार्यकर्त्ता तुनक उठता है और पूछता है, "इसमें क्या तुक है ? तुम हर बात में अमीर और गरीब को घसीट लाते हो !" तो कामरेड देवदत्त उत्तर देते हुए कहता है कि आँकड़े इकट्ठे करने का यह भी एक पहलू है । "दोनों ओर के ग़रीब कितने मरे । अमीर कितने मरे । इससे भी तुम्हें कई बातों का पता चलेगा ।" (पृ० 235) बहुत ही सीधे-सादे, अपनी ही किस्म के अन्दाज़ में उपन्यासकार हमारा ध्यान जटिल और व्यापक सामाजिक सन्दर्भों की ओर ले जाता है और ऐसा लगता है जैसे उपन्यासकार अपने हर पाठक से मुखातिब होकर कह रहा है कि घटनाओं के इस पक्ष की ओर भी हमें ध्यान देना चाहिए । ज़रा हिसाब लगा-कर तो देखें कि देश के भीतर बार-बार होने वाले इन साम्प्रदायिक दंगों में कितने ग़रीब मरते हैं **फिर चाहे वे हिन्दू हों या मुसलमान, सिक्ख हों या कोई और; उनमें अधिकांश संख्या ग़रीबों की ही होती है । शाहनवाज़ जैसे रईस मुसलमान, रघुनाथ जैसे खाते-पीते हिन्दू और तेजासिंह जैसे रजे हुए मुखिया सरदार इन सारे दंगों में 'साफ' और 'बेदाग़' होकर बच निकलते हैं ।** लेकिन क्या वे वस्तुतः बेदाग़ होते हैं ?

इसी प्रकार शेख नूर इलाही के एक-एक शब्द में हिन्दुओं के लिए घृणा व्यक्त होती है, लेकिन लाला लक्ष्मीनारायण नामक हिन्दू सेठ के गोदाम में जब आग लगती है तो शेख नूर इलाही हिन्दू सेठ की गाँठें गोदाम से निकलवाकर सुरक्षित स्थान पर पहुँचवा देते हैं । इसी सेठ का लड़का रणवीर हिन्दुओं की तरफ से मार-काट में आगे बढ़कर हिस्सा लेता है और एक ग़रीब फेरी वाले मुसलमान की नृशंस हत्या कराता है । हयातबख़्श इसी रणवीर के पैर में मोच आ जाने पर उसके लिए दवाई तैयार करते हैं । विभिन्न सम्प्रदाय के उच्चवर्गीय लोगों के बीच आपसी सद्भाव के इस सामाजिक-आर्थिक (Socio-economic) रहस्य का जब उद्घाटन होता है, तो एक कालिज के दो चपरासी गेट के पास बैठे बतियाते हुए एक-दूसरे से कहते सुनाई देते हैं, "हम जाहिल लोग लड़ते हैं, समझदार खानदानी लोग नहीं लड़ते। यहाँ सभी आए हैं, हिन्दू भी, सिख भी, मुसलमान भी, मगर कैसे प्यार-मुहब्बत से बातें कर रहे हैं···।" (पृ० 248)

हिन्दू-मुस्लिम समस्या को लेकर मानवतावादी दृष्टिकोण से हिन्दी में अनेक कहानियाँ और कुछेक उपन्यास लिखे गए हैं। लेकिन भीष्म साहनी की यह कृति समस्या के सामाजिक-आर्थिक पहलुओं को एक दूसरे ही नज़रिए से विशेषांकित करती हुई अपनी अलग पहचान बनाती है। साम्प्रदायिक वैषम्य की महामारी से पीड़ित हिन्दू-मुस्लिम समाज के विडम्बनापूर्ण यथार्थ की इस पहेली की ओर वह हमारा ध्यान ले जाती है कि हिन्दुओं की मुसलमान-विरोधी घृणा रईस मुसलमानों और ग़रीब मुसलमानों के बीच फ़र्क करती है ठीक उसी तरह जैसे कट्टर मुसलमानों की हिन्दू-विरोधी घृणा ग़रीब हिन्दुओं के खिलाफ़ ही प्रायः क्रियान्वित होती है। जब दंगा अपने भीषणतम दौर में भड़क रहा होता है तो ऐसी अवस्था में भी शाहनवाज़ जैसे सम्पन्न मुसलमान और रघुनाथ जैसे सम्पन्न हिन्दू की दोस्ती बरकरार रहती है और शाहनवाज़ की हिन्दू-विरोधी घृणा रघुनाथ पर न बरसकर उसके नौकर मिल्ख़ी पर ही बरसती है। इसी माहौल में रघुनाथ जैसे सम्पन्न हिन्दू को अपनी, अपने परिवार की और यहाँ तक कि अपने ज़ेवरों की सुरक्षा की चिन्ता है, लेकिन उसे अपने उस वफ़ादार नौकर की ज़िंदगी से कोई सरोकार नहीं है जो अपनी जान जोखिम में डालकर उसके घर की रखवाली कर रहा है। यहाँ तक कि जब शाहनवाज़ उन्हें बताता है कि 'मिल्खी की हड्डी टूट गई है, कहो तो उसे यहाँ ले आऊँ, वहाँ अकेला कहाँ पड़ा रहेगा,' तो रघुनाथ-दम्पति इस सुझाव से परेशान हो जाते हैं। वे सोचते हैं कि उनसे एक मरीज़ की देखभाल कैसे हो पायेगी। और फिर, जब शाहनवाज़, उनकी परेशानी को समझता हुआ कहता है कि मिल्खी का भी इंतज़ाम वह ही कर लेगा तो रघुनाथ की पत्नी बेहद कृतज्ञ होती है और कृतकृत्य होती हुई शाहनवाज़ के 'ऊँचे प्रशस्त ललाट, दमकते चेहरे को देख-देखकर' सोचती है कि वह जैसे 'किसी पुण्यात्मा के दर्शन कर रही है।' **घृणित स्वार्थ के इस बिन्दु पर साम्प्रदायिकता-ग्रस्त समाज की खोखली और स्वयंसेवी आध्यात्मिकता भी नंगी हो जाती है।** साथ ही उच्चवर्गीय गठ-जोड़ पर आधारित पूँजीवादी समाज की सेक्युलरिज़्म (Secularism) सम्बन्धी थोथी संकल्पना का राज़ भी उद्घाटित हो जाता है। और अधिक अच्छा होता यदि उपन्यासकार पूँजीवादी प्रचारात्मक शो-पीस नुमा तथाकथित 'सर्वधर्म सम्भाव' वाली गैर-साम्प्रदायिकता और समाजवादी गैर-साम्प्रदायिकता के गुणात्मक अन्तर की ओर इशारा करने वाले और उस अन्तर को स्पष्ट कर देने वाले घटना-दृश्यों को भी इस उपन्यास में जगह देता। उपन्यास की यह सीमा रही है कि उसने दो भिन्न प्रकार की समाज-व्यवस्थाओं में प्रचलित सेक्यूलरिज़्म सम्बन्धी धारणाओं के बीच कोई विभाजक रेखांकन करने की ज़रूरत को नज़रन्दाज़ किया है। साम्प्रदायिकता के ज़हर को बे-असर करने या उसके असर को कम करने की दृष्टि से लिखे गए उपन्यास के लेखक से (और जब वह लेखक एक प्रगतिशील कथाकार हो) यह उम्मीद करना कोई ज़्यादती नहीं है। साथ ही इसी सन्दर्भ में यह उल्लेख करना भी अप्रासंगिक न होगा कि यह सही है कि जब साम्प्रदायिकता का ज़हर फैलने लगता है तो वह इस कदर भी फैल सकता है कि मज़दूरों में भी गहरा असर कर चुका

हो; लेकिन सर्वहारा-संगठन का कोई सदस्य इस मसले पर यदि संगठन छोड़ता है तो इसका कारण भी यही होता है कि सेक्युलरिज़्म की बूर्ज्वा, पैटीबूर्ज्वा और वैज्ञानिक समाजवादी धारणाओं के बीच के गुणात्मक अन्तर को स्पष्ट करने वाली विभाजक रेखाएँ उस सदस्य के ज़हन में स्पष्ट नहीं होतीं। अतः इन विभाजक रेखाओं की ओर संकेत करना यथार्थवादी (समाजवादी यथार्थवादी) कला का एक ऐसा दायित्व है जिसकी पूर्ति करना एक प्रगतिशील रचनाकार के लिए निहायत ज़रूरी है।

लेकिन इस ओर रचनाकार का ध्यान बिल्कुल ही न गया हो, ऐसी बात नहीं है। समस्या के सामाजिक-आर्थिक सन्दर्भ जिस जागरूकता के साथ इस उपन्यास में उजागर होते हैं, वह भी कोई कम महत्त्वपूर्ण उपलब्धि नहीं है। आर्थिक-वर्ग-स्तरों का दबाव साम्प्रदायिक भावनाओं का अतिक्रमण करता है, इसी तथ्य उभारते हुए अनेक स्थलों पर ऐसे फ्लैशेज़ हैं जो साम्प्रदायिकता के तमस में चमक-चमक उठते हैं। उपन्यास की वर्तमान प्रासंगिकता यह है कि वह आज़ादी से पूर्व अंग्रेज़ हाकिमों की फूट पैदा करने वाली और इस आधार पर 'शान्ति-व्यवस्था' के नाम पर अपने अस्तित्व को महसूस कराने वाली नीति सम्बन्धी दोगली चालों की ओर संकेत करता हुआ साम्राज्यवादी ताकतों की मौजूदा भूमिका पर प्रश्नचिह्न लगाता है। अंग्रेज़ हाकिम आज नहीं हैं तो क्या, साम्राज्यवादी ताकतें और उनके अभिकर्त्ता तो हैं और आज उस कार्य को बड़ी पेचीदा तथा चालाक हरकतों के साथ जारी रखा जा रहा है। आज़ादी से पूर्व अंग्रेज़ी हाकिमों की एक स्पष्ट नीति थी कि इससे पहले कि हिन्दुस्तान के लोग देश के नाम पर एकजुट होकर उनसे लड़ने के लिए आमादा हों, उन्हें आपस में ही लड़ा-भिड़ाकर उनकी जुझारू शक्तियों को कुंठित कर दिया जाए। और जब लड़-भिड़ कर वे थक जाएँ तो उन्हें शान्ति और व्यवस्था के नाम पर अपनी व्यवस्थापक भूमिका के चमत्कार से चकाचौंध कर दिया जाए। इस प्रकार अपनी मध्यस्थता की ज़रूरत का अहसास कराने का उन्हें मौका भी मिल जाता था और विश्व-जनमत को गुमराह करने के लिए यह बहाना भी कि चूँकि अँग्रेज़ हिन्दुस्तान की जनता को एक-सूत्र में पिरोकर रखता है, अतः अंग्रेज़ की उपस्थिति यहाँ ज़रूरी है। अंग्रेज न हो तो भारत-वासी एक राष्ट्र के रूप में नहीं रह सकेंगे; वे परस्पर भेद-भाव के शिकार होकर साम्प्र-दायिक दंगों से ग्रस्त होते हुए बिखर जाएँगे, नष्ट-भ्रष्ट हो जायेंगे।

लीज़ा कहती है, "ये लोग आपस में लड़ेंगे? लन्दन में तो तुम कहते थे कि ये लोग तुम्हारे खिलाफ लड़ रहे हैं।" आगे चलकर वह रिचर्ड से फिर कहती है, "मैं सब जानती हूँ। देश के नाम पर ये लोग तुम्हारे साथ लड़ते हैं और धर्म के नाम पर तुम इन्हें आपस में लड़ाते हो।" (पृ० 44) वस्तुस्थिति भी यही है। इलाके का अंग्रेज़ हाकिम रिचर्ड अपनी सुख-सुविधाओं का तकिया लगाए इस दंगे के बीज बोता है। मुरादअली नाम के कारिन्दे को सूअर मरवाकर मस्जिद में फिंकवाने के लिए तैयार करता है। दंगे के बीज बोकर वह स्वयं परदे के पीछे हो लेता है। जब दंगा मारकाट और जनसंहार की विकराल स्थिति में बदल जाता है तब सब कुछ हो चुकने

पर, यही हाकिम अमन के व्यवस्थापक के रूप में इस त्रासदी के मंच पर पुनः अवतरित होता है, शान्ति-दूत के भेष में। एक आवाज़ आती है, हवाई जहाज की आवाज़! गोरा सैनिक हवाई जहाज में बैठा हाथ हिला रहा है। और "किशन सिंह सलूट मारे बिना नहीं रह सका।" सब कुछ खोने के बाद भी उसे यही सन्तोष है कि गोरे सैनिक ने हवाई जहाज से उसके अभिवादन के उत्तर में हाथ हिलाया है जबकि मुसलमानों के अभिवादन का कोई उत्तर न देते हुए अंग्रेज़ ने अपना हाथ अन्दर खींच लिया है। (पृ० 216-217); और, यह हवाई जहाज़ वाकई जादू की छड़ी घुमाता हुआ आगे बढ़ जाता है—"जिस-जिस गाँव पर से हवाई जहाज उड़ता गया, वहीं पर···नारे लगाये जाने बन्द हो गये। आगज़नी और लूटपाट बन्द हो गई," (पृ० 218) और माहौल 'बदलने लगा'। अमन की बस जब संकटग्रस्त इलाके में चक्कर लगा-लगाकर अमन की अपीलें नश्र करती है तो अंग्रेज़ हाकिम का दलाल कारिन्दा यही मुरादअली सबसे पहले बस में बैठता है और गला फाड़-फाड़कर सबसे ज़्यादा 'अमन कमेटी जिन्दाबाद' के नारे लगाता है। दूसरी ओर भारतीय जनता की यह हालत है कि "लगता है जैसे कोई अनिवार्य घटना-चक्र चल रहा है, जिस पर किसी का बस नहीं, न किसी के हाथ में कोई निर्णय है, न संचालन, न संचालन की क्षमता; कठपुतलियों की तरह सभी घूम रहे थे, भूख लगती तो उठकर इधर-उधर से कुछ खा लेते, याद आती तो रो देते, और कान लगाये सुबह से शाम तक लोगों की बातें सुनते रहते।" (पृ० 242) इसी जनता की दंगे से पूर्व की स्थिति का भी जायज़ा लेना अप्रासंगिक न होगा क्योंकि यहाँ जिस स्थिति का वर्णन किया गया है वह दंगे के बाद की है। दंगे से पूर्व यही जनता साम्प्रदायिक ज़हर का वमन करने के लिए बेचैन हो रही थी। मज़हबी जनून उन्हें वैर-भाव की 'रस-निष्पत्ति' की ओर उद्दीप्त किए जा रहा था, "···माहौल भरे बादलों जैसा गम्भीर हो रहा था। कीर्तन में सभी के सिर झूम रहे थे, सभी की चेतना में वे सभी बातें थीं जो दूर अतीत में हुआ करती थीं, बलिदान की भावना, मुसलमान शत्रु, ढाल, तलवार, गुरु का प्रसाद, अखण्ड एकता—जो नहीं था तो उनकी चेतना में अंग्रेज़ नहीं था। कस्बे से पच्चासेक मील की दूरी पर अंग्रेज़ों की देशभर में सबसे बड़ी छावनी थी, उस छावनी की ओर उनका ध्यान नहीं जा रहा था। शहर और प्रांत में बैठे अंग्रेज़ अधिकारियों की ओर भी नहीं, मानो देश में उनका कोई अस्तित्व ही न हो। अस्तित्व था तो तुर्क का, या खालसा का, उसके बढ़ते आ रहे लश्करों का, आत्म-बलिदान की बेला में वह महायज्ञ जिसमें सभी अपने प्राणों की आहुति डालने के लिए तैयार थे।" उधर धर्मदेव के कानों में वीर रस-भरे गीत 'आज रण में जा के धूम मचा दे बेटा' की पंक्ति गूँज रही थी। रणवीर को हर 'चट्टान पर घोड़े की पीठ पर बैठे शिवाजी' नज़र आ रहे थे। उसके मन में ललक उठती कि उसकी भी 'कमर में तलवार लटकती हो, चौड़ा कमरबन्द हो, अँगरखा हो, सिर पर पीले रंग की पगड़ी हो और उस पर शिरस्त्राण हों।' अब दंगे के बाद की स्थिति पर पुनर्विचार करें और देखें कि स्थिति में कोई बदलाव आता है कि नहीं, "रिलीफ आफिस के आँगन में घूमता प्रत्येक

व्यक्ति अपना विशिष्ट अनुभव लेकर आया था। लेकिन उस अनुभव को जाँचने, परखने, उसमें से निष्कर्ष निकालने की क्षमता किसी में नहीं थी। शून्य में ताकने, सिर हिला-हिलाकर हर किसी की बात सुनते रहने के अलावा किसी को कुछ सूझ नहीं रहा था। एक अफवाह उठती तो आँगन में लोग उठ-उठकर उसे सुनने के लिए जमा हो जाते। कोई नहीं जानता था कि उसे क्या करना है, किधर जाना है। आगे क्या होगा, उसकी धुँधली-सी रूपरेखा भी किसी की आँखों के सामने नहीं थी।" लेकिन 'तमस' के इस आलम में प्रकाश की किरणें बिल्कुल ही गायब हों, ऐसा नहीं हो सकता। कहना ही होगा कि रचनाकार ने उन किरणों की ओर इशारा करने की अपेक्षा की पूर्ति नहीं की। उपन्यास का अन्त काफ़काई नैराश्यपूर्ण अन्त से मिलता-जुलता है। कामू के प्लेग-ग्रस्त आलम-सी असहायता और निरुपायता यहाँ इस उपन्यास की रचनात्मक बुनावट पर कुछ-कुछ हावी होती हुई दिखाई देती है। यथार्थवादी लेखक का आज के रचनात्मक दौर में यह दायित्व है कि वह यथार्थ के त्रि-आयामी पक्षों (भूत-वर्तमान-भविष्य) का साक्षात्कार करे और पाठकों को कराए। यथार्थ की भावी सम्भावनाओं में 'भारत-विभाजन' के सन्दर्भ को देखते हुए नैराश्य का पैथेटिक और ट्रेजिक अहसास बिल्कुल सांकेतिक तथा ध्वन्यात्मक है और भावी ट्रेजेडी की ओर एक अर्थपूर्ण इशारा भी करता है किन्तु भविष्योन्मुखी यथार्थ जिसे गोर्की ने तीसरी वास्तविकता कहा था, की झलक मात्र का भी संकेत न दे पाना, इतिहास की खौफनाक और दर्दनाक विकास-प्रक्रिया के गर्भ में पलते हुए उस भावी स्वप्न की अर्थवत्ता को नज़रन्दाज़ करना है जो आज नहीं तो कल, कल भी नहीं तो परसों—एक न एक दिन तो ऐतिहासिक सत्य के रूप में जन्म लेगी ही।

लेकिन जनता में जो निरुपायता व्याप्त है, वह कोरी काफ़काई नहीं है। उसके सामाजिक-राजनैतिक कारण हैं। कांग्रेसी बख्शी जी के चिन्तन को उभारते हुए लेखक ने उस समय 'सेक्यूलरिज़्म' का झण्डा उठाकर चलने वाली राजनैतिक पार्टियों के कर्णधारों की मनःस्थितियों और मनोदशाओं का खाका खींचने की भी एक सफल कोशिश की है—'डिप्टी कमिश्नर के चले जाने के बाद बख्शी जी के मन की स्थिति भी कुछ-कुछ वैसी ही हो रही थी।'

"फिसाद करवाने वाला भी अंग्रेज़, फिसाद रोकने वाला भी अंग्रेज, भूखों मारने वाला भी अंग्रेज, रोटी देने वाला भी अंग्रेज, घर से बेघर करने वाला भी अंग्रेज़, घरों में बसाने वाला भी अंग्रेज़···" पर जब से फिसाद शुरू हुए थे बख्शी जी के दिमाग में धूल-सी उड़ने लगी थी, बस केवल इतना भर ही बार-बार कहते रहे, 'अंग्रेज़ फिर बाज़ी ले गया।' 'अंग्रेज़ फिर बाज़ी ले गया।' पर शुरू से आख़ीर तक स्थिति उनके काबू में नहीं आयी। (पृ० 223)

इसी सन्दर्भ में 'मनोहरलाल' जैसे राजनैतिक चरित्र का भी अपना रंग है। ऊपरी तौर पर देखें तो लगता है जैसे कि वह सर्वज्ञ है, सब कुछ जानता है। वह समझता है कि फिसाद का बीज अंग्रेज़ ने बोया है। लेकिन उसकी सारी नफरत अंग्रेज़ के

प्रति न होकर अकारण ही 'देवदत्त' नाम के कम्युनिस्ट के खिलाफ ही प्रगट होती है। आधुनिक सन्दर्भ में ऐसे मनोहरलालों की कमी नहीं है जो साम्राज्यवादी साजिशों के जानकार होते हुए भी हर दुर्भाग्यपूर्ण स्थिति के लिए राष्ट्रीय स्तर पर भारतीय कम्युनिस्टों और अन्तर्राष्ट्रीय स्तर पर सोवियत रूस को ही जिम्मेदार ठहराने के शौकीन हैं। मनोहरलाल ऐसा ही एक पात्र है जो बिला वजह (अथवा चोरी-छिपे किसी खास वजह के कारण) अमन की बस में बैठते हुए अत्यन्त दुराग्रहपूर्ण ढंग के साथ शंखनाद करता है, "इस बस में या मैं बैठूंगा या कम्युनिस्ट बैठेगा।" हमारे बहुत-से निष्क्रिय 'बुद्धिजीवी' अपनी मध्यमवर्गीय मानसिकता के दबाव में आत्मालोचन की ओर प्रवृत्त न होने के कारण सारी सूचनाओं के सर्वज्ञ और मर्मज्ञ होते हुए भी अन्ततः किसी-न-किसी नकारात्मक पूर्वाग्रह, अतिवाद और दुराग्रह के शिकार हो जाते हैं फिर वह दुराग्रह चाहे कम्यूनिज़्म-विरोध का रूप ले ले चाहे या कुछ और···इससे उन्हें कोई फ़र्क नहीं पड़ता। मनोहरलाल हमारे समाज में ऐसे ही चरित्रों का प्रतीक है। समस्त जानकारी के बावजूद अराजकतावादी समझ इसी रूप में अपविकसित होती है। इसी प्रकार जरनैल की चरित्र-सृष्टि द्वारा उपन्यासकार एक ऐसे राजनैतिक कर्मी की ओर इशारा करता है, जिसके बारे में "कोई नहीं जानता कि उसके मन में कोई विचार उठते थे या नहीं, पर दिल में बलबले ज़रूर उठते थे और कदम ज़रूर उठते थे और दिमाग में शायद सनक उठती थी।" (पृ० 140) जागरूकता और व्यवहार-कुशलता के अभाव में हार्दिकता या भावुकता की यही अन्तिम नियति होती है—'लाठी के एक ही भरपूर वार से जरनैल की खोपड़ी फोड़ दी' और वह वहीं ढेर हो गया। शहर में अमन कायम होने पर बहुत-से कांग्रेसी मेम्बरान और गैर-कांग्रेसी व्यापारी रिलीफ सम्बन्धी सप्लाई के ठेके हथियाने में मसरूफ़ दिखाई देते हैं। ठिगने मुंशीराम और नूर-इलाही के रूप में दोनों फिरकों के व्यापारियों को सारी कट्टरपंथी जहनियत के बावजूद सम्पत्ति की खरीद-फरोख्त के लिए बेताब देखा जा सकता है। उनकी जिज्ञासा का बिन्दु एकमात्र यह मुद्दा है कि, "शेख जी, अमन-अमान कायम हो जाने पर क़ीमतें चढ़ेंगी या कम होंगी?" व्यापारी वर्ग की इन चिन्ताओं के आलम में ग़रीब जनता की बदनसीबी और आफ़तों का सिलसिला अपनी हृदय-विदारक स्मृतियों के साथ आँखों के आगे तैर-तैर जाता है; अपनी करुण और अबोध भावुकता के साथ जो दुःखद और त्रासद घटनाओं से कोई सबक नहीं लेती और दूर घटनाओं एवं विपदाओं को भी मज़हबी जनून और अंधी जातीयता के रंग में मंडिमामंडित करने से बाज़ नहीं आती, "गंडा सिंह न रो···न रो गंडा सिंह, जो चले गए ओह गुरु महाराज नू प्यारे हो गये। पन्थ दी खातिर ऊहाँ जानाँ वार दित्तियाँ। हमेशा लई ओह अमर हो गये।"

गंडा सिंह का यह रोदन जो वातावरण की पृष्ठभूमि में गूँज रहा है, इसके पीछे एक त्रासद, भयावह और दिल दहला देने वाला इतिहास है (ग्रावा रोदित्यापि दलति वज्रस्य हृदयम्); दंगे के दौरान जब गुरुद्वारा घिर गया तो उसमें एकत्र दसियों औरतें अपने बच्चों को लेकर कुएँ में कूद गईं। उपन्यासकार से व्यक्तिगत रूप से पूछ-

ताछ करने पर यह तथ्य भी प्रकाश में आया कि ज़िला रावलपिंडी में थोहाखालसा नामक स्थान पर यह घटना घटी थी। घटना के घट जाने के बाद स्वयं उपन्यासकार उस स्थान पर गया था और वहाँ वह कुआँ भी उसने अपनी आँखों से देखा था, जो कई दिनों तक सड़ता रहा था। उपन्यास में इस ऐतिहासिक घटना को रचनाकार ने बड़े ही कारुणिक व्यंग्य के साथ चित्रित किया है :—

"सबसे पहले जसबीर कौर कुएँ में कूद गयी। उसने कोई नारा नहीं लगाया, किसी को पुकारा नहीं, केवल 'वाह गुरु' कहा और कूद गयी। उसके कूदते ही कुएँ की जगत पर कितनी ही स्त्रियाँ चढ़ गयीं। हरिसिंह की पत्नी पहले जगत के ऊपर जाकर खड़ी हुई, फिर उसने अपने चार साल के बेटे को खींचकर ऊपर चढ़ा लिया, फिर एक साथ ही, उसे हाथ से खींचती हुई नीचे कूद गयी। देवासिंह की घरवाली अपने दूध पीते बच्चे को छाती से लगाये ही कूद गयी। प्रेमसिंह की पत्नी खुद तो कूद गयी, पर उसका बच्चा पीछे खड़ा रह गया। उसे ज्ञानसिंह की पत्नी ने माँ के पास धकेल-कर पहुँचा दिया...कुएँ के अन्दर से चिल्लाने-चीखने की आवाज़ें, बच्चों के बिकड़ाट सुनायी देते रहे। गाँव के पास जगह-जगह से 'अल्लाह हो अकबर' और 'सत सिरी अकाल' के नारों के साथ कुएँ में डूबती औरतों और बच्चों की चीखें मिल गयी थीं।"

धर्मान्धता कितनी अमानवीय और खतरनाक सिद्ध हुई, इसी सामाजिक अनुभव को, जो हमारे हाल ही के इतिहास का एक हिस्सा है (और आज का वर्तमान भी है) रचनाकार ने पुनर्रचित करने की चेष्टा की है। उपन्यास का यह प्रसंग रचनाकार के मूल संवेदनात्मक उद्देश्य को पाठकों के समक्ष प्रभावपूर्ण ढंग से स्पष्ट करने में सफल हुआ है। यही प्रसंग इस मुद्दे की ओर भी हमारा ध्यान ले जाता है कि इतिहास की साहित्य में किस प्रकार पुनर्रचना की जानी चाहिए। एक ओर अंग्रेज़ हाकिम का निर्दय (Callous) और अमानवीकृत (Dehumanised) रवैया है जो भारतीय जनता के ('नेटिव ही तो है') मानवीय अस्तित्व को भी कुछ-कुछ (Something) और 'कुछ नहीं' (Nothing) के बीच की कोई चीज़ मानता है। रिचर्ड और लीज़ा अपने सेक्सुअल क्षणों में भारतीय खानसामे की उपस्थिति को कोई महत्त्व नहीं देते और खानसामे की यह मानवीय उपस्थिति (human presence) उनके एकान्त को भंग नहीं करती; जैसे खानसामा मनुष्य न हो, कोई पालतू जानवर हो जो कमरे में उपस्थित हो गया हो। अंग्रेज़ हाकिम का यही दृष्टिकोण 'कुएँ में औरतों और बच्चों के डूब जाने की घटना को महज़ अपने कौतूहल का एक नया विषय मानने में प्रकट होता है। उनके लिए यह दुर्घटना-स्थल एक रोमांचकारी पिकनिक स्थल का रूप ले लेता है। रिचर्ड अपनी पत्नी से प्रस्ताव करता है कि वहाँ सैर के लिए चला जाए। घटना-स्थल की प्राकृतिक शोभा जैसे और अधिक रोमांचकारी हो गई हो — वहाँ लार्क पक्षी मिलता है...कुएँ के साथ ही नदी बहती है और नदी के पार ही फलों का बाग है।" इस पर लिज़ा रोमांटिक झिड़की के अन्दाज़ में कहती है, "तुम कैसे जीव हो रिचर्ड ?" तो रिचर्ड उत्तर देता है कि

"सिविल सर्विस हमें तटस्थ बना देती है।" यहाँ उपन्यासकार 'तटस्थता' की साहित्यिक और साहित्येतर दोनों तरह की संकल्पनाओं पर चोट करता दिखाई देता है। प्रसंग आगे बढ़ता है, लिज़ा पूछती है कि यदि 103 गाँव जल जायें तो भी क्या वह भावुक नहीं होगा, तो रिचर्ड उत्तर देता है—"तो भी नहीं···यह मेरा देश नहीं है न ही ये मेरे देश के लोग हैं।"

ऐसे प्रसंगों की प्रासंगिकता आज भी है, उपन्यास इसीलिए प्रासंगिक है। क्योंकि अंग्रेज़ हाकिम और उसके (मुरादअली) जैसे पिट्ठुओं की भूमिका के निर्वाह का 'दायित्व' अब साम्राज्यवादी-प्रतिगामी तत्त्वों ने अपने कन्धों पर ले लिया है। देश के भीतर और बाहर उनके हिमायतियों की कमी नहीं है। गंडा सिंह का रुदन आज भी हमारे समकालीन परिवेश में गूँजता हुआ सुनाई दे रहा है।

किसी ऐतिहासिक घटना को उपन्यास का आधार बनाते समय ज़रूरत होती है कि रचनाकार उस घटना-चक्र के केन्द्रक अन्तर्विरोधों को पूरी ईमानदारी और जागरूकता के साथ उभार सके। साथ ही उन अन्तर्विरोधों के टकराव में यातनाग्रस्त मानवता के प्रति अपनी और अपने पाठकों की सहानुभूति को उद्वेलित करते हुए किसी तार्किक परिणति (Logical conclusion) तक पहुँच सके। भीष्म साहनी का 'तमस' शीर्षक उपन्यास काफ़ी हद तक इस अपेक्षा की पूर्ति करता है। इस सन्दर्भ में समकालीन साहित्य के मनस्वी आलोचक गजानन्द माधव मुक्तिबोध के निबन्ध 'प्रगतिशीलता और यातनाग्रस्त मानवता' की ओर अनायास ही मेरा ध्यान चला जाता है। मुक्तिबोध ने कहा था, "स्थिति-परिस्थिति की क्रिया-प्रतिक्रियात्मक संवेदनाएँ आदि को अपने में सम्मिलित करने वाला विचार-वेदना-मंडल जब लोक-मुक्ति की नयी क्रांतिकारी विचारधारा से और भी सशक्त, और भी संवेदनमय हो जाता है तब जिस साहित्य का आविर्भाव होता है, उसमें महान 'मनुष्य-सत्य' होता है। इस मनुष्य-सत्य का अनादर करने वाले साधारण रूप से परस्पर दो विरोधी क्षेत्रों से आते हैं। एक वे जो मात्र क्रान्तिकारी शब्दों का शोर खड़ा करने वालों के हिमायती के रूप में अपने सिद्धान्तों की चौखट तैयार करते हैं···" और दूसरे वे "जो इस क्षेत्र के प्रतिनिधि कष्ट-ग्रस्त जीवन के कारण" उत्पन्न अन्तर्मुखता का उपयोग 'अपने लिए', अपने 'व्यक्ति-स्वातंत्र्य' के लिए या अपने 'अहं' की घोषणा के लिए करना चाहते हैं। ज़ाहिर है कि ऐसे दोनों तरह के व्यक्तियों को भीष्म साहनी का यह उपन्यास रास नहीं आ पाया। उपन्यास में यातनाग्रस्त जनता की जो दर्दनाक गाथा है, जिस 'मनुष्य सत्य' की अभिव्यक्ति की गई है उसका सही मूल्यांकन करने के लिए उपर्युक्त प्रकार के दोनों तरह के पूर्वाग्रहों-दुराग्रहों से मुक्ति पा लेना एक पूर्वापेक्षा है। साथ ही यदि कोई इसे 'मानवतावादी यथार्थवाद' कहकर नज़रन्दाज़ करना चाहे तो उसे मुक्तिबोध का ही 'रचनाकार का मानवतावाद' शीर्षक निबन्ध एक बार और पढ़ लेना चाहिए। तथापि, समकालीन सन्दर्भों को देखते हुए इस मानवतावाद की भी अपनी सीमाएँ हैं। और जैसा कि मुक्तिबोध ने उक्त निबन्ध में संकेत किया था, मानवतावादी अद्यतन दर्शन "एक प्रकार का

नकारवाद है। मानवीय भाग्य और वर्तमान स्थिति के सम्बन्ध में यह एक प्रकार का निराशावाद है।" 'तमस' उपन्यास मानवतावादी अद्यतन दर्शन की सीमाओं का अतिक्रमण कर साम्प्रदायिकता (Communalism) की समस्या और उससे सम्पृक्त विचारधारात्मक सन्दर्भों को नये और वैज्ञानिक यथार्थवादी दृष्टिकोण के साथ, व्याख्यायित करता है। जितना कुछ इस उपन्यास में चित्रित और व्याख्यायित हुआ है, वह कुछ कम नहीं है और बेहद महत्त्वपूर्ण है।

—राजकुमार सैनी

सामाजिक सम्बन्धों और संरचनागत परिवर्तनों का सूक्ष्म चित्रांकन

भीष्म साहनी का ताजा उपन्यास 'बसन्ती' उनके पिछले तीनों उपन्यासों ('कड़ियाँ', 'झरोखे' और 'तमस') से कई मायनों में भिन्न है। भिन्न ही नहीं, शायद उनके विकास की अगली महत्त्वपूर्ण कड़ी भी है। 'तमस' के माध्यम से भीष्मजी ने निहायत सादगी के साथ अपनी उपस्थिति का अहसास-भर कराया था। लेकिन 'बसन्ती' में वे इस अहसास को गहरा ही नहीं, व्यापक भी बनाते हैं। यही नहीं, इस उपन्यास के जरिये उन्होंने अपने दृष्टिकोण और कलात्मक कौशल के बारे में एक नया विश्वास पैदा किया है।

'तमस' हमारे राष्ट्रीय जीवन की एक ऐसी भयावह त्रासदी की तरह था, जिसमें मानवीय संबंधों की पहचान सांप्रदायिक नफरत की भीषण लपटों में झुलसकर बार-बार खो जाती थी। उसे खोजना एक तरह से जलते जंगल में पगडंडी तलाशने की अबोध कोशिश की तरह था। भीष्मजी ने 'तमस' में पगडंडी तलाशने का यह जोखिम उठाया है। इस कोशिश में अगर उनकी राजनीतिक प्रतिबद्धता कुछ मुखर हो उठी तो उन्होंने इसकी भी कोई परवाह नहीं की। लेकिन 'बसन्ती' में उनका दृष्टिकोण बड़ी महीन बुनावट में बुना हुआ आया है। शायद इसीलिए वे इस उपन्यास और इसके चरित्रों के माध्यम से सामाजिक सम्बन्धों में आयी नाजुक तब्दीलियों का, और इस बदलाव की जड़ में घटित सामाजिक संरचनागत परिवर्तनों का अत्यंत कलात्मक कौशल के साथ सूक्ष्म चित्रांकन कर सके हैं। इस उपन्यास में वे स्पष्ट देखते हैं कि सामाजिक सम्बन्धों की उलझी हुई घनीभूत परतों के नीचे कौन-सी चीज कहाँ टूट रही है और कौन-सी चीज कैसे बन रही है। इन टूटने-बनने और परिवर्तनों की गति और दिशा का यथार्थ चित्रांकन करते हुए वे अपनी सहानुभूति और पक्षधरता नहीं छिपाते।

नयी कहानी के अन्य अनेक रचनाकारों की तरह भीष्मजी ने भी अपना कथा-परिवेश ज्यादातर शहरी मध्यवर्ग के जीवन को ही बनाया है। मध्यवर्ग के उच्चमध्यवर्गीय और निम्नमध्यवर्गीय—दोनों तबकों और उनके सूक्ष्मतर स्तरों और सतरों को ! यह विविधता और सूक्ष्मदर्शिता उनके समकालीन कथाकारों के यहाँ प्रायः दुर्लभ है। साथ ही, यहाँ यह भी नहीं भूलना चाहिए कि किसी उपन्यास या कहानी में मध्यवर्गीय जीवन का कथा-परिवेश मात्र होने से उसकी अंतर्वस्तु मध्यवर्गीय नहीं हो जाती। यह भी हो सकता

है कि मध्यवर्गीय कथा-परिवेश वाली किसी रचना की अंतर्वस्तु क्रांतिकारी और सर्वहारावर्ग की हो। इसके विपरीत यह भी एकदम संभव है कि क्रांतिकारी और सर्वहारा कथा-परिवेश वाली किसी रचना की अन्तर्वस्तु निरी सुधारवादी हो। यहाँ देखना यह चाहिए कि लेखक ने किस वर्ग या वर्गों का चित्रण किस वर्ग के दृष्टिकोण से किया है। प्रसंगवश, रचना से उभरने वाला यह विश्व-दृष्टिकोण लेखक के अपने जन्म-जात वर्ग अथवा घोषित विचारधारा से भिन्न और कभी-कभी तो उसके विरुद्ध भी हो सकता है। इस विश्व-दृष्टिकोण की अंतर्वस्तु के चुनाव और उसके सफलतापूर्वक कलात्मक चित्रांकन में निर्णायक भूमिका होती है। अंतर्वस्तु को कथा-परिवेश अथवा विषयवस्तु (सब्जैक्ट मैटर) का पर्याय भी नहीं समझना चाहिए। ये दोनों वस्तुतः अन्तर्वस्तु के ही अभिन्न अंग हैं, उसी के अन्तर्गत आते हैं, लेकिन स्वयं अन्तर्वस्तु के पर्याय नहीं हैं।

भीष्मजी की खूबी यह है कि कथा-परिवेश, और यहाँ तक कि विषयवस्तु भी मध्यवर्गीय होने के बावजूद उनकी अन्तर्वस्तु किसी भी तरह से मध्यवर्गीय या सुधारवादी नहीं होने पाती। इसकी वजह यह है कि मध्यवर्ग का चित्रण करते हुए भी उनकी दृष्टि कहीं भी मध्यवर्गीय सीमाओं की शिकार नहीं होती। इसके विपरीत वे मध्यवर्गीय पाखंड, कायरता और निष्क्रिय स्वप्नशीलता की बड़ी बेरहमी के साथ अत्यंत पैनी आलोचना करते हैं। इससे उनके यथार्थवादी विश्व-दृष्टिकोण की प्रगतिशीलता सिद्ध होती है। भीष्मजी की एक अन्य विशेषता यह रही है कि मध्यवर्गीय कथा-परिवेश के बीच भी वे सर्वहारावर्ग के कई ऐसे अविस्मरणीय चरित्र दे जाते हैं जो अपनी हल्की-सी मौजूदगी मात्र से एक तीखा विरोधाभास खड़ा कर देते हैं। मध्यवर्ग की कठोर आलो-चना और तीखे विरोधाभास के जरिये यह तीव्र द्वंद्व पैदा करने की कला ही उनको नयी कहानी आन्दोलन के आधुनिकतावादी कथाकारों से अलग और विशिष्ट बनाती है—साथ ही सार्थक भी।

'बसन्ती' उपन्यास की एक उल्लेखनीय विशेषता यह भी है कि इसमें भीष्मजी ने पहली बार निम्नवर्गीय मटमैले जनों के धूसर जीवन को अपना कथा-परिवेश बनाया है। इस बदरंग ज़िन्दगी के अनोखे रंग, उनकी स्वाभाविक सादगी के साथ उन्होंने कुछ इस अन्दाज में उभारे हैं कि वे शहरी मध्यमवर्ग के भड़कीले जीवन के चटकीले रंगों का बनावटीपन और उनकी व्यर्थता का बेहद तीखा अहसास कराते हैं। इस उपन्यास में जहाँ कहीं मध्यवर्गीय चरित्र आते भी हैं तो प्रसंगवश; इस विरोधाभास और इस द्वंद्व का और भी तीव्र बोध कराने के लिए ही। भीष्मजी ने इस उपन्यास में जिस निम्न-वर्गीय समुदाय के जीवन का चित्रण किया है, वे ऐसे लोग हैं, जो गाँवों में सूखा, अकाल और भुखमरी की तबाहहाल ज़िन्दगी छोड़कर शहरों में भाग आये हैं। असंगठित मज़दूरों की विराट सर्वहारा-जमात की शक्ल में ये लोग दो पीढ़ियों से शहरी तलछट की ज़िन्दगी बिताते आ रहे हैं। इस तबके की ओर अभी मज़दूरों को संगठित करने वाली ट्रेड यूनियनों का भी बहुत ध्यान नहीं गया है। भीष्मजी इस उजड़ते-बसते मेहनतकश

समुदाय और उसकी देहाती पृष्ठभूमि का वर्णन करते हुए लिखते हैं :

"बस्ती क्या थी, दिल्ली की ही एक सड़क के किनारे छोटा-सा राजस्थान बना हुआ था। आजादी के बाद, दिल्ली शहर फैलने लगा था। नयी-नयी बस्तियों की उसारी होने लगी थी और उन बस्तियों को बनाने के लिए जगह-जगह से राज-मज़दूर खिंचे आने लगे थे। दिल्ली से दूर, जहाँ कहीं सूखा पड़ता, या बाढ़ आती, वहीं से लोग उठ-उठकर दिल्ली की ओर भागने लगते। कहीं परिवार-के-परिवार चले आये, कहीं अकेले मर्द, कहीं छोटी उम्र के लौंडे-लड़के भी। कहीं राजस्थान से तो कहीं हरियाणा और पंजाब के गाँवों से, और कहीं तो दूर दक्षिण से भी; पर राज-मज़दूरी के काम के लिए सबसे ज़्यादा लोग राजस्थान से ही आये। रोज़गार की तलाश में, राज-मज़दूर ही नहीं, धोबी, नाई, चाय-पान वाले, और भी तरह-तरह के धंधे करने वाले लोग दिल्ली पहुँचने लगे। कहीं नये मकानों की नीवें खोदी जाने लगतीं तो आस-पास के राज-मज़दूरों की छोटी-छोटी अनगिनत झोंपड़ियाँ खड़ी हो जातीं, लोहा-सीमेंट-ईंट-पत्थर के ढेरों के बीच, इन झोंपड़ियों में मोटी-मोटी रोटियाँ सेंकी जाने लगतीं, बच्चे रेत-मिट्टी के ढेरों पर खेलने-सोने लगते, और मज़दूरी के काम से निबटकर स्त्रियों की टोलियाँ गाती हुई अपनी-अपनी झोंपड़ियों में लौटने लगतीं। गारे-मिट्टी की अधकचरी झोंपड़ियों में भी स्निग्धता आ जाती। पर ज्यों ही पक्के मकानों का मुहल्ला बनकर तैयार हो जाता, तो झोंपड़े वहां से उठ जाते, राज-मजदूर हट जाते, जहाँ उनकी झोंपड़ियाँ थीं वहाँ सड़क की पटरियाँ बिछ जातीं, आँगनों की दीवारें खिंच जातीं, और पता भी नहीं चल पाता कि कभी वहाँ झोंपड़ियों की पाँतें भी रही होंगी।" (पृ० 13)

दिल्ली के फैलने-विकसित होने और उसके समानान्तर इन मेहनतकशों के बार-बार बस कर उजड़ने की त्रासदी के विरोधाभास के माध्यम से भीष्मजी जैसे हमारे देश में पूंजीवाद के विस्तार और विकास की निर्मम कहानी भी कह रहे हैं। पक्की इमारतें बनते ही हर बार ये अधकचरी झोंपड़ियों की बस्तियाँ उजड़ जाती थीं, "पर जब रमेश नगर बना, और बनकर तैयार भी हो गया, तो राज-मज़दूरों के झोंपड़े ज्यों के त्यों बने रहे। कारण, ये झोंपड़े बस्ती से सटकर नहीं बनाए गए थे। इन्हें बस्ती से थोड़ा हटकर बड़ी सड़क के किनारे एक वीरान टीले पर बनाया गया था, जो दो तिरछी सड़कों के बीच अलग-अलग-सा खड़ा था।" (पृ० 13) लेकिन यह झोंपड़े फिर भी नहीं बचते। हाकिम के हुक्म से, पुलिस की मदद से, तोड़ दिये जाते हैं। बसन्ती की निगाह से भीष्मजी इसका बड़ा मर्मस्पर्शी वर्णन करते हैं, "कुछ पुलिस वालों के कन्धों से लकड़ी के जालीदार चौखटे लटक रहे थे। उनकी वर्दियाँ पानी से तर हो रही थीं और पानी उनकी टोपियों से भी चू रहा था। सिपाहियों की पाँत के पीछे जगह-जगह ऊँचे-ऊँचे बाँस और बल्ले और लट्ठ नजर आ रहे थे, और कीच और मलबे का ढेर भी। बसन्ती के लिए पहचानना कठिन हो रहा था कि कौन-सी कोठरी किसकी थी। ऐन सामने वाली कोठरी के बाहर, ज़मीन पर तीन-चार डिब्बे लुढ़के हुए थे। एक डिब्बे में से थोड़े-से चावल निकलकर कीच पर छितरे हुए थे। कोठरी की दीवार टूटी पड़ी थी, पर

दरवाजा अभी भी टेढ़ा होकर झूल रहा था। कोठरी के बाहर चूल्हा भी टूटा पड़ा था। बसन्ती ने आँख उठाकर देखा। दाएँ हाथ, एक कोठरी की दीवार पर दो सिपाही खड़े थे और छैनियों से छत को तोड़ रहे थे। एक और सिपाही नीचे से कोठरी के बाहर पहुँचा था। उसने छैनी उठाकर सबसे पहले चूल्हे को तोड़ा और फिर कोठरी की दीवार पर छैनी मारने लगा। दीवार पर नीले रंग से दो सुन्दर, बड़े-बड़े मोर बने हुए थे। यह बिश्नू की कोठरी थी। उसी की दीवार पर नाचते मोर बने थे, नहीं तो और लोगों की दीवारों पर कहीं घोड़ा तो कहीं हाथी के चित्र थे।" (पृ० 24)

बस्ती तोड़ने के काम में जब बस्ती वालों में से भी कुछ मज़दूर शामिल हो जाते हैं तो एक औरत उन्हें फटकारती है, "अपनी ही बस्ती के घर तोड़ रहा है, हरामजादे ! सारी सरम बेच खायी है। तुझे कोढ़ पड़े।"

"अब अपनी कहाँ है। सरकार की है।"

इस पर भीड़ में से एक आदमी चिल्लाया, "तैंने भी तो अपनी कोठरी बनायी थी।"

"बनायी थी तो बनायी थी," ऊपर से जवाब आया, "सरकार तो इन्हें तोड़ेगी ही। हम अपनी मजूरी क्यों छोड़ें। हम नहीं तोड़ेंगे तो कोई दूसरा आकर तोड़ेगा।" (पृ० 25)

इस सारे प्रकरण पर उपन्यासकार की टिप्पणी है कि "पुलिस के बड़े अधिकारी जानते थे कि इतनी बड़ी बस्ती एक दिन में नहीं गिरायी जा सकती। पर जितना जल्दी हो सके, शुरू के तीस-चालीस घरों को तोड़ डालना जरूरी था, ताकि बस्ती रहने के लिए नकारा हो जाए और लोग यहाँ से निकल जाएँ, बस्ती खाली कर दें। इसीलिए उन्होंने बीस-बीस रुपये मजूरी देने का प्रलोभन देकर उसी बस्ती के कुछेक राज-मजदूरों को पकड़ लिया था। बहुत-से लोगों ने तो इन्कार कर दिया था, लेकिन मेहरू जैसे कुछ बेरोज़गार लालच में आ गये थे।" (पृ० 25)

यहाँ भीष्मजी बड़े खामोश ढंग से इस तथ्य को उजागर कर रहे हैं कि पूँजीवादी व्यवस्था में किस तरह श्रमिक पहले खुद एक वस्तु में बदलता है, अर्थात् दूसरों की शर्तों पर अपना श्रम बेचने के लिए मजबूर होता है, और फिर अपने श्रम और श्रम के उपकरणों के प्रति धीरे-धीरे 'अजनबीपन' (एलियेनेशन) का शिकार होकर अंततः अपने समूचे घर-बार और परिवेश के प्रति भी पराया होने लगता है। इस तरह निजी परायापन एक सामाजिक अजनबीयत में बदलने लगता है। एक तरफ रंग-बिरंगे मोर-हाथी-घोड़ों से चित्रित अपने घरों की मोह-ममता और दूसरी तरफ बेरोजगारी के शिकार लोगों में इस मोह-ममता के सारे मानवीय और नाज़ुक रिश्तों को तोड़ता हुआ पूँजीवादी निज़ाम और उसका क्रूर अमला। भीष्मजी के कई पात्र अमानवीयकरण की इस प्रक्रिया के खिलाफ सार्थक प्रतिरोध भी करते हैं। वे इस प्रक्रिया का घटित होना भी बड़ी बारीकी से चित्रित करते हैं। मज़दूर पहले खुद एक मानवीय इकाई से 'वस्तु' में परिवर्तित होता है, फिर उस 'वस्तु' की अन्य 'वस्तुओं' और यहाँ तक कि अपने निजी

आत्मीय परिवेश से विच्छिन्न होते जाने की निर्मम विवशता भी सामने आती है। दूसरी ओर खुद 'वस्तु' बननें और अन्य वस्तुओं से विच्छिन्न होते जाने का प्रतिरोध भी है।

यह विरोधाभास और द्वंद्व एक ही वर्ग के बीच है। इस विरोधाभास को जैसे और भी तीव्र ढंग से उद्घाटित करने और इस वर्ग से भी अधिक अमानवीय वर्ग को सामने लाने के लिए ही भीष्मजी इन उजड़ते हुए मेहनतकशों की ढहती हुई बस्ती के ठीक पड़ौस में बसने वाले संभ्रांत मध्यवर्गीय लोगों को ला खड़ा करते हैं। इससे इन मेहनतकश निम्नवर्गीय जनों की मजबूरी और तकलीफ जैसे और भी गहरी त्रासदी के रंग में डूब जाती है। लेकिन साथ ही भीष्मजी के व्यंग्यात्मक लहजे की एक खामोश पैनी अंतर्धारा भी उनके तटस्थ-जैसे दिखते हुए वर्णन के नीचे लगातार प्रवाहित होती रहती है, जो इन मजबूर, पस्त और हारे हुए प्रतीत होने वाले लोगों में एक उदात्त और अपराजेय चरित्र की भी सृष्टि करती है। व्यंग्य की यह धारा अमानवीयकरण की पूंजीवादी प्रक्रिया से लड़ते हुए मेहनतकश जनों के चरित्र की मानवीयता को भी (मध्यमवर्ग की तुलना में) सफलतापूर्वक सामने ले आती है। रमेश नगर के मध्यवर्गीय चरित्रों से इनके विरोधाभास के बिना यह शायद इतने बेहतर ढंग से संभव भी नहीं था।

"सड़क के पार, रमेश नगर में रहने बाले बहुत-से बाबू लोग आकर खड़े हो गये थे। कुछ ने बस्ती के अनेक मर्द-औरतों को पहचान भी लिया था, क्योंकि इन्हीं घरों में बहुत-सी औरतें चौका-बर्तन करती थीं और आदमी रंग-रोगन और सफेदी करने आते थे। वे भी बस्ती के तोड़े जाने का तमाशा देख रहे थे। बसन्ती बहुत-से लोगों को पहचानती थी, कुछेक के घरों में काम भी कर चुकी थी..."

"कानून कानून है, क्या किया जाये!" चार नंबर ब्लाक वाले आहूजा साहिब कह रहे थे, "मैंने गूलराज से कहा भी था। मैंने कहा, मूलराज, तुम कोठरियाँ पक्की नहीं करो। पक्की कोठरियाँ बनाना गैरकानूनी है।"

"पक्की कोठरियाँ बनाना ही नहीं, सरकारी जमीन पर कब्जा करना ही गैरकानूनी है। बैठे-बैठाये मुफ्त में अपनी कोठरियाँ खड़ी कर लीं।" (पृ० 28)

इन लोगों ने यहाँ अपनी पक्की कोठरियाँ ही नहीं खड़ी कर लीं, बल्कि "यहीं पर शादियाँ-ब्याह होने लगे, यहीं पर राज-मज़दूरों ने अपनी पंचायतें बना लीं।" (पृ०14) ये पंचायतें देहाती अतीत की स्मृति-चिह्न जैसी ही रह गयी थीं अब, क्योंकि पूंजीवादी शहरी माहौल में उनकी उपयोगिता लगभग समाप्त हो चुकी थी। उनकी एकता और आत्मीयता के ताने-बाने तो पहले ही उधड़ने लगे थे, बस्ती टूटने के बाद तो जैसे पंचायत का समूचा ढाँचा भी टूटकर बिखर गया था और "यों अब पंचायत किसी नुचे-खुचे, फटे-पुराने चिथड़े-सी रह गयी थी।" (पृ० 64) शहरी वातावरण में पली-बढ़ी नयी पीढ़ी की तो पहले ही इन पंचायतों में कोई आस्था नहीं थी। यही नहीं, इस पीढ़ी के लिए जाति और समुदाय के सामंती अर्थ भी व्यर्थ हो चुके थे। चौधरी नाई को उसके अड्डे पर नाई का धंधा करने वाला राजपूत युवक कहता है, "मंगलू राजपूत का बेटा

हूँ, चाचा, पर दिल्ली में जात नहीं चलती। जात गाँव में चलती है। तुमने पूछा तो हमने बता दिया। दिल्ली में अहीर बहुत हैं, राजपूत भी बहुत हैं।" (पृ० 44)

नयी पीढ़ी की तरह ही पुरानी पंचायत के चौधरियों में से भी कई के लिए ये पंचायतें अब व्यर्थ हो चुकी थीं। पंचायत का एक पंच बोधराज चौधरी मूलराज पर झल्लाता है, "सुबह भनचोद सात बजे निकलते हैं, साइकिल पर पैडल मार-मारकर भनचोद, सात मील दूर काम को जाते हैं, अब थके-माँदे लौटे हैं तो इसकी लनतरानियाँ सुनो।" (पृ० 66) बोधराज को ट्रेड यूनियनों की शक्ति का पता भले अभी न चला हो, पर इन पंचायतों की व्यर्थता का पूरा बोध है। वह जानता है कि उनके पुनर्वास की समस्या को लेकर पंचायत सरकार के आगे कुछ नहीं कर सकती, "क्या कर लिया पंचायत ने ? उधर बस्ती टूटी क्या किया पंचायत ने ? तब भी छः-छः चक्कर लगाता था मूलराज। और अब क्या कर लेगी ? जब सरकार की मर्जी होगी करेगी, तुम और हम कुछ नहीं कर सकते।" (पृ० 66)

जब मतिराम उसे समझाता है कि "यह तो हम भी जानते हैं कि कुछ नहीं कर सकते। पर मिल बैठते तो हैं, अपने-अपने सुख-दुःख की बात तो करते हैं।" तो बोधराज फिर झल्लाता है, "रामू की बेटी भाग गयी ड्राइवर के साथा। क्या कर लिया पंचायत ने ?" (पृ० 66) पंचायत की यह व्यर्थता और असहायता अमानवीयता की सीमाएँ भी छूने लगती हैं जब वह लँगड़े बुलाकी के साथ क्रूर परिहास करते हुए भी बसन्ती के साथ उसकी शादी कराने का समर्थन करती है। यहाँ उपन्यासकार की टिप्पणी है कि "बीड़ी के कश खींचते हुए, बस्ती के लोग, मुँह में लड्डओं की मिठास के चटखारे लेते हुए चौधरी और बुलाकी पर टिप्पणियाँ कसते रहे, पर किसी एक ने भी मजाक तक में इस तरह की टिप्पणी नहीं की कि चौदह बरस की छोकरी के साथ साठ बरस का बुलाकी क्यों ब्याह करने जा रहा है ? यहाँ तक कि बोधराज ने भी कुछ नहीं कहा।" (पृ०72)

पूँजीवादी शोषण और नौकरशाही अफसरों और पुलिस-दमन क शिकार इन बार-बार उजड़ते लोगों के साथ अपनी सहानुभूति दिखाते हुए भी भीष्मजी उनकी पंचायतों के सामंती और नकारा चरित्र के माध्यम से उनके दिलो-दिमाग में छाये हुए सामंतवादी-रूढ़िवादी मूल्यों पर उँगली रखने से नहीं चूकते। इनमें अभी भी आपस में ऊँच-नीच. जात-पाँत और बिरादरी आदि की सामुदायिक और सामंती दीवारें खिची हुई हैं। स्त्री-पुरुष संबंधों पर भी पुरानी सामंती दासता और यौन-शोषण के सख्त खोल चढ़े हुए हैं और अभी भी जवान लड़कियों को बेचा जाता है। पुरानी और नयी पीढ़ियों तथा देहाती और शहरी वातावरण के विरोधाभासों के माध्यम से भीष्मजी एक ओर जहाँ पूँजीवादी विकास के साथ कबीलाई सामुदायिक संबंधों के अवशेषों और सामंती मूल्यों को टूटते हुए दिखाते हैं, वहीं दूसरी ओर वे यह भी चित्रित करते हैं कि इस विध्वंस के बाद पूँजीवाद किसी स्वर्गलोक में नहीं ले जाता बल्कि वह पहले से भी अधिक निर्मम और अमानवीय यातना के महीन शोषणचक्र में पिसने के लिए ढकेल देता है। यहाँ तक कि वह प्राचीन सामुदायिक और सामंती संबंधों के उन अनेक मार्मिक और

उदात्त पहलुओं को भी दौलत की चट्टानों पर पटककर तोड़ डालता है जो अत्यंत नाजुक और बेहद आत्मीय होते हैं। पूँजीवाद की सकारात्मक और नकारात्मक, दोनों तरह की भूमिकाओं का मार्क्स और एंगेल्स ने 'कम्युनिस्ट घोषणापत्र' में इन शब्दों में वर्णन किया है, "पूँजीपतिवर्ग ने, जहाँ पर भी उसका पलड़ा भारी हुआ, वहाँ सभी सामंती, पितृसत्तात्मक और काव्यात्मक सम्बन्धों का अंत कर दिया। उसने मनुष्य को अपने स्वाभाविक बड़ों के साथ बाँध रखने वाले नाना प्रकार के सामंती सम्बन्धों को निर्ममता से तोड़ डाला; और नग्न स्वार्थ के, नगद पैसे-कौड़ी के हृदयशून्य व्यवहार के सिवा मनुष्यों के बीच और कोई दूसरा सम्बन्ध बाकी नहीं रहने दिया। धार्मिक श्रद्धा के स्वर्णोपम आनंदातिरेक को, वीरोचित उत्साह और कूपमंडूकतापूर्ण भावुकता को उसने आना-पाई के स्वार्थी हिसाब-किताब के बर्फीले पानी में डुबा दिया है। मनुष्य के वैयक्तिक मूल्य को उसने विनिमय मूल्य बना दिया है···एक अन्तःकरणशून्य स्वातंत्र्य की स्थापना की है···।" (पृ० 38-39, प्रगति प्रकाशन, मास्को) इस एक नरक के विध्वंस के बाद दूसरे नरक में ढकेले जाने की निर्मम पृष्ठभूमि पर ही भीष्मजी ने बसन्ती की त्रासदीय प्रेमकथा का अद्भुत चित्रांकन किया है।

राजस्थानी राज-मजदूरों की इसी बस्ती का एक अंग बन चुका है नाई का धन्धा करने वाला हरियाणा का अहीर चौधरी नौवा जो अपनी 14 साल की लड़की बसन्ती को लँगड़े दर्जी 60 साल के बुलाकीराम के हाथ बेचना चाहता है। चौधरी इसे 'ब्याह' करना ही कहता है। बेचना नहीं। बसन्ती इस बस्ती की ऐसी नयी पौध थी जिसके बारे में उपन्यासकार ने लिखा है कि "दो-दो पीढ़ियाँ बस्ती में उम्र लाँघने लगीं। ऐसे छोकरे-छोकरियाँ··· बस्ती और बस्ती के बाहर रमेश नगर की सड़कों पर घूमती-दौड़ती फिरतीं। लड़कियाँ बिंदी-लिपस्टिक लगातीं, फोटो खिंचवातीं, और शहर में टेलीविजन आ जाने पर शाम को किसी-न-किसी घर की खिड़की में झाँक-झाँक कर टेलीविजन देखतीं। उनकी बस्ती में रेडियो और ट्रांजिस्टरों पर फिल्मी गाने गूँजते। नयी पौध को दिल्ली की हवा लगने लगी थी।" (पृ० 14) यह नयी पौध ही पुराने सामंती मूल्यों की जकड़न तोड़कर नयी हवा में कुलाँचें भरना चाहती है। बसन्ती 60 साल के लँगड़े दर्जी के साथ ब्याह नहीं करना चाहती। फिल्में देखकर उसके अन्दर ऐसी रूढ़ियों और दासता के बन्धनों के खिलाफ एक जबर्दस्त विद्रोह की, साथ ही अल्हड़ प्रेम की कोमल कल्पनाओं की भी, नयी-नयी भावनाएँ जड़ जमाने लगती हैं।

यहाँ मुझे भीष्मजी के वाङ्‌चू, संग्रह की एक कहानी 'राधा-अनुराधा' याद आने लगती है। इसे अभी दोबारा पढ़ने पर यह स्पष्ट नजर आता है कि यह कहानी 'बसन्ती' उपन्यास के कच्चे माल या उसके रफ़ प्रारूप का ही एक हिस्सा है। थोड़े-बहुत परिवेश और नामों के हेर-फेर से यह 'बसन्ती' का ही एक भाग है। उपन्यास की बसन्ती ही इस कहानी की राधा है जो बूढ़े के हाथ बेचे जाने के विरोध में पहले चूहे मारने वाली गोलियाँ खाकर आत्महत्या की विफल कोशिश करती है, फिर लड़कों के होस्टल में काम करने वाले एक जवान के साथ भाग जाती है। अपनी शादी के बारे में

श्यामा बीवीजी को संशय की नजर से देखते पाकर वह उन्हें बताती है कि "हमारी कोठरी के पीछे जो बरामदा है ना, बीबीजी, वहाँ आले में भगवान जी की मूर्ति रखी है। उसी के सामने हम दोनों खड़े हो गये और ब्याह करवा लिया।"

"पंडित कोई नहीं था?"

"पंडित किसलिए, बीबीजी? हम दोनों ने मूर्ति के सामने हाथ जोड़कर ब्याह करवा लिया। अनुराधा फिल्म में भी तो ऐसे ही हुआ था, आपको याद नहीं? टेलीविजन पर आपही के घर में तो देखी थी। बस, वैसे ही हमने भी ब्याह करवा लिया।" (वाङ्चू, पृ० 145-6)

भीष्मजी शायद हिन्दी के पहले ऐसे लेखक हैं जिन्होंने फिल्मों के इस नये पहलू की तरफ भी हमारा ध्यान खींचा है। सस्ती भावुकता और पूँजीवादी संस्कृति के भोंड़े प्रचार के बावजूद रूमानी हिन्दी फिल्में निम्नवर्ग में पैदा हुई बसन्ती (कहानी की राधा) जैसी मेहनतकश अल्हड़ लड़कियों में सामाजिक विद्रोह की चिंगारियाँ भी फूँक सकती हैं, इससे पहले शायद किसी ने नहीं सोचा था। कम से कम इसका चित्रण तो किसी हिन्दी लेखक ने नहीं किया होगा। यह कहीं न कहीं फिल्मों का ही असर था कि बसन्ती बूढ़े बुलाकी के हाथ बेचे जाने को चुपचाप स्वीकार न करके अपनी पसन्द के युवक दीनू के साथ भाग जाती है। वह जब श्यामा बीबीजी को बताती है कि "हमारा बापू बेटियाँ बेचता है।" तो कहीं-न-कहीं उसके मन में इसके खिलाफ नफरत और विद्रोह भी भड़क रहा होता है। इसीलिए जब वह यह कहती है कि "सच, बीबीजी, मेरी बड़ी बहिन का ब्याह भी गाँव में किसी बूढ़े के साथ कर दिया। उससे आठ सौ रुपये लिए। वह गाँव में बैठी घास छीलती है।" तो बसन्ती यह भी स्पष्ट कर देती है कि इस स्थिति को वह कभी भी स्वीकार नहीं करेगी। वह सीधी चुनौती देती है, "करके तो देखे, बीबीजी, मैं उसे करने ही नहीं दूँगी। मैं फिर से चूहे मारने वाली गोलियाँ खा लूँगी।" (पृ० 38)

बसन्ती जब सरदार लड़के की वेश-भूषा में दीनू के साथ साइकिल पर भागती है तो उसे लगता है कि "यह वैसा तो नहीं था जैसा फिल्मों में होता है, लेकिन कुछ-कुछ फ़िल्मों से मिलता भी था।" (पृ० 47) यह अन्तर ही वास्तव में बसन्ती के जीवन की जैसे सबसे बड़ी त्रासदी भी है। नैरेटर के रूप में यहाँ उपन्यासकार की टिप्पणी है: "बसन्ती जैसे नाटक खेल रही थी। और वह स्वयं नाटक की एकमात्र दर्शक भी थी और अभिनेत्री भी। जो कुछ घट रहा था वह सच भी था और उसमें नाटक देखने और खेलने की उत्तेजना भी थी।...फिल्म की अभिनेत्री और बसन्ती में अन्तर यही था कि फिल्मों की अभिनेत्री का साहस झूठा होता है, उसका जोखिम झूठा होता है, जबकि अपने को अभिनेत्री मानकर व्यवहार करने वाली बसन्ती का साहस सच्चा था, और उसका जोखिम भी सच्चा था जिसके पीछे अनेक खतरे मँडरा रहे थे।" (पृ० 47)

दीनू के साथ भागने का जोखिम उठाते हुए अल्हड़ बसन्ती के मन में हिन्दी फिल्मों के सुखद अन्त की तरह अपने भावी दाम्पत्य जीवन की मधुर कल्पनाएँ भी रही होंगी, क्योंकि खुद को अभिनेत्री मानकर व्यवहार करने वाली बसन्ती दीनू को भी फिल्मों

के आदर्श नायक के रूप में ही मानती रही होगी। दीनू की तरफ वह आकर्षित भी उसके उस समय के फुर्तीले मेहनती स्वभाव और स्वच्छ रख-रखाव के कारण ही हुई थी। दीनू वैसा नहीं था, जैसा लगा था। दीनू की एक ब्याहता पत्नी गाँव में थी और वह एक निहायत दुनियादार और निठल्ला किस्म का इन्सान था, जो बसन्ती की तरह भावनाओं के झूले पर नहीं झूलता रहता था। उसने कभी भी बसन्ती को अपनी विवाहिता पत्नी जैसा नहीं समझा। वह आगे चलकर एक बार बसन्ती से कहता भी है कि "मैंने दूसरी शादी नहीं की है। तू मेरे साथ भाग आयी है, मैंने मना नहीं किया।" (पृ० 79-80) लेकिन बसन्ती ने उसके साथ 'ब्याह' किया था, भले ही समाज और यहाँ तक कि स्वयं दीनू भी उस ब्याह को मान्यता न दे।

दीनू की कोठरी में जाने के बाद उसी रात वह ब्याह की 'रस्म' भी पूरी करती है, "भगवान जी के सामने हम दोनों खड़े होंगे। हाथ जोड़कर। सिर नवायेंगे। ऐसे ब्याह करेंगे। तू मेरे माथे पर टीका लगाना, मैं तेरे माथे पर टीका लगाऊँगी। है तेरे पास भगवान जी की तस्वीर?" (पृ० 61) उपन्यास के नैरेटर के शब्दों में, "न जाने इसकी प्रेरणा बसन्ती को फिल्मों से मिली थी या उसकी अन्तःप्रेरणा ही उसे मजबूर कर रही थी, पर वह अपनी ओर से ब्याह की पूरी रस्म निभा रही थी।" (पृ० 62) भले ही 'बसन्ती को बाँहों में भर पाने के लिए उतावला' हो रहे दीनू के लिए यह सब 'ऊल-जलूल' खेल था और वह 'इस खिलवाड़ से ऊब' भी रहा था और एक तरह से 'इन व्यवधानों से खीझ' रहा था, लेकिन बसन्ती के लिए "यह अभिनय भी था, खिलवाड़ भी था, विवाह भी था, विवाह का स्वाँग भी था और भावी दाम्पत्य-जीवन के लिए नारी-हृदय की सहमी-सहमी-सी भाव-विह्वल प्रार्थना भी।" (पृ० 63) इसीलिए दीनू की आस्तीन पकड़कर और उसके पास सटकर बसन्ती धीरे से बोली भी थी, "अब हाथ पकड़ा है तो छोड़ना मत!" (पृ० 63) लेकिन "बसन्ती जिस भविष्य की कल्पना करने लगी थी, उसमें दीनू का स्थान उसने ठीक ढंग से नहीं आँका था।" (पृ० 136) जिस दीनू के साथ वह बूढ़े बुलाकी के हाथ बेचे जाने से बचने के लिए अपना घर-बार छोड़कर भागी थी, वही उसे बाद में तीन सौ रुपये में अपने दोस्त बरड़ू के पास बेचकर अपनी ब्याहता बीवी के पास गाँव भाग जाता है। उसके बाद गर्भवती बसन्ती लँगड़े बुलाकी के साथ ब्याह दी जाती है, जिसे विश्वास था कि "मैं कहूँ बसन्ती रानी आयेगी, एक दिन जरूर आयेगी···।" (पृ० 103) लेकिन जब दीनू अपनी पत्नी के साथ दिल्ली लौट आता है तो बसन्ती अपने बच्चे के साथ एक बार फिर उसके पास भाग जाती है। पहले भी उसने एक बार दीनू से कहा था कि वह अपनी पत्नी को गाँव से ले आये, "हम सब मिलकर रहेंगे" और "मैं सब काम कर लूँगी। उसे सब कुछ सिखा दूँगी। तू उसे यहाँ ले आ। हम अलग से कहीं कमरा लेकर रह लेंगे।" (पृ० 80)

बसन्ती के स्वभाव की यह निश्छल सरलता और परिस्थितियों के अनुसार बहुत जल्दी खुद को ढाल लेने की आदत ही उसे विशिष्ट भी बनाती है। सभी के लिए, यहाँ तक कि अपने से बुराई करने वाले के प्रति भी उसके मन में प्यार और ममता के सोते

लहराते रहते थे। उसकी "भीगी-भीगी ममता जो एक बार फूटी तो फिर थम नहीं" पाती थी और "उसी में उसका सारा द्वेष, सारी घृणा, सारी ईर्ष्या बह" जाती थी, "यों भी बसन्ती भावनाओं के झूले पर झूलने वाला जीव थी। अन्दर से ज्वार उठता तो वह नाचने लगती, प्रियजनों से लिपटने लगती, हँसने-बोलने लगती। उसका स्वभाव ही ऐसा था।" (पृ० 159) यह हँसमुख स्वभाव और अल्हड़ निडरता उसमें कूट-कूट कर भरी हुई थी, "किस-किससे डरकर रहूँ, बीबीजी, बापू से ? माँ से ? आपसे ? भगवान से ?" बसन्ती कहती है और "श्यामा बसन्ती की ओर देख-देखकर हैरान हो रही थी कि इस लड़की के अन्दर भगवान ने हँसी के कैसे सोते डाल रखे हैं। बात-बात पर इसकी हँसी फूटने लगती है। भगवान ने शरीर तो इसे लड़की का दिया है, पर आत्मा जैसे पक्षी की, तभी यह सारा वक्त फुदकती-चहकती फिरती है।" (पृ० 34)

"इतने धोखे खा चुकी है, पर तू फिर भी होश में नहीं आयी ! तू जिन्दगी में बहुत दुःखी होगी बसन्ती।" श्यामा बीबी ने दाँतों तले होंठ दबाकर सिर हिलाते हुए कहा।

"जिन्दगी क्या होती है, बीबीजी ?" बसन्ती ने कहा और हँस दी। उसकी हँसी में पहले जैसी गूँज फिर से सुनायी पड़ी। (पृ० 94)

भीष्मजी ने इस उपन्यास के माध्यम से हिन्दी कथा-साहित्य को एक ऐसा उदात्त और ममतामय, ऐसा संघर्षशील और शक्तिशाली 'टाइप' चरित्र प्रदान किया है जो जीवन में अपनी भरपूर मौजूदगी के बावजूद साहित्य और कला की दुनिया में प्रायः दुर्लभ था। बसन्ती की अल्हड़ता, बेफिक्री और "तो क्या हुआ, बीबीजी" कहकर हर बड़ी-से-बड़ी और गहरी चोट को सह जाने की ताकत उसे अपने निश्चित 'टाइप' में ढालती है, लेकिन यह सह जाना भी कहीं न कहीं एक ऐसे रिवोल्ट का भीतर-ही-भीतर-सुलगता पलीता छोड़ जाता है कि बसन्ती जब तनकर खड़ी हो जाती है तो भरपूर चोट भी करती है :

सहसा बसन्ती भभककर उठ बैठी।

"तूने बरडू से पैसे लिए थे ?"

"कौन-से पैसे ? क्या बक रही है ?"

"तीन सौ रुपये ? बोल, लिए थे तीन सौ रुपये ?"

दीनू को इतने तीखे प्रश्न की आशा नहीं थी।

"तुम्हें बोल जो दिया मैंने उसे साइकिल बेची थी।"

"और उसने सत्तर में साइकिल लौटा दी ?"

"बाकी पैसे उसे फिर दूँगा। अब बक-बक नहीं कर।"

"वह कहता था, तू मुझे उसके हाथ बेच गया था।"

दीनू चुप रहा। बसन्ती का पारा चढ़ता जा रहा था।

"बोल, बोलता क्यों नहीं ? तू मुझे उसकी रखैल बना गया था ?"

"चुप रह, चुप रह, चिल्ला नहीं। नहीं, एक झापड़ दूँगा, सारे दाँत बाहर आ

जायेंगे ।"

पर बसन्ती मानो आपे से बाहर होती जा रही थी, "तू भी हरामी, वह भी हरामी। खबरदार जो मेरे बच्चे को हाथ लगाया। बड़ा आया बेचने वाला। मेरे पेट में अपना बच्चा देकर मुझे बेचने चला था, हरामी, बेशर्म, बदजात !" (पृ० 140) दीनू जब फिर झापड़ मारने की बात कहकर उसे धमकाता है तो वह गरजती है, "मैं तेरी आँखें खींच लूँगी, तू समझता क्या है ? लगा तो हाथ मुझे।" (पृ० 141)

हो सकता है कि किसी को बसन्ती के चोट करने के इस अंदाज में कोई जुझारूपन या विद्रोह न भी दिखायी दे, बल्कि गरस-बरस कर भी सब कुछ सहते जाने के पीछे निहायत मासूमियत और असहायता ही नजर आये। लेकिन यहीं भीष्मजी के कलाकार का कमाल है कि वे 'टाइप' को अपनी इच्छित दिशा में बड़ी खूबी और बारीकी के साथ ढालते तो हैं, पर उस पर अपना दृष्टिकोण कहीं भी आरोपित नहीं करते। सामाजिक अंतर्विरोधों पर अपनी पैनी दृष्टि के कारण वे अपने चरित्रों के पैर जमीन से ऊपर नहीं उठने देते। इसीलिए उनके चरित्र सामाजिक जीवन की घनीभूत सतहों के नीचे बदलते हुए सम्बन्धों की पर्तें तो बखूबी खोलते चले जाते हैं और सुलगते हुए बारूद के पलीते की चमक भी फेंकते हैं, पर वैसा विस्फोट नहीं करते जिसके इन्तजार में, लेकिन साथ जिसकी ओर, हमारा समूचा सामाजिक जीवन, हमारे उत्पादन संबंध और हमारी पूरी आर्थिक-सामाजिक संरचना गतिशील है।

हिन्दी कथा-साहित्य में प्रेमचन्द के बाद के ज्यादातर नारी-चरित्र न केवल मध्यवर्ग की शहरी दुनिया से ही लिए गये हैं, बल्कि वे मध्यवर्गीय दायरों में निम्न-पूँजीवादी दृष्टिकोण के वाहक भी रहे हैं। अगर कुछ कथाकारों ने गाँवों की ओर रुख किया भी तो आंचलिक लटकों या आरोपित मुद्राओं के कारण वे जीवन्त 'टाइप' चरित्रों की सफलतापूर्वक सृष्टि नहीं कर सके। ऐसी स्थिति में उनके प्रसंग में 'प्रतिनिधि परि-स्थितियों में प्रतिनिधि चरित्रों का सच्चा चित्रांकन' करने की बात ही उठाना बेमानी होगा। भीष्मजी की खूबी यह है कि उन्होंने इस बात को सर्जनात्मक धरातल पर सिद्ध कर दिया है कि प्रेमचन्द की परम्परा का अर्थ न तो 'गाँवों की ओर अभियान' ही है और न ही सादगी के नाम पर सपाट कलाविहीनता ! शहरों-महानगरों में भी देहात के इन बिखरे हुए टुकड़ों में जिन निम्नजनों और उनकी तबाहाल जिन्दगी के विविध पहलुओं को इस उपन्यास में जिस खूबी से समेटा गया है, वह अन्यतम है। लेकिन उपन्यासकार ने इस बिखरी हुई उपेक्षित जमातों के यथार्थ जीवन के मटमैले चित्र ही नहीं दिये हैं, उनकी शहरों में पली-बढ़ी नयी पौध के बीच ढलने वाले बसन्ती जैसे विद्रोही चरित्रों को भी उनकी समूची जीवंतता के साथ उभारा है।

भीष्मजी ने बसन्ती के जीवन में आये इस क्रांतिकारी परिवर्तन को भी बड़ी बारीकी से नोट किया है, "कल तक बात-बात पर दीनू का मुँह जोहने वाली बसन्ती आज अपने आप ही घर-मालकिन की तरह व्यवहार करने लगी थी, जैसे उसने अपने को पहचान लिया हो, जैसे उसने यह भी समझ लिया हो कि घर टूट नहीं सकता, इसे

बनाये रखने में ही कुशल है।···रुक्मी अब उसे सौत नजर नहीं आ रही थी, पर एक ऐसी औरत जो उस पर निर्भर थी, जो उसकी कमाई खाती थी। बसन्ती की नजर में एक सन्तुलन-सा आ गया था, और सन्तुलन आते ही अपनी स्थिति पर उसकी पकड़ मजबूत हो गयी थी। दबती तो वह पहले भी नहीं थी, करती भी सदा मनमानी ही थी। पर अब मानो उसने अपनी स्थिति का भेद पा लिया हो और निस्सहायता, संशय और अनिश्चय का भाव, शरद् के सूखे पत्तों की तरह झर गया हो।" (पृ० 142-3) जब श्यामा बीबी उससे कहती है कि "पप्पू को इतने अच्छे कपड़े पहनायेगी तो कोई तुझे घर में घुसने नहीं देगा। सब तुझे चोर समझेंगे।" तो वह बड़े सपाट ढंग से उत्तर देती है, बच्चे को अच्छे कपड़े पहनाओ तो भी चोर! अपने पैसे से खरीदकर पहनाओ तो भी चोर!" (पृ० 146)

बसन्ती, जिसे अपने हाथ की कमाई पर नाज है और जो खुद किसी पर कभी आश्रित नहीं रही, बल्कि घरों में चौका-बर्तन करके स्वयं दूसरों को पालने वाली औरत है, सारे सामंती और पूँजीवादी मूल्यों और संस्कारों पर बेरहमी और साहस के साथ प्रहार करती है। मर्द और औरत के रिश्तों और परिवार तथा सामुदायिक जीवन के शोषण और तमाम दमनकारी शक्तियों को बसन्ती जैसी दृढ़ता के साथ चुनौती देती है, वह हिन्दुस्तान में एक सर्वथा नयी औरत की उभरती हुई शकल है—सारे पतनशील सामाजिक सम्बन्धों और आर्थिक दासता के बन्धनों को तोड़ती हुई बराबरी के दावेदार के रूप में। लेकिन इस चट्टानी दृढ़ता के नीचे बसन्ती एक निहायत कोमल और अपनी जड़ों तक मानवीय चरित्र भी है, जिसकी सभी खूबियों का भीष्मजी ने अपनी पूरी कलात्मक सामर्थ्य और सर्जनात्मक प्रतिभा के साथ सफल चित्रांकन किया है।

बसन्ती को उपन्यासकार ने 'मित्रो मरजानी' की मित्रो की तरह न तो उसके खिलन्दड़ेपन में उभारा है और न ही अन्त में मित्रो के नाटकीय ढंग से परिवर्तित हो जाने जैसा कहीं कोई बाहरी ट्रीटमेन्ट ही दिया है। मित्रो जिस वर्ग और जिस सामाजिक तबके की प्रतिनिधि है उसके लिए हो सकता है, कि वैसा चित्रण अनुकूल भी हो, लेकिन बसन्ती जिस संघर्षशील दुनिया से आयी है वहाँ इसकी कोई गुंजाइश नहीं है। दीनू के साथ बसन्ती के भाग जाने और फिर शादी के बाद बुलाकी को छोड़कर पुनः भाग जाने को लेकर कोई भी बसन्ती के चरित्र को 'अस्थिर' बताकर 'नैतिकता' के तमाम तरह के सवाल उठा सकता है। उपन्यास के अन्य मध्यवर्गीय चरित्रों में से कई उसे 'आवारा औरत' कहते भी हैं। लेकिन यहाँ इस तथ्य को नजरंदाज़ नहीं करना चाहिए कि वर्गसमाज में नैतिकता भी वर्गीय नैतिकता ही होती है। बसन्ती के चरित्र पर लगाये जाने वाले तथाकथित 'अनैतिकता' के आक्षेपों पर विचार करने के संदर्भ में हमें 'विवाह' की संस्था के वर्गीय स्वरूप पर भी विचार करना होगा।

एंगेल्स अपनी कृति 'परिवार, व्यक्तिगत सम्पत्ति और राजसत्ता की उत्पत्ति' (पी० पी० एच०, नयी दिल्ली) में बताते हैं कि मानव विकास के तीन मुख्य युगों के अनुरूप विवाह के भी तीन मुख्य रूप मिलते हैं : जांगल युग में यूथ-विवाह, बर्बर युग में

युग्म-विवाह और सभ्यता के युग में एकनिष्ठ विवाह; साथ ही उससे जुड़ा हुआ व्यभिचार और वैश्यावृत्ति का कलंक ! एंगेल्स लिखते हैं कि "बर्बर युग की उन्नत अवस्था में, युग्म-परिवार तथा एकनिष्ठ परिवार के बीच के दौर में, हम पुरुषों को दासियों पर शासन करते और बहुत-सी पत्नियों से संभोग करते हुए पाते हैं।" (पृ० 100) एंगेल्स के अनुसार, "स्त्रियों से तो यूथ-विवाह के काल की यौन-स्वतन्त्रता अधिकाधिक छिनती जाती है, पर पुरुषों से वह नहीं छिनती । पुरुषों के लिए तो, वास्तव में, आज भी यूथ-विवाह प्रचलित है।" (पृ० 100) इस प्रकार हम देखते हैं कि पूँजीवादी एकनिष्ठ विवाह की संस्था के अन्तर्गत "आधुनिक व्यक्तिगत परिवार, नारी की खुली या छिपी हुई घरेलू दासता पर आधारित" होता है और "परिवार में पति, पूँजीपति होता है; पत्नी सर्वहारा की स्थिति में होती है।" (पृ० 99) अतः इन मानदंडों से निर्धारित पूँजीवादी नैतिकता का बहिष्कार किसी भी तरह से अनैतिक नहीं कहा जा सकता। बसन्ती पूँजीवादी और सामन्ती नैतिकता के बन्धन कहीं भी स्वीकार नहीं करती। वह स्वतन्त्र रहना चाहती है और अपनी मुक्ति के लिए निरन्तर संघर्ष करती हुई ही दिखायी भी देती है—यह संघर्ष भी कोई मेहनतकश औरत ही कर सकती है।

बसन्ती दीनू से प्रेम करती है, जो वस्तुतः 'यौन-प्रेम' का ही रूप है और उससे उसका विवाह भी इसी यौन-प्रेम पर आधारित विवाह है, भले ही पूँजीवादी समाज में निम्न-पूँजीवादी और लम्पट प्रवृत्तियों के योग और बर्बर-युग के अवशेषों का प्रतीक दीनू इसे मान्यता न दे। पूँजीवादी एकनिष्ठ विवाह की दासता की तुलना में यौन-प्रेम पर आधारित विवाह निस्सन्देह सच्चा, स्वतन्त्र और वास्तव में नैतिक है। इसीलिए बसन्ती बूढ़ बुलाकी के साथ अपने विवाह को कभी स्वीकार नहीं करती और दीनू के साथ फिर भाग जाती है। दीनू को पहचानने या समझने में उससे भूल होती है, लेकिन अपनी वर्गीय नैतिकता और मुक्ति को पहचान कर उसके लिए संघर्ष करने में उससे कहीं चूक नहीं होती। यौन-प्रेम के महत्त्व को समझाते हुए एंगेल्स अपनी पूर्वोल्लिखित कृति में ही लिखते हैं कि "पति-पत्नी के बीच यौन-प्रेम एक नियम के रूप में केवल पीड़ित वर्गों में, अर्थात् आजकल के केवल सर्वहारा वर्ग में ही, संभव हो सकता है, और होता है—चाहे इस सम्बन्ध को समाज माने या न माने। परन्तु यहाँ मूल एकनिष्ठ विवाह की सारी बुनियाद ही ढह जाती है।...इसलिए, यहाँ पुरुष का आधिपत्य बनाये रखने के लिए कोई कारण बाकी नहीं रहता। इससे भी बड़ी बात यह है कि पुरुष के पास अपना आधिपत्य जमाने के लिए कोई साधन नहीं रहता।" (पृ० 95) पूरी नारी जाति के फिर से सार्वजनिक उद्योग में प्रवेश करने को औरतों की मुक्ति की पहली शर्त बताते हुए एंगेल्स लिखते हैं कि "बड़े पैमाने के उद्योग ने चूँकि नारी को घर से निकालकर श्रम के बाजार में और कारखाने में ला खड़ा कर दिया है, और आम तौर पर परिवार की जीविका कमाने वाला बना दिया है, इसलिए मजदूरों के घर में पुरुष के आधिपत्य के आखिरी अवशेषों का आधार भी पूरी तरह खत्म हो जाता है। यदि कुछ बच रहता है तो स्त्रियों के प्रति वह निर्मम और पाशविक व्यवहार, जो एकनिष्ठ विवाह की स्थापना

के बाद से पुरुष की प्रकृति का एक अंग बन गया है।" (पृ० 96) एंगेल्स के अनुसार मजदूर-परिवार में एकनिष्ठ परिवार का शुद्ध रूप नहीं रहता और सामाजिक क्रांति के बाद भी वस्तुतः एकनिष्ठता मिट नहीं जाती बल्कि पहली बार अपनी पूर्णता और वास्तविकता को प्राप्त करती है तथा औरतों के साथ ही पहली बार पुरुषों पर भी लागू होने लगती है। दरअसल, इस सामाजिक क्रान्ति के सम्पन्न हो जाने के बाद ही बसन्ती और उस जैसी मेहनतकश औरतों का व्यक्तित्व अपनी वास्तविक पूर्णता को हासिल कर सकेगा और दीनू जैसे लोग भी तभी बसन्ती जैसा उदात्त चरित्र उपलब्ध कर सकेंगे—ऐसा नहीं, जैसा कि वह उपन्यास में चित्रित है : सामन्ती रूढ़ियों, लम्पट निठल्लेपन और धोखेबाज निम्न-पूँजीवादी तलछट के रूप में।

प्रसंगवश, यहाँ सर्वहारा वर्ग में पति-पत्नी के अलग होने के सवाल पर भी एंगेल्स के इन शब्दों का स्मरण उल्लेखनीय होगा कि "यहाँ नारी ने वास्तव में पति से अलग हो जाने का अधिकार फिर से प्राप्त कर लिया है, और जब पुरुष और स्त्री को लगता है कि अब वे साथ-साथ नहीं रह सकते, तो वे अलग हो जाते हैं। सारांश यह कि सर्वहारा-वर्ग में शब्द-रचना के नियमों के अनुसार तो विवाह एकनिष्ठ होता है, परन्तु इतिहास की दृष्टि से वह वैसा नहीं होता।" (पृ० 96) बसन्ती अलग होने के अपने नैतिक अधिकार का उपयोग अपनी मुक्ति के संघर्ष के सन्दर्भ में ही करती है, जबकि दीनू उसे छोड़ते हुए एक लम्पट धोखेबाज की भूमिका ही निभाता है। जिस अधिकार का इस्तेमाल मेहनतकश बसन्ती स्वतन्त्रतापूर्वक कर सकती है, रुक्मी उसकी कल्पना भी नहीं कर सकती। वह अपने पति के ऊपर दासता की हद तक आश्रित है—ऐसे पति पर, जो खुद भी अपने निठल्लेपन के कारण पाई-पाई के लिए बसन्ती के ऊपर पूरी तरह से निर्भर है। इस समूची परिस्थिति के बीच बसन्ती का उदात्त सर्वहारा-चरित्र और भी अधिक निखरकर सामने आता है। बसन्ती हिन्दुस्तान की उस नयी औरत की प्रतीक है जो अभी असंगठित मजदूरों की जमात के रूप में ही एक बिखरी हुई ताकत है। एक दिन बड़े पैमाने के सार्वजनिक उद्योग के संसर्ग में आकर इसी जमात में से वर्गचेतना से सम्पन्न संगठित सर्वहारा के क्रान्तिकारी नारी-चरित्र ढलेंगे, इसमें भी कोई सन्देह नहीं। भीष्मजी ने इस उपन्यास में बसन्ती के रूप में एक ऐसे ही विकासशील चरित्र की सार्थक सृष्टि करके हमारा ध्यान उसकी ओर खींचा है।

इस उपन्यास में अनेक मध्यवर्गीय चरित्र भी आते हैं जो अपने पाखण्ड और भावनाशून्य हृदयहीनता के कारण निम्नवर्गीय चरित्रों को और भी बेहतर ढंग से उभारने में मदद करते हैं। इनके चित्रांकन में भी भीष्मजी ने गज़ब की बारीक निगारी का परिचय दिया है। कहीं-कहीं उनका व्यंग्यात्मक लहजा इस विरोधाभास को और भी तीव्र कर देता है। बस्ती टूटने के समय की रमेश नगर के मध्यवर्गीय बाबू लोगों की टीका-टिप्पणियों का उल्लेख पहले किया जा चुका है। ऐसे ही लोगों में से एक हैं श्यामा बीबी, जिनके यहाँ बसन्ती काम करती है। वे बसन्ती के प्रति बहुत सहानुभूति प्रदर्शित करती हैं तथा भरसक उसकी सहायता करने का प्रयास करती हैं। इसकी वजह यह

थी कि श्यामा बीबी के गुरु महाराज ने उसे आदेश दिया था कि वह 'किसी एक मनुख की सेवा' करे जो सबसे पहले उसके सामने पड़े "और दूसरे दिन प्रातः जब श्यामा ने घर का दरवाजा खोल कर बाहर की ओर झाँका तो यही कलमुँही बसन्ती उधर से गुजर रही थी, और श्यामा ने आगे बढ़ कर उसका हाथ थाम लिया था।···श्यामा ने उसे इस बात का भास नहीं होने दिया कि गुरु महाराज के आदेश से उसने बसन्ती को काम पर लगाया है,···बसन्ती को एक सहारा मिल गया था जबकि श्यामा पुण्य कमा रही थी।" (पृ०33) श्यामा को इस सेवा के चमत्कार का प्रमाण भी बहुत जल्दी मिल गया जब दस साल तक छाती पर चढ़कर बैठे उसके सास-ससुर अपने आप अपना बोरिया-बिस्तर बाँध कर चलते बने; इसीलिए "कभी-कभी जब बसन्ती बहुत ज्यादा मनमानी करती तो श्यामा खीझ उठती, उसका मन चाहता, उसे निकाल बाहर करे, पर गुरु महाराज के डर से कुछ कर नहीं पाती थी।" (पृ० 33)

बसन्ती जिसे सहज स्नेह और आत्मीयता समझती थी, वह दरअसल धर्मभीरुता और पाखण्ड ही था। श्यामा बीबी को बसन्ती से सहानुभूति उतनी नहीं थी, जितना आदमी के बारे में अपनी परख सही होने और बसन्ती के दुर्भाग्य की अपनी भविष्य-वाणी सच्ची निकलने का सन्तोष, "बसन्ती को सदा श्यामा की आवाज में सद्भावना की भनक मिला करती थी, और वह अपने दिल की सब बातें उसके सामने उँडेलकर रख देती थी। इसीलिए श्यामा बीबी के घर को वह अपना घर समझती थी। पर आज पहली बार उसे लगा जैसे श्यामा बीबी को इस बात से अधिक सन्तोष मिल रहा है कि दीनू अच्छा आदमी नहीं निकला और उसका कहा सच निकला।" (पृ० 83) जब गर्भवती बसन्ती का बाप और बरडू प्रेतों की तरह उसका पीछा कर रहे होते हैं और उसे आश्रय देने का सवाल सामने आता है तो श्यामा बीबी के पाखण्ड की एक परत और खुलती है, "दोनों फिर एक-दूसरे के सामने बैठी थीं। श्यामा की आँखों में दूरी आने लगी थी, बसन्ती उसकी आँखों से दूर होती जा रही थी। एक तरह का परायापन उसकी आँखों में उतरने लगा था, जबकि बसन्ती की आँखों में आत्मीयता हिलोरें ले रही थी।" (पृ० 95) श्यामा बीबी उसे आश्रय नहीं देती और वह अपनी खाट उठाकर जाने लगी कि तभी श्यामा बीबी को "अपने गुरु महाराज याद हो आये। उसे सहसा इस बात का वहम होने लगा कि बसन्ती की खाट आँगन में से उठ गयी तो गुरु महाराज को दिया वचन भंग हो सकता है, उस पर कोई मुसीबत आ सकती है, कोई अनिष्ट हो सकता है।" (पृ० 97) श्यामा बीबी बसन्ती को रोककर उसके सोने की व्यवस्था अपनी सत्रह नम्बर वाली सहेली श्रीमती सूरी के यहाँ कर देती है।

यह सूरी-दम्पति भी मध्यवर्गीय पाखण्ड और हृदयहीनता के जीते-जागते नमूने हैं। सूरी साहब बसन्ती को वहाँ सुलाने के सख्त खिलाफ थे और जब वह पकड़ ली जाती है तो वे एक तरह से सन्तुष्ट ही होते हैं तथा उनके 'नीतिसम्मत तर्कों' में यह पाखण्ड साफ दिखायी देता है। उपन्यास के नैरेटर के शब्दों में, "बसन्ती को लेकर जब सूरी साहब का झगड़ा अपनी पत्नी के साथ हुआ था तो उन्होंने दूसरा तर्क पेश किया था।

आवारा लड़की है, गुण्डे उसके पीछे घूमते हैं, जिसके साथ भागी थी वह भी गुण्डा था, जिसके हाथ इसे वह बेच गया, वह भी गुण्डा है और इसकी टोह में घूम रहा है।" (पृ० 100) सूरी साहिब को इस तर्क ने तनिक भी प्रभावित नहीं किया था कि लड़की गर्भवती भी है। पर बसन्ती के बाप के सामने उनका तर्क दूसरा था, "इसकी हालत देखते हो ? क्या इस हालत में हम इसे घर से निकाल देते ? हम इन्सान हैं या कसाई ?"

सूरी साहिब की आवाज में नैतिकता की गूँज आ गयी थी, "तुमने तो कभी यह नहीं जाना कि जीती है या मर गयी। क्या हम भी इसे दर-दर की ठोकरें खाने के लिए छोड़ देते ?"

सूरी साहिब अपने नीतिसम्मत तर्कों से प्रभावित होते जा रहे थे, "वह हमारी क्या लगती है ? हमें क्या फर्क पड़ता है कि वह कहाँ रहती है, कहाँ सोती है, कहाँ भटकती फिरती है ? मगर नहीं। हमें इस बात से गैरत आती है, पर तुम्हें नहीं आती।" (पृ० 100) सूरी साहब का पाखण्डी, संशयी और हृदयहीन चरित्र तब पूरी तरह से बेनकाब हो जाता है जब वे बसन्ती के जाने के फौरन बाद अपनी पत्नी से कहते हैं कि "अपनी चीजों को देख-सँभाल लिया है ना ? इन लोगों का कोई भरोसा नहीं। जिस बर्तन में पीते हैं, उसी में छेद करते हैं। कहीं कुछ उठाकर ही चम्पत न हो गयी हो।" (पृ० 102) सूरी लोग पंजाबी होते हैं। पंजाबियों में भी मैंने जिस बर्तन में खाने, उसी में छेद करने का मुहावरा ही सुना है, 'पीने' वाला नहीं। हिन्दी में भी 'खाने' वाला मुहावरा ही होता है, कहीं-कहीं 'बर्तन' का स्थान 'थाली' अथवा 'पत्तल' अवश्य ले लेता है !

सूरी-दम्पति बसन्ती को चोर समझते हैं। श्यामा बीबी पप्पू को अच्छे कपड़े पहनाने से लोगों द्वारा चोर समझे जाने के प्रति सावधान ही नहीं करती, बाद में खुद भी उसे चोर समझती है। बच्चे को बाँहों में लेकर बसन्ती ने अपना थैला उठाया। सीढ़ियों की ओर बढ़ रही थी कि श्यामा बीबी को शक हो गया।

"थैले में क्या कुछ उठाये घूम रही है, बसन्ती ? दिखा तो इसमें क्या है ?"

"कुछ भी नहीं बीबीजी, पप्पू के कपड़े हैं।"···

"देखूँ तो।" और श्यामा ने आगे बढ़कर उसके थैले में हाथ डाल दिया।

थैले के अन्दर एक बड़े से डिब्बे पर उसका हाथ लगा। "यह क्या है ?" श्यामा बीबी ने कहा और उसे बाहर निकाल लिया। बड़ा-सा हार्लिक्स का दूध का डिब्बा था।

"यह कहाँ से उठा लाई है, बसन्ती ?"

"बाजार से लिया है बीबीजी, पूरे ग्यारह रुपये लग गए हैं। घर में कभी पप्पू को दूध मिलता है, कभी नहीं मिलता। मैं यह ले आई।"

देर तक श्यामा बीबी बसन्ती के चेहरे की ओर देखती रही, फिर डिब्बे को वापिस थैले में रखते हुए बोली, "आगे से आओ तो अपना थैला नीचे आँगन में रखकर आया करना बसन्ती।···" और कमरे की ओर घूम गयी। (पृ० 148-49)

हिन्दी फिल्मों की अभिनेत्रियों की तरह मध्यवर्गीय बाबू लोगों की ये औरतें

भी बसन्ती के लिए कहीं न कहीं आदर्श अवश्य थीं। उसके सर्वहारा चरित्र के साथ इस थोथे आदर्श का द्वन्द्व भी हमें स्पष्ट दिखायी देता है। बसन्ती इनकी तरह 'टा-टा' और 'बाई-बाई' ही नहीं करती, उनकी तरह अच्छे-अच्छे कपड़े पहनने, बाल बनाने और क्रीम-पाउडर-लिपस्टिक लगाने की भी उसके मन में साध थी। बाद में उसकी ये सारी आकांक्षाएँ अपने बच्चे के इर्द-गिर्द ही सिमट आती हैं। बुलाकी के खोखे में "उसे लगा जैसे उसके बच्चे को कोई ठिकाना मिल गया है, जैसे सुषमा बीबी के बच्चे की तरह वह भी अपने बच्चे को बोतल से दूध पिला सकेगी, उसके सामने रंग-रंगीले खिलौने रख सकेगी, उसे पालने में झूला झुला सकेगी।" (पृ० 109) अपनी ऐसी ही नन्ही-नन्ही मासूम आकांक्षाएँ पूरी करने के लिए वह पप्पू को अच्छे कपड़े पहनाती है, बूट-जुराबें पहनाती है और हार्लिक्स के डिब्बे वाला दूध पिलाती है। बसन्ती जिस वर्ग से आयी है, वहाँ ये तमाम वस्तुएँ दुर्लभ होती हैं—यहाँ तक कि वहाँ कोका-कोला पीना भी एक नियामत की तरह होता है। भीष्मजी ने बसन्ती की विदाई के दृश्य में, अपने खास व्यंग्यात्मक लहजे के साथ, इसे बड़ी बारीकी से उभारा है :

...चौधरी ने भर्राई आवाज में जोड़ा, "तैंने जल्दबाजी की बुलाकीराम, हम बेटी को ढंग से विदा ही नहीं कर पाये। दो-तीन दिन का वक्त मिल जाता तो घर में ढोलक बजती, बैण्ड-बाजा बजवाते, इसकी बहनें आतीं, बारात का खाना करते। उन्हें कोकाकोला पिलाते।"

"इस पर बसन्ती की माँ दहाड़ मारकर रो पड़ी थी और बसन्ती को बाँहों में लेती हुई और पल्ले से नाक पोंछती हुई बोली थी, "इसकी किस्मत में कोका-कोला होगा तो अपने घर में जाकर भी पियेगी।"

और जवाब में लँगड़ा बुलाकी रुआँसी आवाज में सिर हिला-हिलाकर बोला था, "पियेगी, पियेगी, बसन्ती की माँ, यह कोका-कोला पियेगी।" (पृ० 107)

विदाई के इस दृश्य के सूक्ष्म चित्रांकन में और उससे पहले बसन्ती के बाप और बुलाकी के बीच हुई आखिरी 'सौदेबाजी' के वर्णन में लेखक का यह सूक्ष्म व्यंग्यात्मक चित्रण विशेष रूप से दर्शनीय है :

"बेटी की विदाई के समय बैण्ड-बाजा हो या न हो, मित्र-सम्बन्धी हों या न हों इनके बिना भी जैसे-तैसे विदाई हो सकती है, पर आँसू न हों तो विदाई कैसी? इस वक्त सचमुच बसन्ती की माँ रो रही थी और मान रही थी कि उसने अपनी बेटी को बड़े लाड़-प्यार से पाला है, और बसन्ती माँ-बाप की आँख का तारा है।

पर पिछले ही दिन बुलाकी और चौधरी के बीच आखिरी सौदा हुआ था, और उसे निपट व्यावहारिक स्तर पर, बिना किसी लाग-लपेट या भावुकता के पक्का किया गया था।

"रुपये पाँच सौ तेरी तरफ निकलते हैं, बुलाकीराम, वह रकम दे दे और अपनी चीज ले जा।" चौधरी ने कहा था।

"पाँच सौ किस बात के? बारह सौ पर बात हुई थी। नौ सौ ले चुका है, बाकी

तीन सौ मेरी तरफ निकलते हैं।"

"तीन सौ पिछले और दो सौ पेट के बच्चे के। तुम्हें बसी-बसायी गिरस्ती मिल रही है। इसके क्या दो सौ ज्यादा हैं?"

इस पर बुलाकी झल्लाया था, "पेट वाली लड़की को ब्याह कर ले जायेंगे तो लोग हमारे मुँह पर थूकेंगे नहीं? हमने कहा, कोई बात नहीं, सुन लेंगे जो कोई बुरा-भला कहेगा, पर दो सौ किस बात के?"

जवाब में चौधरी ने दो-टूक कह दिया था, "हमसे क्या छिपाते हो बुलाकी-राम, तीन-तीन ब्याह रचा चुके हो, बच्चा एक नहीं हुआ। सभी लुगाइयाँ भाग गयीं। हमने तो सिर्फ दो सौ माँगे हैं। कोई और होता तो पाँच सौ-हजार माँगता। घर में बच्चा खेलेगा तो तेरी जात-बिरादरी में सभी का मुँह बंद हो जायेगा।" और बुलाकी लाजवाब होकर बगलें झाँकने लगा था और चौधरी पूरे पाँच सौ रुपये खींचने में सफल हो गया था।

"पर अब बेटी को विदा करते समय माँ और बाप दोनों, बसन्ती के सिर पर बार-बार हाथ फेरते हुए उसके चिरायु और सुखी दाम्पत्य जीवन की कामना कर रहे थे—दूधों नहाओ, पूतों फलो!" (पृ० 102) शादी के वक्त यही पत्थर जैसे कलेजे वाला चौधरी भी पिघलता हुआ दिखायी देता है, "लड़की अब तेरी है, बुलाकीराम, तेरे साथ जुबान की थी, सो पूरी कर दी।" चौधरी ने कहा, और फिर भर्राई आवाज़ में बोला, "कलेजे पर पत्थर रखकर बेटी को भेज रहे हैं। सच मान।…" (पृ० 107)

यह दोनों ही बातें सच हैं, एक ही सच्चाई के दो पहलू हैं। यह नहीं कहा जा सकता कि किसी माँ-बाप को अपनी सन्तान से प्रेम नहीं होता अथवा वे उसके सुखी जीवन की सच्ची कामना कर ही नहीं सकते—ऐसे माँ-बाप भी जो अपनी बेटियाँ पैसे लेकर बूढ़ों को ब्याहते हैं। इसकी जड़ में क्या कारण हैं, हम सभी जानते हैं। उपन्यास में भीष्मजी ने वे अंश नहीं लिए जो 'राधा-अनुराधा' कहानी में इस प्रकार हैं, "क्यों बीबीजी, जवान लड़के के साथ मेरा ब्याह करेगा, तो उसे जेब से पैसे देने पड़ेंगे, बूढ़े के साथ करेगा, तो उल्टे उसे पैसे मिलेंगे। बस, सीधी-सी बात है।" (वाङ् चू, पृ० 136)।

चौधरी के चरित्र पर बसन्ती के इस कथन से भी खासी रोशनी पड़ती है कि "माँ कहती है तभी से बापू गुस्सैल हो गया है और उसकी आँखें लाल रहने लगी हैं।" (पृ० 37) तभी से, अर्थात् जब दिल्ली आते हुए उसका लड़का (बसन्ती का भाई) ट्रेन से खो गया था; रास्ते में ट्रेन से किसी लड़के की दोनों टाँगें कट गयी थीं। चौधरी कई बार कहकर भी उस स्टेशन तक उसे देखने नहीं जाता। बकौल बसन्ती "क्या मालूम बीबीजी, उसने सोचा हो, अगर मेरा बेटा है और अस्टेशन पर ही पड़ा रेंग रहा है तो उसे यहाँ लाकर क्या करूँगा। यहाँ लाऊँगा तो वह सड़कों पर रेंगेगा। हमारी आँखों के सामने भीख माँगेगा।" (पृ० 37) फिर जिस सामाजिक तबके का चौधरी है, वहाँ स्त्री-पुरुष में और इसीलिए लड़की और लड़के में भी समानता नहीं है। यह बसन्ती और लड़के रामू के प्रति उसके व्यवहार में 'अन्तर' से भी स्पष्ट है। यह अन्तर चौधरी ने

अपने आप नहीं गढ़ा था, परम्परा से ग्रहण किया था, और बहुत-सी रूढ़ियों-कुरीतियों और गरीबी के साथ ही—उस परम्परा से जो उसे सामाजिक व्यवस्था के जरिये पीढ़ी-दर-पीढ़ी प्राप्त हुई थी।

भीष्मजी सूक्ष्म समाजद्रष्टा लेखक हैं। वे समाज के गहरे अन्तर्विरोधों को तो उद्घाटित करते ही हैं, साथ ही उन कारणों की जड़ों तक जाते हैं और उन्हें बड़े पैने तरीके से उजागर भी करते हैं। इस प्रक्रिया में न तो निम्नवर्गीय लोगों के प्रति उनकी हार्दिक सहानुभूति ही छिपी रहती है और न ही वे उन निर्मम वर्गीय शक्तियों को बेनकाब करने में किसी किस्म का कोई संकोच बरतते हैं जो मानवीय सम्बन्धों को सच्चे आत्मीय मानवीय सम्बन्ध नहीं बने रहने देना चाहतीं। यह समूची प्रक्रिया भी वे अपनी पूरी कलात्मकता के साथ बड़े सहज और स्वाभाविक ढंग से ही घटित कराते हैं; बिना किन्हीं आग्रहों या पूर्वाग्रहों के। इसलिए कब भीष्मजी के व्यंग्य की धार किस ओर है, इसे बड़ी सावधानी से देखने और परखने की जरूरत पड़ती है। उनका व्यंग्य कोरा व्यंग्य नहीं, बल्कि प्रेमचन्द और हरिशंकर परसाई की तरह करुणा की अथाह गहराइयों में से उपजा हुआ व्यंग्य है, जिसकी सामाजिक सोद्देश्यता को समझने में कभी भी भूल नहीं करनी चाहिए। करुणा से उपजी हुई इस आत्मीयता और व्यंग्य के दोधारे पर चलते हुए ही वे गजब के कलात्मक सन्तुलन का भी परिचय देते हैं, जो उनके जैसे प्रतिबद्ध और पक्षधर लेखक से अपेक्षित भी है। उनका व्यंग्य कब आत्मीय करुणा में डूब जाता है और कब इस करुणा से उपजी हुई उनकी आत्मीयता व्यंग्य में परिवर्तित हो जाती है, इसे बड़ी बारीकी के साथ परखने की जरूरत है। उनका सामाजिक यथार्थवादी और आलोचनात्मक दृष्टिकोण ही उनमें सही चित्रांकन की अपार क्षमता पैदा करता है।

भीष्मजी के व्यंग्य का एक स्तर यह है जब वे विदाई और लड़की को एक तरह से बेचने की सौदेबाजी का वर्णन करते हैं और इससे एकदम भिन्न स्तर वह है जब वे बसन्ती की निगाहों से उस पार्क का वर्णन करते हैं जहाँ रिटायर्ड बूढ़े दिन-भर एक ही अखबार बार-बार पढ़ते रहते हैं या फिर आपस में 'वाकयात' पर और स्वास्थ्य पर वार्तालाप करते हैं; जहाँ बेरोजगार युवक अपना वक्त काटते हैं; और जहाँ बुढ़िया सासें-माँएँ भगवत्-भजन करते हुए अपनी बहुओं और बेटों के दुर्व्यवहार की आपस में शिकायतें करती हैं। अपनी उपेक्षित स्थिति और अपनी तकलीफों का रोना रोती हुई वे सचमुच रो भी पड़ती हैं और फिर पोते-पोतियों को देखकर पुनः संसार की 'मोह-माया के जाल में' फँस जाती हैं और उनके लिए मानो "स्वर्ग उतर आता, झुर्रियों में ममतामयी मुस्कानें काँपने लगतीं और आतुर बाँहें बच्चे को खींचकर छाती से लगा लेतीं" हैं। जब वे श्यामा बीबी और सूरी-दम्पति पर टिप्पणियाँ करते हैं तो वहाँ उनके व्यंग्य का एक और ही स्तर दिखाई देता है। यहाँ हमारे आगे समूचा पूँजीवादी समाज अपनी सारी निर्ममता और हैवानियत के साथ साक्षात् आ खड़ा होता है, जो सारे मानवीय और पारिवारिक रिश्तों को तोड़ता और सारे आत्मीय सम्बन्धों को उनकी वास्तविक

मानवीय गरिमा से नीचे गिराकर स्वार्थपूर्ण भावनाशून्य आर्थिक सम्बन्धों की भारी चट्टानों-तले रौंदता हुआ नजर आता है। कई जगह भीष्मजी इस टूटते हुए मानवीय ताने-बाने को सूक्ष्म लेकिन मजबूत धागों से जोड़ते हुए भी दिखाई देते हैं—ऐसा करके वे सामंती और पूँजीवादी मूल्यों को सार्थक सृजनात्मक चुनौती देते हैं।

बसन्ती का चरित्र निस्सन्देह उपन्यास का केंद्रीय चरित्र है और उसका निश्छल व्यक्तित्व पूरे उपन्यास में एक ऐसे निर्मल आईने की तरह से बार-बार कौंधता सामने आ खड़ा होता है कि बाकी के सभी पात्रों की वास्तविक शक्ल उसी एक स्वच्छ आईने में प्रतिबिम्बित होती है। लेकिन इसका यह अर्थ नहीं है कि उपन्यास के शेष चरित्रों का अपना कोई स्वतंत्र व्यक्तित्व ही नहीं है। भीष्मजी ने हरेक चरित्र को उसकी समूची खूबियों के साथ उसकी अपनी निजता में ही उभारा है। उन चरित्रों की एक पूरी सामाजिक पृष्ठभूमि और जटिल मनोरचना होती है। सभी चरित्र अपने वर्गों, उन वर्गों के विशेष तबकों, और एक ही वर्ग या तबके की विभिन्न मनोदशाओं और सामाजिक-सांस्कृतिक चेतना के विभिन्न स्तरों के प्रतिनिधि होते हैं। स्पष्ट ही इस वैभिन्य और अन्तर्विरोधों के निश्चित सामाजिक-सांस्कृतिक वस्तुगत कारण भी हमारी समाज-व्यवस्था के असमान ढाँचे में होते हैं, जिनका भीष्मजी ने बड़ी कलात्मक बारीकी के साथ चित्रांकन किया है। इसीलिए उनके उपन्यास के सभी चरित्र प्रतिनिधि (टाइप) और सामान्य होने के साथ ही अपने निजी स्वतन्त्र अस्तित्व के कारण, उसी दौरान विशिष्ट भी हैं।

उपन्यास का एक अत्यंत दिलचस्प पात्र है बुलाकीराम। यह जितना दिलचस्प चरित्र है उतना ही जटिल भी है। बुलाकी उपन्यास के अन्य अधिकांश पात्रों के लिए प्रायः मनोरंजन और उपहास की भी वस्तु है। सभी उससे परिहास करते हैं। कभी-कभी तो यह परिहास क्रूरता की हदें तक छूने लगता है। लेकिन उपन्यास के नैरेटर के रूप में भीष्मजी जहाँ कहीं भी अपनी अनुपस्थित मौजूदगी के साथ उपस्थित हैं, वे कहीं भी बुलाकी को मनोरंजन या परिहास की वस्तु नहीं समझते। बुलाकी की जटिल मानसिकता का बेबाक विश्लेषण करने और अपने विशिष्ट व्यंग्यात्मक लहजे के साथ उसके लंगड़-मारते व्यक्तित्व के 'बाँकपन' का चित्रांकन करते हुए वे गजब की तटस्थता का परिचय देते हैं। यह 'तटस्थता' एक तरह से वस्तुनिष्ठता की ही पर्याय है जो अनगिनती मानव-चरित्रों के सूक्ष्म अध्ययन और उनकी विविध मनोरचना के जटिल तंतुओं की पैनी पकड़ के बाद ही अर्जित की जा सकती है। इसीलिए भीष्मजी बुलाकी का चित्रांकन भी उसी आत्मीय तल्लीनता और वस्तुनिष्ठता के साथ करते हैं जैसा कि अन्य सभी निम्नवर्गीय पात्रों का। स्वयं उन्हीं के शब्दों में :

"दर्जी पिछले तीस बरस से, जब से शीतला माई के कोप से उसकी आँख जाती रही थी, अपनी कल्पना के सहारे अपने सूने घर को आबाद करता रहा था। उसे अपने घर के आँगन में बहू के पैरों के नूपुर सुनायी देने लगते, दरवाजे के बाहर उसके बल खाते घाघरे और उड़ते पल्ले की झलक मिलने लगती, कोने-कोने से उसकी हँसी सुनायी

देने लगती। बुलाकी बेताब हो उठता और कस्बे में अपने ब्याह की बात चलाता।" (पृ० 105) एक बार नायन से बात चली भी तो बुलाकी के उतावलेपन और अटपटे व्यवहार से "अन्त में नायन कस्बा छोड़कर चली गयी। और बुलाकी के पहले अभिसार का यह अन्त हुआ !" (पृ० 105)

सभी उसे बेवकूफ भी बनाते, "कभी एक सब्जबाग दिखाता तो कभी दूसरा। बुलाकी से पैसे अलग झाड़ लेते। हर बार वह झाँसे में आ जाता। बुढ़ापे की दहलीज तक पहुँच जाने पर भी न तो दर्जी का घर आबाद हुआ और न ही दिल की ललक शांत हुई। सारा वक्त उसका घर गृहिणी के लिए सजा रहता; सुहाग-सेज सजी रहती, गृहिणी के लिए चटकीले रंगों और बढ़िया काट वाले कपड़े अलगनियों पर टँगे रहते, दरवाज़े पर बंदनवार लगा रहता, कौन जाने किस वक्त किस्मत खुल जाये और अर्द्धांगिनी पायल बजाती घर के अन्दर प्रवेश कर जाये !" (पृ० 105)

भीष्मजी अपने अत्यन्त सूक्ष्म चित्रांकन में इस तथ्य को भी नज़रंदाज नहीं करते कि "बुलाकी के दिल की लालसा तो पूरी न हुई, पर दर्जी के नाते औरतों के कपड़े सीने में बुलाकी के हाथ में सफाई आ गयी। इस हुनर में वह माहिर हो गया।" (पृ० 105) कहने की आवश्यकता नहीं कि भीष्मजी भी अपने हुनर में माहिर हैं। उनका खींचा हुआ बुलाकी का नख-शिख-वर्णन दर्शनीय है, "स्वयं भी बन-ठन कर रहता, आँखों में काजल की लकीर लगी रहती, और चटकीले रंगों का अँगरखा पहनकर सारा वक्त दूल्हा बना घूमता। भावी पत्नी के लिए कभी प्रसाधन का सामान—बिन्दी, सुर्खी, काजल, तो कभी मोतियों के हार और क्लिप और परान्दे इकट्ठे करता रहता। इतना ही नहीं, जिस कोठरी में बैठकर कपड़े सीता था, वहाँ पर उसने बच्चे का पालना भी रख छोड़ा था, पीले और लाल रंग का, जिस पर कागज के रंग-बिरंगे फूल टाँक दिये थे और पीतल की छोटी-छोटी घण्टियाँ टुनटुनाती रहतीं।" (पृ० 106) अपनी जड़ों तक मानवीय और परदुःखकातर इस चरित्र के साथ शीतला माई के इस कोप को घोर अन्याय ही कहा जायेगा कि उसने बुलाकीराम की एक आँख ही नहीं ले ली थी, उस बेचारे का 'पुरुषत्व' भी छीन लिया था।

कहीं से किसी 'अर्द्धांगिनी' के और फिर नन्हे से बच्चे की आस के "इंतजार में तीस बरस बीत गये थे। और आशा का टिमटिमाता दीपक अभी तक बुझ नहीं पाया था। दिल्ली में आने के बाद भी दो-एक जगह बात चली, पर यहाँ भी मसखरियाँ होने लगीं। फिर उसे चौधरी मिल गया, जिससे उसकी पुरानी जान-पहचान थी, और जो या तो पैसे ऐंठने की गरज से, या सचमुच बेसरो-सामान होने के कारण अपनी तीसरी बेटी से पिंड छुड़ाने की गरज से, उसके साथ ब्याह की बात करने लगा था।" (पृ० 106)-यह कोरा 'वर्णन' मात्र नहीं है। इस चित्रांकन के माध्यम से भीष्मजी जहाँ बुलाकी के चरित्र की समूची जटिलताएँ परत-दर-परत खोलते चले गए हैं, वहीं इस वर्णन से 'बेसरो-सामान' चौधरी के चरित्र पर भी और अधिक रोशनी पड़ती है तथा अपनी निरीह विपन्नावस्था में वह पहले की अपेक्षा और भी मानवीय होकर हमारे सामने

आता है। बुलाकी और चौधरी की दबी हुई मानवीयता और उनके जटिल व्यक्तित्वों के साथ ही उनकी निरीहता और मजबूरियाँ उजागर करने का काम ही इस उपन्यास में शायद सबसे अधिक चुनौतीपूर्ण था; शायद बसन्ती के चित्रांकन से भी अधिक—और कहना न होगा कि भीष्मजी इस काम में बेहतरीन ढंग से सफल हुए हैं।

बुलाकी लँगड़ा है, 'पुरुषत्व' से रहित है, और फिर भी 60 साल की उम्र में 'गिरस्ती बसाना' चाहता है। उसके व्यक्तित्व की यह 'कमी' भोलेपन की हद तक उसकी अव्यावहारिकता और एक तरह के अटपटेपन के साथ मिलकर एक निरीह उदारता और परदुःखकातर भावविह्वलता से पूरी होती है। लुगाई घर आने की कल्पना मात्र ये वह 'पुलक' उठता है :

"आज ही लुगाई घर आ जायेगी ?" लँगड़े बुलाकी ने फिर से पुलकते हुए कहा, और उसके बदन ने टेढ़ी-सी अँगड़ाई ली और उसमें उत्तेजना की हिलोर-सी दौड़ गयी।

"आ जाएगी। कहेगा तो घण्टे-भर में आ जाएगी।"

"पक्का ?" और बुलाकी के कण्ठ में से फिर से विचित्र-सी आवाज निकली। (पृ० 16) चौधरी के प्रति संशय और अविश्वास के बावजूद उसके मुँह से लार बहने लगती है। आखिरकार, गर्भवती बसन्ती से उसकी शादी हो ही जाती है। बसन्ती के दीनू के साथ भाग जाने और फिर गर्भवती होने पर भी उससे शादी करने के पीछे बुलाकी में अपनी 'अपूर्णता' से उपजी निरीहता और असहायता ही नहीं है, बल्कि कहीं-न-कहीं उदारता और विशाल हृदयता का एक दुर्लभ गुण भी है। अपनी उम्र के प्रति या अपनी 'अपूर्णता' के बारे में और लँगड़ेपन के प्रति उसमें कहीं जबर्दस्त अपराध-बोध का भाव इसलिए नहीं नजर आता या खुलकर व्यक्त नहीं हो पाता, क्योंकि उसकी दुनिया में, और जिस सामाजिक तबके का वह तथा अन्य लोग प्रतिनिधि हैं उसमें, यह बात अनहोनी भी नहीं है। न ही बुलाकी कोई जागरूक समाजसुधारक ही है—बल्कि ऐसे किसी 'क्रांतिदर्शी' से बुलाकी और उन जैसों का शायद साक्षात्कार भी नहीं हो पाता कि वे उसे 'बदल' दें या 'व्यक्तित्वांतरित' कर दें। बुलाकी, चौधरी और बसन्ती के वर्ग के लोग खुद बदल रहे हैं और एक दिन पूरी दुनिया को भी वही बदलेंगे। भीष्मजी ने इस बदलने की प्रक्रिया को बड़ी बारीकी के साथ दिखाया है। बुलाकी की खूबी यह है कि उसका चरित्र कहीं भी दोहरा, बनावटी या धोखा देने वाला नहीं है। कोई छद्म या पाखंड उसमें नहीं दिखता। अगर कुछ है तो उसकी अपनी सनक है, और है अपना अज्ञान का घना अंधकार जो सामाजिक व्यवस्था से पीढ़ी-दर-पीढ़ी उसे मिलता आया है। उसे किसी से शिकायत नहीं होती। होती भी है तो वह बड़ी जल्दी उसे भूल भी जाता है। बसन्ती अगर भावनाओं में भूलने वाला जीव है तो बुलाकी भी कम भावुक नहीं है। बसन्ती को ब्याह कर ले जाते हुए विदाई के समय भी उसकी भावुकता उफ़न-कर हिलोरें लेने लगती है :

"इस पर बुलाकी का भी गला भर आया था, और लंगड़ मारकर लाठी के सहारे

खड़ा होकर बोला, "बेटी को विदा करते समय माँ-बाप को दर्द तो होता ही है, पर तू समझ, चौधरी, तेरी बेटी अपने ही घर जा रही है।" (पृ० 107) वह चौधरी से यह भी कहता है कि "तेरी बेटी को फूलों की सेज पर रखूँगा, चौधरी, खातिर जिमा रख।" (पृ० 107) बुलाकी की ये भावनाएँ एकदम सच्ची हैं। वह अपनी 'अपूर्णता' के कारण 'पति' तो नहीं बन सका, लेकिन बसन्ती का खयाल रखने में उसने कोई कसर नहीं छोड़ी। इसकी वजह उसकी अपनी कमी थी तो कहीं-न-कहीं उसके भीतर की ममता भी थी। विदा के समय ही बसन्ती के लिए 'दूधों नहाओ, पूतों फलो' की आशीषें सुनते हुए भी "बुलाकी पास में खड़ा गद्‌गद हुआ जा रहा था।" (पृ० 108) बुलाकी जानता था कि बसन्ती दीनू के साथ भाग चुकी है और उसके गर्भ में दीनू का बच्चा भी है। जब वह अपने खोखे में ले जाकर बसन्ती को बच्चे के छोटे-छोटे कपड़े दिखाता है तो बसन्ती की आँखें फैल जाती हैं। बुलाकी के व्यवहार से "बसन्ती को अच्छा लगा। उसे लगा जैसे उसके बच्चे को कोई ठिकाना मिल गया" है और उसके "शरीर में से तनाव ढीला पड़ने लगा।"(पृ० 109)बुलाकी के खोखे की खिड़की में से बाहर ताकते हुए "बसन्ती को लगा जैसे वह जीवन में पहली बार आकाश के अथाह असीम को देख रही है।" (पृ० 111) बसन्ती को ब्याह कर लाने पर बुलाकी पुलकते हुए प्रलाप-जैसा करता है :

"मैं कहूँ बसन्ती रानी आयेगी, एक दिन जरूर आयेगी···" और भाव-विह्वल बुलाकी का गला बार-बार रुंध रहा था। अत्यधिक भावावेश में जब कोई बात कहता तो उसके गले में से गक्-गक् जैसी अजीब-सी आवाज निकलती और किसी-किसी वक्त मुँह से लार तक टपक जाती थी।" (पृ० 103) वह बसन्ती से एकदम अटपटा व्यवहार करता है, जिसकी बसन्ती को उससे कतई उम्मीद नहीं थी :

"मैं बारि-बारि जाऊँ," बसन्ती के पैर सहलाते हुए उसने कहा और जोर-जोर से उसका सिर दायें-बायें झूलने लगा।

"सुबक-सुबक पैर ! मेरी रानी के सुबक-सुबक पैर !" (पृ० 103)

"बसन्ती को इस तरह के अटपटे व्यवहार की आशा नहीं थी। वह समझे बैठी थी कि एक बार बुलाकी के साथ बाँध दिये जाने पर, वह आदमी वैसे ही व्यवहार करेगा जैसे उनकी जात-बिरादरी के सभी मर्द करते हैं, उस पर हुक्म चलायेगा, अपना अधिकार दिखायेगा। पर यह तो उसके तलवे सहला रहा है।" (पृ० 104) बसन्ती के उसे छोड़कर चले जाने की आशंका मात्र से बुलाकी दहल उठता है, "मुझे छोड़कर नहीं जाना, बसन्ती रानी ! मुझे छोड़कर नहीं जाना।" (पृ० 110) इसके एकदम विपरीत है दीनू जैसा धोखेबाज, स्वार्थी और लम्पट व्यक्ति जो एक बार बसन्ती को बरडू को बेचकर भाग जाता है और दूसरी बार बसन्ती और उसके बच्चे पप्पू को छोड़कर फिर एकदम ही चला जाता है तथा जिसके "व्यवहार में उसे किसी कोमल भावना का, किसी आत्मीयता या अपनेपन का भास मिला हो, ऐसा न था। दीनू तब भी इसका शरीर ही चिचोड़ता था।" (पृ० 132) वह जब भी मना करती तो वह तमककर बोलता, "एक झापड़ दूँगा। तुझे लाया किसलिए हूँ ?" (पृ० 76)

पहली बार दीनू के उसे छोड़कर जाने के बाद भी बसन्ती को आशा थी कि "वह आयेगा, बीबीजी, वह जरूर आयेगा।" (पृ० 95) श्यामा बीबी को भी उसके इस विश्वास पर हैरानी होती है, "इतना कुछ देखने-समझने के बाद भी यह अनजान बनी हुई है? क्या यह कोई फिल्मी स्वाँग तो नहीं रच रही है, जैसे पहले रचा करती थी; एक तरह का मन-भुलावा कि वह इस कहानी की विरहिणी नायिका है, जो तरह-तरह की मुसीबतें झेल रही है, इस विश्वास के साथ कि उसका वीर नायक एक दिन जरूर लौटेगा।" (पृ० 93) बुलाकी को छोड़कर जब वह दोबारा दीनू के पास जाती है तो इसकी वजह सिर्फ यही नहीं थी कि "बसन्ती को उसके सामीप्य से ही असीम सुख मिलता था।" (पृ० 132) इसके साथ ही इस बार वह अपने बच्चे के बाप से अपना अधिकार हासिल करने भी गयी थी। दीनू उसका पति ही नहीं, उसके बच्चे का पिता भी था। एक बार फिर वह सुखी दाम्पत्य जीवन के सपने देखने लगती है। लेकिन "अजब यह था—और बसन्ती के जीवन की विडम्बना भी इसी में थी—कि न तो विषमताएँ बसन्ती का पीछा छोड़ती थीं और न बसन्ती का सपने देखने वाला स्वभाव ही बदल पाता था।" (पृ० 136-37) बसन्ती और पप्पू को छोड़कर दीनू और रुक्मी के अपने बच्चे को लेकर अन्तिम तौर पर चले जाने के साथ ही इस विडम्बना का भी जैसे अन्त हो जाता है और बसन्ती के पास देखने के लिए अब कोई 'सपना' नहीं बचता—उसे शायद अब इसकी जरूरत भी नहीं थी। उसकी एक जबर्दस्त खूबी यह थी कि "बसन्ती, अपने स्वभावानुसार, बड़ी जल्दी नयी परिस्थिति की अभ्यस्त हो गयी। उसके अनुरूप अपने को ढालने में उसे देर भी नहीं लगती थी।" (पृ० 136)

उपन्यास के शुरू में बस्ती तोड़ने का भयानक दृश्य था। उपन्यास के अन्त में भी बस्ती उजाड़ू दस्ते पटरीवालों की दूकानें लूटते, ठेलेवालों के फल गिराते, खोमचेवालों के बर्तन फोड़ते दिखायी देते हैं। वे बसन्ती का तन्दूर भी तोड़ जाते हैं। लेकिन न तो वे बसन्ती का आत्मविश्वास तोड़ पाते हैं और न ही उसका मनोबल। वह पप्पू को लेकर एक नयी दृढ़ता के साथ अपने माँ-बाप की तरफ जाती है, जो एक बार फिर पुलिस के इस उजाड़ू दस्ते के अत्याचार के शिकार हो गये थे। इस पहली तबाही से लेकर दूसरी तबाही के दृश्यों के बीच ही फैली हुई है त्रासदी के गहरे मटमैले रंगों में चित्रित बसन्ती की यह अद्भुत प्रेमकहानी—अगर इसे प्रेमकहानी कहा जा सके !!

भीष्मजी की एक उल्लेखनीय खूबी यह भी है कि वे अपनी कहानियों की तरह उपन्यासों में भी पहले पृष्ठ के पहले पैराग्राफ से ही एकदम मन बाँध लेने वाला वर्णन करते हैं। 'तमस' के शुरू में भी सूअर को मारने वाला ऐसा ही एकदम सधा हुआ सूक्ष्म वर्णन था। बसन्ती में भी प्रारम्भ से ही यह दृश्यांकन एकदम मन को बाँध लेता है :

"सुबह सबेरे जब चौधरी अपनी कोठरी से निकला तो हवा में कोहरा छाया था—नील-मायल धुँधला-सा कोहरा, जो किसी दिन सुबह उठो तो अकारण ही चारों ओर नजर आने लगता है। और साथ ही सुइयाँ चुभोती ठण्डी हवा। उसने आँख उठाकर

ऊपर की ओर देखा—मटमैले बादल, जैसे रात ही रात में नीचे उतर आये थे। इसी कारण सवेरा हो जाने पर भी दिन का गुमान नहीं होता था। बरसेगा, आज जरूर बरसेगा, चौधरी बुदबुदाया" इन पंक्तियों से शुरू होकर जैसे यह सर्द वातावरण भी आगे आने वाले दुर्भाग्य की एक पूर्व-सूचना-सी दे जाता है। ठीक वैसे ही जैसे 'तमस' में सूअर का बध भावी साम्प्रदायिक दंगों और भीषण मारकाट की पूर्व-सूचना देता हुआ-सा लगता है। भीष्मजी ने सूअर को मारने का जैसा सधा हुआ वर्णन किया है, वह उनकी सूक्ष्मदर्शिता और चित्रांकन की अद्भुत क्षमता का बेहतरीन उदाहरण है, साथ ही उनके गद्य की शक्तिमत्ता की मिसाल भी। इस उपन्यास में भी वैसा ही, सूअर के बध जैसा, सूक्ष्म चित्रांकन हुआ है—लेकिन यहाँ बध मेमने का होता है।

"जब दीनू चबूतरे के पास पहुँचा तो चबूतरे के एक सिरे पर एक अधनंगा आदमी हाथ में गँडासा लिये खड़ा था। मन्दिर के छोकरे ने आगे बढ़कर मेमने को चबूतरे के बीचों-बीच खड़ा कर दिया। फिर, बड़े दक्ष, सधे हाथों से मेमने की पिछली दो टाँगें थोड़ी-थोड़ी पीछे तथा दायें-बायें खींच दीं। ऐसा कर देने से मेमना उछल-कूद नहीं सकता था। उसके लिए टाँगें समेट पाना या उछल पाना असम्भव हो गया था। मेमना था भी छोटा-सा, अपनी ही टाँगों पर वह अभी ठीक तरह खड़ा नहीं हो पाता था। यों खड़ा कर देने पर मेमना वहीं जमकर रह गया। केवल मेमने की मटमैली, कोमल खाल पर कँपकँपी के लहरिये बार-बार उठ रहे थे।" (पृ० 115) इन लहरियों को भीष्मजी जैसा सूक्ष्मदर्शी और सिद्धहस्त कलाकार ही देख और चित्रित कर सकता था।

इस प्रकार, हम देखते हैं कि चाहे मानव-चरित्रों का चित्रण हो या उनके वार्तालाप, क्रिया-व्यापार अथवा उनकी मनोदशाओं का चित्रण तथा चाहे वातावरण का चित्रांकन हो या किसी घटना का वर्णन, भीष्मजी की सधी हुई प्रवाहपूर्ण भाषा अपनी पूरी सादगी और सृजनशीलता के साथ गतिशील दिखायी देती है। इसके माध्यम से वे यथार्थ के अनेक अँधेरे कोनों को तो रोशन करते ही हैं, साथ ही हमारी जानी-समझी वास्तविकता को और भी अधिक पहचानी हुई बना देते हैं। भीष्मजी की भाषा की सबसे बड़ी खूबी है उसकी सादगी। इस सादगी का अर्थ सरल और सपाट भाषा कतई नहीं है जो अपनी कलाविहीनता के कारण अखबारी भाषा का एक जड़ रूप होती है। उनकी सादगी में भी जैसी कलात्मक वक्रता और जैसी गतिशील तरलता है, वह उनके समकालीनों में बहुत कम देखने को मिलेगी। उनकी भाषा का सबसे शक्तिशाली पक्ष यह है कि वह एकदम जन-साधारण के वार्तालाप के बीच से उठायी हुई भाषा का अत्यंत संवेदनशील और सृजनात्मक रूप है। यह बात इस समीक्षात्मक निबंध में उद्धृत अनेक स्थलों को देखने से भी साबित हो जाती है।

भीष्मजी एकदम बोलचाल के सामान्य लहजे में कुछ शब्दों को दोहराकर कथन में जैसी भंगिमा चाहते हैं, सफलतापूर्वक पैदा कर देते हैं, "बरसेगा, आज जरूर बरसेगा" या "बोलो तो मीठा, भाई हमारे साथ बोलो तो मीठा" अथवा "पियेगी, पियेगी, बसन्ती

की माँ, यह कोका-कोला पियेगी" जैसे अनेक संवादों में साधारण बातचीत के इस लहजे की सृजनात्मक परिणति देखी जा सकती है। खास तौर से जहाँ उनका लहजा व्यंग्यात्मक होता है, वहाँ उनकी भाषा में एकदम बोलचाल के लहजे और तद्भव शब्दों के बीच 'नूपुर' या 'अर्द्धांगिनी' जैसे तत्सम शब्द न केवल आसानी से और सफलतापूर्वक खप ही जाते हैं, बल्कि वे व्यंग्य की धार को भी और तेज कर देते हैं। इसी तरह वे पात्रानुकूल जनपदीय बोलियों के स्पर्श से अपनी भाषा में गजब की चमक और अपनापन पैदा कर देते हैं। वैसे भी भीष्मजी की हिन्दी में हल्का-सा गुलाबी उर्दू का स्पर्श और पंजाबी लहजे की आत्मीय तरलता घुली-मिली हुई रहती है। इस उपन्यास में परिवेश और पात्रों के अनुकूल ही राजस्थानी की मामूली-सी छौंक उनकी भाषा को और भी आकर्षक बना देती है। मिसाल के लिए 'खिमा कर दो' या 'अपणे अपणे होते हैं' जैसे अनेक प्रयोग।

वातावरण के चित्रण में तो भीष्मजी कहीं-कहीं कवि होने का भ्रम पैदा करने में भी सफल हो जाते हैं। कोई आश्चर्य नहीं कि कभी छायावाद के बाद और उसके प्रभाव में उन्होंने भी अपने प्रारम्भिक साहित्यिक जीवन में कविताएँ लिखी हों! जिन्हें मेरी बात पर यकीन न हो, वे स्वयं उनसे पूछ लें। मैं तो अपनी ओर से उनके उपन्यास से सिर्फ एक ही ऐसा अंश उद्धृत कर रहा हूँ, "सभी कुछ था, और आकाश में चाँद भी खिला था जो जीवन की प्रत्येक वास्तविकता को अपने आँचल में लेकर जादुई और रहस्यपूर्ण बना देता है।" भाषा के इतने विविध स्तर और सभी जगह उनका इतना सधा हुआ प्रयोग भीष्मजी के यहाँ देखने को मिलता है कि उनकी अद्भुत कलात्मक सिद्धहस्तता का कायल होना पड़ता है। इसमें सन्देह नहीं कि बोलचाल के अत्यन्त सृजनशील रूप को उजागर करने वाली उनकी भाषा हिन्दी के लहजे, उसके वाक्य-विन्यास, उसकी कलात्मक वक्रता और उसकी तरलता में और भी वृद्धि तथा विस्तार करने वाली है। इस दृष्टि से भी यह उपन्यास उनके साहित्यिक जीवन में एक आगे बढ़ा हुआ कदम दिखायी देता है।

भीष्मजी की एक अन्य खूबी यह है कि वे बहुत संयत और संक्षिप्त वर्णन करते हैं। उनमें कहीं भी अनावश्यक विस्तार और कृत्रिम फैलाव नहीं दिखायी देता। वे वास्तविकता को ऐसे दुर्लभ कोण से और विशिष्ट दृष्टि के साथ देखते हैं कि उसका सम्पूर्णतम और सर्वाधिक महत्त्वपूर्ण हिस्सा उनकी पकड़ में आ जाता है। फिर वे अपनी पैनी निगाह के साथ उसके रेशे-रेशे को अत्यन्त संक्षिप्त, संयत और सधी हुई भाषा में इस तरह उभारते हैं कि उस वास्तविकता के सभी पहलू, सारे अन्तराल आलोकित हो उठते हैं। लेखक का यथार्थवादी दृष्टिकोण सिर्फ चित्रण-पद्धति में ही अपना रंग नहीं दिखाता, बल्कि यथार्थवाद 'चयन' भी करता है, यह इस उपन्यास को देखकर सहज ही समझ में आ जाता है। भीष्मजी ने अपनी इस कलाकृति में जीवन-यथार्थ के जिस टुकड़े को चुना है उसे खंड-खंड नहीं बल्कि उसकी सम्पूर्णता में ही चित्रित किया है। जो लोग प्रेमचन्द की परम्परा का अर्थ सिर्फ गाँवों के बारे में लिखने को ही समझते

हैं, उन्हें देखना चाहिए कि इस उपन्यास में किस तरह महानगरों में भी सतह के एकदम नीचे तलछट के रूप में जीने वाले 'गाँवों' और झुग्गी-झोंपड़ियों के मेहनतकश लोगों के दारुण जीवन को लेकर लिखते हुए लेखक ने निम्नवर्ग से उभर रही हिन्दुस्तान की एक बिल्कुल नयी औरत की यथार्थ मूर्ति गढ़ी है। बसन्ती हिन्दी कथा-साहित्य की एक चिरस्मरणीय देन होगी, भीष्मजी की तो यह एक कलात्मक उपलब्धि है ही !!

—श्याम कश्यप

नाट्य साधना

हिन्दी रंगमंच के शतवार्षिकी समारोह (1968) के बाद से ही हिन्दी नाटकों के तेवर में परिवर्तन लक्षित किया जाने लगा। आधुनिकता के विभिन्न पहलुओं को आधार बनाकर बदले हुए तेवर वाले इन नये नाटकों का आविर्भाव काल यद्यपि खींच-तानकर कुछ आगे भी बढ़ाया जाता है और वास्तव में कहीं-कहीं बात ऐसी है भी, तथापि व्यापक रूप से नये नाटकों के युग का प्रारंभ 1970 ई० के आस-पास से हुआ ही ठहराया जायगा। इस सिलसिले में किसी एक नाटक और किसी एक नाटककार को युग प्रवर्तन का श्रेय नहीं दिया जा सकता क्योंकि यह व्यक्तिगत प्रयास न होकर एक सामूहिक प्रयास रहा है, बिना किसी योजना और संगठन के जो अनायास घटता चला गया। इसलिए यह युग की उपज है व्यक्ति की नहीं। सम्पूर्ण रंग कर्म भी तो अपने आपमें एक सामूहिक प्रयास ही है—कितनी समान बिंबधर्मिता है दोनों ही स्थितियों के बीच, बिंब-प्रतिबिंब भाव। पिछले पाँच-सात वर्षों की नाट्य साधना का आकलन यह स्पष्ट करने के लिए पर्याप्त है कि नाट्य रचना अब एक लंबे अन्तराल के बाद नए सिरे से रंग सापेक्षता के साथ जुड़ने लगी है, कि शैली, शिल्प और कथ्य के बहुरूपी और बहुरंगी रंग-प्रयोग जीवन की गंभीर सच्चाइयों के बीच से अपना रूप-रंग ग्रहण करने लगे हैं, कि नाट्य रचना अब जन-जीवन और रंगमंच को जोड़ने वाले एक सेतु की भूमिका निभाने लगी है और इस प्रकार अपनी सार्थकता पाने लगी है, कि वर्षानुक्रम से आगे बढ़ता हुआ नया नाटक शैली, शिल्प और कथ्य की बहु धरातलीय उपलब्धियों से निरंतर परिनिष्ठित होता जा रहा है, कि जीवन और जगत की नाटककारों की पकड़ अब पैनी और गहरी होती जा रही है, कि अब हर नाटककार के लिए एक अपना रंगमंच (रंगशाला नहीं) और रंग-दर्शन की समझ से जुड़ना अनिवार्य होता जा रहा है, कि रंगमंच से कटे-छँटे नाटक अब खुद-ब-खुद किनारा करते जा रहे हैं क्योंकि वे अब महसूस करने लगे हैं कि विश्वविद्यालयीय पाठ्यक्रमों में भी अब वे अधिक दिनों तक टिकने वाले नहीं, कि नाटकों के प्रकाशन की अपेक्षा अब उनका प्रदर्शन महत्त्वपूर्ण समझा जाने लगा है क्योंकि नाटक की सफलता छपने में नहीं मंचीय सार्थकता प्राप्त करने में समझी जाने लगी है और शायद इसीलिए अधिकतर स्तरीय नाट्य रचना किसी नाट्य-संस्था द्वारा प्रयुक्त होने के पश्चात् ही प्रकाशित हुई पायी जाती है। इस अवधि में दृश्य-काव्य होने के कारण नाटक में काव्यत्व और दृश्यत्व का संतुलन निभा

पाने की सफलता के कारण जो नाटककार चर्चित हुए हैं, उनमें जगदीशचंद्र माथुर, रमेश बक्षी, लक्ष्मीनारायण लाल, गिरिराज किशोर, शंकर शेष, सुरेन्द्र वर्मा, मणि मधुकर, दयाप्रकाश सिन्हा, रेवतीशरण, वृजमोहन शाह, मुद्राराक्षस आदि प्रमुख हैं जिनकी नाट्य-रचना आज के हिन्दी रंगमंच पर आकर्षण का केन्द्र बन पाई हैं। लेकिन कुछ ऐसे भी नाटककार इस अवधि में हुए हैं जिन्होंने मात्र एकाध कृतियों के माध्यम से ही हिन्दी रंगमंच और नाट्य-साहित्य में चहल-पहल ला दी है – नरेन्द्र कोहली, सुशील-कुमार सिंह, सर्वेश्वरदयाल सक्सेना, सत्यव्रत सिन्हा (स्व०), लक्ष्मीकांत वर्मा, और विपिन कुमार अग्रवाल आदि ऐसे ही चर्चित नाम हैं और अब इस सूची में एक नया नाम भी जोड़ा जाएगा श्री भीष्म साहनी का। श्री भीष्म साहनी की पहली नाट्य-रचना है 'हानूश' जो इसी वर्ष, 1977 के फरवरी में प्रथम बार प्रदर्शित हुई और जुलाई 77 के बाद प्रकाशित। श्री साहनी के इस नाट्य प्रयोग को इसी समकालीन नाट्य साधना की पृष्ठभूमि में देखा-परखा जायगा।

साहित्यकार जिस युग और परिवेश में जीता है उसकी समस्याएँ, उसकी विसंगतियाँ प्रश्न बनकर उसके मन को कुरेदती रहती हैं। अन्य साहित्यिक विधाओं की तुलना में नाटककार को विशेष कर ऐसे प्रश्नों से जूझना पड़ता है जिसका सम्बन्ध कम से कम एक समूह से हो, अगर वह आम आदमी से सम्बद्ध हो तो नाटककार की वह अनुभूति और अधिक व्यापक बन सकती है। नाटक देखने वालों का होता है। इसलिए नाटक में देखने वालों के लिए या देखने वालों की—चीज मौजूद हो—यह जरूरी होता है। इसके अभाव में यह समस्त आयोजन ही व्यर्थ हो जाता है। इसलिए नाटककार को जीवन-जगत और अपने परिवेश की उन्हीं स्थितियों को नाटक में स्वीकार करना पड़ता है जो अधिक से अधिक दर्शक को अपनी अनुभूति लगे। हम नाटककार भीष्म साहनी और उनकी नाट्य-रचना 'हानूश' की बात लेते हैं। हानूश के प्रणयन की एक अपनी और एक विशेष पृष्ठभूमि नाटककार ने स्वीकार की है। 1960 ई० के आस-पास श्री साहनी प्राग (चेकोस्लोवाकिया की राजधानी) गए हुए थे, अपने मित्र निर्मल वर्मा के पास और घूमने, और शायद काम से भी। प्राग शहर में घूमते हुए संयोगवश उन्होंने वहाँ की वह ऐतिहासिक मीनारी घड़ी देखी जिसके विषय में वहाँ कई प्रकार की दन्तकथाएँ प्रचलित थीं। उन सभी दन्तकथाओं का सार मुख्यतः उस मीनारी घड़ी के निर्माता-कलाकार, घड़ीसाज-कारीगर का तत्कालीन बादशाह द्वारा अजीब तरीके से पुरस्कृत किया जाना था। बादशाह ने उस कलाकार-कारीगर की आँखें निकलवा ली थीं, शायद इसलिए कि वह फिर दूसरी घड़ी न बना सके। इस किंवदन्ती को नाटक के ताने-बाने में बुनकर प्रस्तुत करने के लिए नाटककार भीष्म साहनी ने उन तमाम आजादी का खुलकर उपयोग किया है जो किसी भी रचयिता का 'अपारे काव्य संसारे कविरेकः प्रजापतिः' होने के नाते सहज ही प्राप्त होता है। इसी अधिकार से नाटककार ने मध्ययुग का एक भरा-पूरा परिवेश गढ़ा, काल्पनिक घटना-विन्यास द्वारा कथावस्तु का निर्माण किया और कथा का भार ढोने के लिए उपयुक्त चरित्र

गढ़े। नाटककार ने यह स्वयं स्वीकार किया है कि उनका उद्देश्य एक मानवीय स्थिति को मध्ययुगीन परिवेश में प्रस्तुत करना रहा है। लेकिन मीनारी घड़ी के रचयिता के जीवन में घटी उस दुर्घटना में कुछ ऐसा गंभीर सत्य जरूर मौजूद मिलना चाहिए जो आज भी उतना ही सच हो, अन्यथा नाटककार का इस प्रकार प्रभावित हो उठना कि वह एक नाटक गढ़ ले, और, ठीक 1977 में हानूश के लिखे-खेले और प्रकाशित होने की सार्थकता, यह दोनों ही बातें संदिग्ध हो उठेंगी। अर्थात् कोई सत्य यहाँ ऐसा जरूर होगा जो नाटक की समसामयिकता, और अनुभूति के धरातल पर नाटककार एवं दर्शक के बीच के संपर्क की स्थिति—दोनों का औचित्य सिद्ध करे। इसे खोजना होगा। हमें कलाकार का शासन द्वारा प्रताड़ित किया जाना ही वह बिन्दु दीखता है जहाँ दर्शकों का नाट्यानुभूति से साक्षात्कार संभव हो सकता है क्योंकि वर्तमान काल की आपात्कालीन स्थितियाँ कुछ वैसे ही जीवन-संदर्भों से जुड़ी हैं। तब क्या भारत में आपात् स्थिति की घोषणा, तानाशाही का प्रवर्त्तन, कला और साहित्य पर प्रशासन का अंकुश—ही वह आघात था जिसने पन्द्रह वर्ष पुरानी, नाटककार की सुषुप्त अनुभूति को कुरेदकर जगा डाला था? क्या कारण था कि 1960 में प्राग से वापस लौटकर 1961 में या 1962 में या 1974 तक यह नाटक नहीं लिखा जा सका और ठीक तब यह नाटक खेला गया जब आपात् स्थिति की समाप्ति की दिशा में पहला कदम उठाया गया यानी लोकसभा चुनावों की घोषणा कर दी गयी थी, और ठीक तब यह नाटक प्रकाशित होने को दिया गया जब नए सिरे से पुनः लोकतंत्र की स्थापना हो गयी? कहीं गहरे कलाकार घड़ीसाज हानूश के समय की स्थितियों में और 1975-76 की सीमावधि की स्थितियों में वह अनुभूतिजन्य साम्य जरूर मौजूद है जिसने 'हानूश' (कल्पित नाम ही सही) और भीष्म साहनी दोनों ही कलाकार हृदयों को भीतर तक झकझोर डाला था और ठीक 1977 में उसका आविर्भाव निश्चित-सा कर दिया था। कोई भी कलाकार अपने समय के जीवन्त प्रश्नों की उपेक्षा नहीं कर सकता। हानूश ने 'समय' की चुनौती स्वीकार की और उसने समय को काँटों में कैद कर लिया। भीष्म साहनी ने समय की चुनौती स्वीकार की तो कलाकार की अस्मिता और उसके अस्तित्व पर एक जीवन्त प्रश्नचिह्न अंकित कर दिया, जो एक साथ कलाकार और कला-प्रेमियों की समान चिंता रही है। 'हानूश' नाटक के भीतर की सामन्तशाही की वेदी पर एक कलाकार के निरीह बलिदान की कथा—75-76 के असंख्य मूक बलिदानों की व्यथा-कथा की मुखर प्रतीकात्मक अभिव्यक्ति नहीं? क्या नाटककार के समक्ष एक गंभीर प्रश्न, यह विचारणीय नहीं था कि मध्ययुगीन कलाकारों और आधुनिक युग के कलाकार-साहित्यकारों की क्रूर नियति में एक अद्भुत साम्य है?

किसी भी नाट्य-रचना की रंग-सापेक्षता इसमें है कि नाटक की कथावस्तु में मौजूद कथ्य, नाटककार का अनुभूत सत्य, मंचीय साक्ष्य से मूर्त्तता प्राप्त करती है और इस प्रकार मंचीय-माध्यम से जीवन की व्याख्या प्रस्तुत करती है। स्वभावतः नाटक की रंग-सापेक्षता नाटक के कथ्य-सत्य से जुड़ जाती है। नये नाटकों की विशेषता के रूप

में जब उसकी रंगधर्मिता की बात की जाती है तो तत्त्वतः उसका आशय यही होता है कि इन नये नाटकों के कथ्य-सत्य में दृश्य-सापेक्षता है और मंचीय साक्ष्य से वे कथ्य सत्य जीवन की विभिन्न जीवन्त व्याख्याएँ प्रस्तुत कर सकते हैं। इसलिए भीष्म साहनी की रंगमंच की पहचान की पड़ताल भी जरूरी हो जाती है, बावजूद इसके कि दिल्ली की प्रसिद्ध नाट्य संस्था 'अभियान' द्वारा राष्ट्रीय नाट्य समारोह में इस नाटक का अभिनटन प्रस्तुत किया गया और इस प्रकार यह प्रमाणित किया गया कि नाटक में मंच-सापेक्षता के तत्त्व, रंगधर्मिता विद्यमान है। कोई भी नाट्य रचना अपनी विभिन्न प्रस्तुतियों में पृथक् व्यक्तित्व और पृथक् स्वायत्तता प्राप्त करती है और यह एकदम जरूरी नहीं होता कि एक प्रस्तुति दूसरे की हूबहू प्रतिकृति हो। इसके विपरीत उनमें भेदक स्थितियों के वर्तमान होने की ही संभावना अधिक रहती है। इसलिए यह पड़ताल जरूरी है कि किसी भी नाट्य-रचना की दृश्य संभावनाएँ क्या और कितनी हैं। इस पड़ताल की पहली शर्त है, कथ्य-कर्षण और नाट्यानुभूति के सत्य का अन्वेषण। हर नाट्य-रचना जिसमें दृश्य-व्याख्या की संभानाएँ मौजूद होती हैं, ऊपर से कथानक का सुरक्षा-कवच पहने होती है। यही उसका अलंकार भी है, इसी में उसका सौंदर्य भी। हानूश का सुरक्षा-कवच अभेद्य नहीं है और न उसमें सौंदर्य का अभाव है। हम इस नाटक की संक्षिप्त कथावस्तु का अनुशीलन करते हुए उसके कथ्य-सत्य की संभावनाओं और संभावित व्याख्याओं पर विचार करेंगे। कथानक से कथ्य निकालना और उस कथ्य की दृश्य-व्याख्या की संभावना का अन्वेषण करना—आधुनिक नाट्य समालोचन की एक प्राथमिक आवश्यकता है।

लगभग पाँच सौ वर्ष पहले प्राग नगर में हानूश नाम का एक ताला मिस्त्री हुआ। उसका भाई एक पादरी था। परिवार में पत्नी और एक बच्ची थी। बाद में एक निराश्रित जेकब को भी परिवार में रख लिया गया जो ताले बनाने का काम करता और कात्या उसे घर-बाजार में बेंच आती और इस प्रकार पारिवारिक खर्च चलता। हानूश ने कई लोगों के मुँह से कहीं और बनी घड़ी की चर्चा सुनी तो उसमें भी यह महत्त्वाकांक्षा जन्मी कि वह भी एक घड़ी बनाए। उसने नगर के एक गणित शिक्षक से हिसाब-किताब की बातें समझीं, लुहार से आवश्यक औजार बनवाए, पादरी भाई की सहायता से चर्च से अनुदान उपलब्ध किया और घड़ी बनाने के काम में जुट गया। उसका परिवार घोर आर्थिक विपन्नताओं से होकर गुजरने लगा क्योंकि घर में जो कमाने वाला था वह अब घड़ी बनाने लगा था और चर्च का अनुदान घड़ी के पुर्जों और घर के लिए बराबर पूरा नहीं पड़ता। जब जेकब को भी परिवार में रख लिया गया तो ताला बनाने का पुराना धंधा फिर से चालू हुआ और परिवार को कुछ राहत मिली—पर तब तक तो पंद्रह-सोलह वर्ष गुजर चुके थे। जेकब के आ जाने से हानूश को भी मदद मिली, वह जब-तब जेकब को घड़ी का तन्त्र समझाता और उससे सहायता लेता। पस्त हिम्मत हानूश जेकब के आ जाने से फिर हिम्मत कर अपने काम में लग गया। इस तरह सत्रह वर्ष गुजर गए। कुछ शुभचिंतकों के प्रयास से हानूश को घड़ी

बनाने के लिए अन्त में नगर के व्यवसायियों से इस शर्त पर सहायता दिलाई गई कि घड़ी के बन जाने पर घड़ी को उन्हीं लोगों की इच्छानुसार स्थापित किया जाय। अपनी योजना की सफलता के प्रति और अधिक आशान्वित होकर हानूश अपने काम में सुध-बुध खोकर जुट गया। इन सत्रह वर्षों में न जाने कितनी बार उसने घड़ी बनाने का निश्चय छोड़-सा दिया था क्योंकि परिवार की दुर्दशा उससे देखी नहीं जाती थी—या फिर समय-समय पर उपकरणादि के लिए उसे आर्थिक सहायता नहीं मिल पाती तो वह निराश हो उठता था—फिर भी एक अनजानी-सी शक्ति उसे खींचकर घड़ी की ओर ले जाती। न जाने कितने मानसिक घात-प्रतिघात झेलने के बाद, पारिवारिक विपन्नता और अभावग्रस्तता की सीमाओं से गुजरने के बाद, आशा-निराशा के अनेक झटके बर्दाश्त करने के बाद अन्ततः हानूश ने घड़ी बना ही ली। उसका वर्षों का स्वप्न और परिश्रम साकार हो उठा। वह इस निर्मिति के लिए अपने पादरी भाई का आभारी था जिसने उसे चर्च से प्रारंभिक सहायताएँ दिलवाईं और उसके भीतर हमेशा आशा एवं उत्साह का संचार करता रहा; वह अपने परिवार के प्रति कृतज्ञ था क्योंकि उन्होंने सारे दुःख-तकलीफ सहकर उसे एक महान कलाकृति गढ़ सकने का अवसर दिया और उसे पथभ्रष्ट नहीं किया; वह उन व्यवसायियों के प्रति आभारी था, जिनकी अंतिम सहायता से ही घड़ी का निर्माण पूरा हो सका, अन्यथा पूर्ण होने की स्थिति में आकर भी उसकी कामना अपूर्ण ही रह जाती और ठीक उस अवसर पर जब सफलता के निकट पहुँचकर भी वह अपने को असहाय पा रहा था तो उन्हीं व्यवसायियों ने उसकी सहायता कर उसे सफल बनाया था।

व्यवसायियों ने एकदम निष्काम भाव से हानूश की सहायता की हो, ऐसी बात नहीं। वे घड़ी का महत्त्व समझते थे। वे यह भी समझते थे कि अगर घड़ी बन गयी तो इसी घड़ी के द्वारा वे न केवल बादशाह पर ढीले हो रहे अपने वर्ग के प्रभाव को मजबूत बना सकेंगे अपितु देश का गिरता हुआ बाजार भी फिर से समृद्ध हो सकेगा। बादशाह पर चर्च और पादरियों का प्रभाव था। बादशाह के दरबार में व्यवसायियों का प्रतिनिधित्व भी स्वल्प था। इसलिए हानूश की घड़ी जब बनकर तैयार हुई तो उन्होंने घड़ी को नगर के व्यस्त चौराहे पर स्थित मीनार में लगाने और बादशाह द्वारा उसका उद्घाटन करवाने का निश्चय किया। इससे वे अपना कई लक्ष्य सिद्ध हुआ अनुभव करते थे—जैसे घड़ी चर्च में नहीं लगी तो इससे चर्च का प्रभाव कम हुआ और व्यापारियों की चर्च पर यह एक विजय हुई। घड़ी को देखने के लिए निश्चय ही बाजार के इस व्यस्त चौराहे पर दूर-दूर देश और नगर के लोग आएँगे—इससे प्राग के नगर के उपेक्षित और विपन्न बाजार पर फिर से रौनक आएगी। व्यापार का न चलना उनके लिए जीवन-मरण का प्रश्न था। यह उनकी दूसरी विजय होगी। बादशाह उद्घाटन करेंगे और निश्चय ही इस खुशी के मौके पर वे केवल हानूश को ही पुरस्कृत और सम्मानित नहीं करेंगे अपितु उनके आवेदन पर दरबार में व्यापारी वर्ग के प्रतिनिधित्व को बढ़ाना भी मंजूर कर लेंगे। यह उनकी तीसरी विजय होगी।

बाद में घड़ी का छोटे पैमाने पर निर्माण और व्यवसाय भी उनका लक्ष्य था। इस प्रकार व्यापारियों की दूरदर्शिता में कोई त्रुटि नजर नहीं आती और स्वभावतः इस अनुमान को बल मिलने लगता है कि वे चर्च और शासन, धर्म और बादशाही की काफी दिनों से चली आ रही दुरभिसंधि को तोड़ सकने में सफल होंगे जिससे प्राग की आर्थिक स्थिति और व्यापारिक परिवेश पतनोन्मुख और विस्फोटक स्थिति से उबर कर पुनः सामान्य स्थिति ग्रहण कर सकेगी। जैसा व्यापारियों ने सोच रखा था—वस्तुतः वैसा ही होता भी है, केवल हानूश के पुरस्कृत और सम्मानित किए जाने तथा घड़ी का व्यापार करने का उनका अनुमान कुछ गलत साबित होता है।

हानूश की बनायी घड़ी नगर के उसी व्यस्त चौराहे पर खड़ी मीनार में लगा दी गयी। बादशाह ने उद्घाटन किया। देश-विदेश के अनेक लोग, नगर की सारी जनता उस अनोखी कलाकृति को देखने के लिए उमड़ पड़ी। सब की जुबान पर हानूश का नाम। नागरिकों के अलावा बादशाह की ओर से भी इस अनुपम कलाकृति की रचना के लिए हानूश को सम्मानित और पुरस्कृत किए जाने की घोषणा की गयी। हानूश को सम्मानस्वरूप दरबारी का सम्मानित पद और पुरस्कार स्वरूप सरकारी वृत्ति प्रदान की गयी। जय-जयकार, यश, सम्मान और प्रतिष्ठा की चोटी पर पहुँचकर हानूश मन ही मन गद्‌गद हो उठा। लेकिन पर्दे के पीछे क्रूर नियति कुछ और ही कुचक्र रच रही थी। बादशाह चर्च और पादरियों के प्रभाव में थे और चर्च से सहायताएँ मिलने के बावजूद घड़ी चर्च में नहीं लगाई गई शायद इसलिए, या फिर बादशाह के मन में ऐसा हुआ हो कि घड़ी उनके महल में लगायी जानी चाहिए थी और ऐसा न कर घड़ी को सार्वजनिक चौराहे पर लगाया गया, यह उनके लिए अपमानजनक है शायद इसलिए, अथवा चर्च-विरोधी व्यापारियों को सिर उठाते हुए देखकर उन्हें कुचलना बादशाह को आवश्यक समझ आया हो, इसलिए उन्हें संताप देने और उनके घड़ी के व्यवसाय के मन्सूबे पर पानी फेरने की नीयत से, या फिर यह सोचकर कि हानूश ने अगर फिर कहीं दूसरी घड़ी बना ली तो बादशाह के उस नगर, नगर की उस घड़ी की प्रसिद्धि घट जायगी; चाहे जो भी कारण समझा या बतलाया जाय, बादशाह के आदेश से हानूश की आँखें निकाल ली गयीं। यह आदेश भी पुरस्कार और सर्वोच्च सम्मान की घोषणा के साथ ही साथ घोषित कर दिया गया। आँखें रहते हुए भी जो अँधेरा बादशाह के इस आदेश से हानूश की आँखों के आगे छा गया था—वह आँखें निकाल लिए जाने के बाद भी कायम रहा। अब उसके जीवन में अँधेरे के अलावा शेष बचा ही क्या था? अंधेपन से संतप्त हानूश लगभग विक्षिप्त-सा हो गया। अंधे प्रतिशोध में उबलता हुआ हानूश कभी अपने अंधेपन का कारण घड़ी को और कभी अपने आपको मानकर कभी अपने आपको और कभी घड़ी को विनष्ट कर देने की बात सोचता। सामन्ती प्रशासन द्वारा एक कलाकार का यह अभिनन्दन भी अपने ढंग का वस्तुतः एक अनूठा अभिनन्दन था जिसने एक नितान्त असम्बद्ध कलाकार (भीष्म साहनी) के हृदय में भी एक ऐसी आग सुलगा दी थी जिसे लावे के साथ कभी ज्वालामुखी की

तरह फूटना ही था। एक दूसरा विस्फोट जेकाब के भीतर भी सुलग रहा था—वह घड़ी का भेद अपने दिल में छुपाए किसी तरह प्राग से बाहर निकल भागने में सफल हुआ। एक विस्फोट हानूश के भीतर सुलग रहा था—अपने संताप के कारण स्वरूप घड़ी को वह किसी भी प्रकार नष्ट कर देना चाहता था। निराशा के गहनतम क्षणों में उसने अपने आपको भी खत्म करने की कोशिश की। लेकिन जब घड़ी खराब हो गयी—उसे घड़ी की मरम्मत करने के लिए घड़ी के निकट जाना पड़ा—क्या वह घड़ी को विनष्ट करने का संकल्प जुटा सका ? कोई भी कलाकार किसी भी परिस्थिति में इतना निर्मम हो सकता है कि अपनी रचना को ही नष्ट कर दे ? शायद हो सकता है—पर हानूश नहीं था। इन परस्पर विरोधी एवं संघर्षपूर्ण परिस्थितियों से हानूश के महान और कलाकार चरित्र का निर्माण किया गया है। घड़ी के निकट पहुँचकर हानूश का सरल कलाकार हृदय ठीक उसी प्रकार सहज वात्सल्य से ओतप्रोत हो उठा, जिस प्रकार किसी बीमार बच्चे को देखकर उसका पिता विगलित हो उठता है। उसने घड़ी को तोड़ने की बजाय उसे दुरुस्त कर फिर से चालू कर दिया। यह तत्कालीन बादशाही को एक कलाकार का प्रतिदान था—कितना उच्च और कितना महान ! प्रारंभ में एकदम मामूली-सा आदमी लगने वाला हानूश विभिन्न विरोधी परिस्थितियों के बीच संघर्ष करता हुआ जब अपने लक्ष्य की प्राप्ति कर लेता है तो एक महान कलाकार बन जाता है, मानो संघर्षों की आग में तपकर कुंदन निकल आया हो। नाटक में कलाकार हानूश के जीवन के लंबे सत्रह वर्षों का संघर्ष सूच्य बनाकर प्रस्तुत किया गया है पर उसके वर्तमान से जोड़कर देखने पर उसका वह संघर्ष अनजाना और अनचीन्हा नहीं रह जाता। नाटक का पहला दृश्य ही एक ऐसे तनावपूर्ण वातावरण में खुलता है जहाँ लंबी अभावग्रस्तता से हानूश की पत्नी भी ऊब गयी दिखायी देती है और हानूश भी आशा-निराशा, सफलता-असफलता के बीच घड़ी के पेण्डुलम-सा डोलता दिखायी पड़ता है। पर तत्क्षण ही दृश्य बदल जाता है जब एक मामूली-सी कमानी में धातुओं के मिलावट की मात्रा का अनुपात बदलकर, कमानी के लोच का अनुपात तय किया जाता है और उस कमानी के लगते ही घड़ी टिक-टिक के शब्द के साथ चलने लगती है। संघर्ष की दूसरी गंभीर स्थिति है हानूश के लिए दण्ड और पुरस्कार की हुयी एक साथ घोषणा। यहाँ आकर बाहर का संघर्ष हानूश के अन्तर्मन का संघर्ष बन जाता है—संघर्ष का धरातल यहाँ आकर सूक्ष्म बन जाता है। संघर्ष की तीसरी स्थिति हानूश के जीवन में तब आती है जब अपने भीतर अपने आपसे, अपने प्रतिशोध से उसे लड़ना पड़ता है, क्योंकि घड़ी बन्द हो गयी थी। मानसिक द्वन्द्व और संघर्ष की यहाँ पराकाष्ठा है और घड़ी को फिर से चालू करने के साथ-साथ नाटक समाप्त हो जाता है। यानी यह पूरा नाटक एक तनावपूर्ण स्थिति से प्रारंभ होता है और अन्त तक वह तनाव बना ही रहता है। अचानक घड़ी के ठीक हो जाने और चल पड़ने के साथ वह तनाव खत्म हो जाता है, तनी हुई कमान पर से तीर के छूट जाने के बाद का शैथिल्य एक साथ चरित्र और दर्शक अनुभव करने लगते हैं।

नाटककार भीष्म साहनी ने अपने प्राग प्रवास की अवधि में उस मीनारी घड़ी के रचयिता कलाकार के साथ घटी विडंबनापूर्ण दुर्घटना को पूरी गहराई के साथ अनुभव किया। यह व्यक्तिगत दुर्घटना नहीं थी—यह थी एक सामाजिक विडंबना। समाज का प्रभुत्वपूर्ण वर्ग, सामन्ती प्रशासन और चर्च के धार्मिक पुरोधा – इनमें से कोई भी एक कलाकार के स्वतन्त्र व्यक्तित्व, अस्तित्व, अस्मिता और रचनात्मक क्षमताओं को अपने विस्तृत अहम् के समक्ष स्वीकार करने के लिए तैयार नहीं था। लगभग हर युग में कलाकारों को इस विडंबनापूर्ण नियति का साक्षात्कार करना पड़ा है—एक कलाकार हृदय (भीष्म साहनी) इसे सहज ही स्वीकार कर सकता था। यह जमीन उनकी नाट्यानुभूति के लिए उर्वरा सिद्ध हो सकती है—यह भी तब शायद उन्होंने सोचा हो, शायद न भी सोचा हो, पर इससे ही क्या उस अनुभूति का महत्त्व कम हो जाता है। शायद तब न समझा हो लेकिन एक और सामन्ती प्रशासन के दौर से (1975-1976 का भारत) गुजरने के बाद समझा हो, और तभी शायद उन्होंने समझा भी। इसके पहले की उनकी अनुभूति मात्र अनुभूति थी और 'समय' का साक्षात्कार करने के बाद जैसे ही इस व्यापक सत्य को उन्होंने अनुभव किया होगा – यह नाट्यानुभूति बन गयी होगी। यद्यपि हानूश को गुजरे कई शताब्दियाँ गुजर गई हैं और कोई नहीं जानता कि जो गुजर गया है वह दरअसल हानूश ही था, तब भी ऐसा लगता है जैसे यह आज की बात है, ऐसा शायद इसलिए कि इतिहास अपने को दुहराता हुआ पाया जाता है! कुछ लोग इसे समसामयिकता से जोड़कर देखेंगे—हमें कोई आपत्ति भी नहीं। जब हानूश हुआ था तब एक जेकब भी हुआ था जिसके सीने में छुपकर घड़ी का भेद प्राग के कठोर नियंत्रण से भागकर बच गया था—वह भेद क्या था? क्या घड़ी बनाने की तकनीकी जानकारी? या कला की स्वतंत्र अभिव्यक्ति और उसकी चिरंतनता, कि कला को कोई नष्ट नहीं कर सकता और यह कि एक कलाकृति सदैव आनन्ददायक होती है, 'ए वर्क आफ आर्ट इज जॉय फार एवर'। जो भी हो, दूसरी बार भी ठीक ऐसी ही बात होती है, इस बार घड़ी का भेद, समय और कला का सत्य, एक सैलानी कथाकार के हृदय में छुपकर प्राग के बाहर निकल आता है। सत्य तब भी वही था—आज भी वही है।

मंचीय साक्ष्य से जो व्याख्यायित होता है, नाटक का वह तत्त्व है नाट्यानुभूति। यही नाट्यानुभूति कथ्य-सत्य में ढलकर मंचीय साक्ष्य से दर्शकों तक संप्रेषित होता है। संप्रेषण चूँकि एक समूह के लिए होता है, इसलिए अपेक्षित है कि नाट्यानुभूति व्यक्ति-सत्य पर आधारित न हो। हर व्यक्ति का अपना व्यक्ति-सत्य होता है—ऐसी स्थिति में नाटक में प्रस्तुत व्यक्ति-सत्य को दर्शक कभी स्वीकार नहीं करेगा। लेकिन वह व्यक्ति-सत्य एक ऐसा सत्य भी हो जो सबका या कम से कम बहुतों का व्यक्ति-सत्य हो तो वहाँ स्वीकृति सम्भव है। मंचीय दृष्टि से असफल नाटकों की असफलता के कारणों में यह एक गम्भीर कारण है कि सम्बद्ध नाटक में नाट्यानुभूति व्यक्ति-सत्य की सीमा से बाहर नहीं आ पायी हो। स्वाभाविक है कि नाटक और नाटककार की चर्चा के क्रम

में नाट्यानुभूति की चर्चा भी उठे। अस्तु, हम हानूश की नाट्यानुभूति की व्यापकता और गम्भीरता पर विचार आवश्यक समझते हैं। न तो हानूश का सत्य केवल व्यक्ति-सत्य था और न 'हानूश' नाटक की नाट्यानुभूति व्यक्ति-सत्य पर ही आधारित है। हानूश का व्यक्ति-सत्य वस्तुतः एक वर्ग-सत्य था, शासन द्वारा प्रताड़ित और विक्षुब्ध कलाकारों का वर्ग-सत्य। एक कलाकार का हर कोई शोषण ही तो करता है, या करना चाहता है चाहे वह चर्च हो, चाहे बादशाह या चाहे व्यापारी वर्ग। यह अनुभूति समय की सीमा में कैद अनुभूति नहीं, उससे कहीं व्यापक अनुभूति है क्योंकि कलाकार का यह अनुभूत सत्य मध्ययुगीन सामन्ती प्रशासन के शोषण का ही प्रतीक नहीं, दीर्घ काल से समस्त विश्व के ऐसे प्रशासनों द्वारा उत्पीड़ित कलाकारों का जीवन्त सत्य है। भीष्म साहनी ने इसे इतनी गम्भीरता से क्यों लिया, इसका कारण मध्ययुगीन भारत से लेकर आधुनिक काल तक के भारत के इतिहास से आसानी से समझा जा सकता है। तुर्क एवं यवन आक्रांताओं ने भारत की समृद्ध रंग-परम्परा मटियामेट कर दी और इस प्रकार कलाकारों को भिखारी से भी गया बीता बना दिया। औरंगजेब के जमाने में संगीत की अर्थी निकाली गयी तो औरंगजेब ने उसे और गहरे दफना देने की सलाह दी थी। अकबर के जमाने में तानसेन के अलावा किसी और का गाना दण्डनीय था, भले ही बैजू बावरा ने यह कुफ्र तोड़ डाला हो। अंग्रेजों ने ढाका के मलमल बनाने वाले कर्मचारियों के हाथ कटवा लिए। आजाद भारत में आपात् स्थिति के दौरान 'किस्सा कुर्सी का', किशोर कुमार का गायन और अभिनेत्रियों का फरमाइश पर नाचना, नहीं तो'''आदि-आदि। यानी इस दौरान कलाकारों और बुद्धिजीवियों पर क्या-क्या गुजरी- यह सब एक परम्परा दिखाने के लिए काफी है। नाटककार भीष्म साहनी की नाट्यानुभूति को जगाने के लिए भी सम्भवतः यह पृष्ठभूमि काफी रही होगी। नयी सृष्टि करने वाला हर कलाकार निर्माण के क्षणों में जो प्रसव-वेदना भोगता है, उसका वही एकाकी साक्षी होता है या उस जैसे अन्य कलाकार। यहाँ जब 'हानूश' नाटक के माध्यम से उस पीड़ा को अभिव्यक्ति दी जाती है तो मंचीय साक्ष्य से उसी पीड़ा का अन्य लोग भी अनुभव करते हैं, क्योंकि पीड़ा में लोगों को अनुभूति के धरातल पर जोड़ने की एक अजीब-सी शक्ति होती है। सृजन के क्षणों में वेदना भोगने का वह एकाकीपन, निस्संगता और निरीहता—जहाँ एकनिष्ठ भाव से, आत्मनिष्ठ भाव से एक कलाकार सारी दुनिया को भूल जाता है—हानूश की तरह ही यह सभी कलाकारों का व्यक्ति-सत्य है। इसलिए एक वर्ग-सत्य है और मंचीय साक्ष्य से और अधिक विस्तार पाने की संभावना रखता है। संभव है, नाटककार ने कलाकार की इसी स्थिति से गुजरते हुए इस सत्य को अनुभव किया हो और इसे अभिव्यक्ति देना उचित समझा हो। कुछ बदले हुए सन्दर्भ में लेकिन इसी धरातल पर, 'हानूश' की मूल अभिव्यंजना की एक और व्याख्या की जा सकती है। अन्तर्द्वन्द्वों से ग्रस्त किसी भी कलाकार की स्थिति हानूश की स्थिति से भिन्न नहीं होती। हानूश की तरह हर किसी कलाकार को कहीं न कहीं कला और जीवन के बीच समझौता स्वीकार करना पड़ता है और परिस्थिति-विशेष में तो यह समझौता परस्पर

विरोधी स्थितियों या शक्तियों के साथ भी करना पड़ता है। हानूश को जैसा समझौता कभी चर्च और कभी व्यापारियों से करना पड़ा था। समझौता यों आम आदमी की अनिवार्य नियति है, इसलिए यह अनुभूति समान रूप से आम-दर्शक की अनुभूति भी हो सकती है—आम आदमी समझौतों को ही जिन्दगी का नाम देता है। लेकिन एक कलाकार के लिए समझौते की स्थितियाँ किसी हद तक खतरनाक भी साबित हो सकती हैं, समझौता करना या समझौता न कर पाना—यह दोनों ही स्थितियाँ उसके लिए समान रूप से घातक हो सकती हैं—यह हानूश के युग का भी उतना ही सत्य है जितना आज का। हानूश को समझौते की कीमत अपना मानसिक सन्तुलन खोकर, अपनी सुख-सुविधा और अपना सन्तोष गँवाकर और सूद के रूप में अपनी आँखें अदा कर, करनी पड़ी थी तो आज की अदा और अदायगी कुछ और है जिनके दस्तावेज पिछले दिनों सामने आते रहे हैं, कभी स्नेहलता रेड्डी के नाम से तो कभी सत्यव्रत सिन्हा के नाम से तो कभी किसी और के नाम से। 'हानूश' एक व्यक्ति नहीं, एक देश नहीं, एक युग नहीं, वह इस सबसे कहीं अधिक व्यापक और गम्भीर जीवन-सत्य है, युग-सत्य है, जो विसंगतियों से उभरकर सामने आता है, इसलिए उसकी अनुभूति में एक तल्खी है, एक गहराई है, और जो एक बार किसी के भी मन को बेचैन कर देने वाली अनुभूति है, मन में प्रश्नों के तीखे डंक चुभो जाने वाली समान रूप से पीड़ादायक अनुभूति है। कालजयी कृतियों का जीवन-सत्य, युग-विशेष, स्थान-विशेष और व्यक्ति-विशेष के जीवन-सत्य से कहीं ऊपर हुआ करता है और उसकी अनुभूति में इतनी व्यापकता होती है कि वह हर समय के सत्य को उजागर करे। धर्मवीर भारती के 'अंधा युग', सुशीलकुमार सिंह के 'सिंहासन खाली है' में, सर्वेश्वरदयाल के 'बकरी' में, विपिनकुमार के 'लोटन' में, लक्ष्मीकान्त वर्मा के 'रोशनी एक नदी है' में, सत्यव्रत सिन्हा के 'अमृत पुत्र' में आदि-आदि अनेकों समकालीन नाटककारों की नाट्य साधना में इसी प्रकार के व्यापक जीवन-सत्यों को अभिव्यक्ति दी गयी है, तय है कि अब इस परम्परा में हानूश की चर्चा भी शामिल की जानी है।

साहित्य जगत के समक्ष 'हानूश' को प्रस्तुत करते हुए इसकी प्रकाशकीय विज्ञप्ति में यह स्पष्ट किया गया है कि यह नाटक कलाकार की दुर्दमनीय सिसृच्छा और उसकी निरीहता को रूपायित करने के उद्देश्य से तथा धर्म और शासन(चर्च + बादशाह)के गठबन्धन के साथ सामाजिक संघर्ष को अभिव्यक्ति देने के उद्देश्य से लिखा गया है। खुद नाटककार ने अपने 'दो शब्द' के अन्तर्गत यह स्वीकार किया है कि यह नाटक एक मानवीय स्थिति को मध्ययुगीन परिप्रेक्ष्य में प्रस्तुत करने का एक प्रयास मात्र है। इस प्रकार तीन कथ्य तो इस नाटक से ही स्पष्ट हो जाते हैं जिनकी और जिनके अलावा अन्य कई अवांतर कथ्यों की हम अब तक चर्चा कर आए हैं। इन कथ्यों से न किसी का विरोध है और न मुझे ही इनसे विरोध है क्योंकि ये कथ्य नाटक के आन्तरिक सत्य हैं, नाटक के मौलिक कथ्य-सत्य। प्रस्तुत चर्चा से यह तो स्पष्ट हो ही जाता है कि काव्यत्व के धरातल पर इस नाटक के अर्थापन और व्याख्या की पर्याप्त सम्भावनाएँ मौजूद हैं

जो किसी भी उत्कृष्ट नाट्य रचना की एक अपरिहार्य विशेषता होती है । इस दृष्टि से इस नाटक का काव्यत्व सिद्ध हुआ है, यह स्वीकार करना पड़ता है । अब हम इस नाटक के दृश्यत्व पर विचार आवश्यक समझते हैं क्योंकि नाटक 'दृश्य काव्य' है इसलिए, उसके काव्यत्व एवं दृश्यत्व पर समान रूप से विचार किया जाना अपेक्षित होता है । नाटक के दृश्यत्व की अनिवार्यता को ही रंग-सापेक्षता के रूप में प्रस्तुत किया जाता है । नाटकों की रंग-सापेक्षता का अर्थ यह भी है कि जो नाट्य-रचना रचनाकार तैयार करता है, वह मंचीय साक्ष्य से दृश्य हो और काव्यगत आधारों पर जो विभिन्न कथ्य-सत्य नाटक में समाहित हैं, वह मूर्त्तता प्राप्त कर दर्शकों तक संप्रेषित हों । भीष्म साहनी के इस नाटक के जिन कई कथ्य-सत्यों की अब तक चर्चा हुई है, उनके दृश्याभियोजन के लिए सभी रंग-प्रयोक्ता स्वतन्त्र हैं । नाटक ज्यों-ज्यों अपनी स्वाभाविक गति से आगे बढ़ता जाता है—उसी क्रम से नाटक के कथ्य भी उजागर और दृश्य होते जाते हैं । हानूश, पादरी भाई, कात्या, लुहार और बाद में जेकब—प्रथम दृश्य-कथ्य का निर्माण करते हैं—एक कलाकार के परिवार के आन्तरिक तनाव का दृश्य, उस परिवार का दृश्य जो पिछले सत्रह वर्षों में क्रमशः जीर्ण से जर्जर होता गया है, कहीं-कहीं सम्बन्धों के ऊपर यथार्थ की दिग्विजयी दृष्टि जो बार-बार एक कलाकार को कल्पना लोक से घसीटकर खुरदुरे यथार्थ की भूमि पर ला पटकती है, आशा-निराशाओं के बीच आंदोलित कलाकार का वह अन्तर्द्वन्द्व कि वह किसका वरण करे—श्रेय का या प्रेय का ? फिर जब घड़ी बन जाती है तो कुछ अन्य दृश्य-खण्ड सामने आते हैं और क्रम से अन्य सत्य-कथ्यों को मूर्त्त बनाते हैं—व्यापारी वर्ग की समस्याएँ, उनकी महत्त्वाकांक्षा, उनकी दूरदर्शिता, धर्म और शासन से उनका कट्टर संघर्ष—सब कुछ नितान्त स्वाभाविक रूप से घटित होता चलता है । नाटक में दर्शक कथा-वाचन सुनने की अपेक्षा घटनाओं को स्वतः घटते हुए देखना पसन्द करता है । इसके बाद पुरस्कार की पृष्ठभूमि तैयार होती है । खुशियाँ बाँटता हुआ हानूश, उसका परिवार, नगर के सारे नागरिक—यह हानूश के अन्धा बनाए जाने के आघात की तीव्रता को उभारने वाली एक व्यापक पृष्ठभूमि है । जैसे सन्नाटे में चीख । कलाकार के सार्वजनिक अभिनन्दन की इस पृष्ठभूमि से विडम्बना के वेग को अधिक से अधिक गम्भीर और व्यापक बनाया जा सकता था । उद्घाटन समारोह की खुशियों में भाग लेते नागरिक, हानूश का परिवार, खुद हानूश और इस नाटक के सभी मौजूद दर्शक इस वज्राघात से आहत हो उठते हैं । पटाक्षेप दो भागों में विभक्त है, एक कलाकार के परिवार की उन भीषण समस्याओं का साक्षात्कार जो किसी भी कलाकार के शासन अथवा व्यवस्था द्वारा उत्पीड़ित किए जाने पर उनका भोग्य होता है । नाटक का चरम दृश्य है वह जहाँ हानूश के भीतर के व्यक्ति पर उसका कलाकार, रचयिता व्यक्तित्व विजय प्राप्त करता है और घड़ी को नष्ट कर देने के दृढ़ संकल्प के साथ घड़ी को हाथ लगाने वाला हानूश आखिर घड़ी को चालू करके मीनार से बाहर आता है । कलाकार निर्माण में विश्वास रखता है विनाश में नहीं, चाहे वह विनाश उसके अधम शरीर का, अन्धे शरीर का ही अन्त क्यों न हो ।

इस समस्त घटनाओं के आयोजन में एक बात विशेष ध्यान देने की यह है कि इस पूरे नाटक में केवल एक बात यथार्थ है—प्राग की मीनारी घड़ी और घड़ीसाज का विचित्र पुरस्कार। शेष सारा कुछ नाटककार की अपनी कल्पना द्वारा रचा गया संसार है। अपनी कल्पना में नाटककार संपूर्ण घटना-क्रम को इस रूप में जोड़ सका कि वह मध्ययुगीन परिवेश में भी आधुनिक जीवन और जगत के मूल्यों को आकृति दे, यह प्रशंसनीय लाघव है। लेकिन यह भी विशेष प्रशंसनीय बात समझ में नहीं आती जब हमें पता चलता है कि नाटककार एक ख्याति-प्राप्त और राष्ट्रीय स्तर पर पुरस्कृत कथाकार रहे हैं, जाहिर है कि एक सफल कथाकार के लिए कल्पना के बूते पर एक अर्थगर्भी कथानक का निर्माण करना—बहुत मुश्किल काम नहीं रहा होगा। कुछ कमाल की बात अगर मानी जाए तो वह इसमें है कि उन्होंने काल्पनिक कथावस्तु को काल्पनिक दृश्य-बिम्बों में ढालकर उसे मंचीय साक्ष्य प्राप्त कर सकने में सक्षम बना दिया—यही वह जगह है जहाँ एक नाटककार एक उपन्यासकार से अलग हो जाता है। कथ्य की व्यंजनाओं को उभारने के लिए जहाँ उपन्यासकार के पास केवल भाषिक माध्यम होता है, नाटककार को वहाँ मंचीय अभिव्यक्ति के लिए अभिनय (की भाषा) के लिए भी जगह रखनी पड़ती है ताकि उन बिन्दुओं से अभिनय के द्वारा कथ्य की सम्भव व्याख्याएँ उभर सकें। मंच पर चार पात्रों के जमा होकर भाषिक सम्वाद कह देने भर से रंगमंच की अपेक्षाएं पूरी नहीं हो जातीं—वहाँ अभिनय एवं अन्य संप्रेषण माध्यमों के सहारे भी कथ्य को दृश्य (देखने योग्य) बनाकर प्रस्तुत करना होता है। नाटक और रंगमंच अर्थात् कथ्य से दृश्यत्व की यात्रा। इन आधारों पर हानूश का भी विश्लेषण होना चाहिए। नाटक के काव्यत्व का संप्रेषण माध्यम है शब्द और उससे संप्रेषित होता है अर्थ। हम देख आए हैं कि 'हानूश' में काव्यत्व के धरातल पर अर्थ की कई-कई व्यंजनाएँ मौजूद हैं। इसलिए अब देखना है कि इस नाटक में दृश्यत्व का संप्रेषण माध्यम और अभिव्यंजना की उनकी सम्भावनाएँ क्या-क्या और कितनी हैं। सर्वप्रथम हम स्थूल दृश्य रंगोपकरणों की ही बात लेते हैं। नाटक के प्रथम अंक के प्रथम दृश्य में—मेज पर बिखरे हुए कुछ घड़ी बनाने के औजार कथ्य की सम्भावनाओं को, कथावस्तु को—दोनों को दृश्यत्व के साथ जोड़ते हैं और यहाँ यह स्पष्ट होता है कि नाटक की घटनाएँ और नाटक का कथ्य—घड़ी या घड़ी के निर्माण से सम्बद्ध हैं। दो-तीन जीर्ण और पुरानी कुर्सियाँ भी मौजूद हैं जो घड़ीसाज के तत्कालीन अभावग्रस्त जीवन को दृश्यत्व प्रदान करते हैं लेकिन इनकी व्यंजना तब और स्पष्ट होती है जब तीसरे अंक के प्रथम दृश्य में फिर वही हानूश का कमरा विपन्नता के बाद की उसकी समृद्धि की ओर संकेत करता है। दूसरे अंक के प्रथम दृश्य में दृश्य रंगोपकरण कोई संकेत या व्यंजना नहीं देते। दूसरे अंक के दूसरे दृश्य का हानूश का कमरा पुनः संकेत और व्यंजना शून्य ठहरता है। तीसरे दृश्य में बैठक की मेज पर अलग-अलग दस्तकारों के चिह्न-चित्र दस्तकारों-कारीगरों और व्यवसायियों के एक संगठन का संकेत देते हैं, बस। तीसरे अंक का पहला दृश्य हानूश का तुलनात्मक रूप से समृद्ध कमरा है, जिसकी चर्चा

हमने आगे की है । तीसरे अंक के दूसरे दृश्य में घड़ी वाली मीनार के कमरे का दृश्य है जिसमें घड़ी के कुछ पुर्जे और औजार दृश्य को घड़ी की मरम्मत से सम्बद्ध करते हैं। इस सम्पूर्ण रंग योजना में, स्थूल दृश्य योजना के रूप में कोई भी ऐसा संप्रेषण माध्यम जो नाटककार, नाटक, चरित्र या घटना की घनीभूत संवेदना की अभिव्यक्ति का संवाहक केन्द्र बन सके—हमें उपलब्ध नहीं होता । समकालीन अन्य नाटककारों की कुछ कृतियों में; यथा सर्वेश्वर की 'बकरी' में बकरी, किरणचन्द्र शर्मा की 'मन्दिर की चारपाई' में चारपाई, रमेश बक्षी के 'तीसरा हाथी' में जीना, पीकदान और आरामकुर्सी, नरेन्द्र कोहली के 'शंबूक की हत्या' में शंबूक का शव, या इससे भी कुछ आगे बढ़ें तो राकेश के 'लहरों के राजहंस' में दीपाधार, दर्पन और झूला आदि प्रयुक्त स्थूल दृश्य उपकरण नाटक के सम्पूर्ण और मूल कथ्य का एक दृश्य साक्ष्य बन जाते हैं—यहाँ हानूश में प्रस्तुत दृश्य-रंगोपकरण और नाटक के मूल कथ्यों के बीच वह तादात्म्य मौजूद नहीं मिलता । यह रंग-शिल्प और रंग-दर्शन का कोई स्वस्थ आधार नहीं है, इसलिए स्वीकार करना पड़ेगा कि दृश्य-काव्य के रूप में हानूश की श्रेष्ठता में यहाँ आकर एक विराम-सा लग जाता है । संप्रेषण माध्यम के रूप में यह नाटक मुख्यतः मध्ययुगीन परिवेश निर्माण के लिए आवश्यक दृश्य-सज्जा, वेश-भूषा पर ही निर्भर प्रतीत होता है, और सर्वाधिक अभिनेता चरित्र की अभिनय क्षमताओं पर क्योंकि उन्हें ही शेष अभाव भी अपने अभिनय कौशल से ही दूर करने होंगे ।

अभिनय रंगमंच की अपनी भाषा है । अभिनय के अवसर संवादों के बीच से, संवाद के शब्दों के बीच से उभरते हैं । इस दृष्टि से संवाद-संघटन का विशेष महत्त्व है । कभी-कभी स्थिति यह भी होती है कि संवाद के शब्दों से कुछ और अर्थ निकलते हैं जबकि अभिनय के द्वारा कुछ और अर्थ की अपेक्षा होती है । इन बारीकियों को समझने के लिए केवल प्रतिभा ही नहीं, रंगमंच से जुड़ा नाटककार का अनुभव भी अनिवार्य होता है। भीष्म साहनी के इस नाटक का प्रथम मंचीय प्रयोग देश के एक प्रसिद्ध निर्देशक राजेन्द्र नाथ के निर्देशन में प्रस्तुत किया गया । इसलिए यह आशा स्वाभाविक है कि नाटक का रंग-संस्कार अभ्यास, अभिनय और निर्देशन के क्रम में किया जाता रहा होगा । भूमिका में साहनी जी यह स्वीकार भी करते हैं कि निर्देशक महोदय के सलाह-मशविरे से उन्होंने संवादों में काफी सुधार किए हैं । दूसरे अंक का तीसरा दृश्य और तीसरे अंक का दूसरा दृश्य निश्चय ही इस कौशल के साक्षी हैं कि उनमें अभिनय द्वारा अभिव्यक्ति के प्रचुर अवसर और अभिनय की पर्याप्त सम्भावनाएँ विन्यस्त हैं । लेकिन नाटक के शेष दृश्यों के संवाद इस क्षमता से विहीन प्रतीत होते हैं क्योंकि संवाद अधिकांशतः सपाट कथन बनकर रह गए हैं जिनके बीच से अभिनय को उभार देने के लिए अभिनेताओं से अतिरिक्त सतर्कता और चेष्टा की अपेक्षा है । दूसरे अंक का पहला दृश्य जिसमें घड़ी की स्थापना के विषय पर प्राग नगर के दस्तकारों और व्यवसायियों की बैठक होती है, इस दृष्टि से एकदम साधारण कोटि का दृश्य ठहरता है—वहाँ न कोई दृश्य की अनिवार्यता है और न कोई अनिवार्य दृश्य, न ऐसे संवाद हैं कि अभिनय को

अवसर मिले और न ऐसी नाट्यात्मक स्थिति कि उससे नाटकीयता आकार ले। यह नाटक का सबसे कमजोर दृश्य-विधान है, कमजोरी प्रायः हर क्षेत्र में मौजूद है। नाटक तब व्यर्थ हो जाता है जब उसमें ऐसे संवाद गढ़े हों, जिन्हें अभिनय के द्वारा भी दिखलाया जा सकता हो—ऐसे संवाद अभिनय की सम्भावनाओं का दम घोंट देते हैं, उस अभिनय का जो रंगमंच को मूर्त्त सत्य बनने की सामर्थ्य देता है और नाट्य-रचना को सार्थकता। सही है कि 'हानूश' में ऐसे स्थल बहुत कम हैं, लेकिन हैं, यह नाटक के दृश्य पक्ष की दूसरी गम्भीर कमजोरी है और दूसरे अंक का पूरा पहला दृश्य इसका एक स्पष्ट उदाहरण है। यद्यपि श्री साहनी ने लब्धख्याति और अनुभवी निर्देशक के सहयोग से अपने संवादों को काफी क्षमतावान और सुघड़ बना लिया है, इतना कि वह कहीं भी नीरस और उबाऊ नहीं बन पाता, इतना कि उसमें अभिनय के लिए पर्याप्त अवकाश निकल आते हैं, तथापि समकालीन कुछ अन्य नाटकों की तरह 'हानूश' के संवाद शब्द की अभिधापरकता से और गहरे उतरकर अर्थ की कोई नयी परत नहीं उतारते। यह संवाद की एक सीमा हो जाती है कि वह शब्द से अर्थ की ओर, शरीर से आत्मा की ओर, स्थूल से सूक्ष्म की ओर—अग्रसर न हो; इसका एक सीधा अर्थ यह भी तो लिया जा सकता है कि नाटक के संवादों में व्यंजकता नहीं है। कहीं-कहीं अपवाद रूप में एक-दो ऐसे प्रयोग दीखे हैं—पर वहाँ भी संयोग मुझे अधिक दीखा है, प्रयास कम। दृश्यत्व के संदर्भ में अब हम एक दूसरे धरातल की चर्चा करते हैं, कथ्य के दृश्यत्व और दृश्य-प्रस्तुति की स्वायत्तता की संभावना पर। चूँकि इस नाटक के सारे कथ्य एक क्रम से अभिव्यक्ति की डोर में बँधे हैं—इसलिए दृश्य-प्रस्तुति के क्रम में एक क्रम से नाटक के कथ्य का दृश्य रूपांतर प्रस्तुत होता जाएगा। इस क्रम को बदलना सम्भव नहीं—और इस अर्थ में नाटक के हर नए प्रदर्शन में—सम्पूर्ण प्रदर्शन का सम्भवतः सदैव एक ही अर्थ निकलेगा। यह भी सही है कि अपने सम्पूर्ण रूप में हर प्रदर्शन भले ही एक ही अर्थ दें, लेकिन इस नाटक का हर प्रदर्शन एक ही साँचे में ढला हुआ होगा, ऐसी भी बात नहीं। नाटक हर नयी प्रस्तुति में एक पृथक् स्वायत्तता प्राप्त करता है—यह बात उन नाटकों के साथ बिल्कुल सही है जो अभिधापरक न हों और जिनमें व्याख्याओं की सम्भावनाएँ मौजूद हों। इस नाटक की भी विभिन्न प्रस्तुतियों में अन्तर पड़ेगा और वह अन्तर पड़ेगा उस बल से जो अलग-अलग निर्देशक नाटक के अलग-अलग प्रदर्शनों में नाटक के अलग-अलग कथ्यों को उभारने के लिए डाला जायेगा। हर प्रयोक्ता एक ही कथ्य पर बल दे—यह सम्भव नहीं और न आवश्यक है। इसलिए नाटक के विभिन्न प्रदर्शनों में अलग-अलग कथ्यों को उभार देने के बल के भेद से हर प्रदर्शन में कुछ नया-पन आ जाएगा। इस प्रकार हर नए प्रदर्शन में अलग-अलग कथ्यों पर बल केन्द्रित किए जाने से नाटक के व्यक्तित्व में परिवर्तन लाया जा सकेगा। दरअसल, इस नाटक की लगभग समस्त व्याख्याएँ काव्यगत आधारों पर ही सम्भव हैं। जब इसी काव्यत्व को मंच पर दृश्य बनाकर प्रस्तुत किया जाएगा तो वहाँ इतनी सारी व्याख्याएँ एक साथ शायद ही सम्भव हों। लगभग सभी प्रदर्शनों के विषय में ऐसा कहा जा सकता है

कि एक कलाकार की निरीहता और क्रूर नियति के अलावा कोई और व्यंजना प्रदर्शनों से स्पष्टतः शायद ही आकार ले। इस संदेह के बावजूद यह स्वीकार किया जाएगा कि किसी भी निर्देशक की सूझ-बूझ, कल्पना, कौशल और अनुभव से इस नाटक में नयी भंगिमाएँ उत्पन्न की जा सकेंगी जिससे हर नये प्रदर्शन का अपना आकर्षण बना रह सके, उसमें नवीनता लाई जा सकेगी। यद्यपि इन समस्त आयोजनों में एक ही बात के बार-बार दुहराये जाने की सम्भावना ही प्रबल है पर प्रस्तुति की शैली अलग हो सकती है—और वहीं नवीनता भी।

—नरनारायण राय

कबीर का बाज़ार : नाटक के ज़रिये

सुविख्यात कथाकार भीष्म साहनी का अद्यतन नाटक 'कबिरा खड़ा बाज़ार में' एक ऐसी महत्त्वपूर्ण नाट्यकृति है जो एक स्तर पर कबीर के तत्कालीन समाज, उस समाज में उनके निर्भय, सत्यभाषी और अन्याय के खिलाफ लड़ने वाले प्रखर व्यक्तित्व की पुनर्रचना करती है; तो दूसरे स्तर पर वह हमारे समकालीन समाज, उसमें युद्धरत सम्प्रदाय-विरोधी, फासिज्म-विरोधी, और बाह्याचार-विरोधी शक्तियों की महत्त्वपूर्ण भूमिका की ओर इशारा कर देती है। भारतीय नाट्य-शास्त्र की प्राचीन शब्दावली में कहना चाहें तो कह सकते हैं कि **अभिधा के स्तर** पर कबीर के बेपरवाह, सुदृढ़, उग्र और तेजस्वी सामाजिक व्यक्तित्व को चित्रित करने वाला एक **ऐतिहासिक नाटक है** लेकिन **लक्षणा और व्यंजना के स्तरों** पर हमारे वर्ग-विभक्त, जाति-विभक्त, धर्म-विभक्त और अन्तर्विरोधपूर्ण तथा भेदभावग्रस्त विषम समाज के समकालीन सन्दर्भों को एक साथ ध्वनित कर देने वाला एक **आधुनिक नाटक है।**

इस नाटक में दिल्ली का शाहंशाह सिकन्दर लोदी है जो आज की निरंकुश और तानाशाही सत्ता का प्रतीक है। काशी नगर का कोतवाल है जो आज की अफसरशाही के चरित्र को समझने में हमारी मदद करता है। कायस्थ का चरित्र आज के साइकोफैन्ट्स की ओर एक इशारा है। अन्धा भिखारी वह अभागा आधुनिक जन है जो आए दिन किसी-न-किसी तरह के ज़ोर-जुल्म की कड़ी से कड़ी मार झेलता है और हादसाग्रस्त होता है। मठ का महंत है जो साम्प्रदायिकता, धर्मान्धता, विचारान्धता और भावोन्माद का प्रतीक है। यह महंत नये और पुराने चोले पहन-पहनकर आज भी उसी तरह अपना कोरोनेशन (Coronation) करा रहा है जैसा कि वह कबीर के जमाने में कराता था। वही तद्युगीन मौलवी हैं, पंडे हैं, पुजारी हैं और वही धार्मिक दुष्चक्र हैं। सच्चे, ईमानदार और पाखंड-विरोधी सहज, स्वाभाविक, फक्कड़ और फकीर इन्सान के लिए वही चुनौतियाँ हैं जिनका कि मुकाबला कबीर को करना पड़ा था। नाटक में कबीर, रैदास, सेना, पीपा, बशीरा की टोली ऐसे ही आधुनिक प्रतिबद्ध और प्रगतिशील इन्सानों के अग्रिम दस्ते की ओर हमारा ध्यान आकर्षित करती है जो सब कुछ दाँव पर लगाकर मौजूदा व्यवस्था के सम्पूर्ण पाखंडतन्त्र का भंडाफोड़ करने के लिए कमर कसे हुए हैं; ऐसी कमर जो सदियों से कोड़े खाती आ रही है, फिर भी उसके कसाव में कोई कसर या कोई कमी नहीं आई। व्यंजना के स्तरों पर इन्हीं सारे सन्दर्भों को यह नाटक गुंजायमान कर देता है। यही इसकी शक्ति है और यही उसका

प्रभाव। इसीलिए वह ऐतिहासिक होते हुए भी अत्यन्त आधुनिक है। इसीलिए यह अर्थवान भी है और इसीलिए इसकी कथावस्तु बेहद सामयिक और बेहद प्रासंगिक हो उठी है।

इस नाटक की एक अन्य महत्त्वपूर्ण विशेषता उसके नारी-चरित्रों के चित्रण से सम्बन्ध रखती है। भीष्म साहनी एक संवेदनशील कथाकार हैं। नारी की सवेदनाओं के वे एक कुशल और सक्षम चितेरे हैं। इस नाटक में कबीर की माँ और पत्नी के चरित्र विशेष रूप से मन को छूते हैं। कबीर की माँ नीमा कबीर की जननी (जन्म देने वाली माँ) नहीं है लेकिन कबीर को वह बेहद प्यार करती है। फिर भी वह कबीर को उसकी असली माँ का अता-पता बता देती है और कहती है, 'वह मिल जाये तो चला जा बेटा, मैं तुझे नहीं रोकूँगी।' इस पर कबीर उत्तर देता है—'मुझे घर से निकाल रही हो, माँ? गोद लिए बालक को भी कोई निकालता है?' नीमा प्रत्युत्तर में कहती है—'मैं तुझे घर से निकालूँगी रे? जिसे पाल कर बड़ा किया है उसे घर से निकालूँगी? तुझे देख-देखकर तो हम दोनों जीते हैं।' माँ-बेटे के इस संवाद की पृष्ठभूमि में उस माँ की भी छाया उभरती है जो बेवा होने के कारण अपने नवजात बेटे को एक तालाब के किनारे छोड़ आई थी, क्योंकि निर्मम समाज की थोथी नैतिकता के आतंक से वह संत्रस्त थी। उसके बारे में नीमा कहती है—'वह भी बदनसीब थी कबीरा, वरना अपना बच्चा कौन फेंकता है?··· उसे पता चल गया था कि तुम्हें मैं उठा लाई हूँ। कहीं-कहीं छिपकर देखती रही थी। वह हमारी झोंपड़ी के आस-पास आकर मँडराती रहती, अन्दर झाँककर देखती, फिर लौट जाती।' दूसरी ओर नीमा भी कम बदनसीब नहीं है। वह अपने प्यारे बेटे की कमर पर धर्म और सत्ता के ठेकेदारों द्वारा बरसाए गए कोड़ों के निशान देखती है तो उसका दिल दहलता है, लेकिन वह कुछ कर नहीं पाती। कबीर की पीठ पर तेल चुपड़ती है और उसे समझाती है—'तू यह क्या करता फिरता है, कबीरा, मेरा दिल दहलता है। जिन लोगों के हाथ में ताकत होती है, उन लोगों के दिल में रहम नहीं होता बेटा!···तू मेरी बात मान, बेटा, तू सुनकर अनसुनी कर जाया कर, पर मुँह से कुछ न बोला कर।···' कबीर के मुँहफट होने की प्रवृत्ति समाज के ठेकेदारों को रास नहीं आती; वही प्रवृत्ति उसकी माँ की व्यथा का कारण बनती है। लेकिन ठेकेदारों की मनोदशा और माँ की मनोदशा का अंतर देखिए··· ताकत और रहम के रिश्ते को पहचानिए। ऐसे कन्ट्रास्ट के संकेत द्वारा मानव समाज से ताकतवर की क्रूरता और नारी की रहमदिली और इन दोनों के बीच कबीर की एगॉनी (Agonv) जो भीष्म साहनी जैसे संवेदनशील रचनाकार की एगॉनी (Agony) को भी प्रकारान्तर से सम्प्रेषित कर देती है।

नारी चरित्रों के ही सन्दर्भ में इस ह्यूमन एगॉनी के साथ-साथ रचनाकार की एक और विशेषता की ओर अपने पाठकों का ध्यान आकर्षित करना चाहूँगा। कबीर की पत्नी लोई विवाह से पूर्व एक साहूकार के छैल-छबीले बेटे से प्रेम करती थी। लेकिन लोई के पिता ने उसका विवाह बेटी से बिना पूछे कबीर के साथ कर दिया।

कबीर और लोई के चरित्रों को उत्कर्ष प्रदान करने में नाटककार भीष्म साहनी ने अपनी मौलिक उद्‌भावना द्वारा इस प्रसंग का बेहद सर्जनात्मक इस्तेमाल करते हुए एक बड़े कलाकार की क्षमता का परिचय दिया है। कबीर को जब इस तथ्य का पता चलता है कि लोई किसी और लड़के से प्रेम करती थी और उसके पिता ने उसके साथ उसे ब्याह कर एक अन्याय किया है तो वह उससे कहता है—'उसके साथ तू खुश रहेगी तो तू जरूर उसी के पास चली जा !' इतना ही नहीं, वह उसे पठाने ले चलता है। लोई हैरान होकर इस मर्द को देखती है; उसके बारे में उसकी सोच बदलती है और एक तरह से लोई के व्यक्तित्वांतरण की प्रक्रिया शुरू हो जाती है। लोई जाते समय गहने छोड़ जाती है क्योंकि "गहने तो ससुराल के होते हैं।" लेकिन कबीर उसे ऐसा नहीं करने देता। वह सब गहने उसे सौंप देता है और कहता है—'तेरे ब्याह के हैं। जहाँ रहेगी, वहाँ पहनना।' लोई का मन कबीर के इस व्यवहार से अछूता नहीं रह पाता और उसके व्यक्तित्वांतरण की प्रक्रिया तेज होने लगती है। पूछती है—'तू अपनी माई से क्या कहेगा ?' कबीर उसे आश्वस्त कर देता है कि 'माई को मैं समझा दूँगा।' बाद का दृश्य अत्यन्त मार्मिक है। लोई विपन्न कबीर को छोड़कर अपने सम्पन्न प्रेमी के पास जा रही है; प्रेमी भी उसे अपनाने के लिए तैयार है। लेकिन कबीर के मानवीय औदार्य और औदात्य ने उसके भीतर एक हलचल पैदा कर दी है। जाते-जाते वह सोचती है कि यह कैसा फिराकदिल इन्सान है ! इसका दिल कितना विशाल है ! अभिधा के स्तर पर इस हलचल का, इस व्यवितत्वांतरण की तेज से तेजतर होती हुई प्रक्रिया का कोई कथन नहीं है। लेकिन नाटककार कथित रूप में तटस्थ होकर भी व्यंजित रूप में उस सारी हलचल से, व्यक्तित्वांतरण की उस प्रक्रिया से पूरा सरोकार बनाए हुए है। दृश्य के अन्त में व्यक्तित्वांतरण की यह प्रक्रिया पूरी हो जाती है। इस प्रक्रिया की आग से लोई के हृदय में साहूकार से छैल-छबीले बेटे के प्रति आसक्ति की झाड़ियाँ जल उठती हैं और वहाँ उसके हृदय में कबीर के प्रति एक दायित्व की भावना से ओत-प्रोत प्रेम का उदय होता है। लोई एक निर्णय लेती है कि वह अब कबीर की अर्द्धांगनी होकर रहेगी, कहीं नहीं जाएगी। इसी बिन्दु पर शरत की कृति 'स्वामी' की याद ताजा हो आती है। लेकिन यह याद सांयोगिक है। इसका आशय यह नहीं कि भीष्म पर शरत का यह प्रभाव है।

इस प्रकार हम देखते हैं कि भीष्म साहनी का यह नाटक समाज के फलक पर और व्यक्ति के मन में चल रहे द्वन्द्वों और अन्तर्विरोधों की कलात्मक और अर्थपूर्ण अभिव्यक्ति का एक सशक्त और बेहद प्रासंगिक दस्तावेज़ है। इसमें कोई शक नहीं कि रचनाकार की कोमल संवेदनाएँ कबीर के 'मृदूनि च कुसुमादपि' वाले पक्ष को ही उभार पाई हैं, उसके व्यक्तित्व के 'वज्रादपि कठोराणि' वाले पक्ष को वे नहीं सँभाल सकीं लेकिन रचनाकार की प्रकृति को देखते हुए ऐसी उम्मीद करना शायद उचित भी नहीं है।

—राजकुमार सैनी

●●●

भीष्म साहनी की कहानियाँ

चीफ की दावत

आज मिस्टर शामनाथ के घर चीफ की दावत थी।

शामनाथ और उनकी धर्मपत्नी को पसीना पोंछने की फुर्सत न थी। पत्नी ड्रेसिंग गाउन पहने, उलझे हुए बालों का जूड़ा बनाये, मुँह पर फैली हुई सुर्खी और पाउडर को भूले, और मिस्टर शामनाथ सिगरेट-पर-सिगरेट फूँकते हुए, चीजों की फहरिस्त हाथ में थामे, एक कमरे से दूसरे कमरे में आ-जा रहे थे।

आखिर पाँच बजते-बजते तैयारी मुकम्मल होने लगी। कुर्सियाँ, मेज, तिपाइयाँ, नैपकिन, फूल, सब बरामदे में पहुँच गये। ड्रिंक का इन्तजाम बैठक में कर दिया गया। अब घर का फालतू सामान आलमारियों के पीछे और पलंगों के नीचे छिपाया जाने लगा। तभी शामनाथ के सामने सहसा एक अड़चन खड़ी हो गयी, माँ का क्या होगा ?

इस बात की ओर न उनका और न उनकी गृहिणी का ध्यान गया था। मिस्टर शामनाथ श्रीमती की ओर घूमकर अंग्रेजी में बोले—माँ का क्या होगा ?

श्रीमती काम करते-करते ठहर गयीं और थोड़ी देर तक सोचने के बाद बोलीं—इन्हें पिछवाड़े इनकी सहेली के पास भेज दो। रात-भर बेशक वहीं रहें। कल आ जायें।

शामनाथ सिगरेट मुँह में रखे, सिकुड़ी आँखों से श्रीमती के चेहरे की ओर देखते हुए पल-भर सोचते रहे, फिर सिर हिलाकर बोले—नहीं, मैं नहीं चाहता कि उस बुढ़िया का आना-जाना यहाँ फिर से शुरू हो। पहले ही बड़ी मुश्किल से बन्द किया था। माँ से कहें कि जल्दी ही खाना खाके शाम को ही अपनी कोठरी में चली जायँ। मेहमान कहीं आठ बजे आयेंगे। इससे पहले ही अपने काम से निपट लें।

सुझाव ठीक था। दोनों को पसन्द आया। मगर फिर सहसा श्रीमती बोल उठीं—जो वह सो गयीं और नींद में खर्राटे लेने लगीं तो ? साथ ही तो बरामदा है, जहाँ लोग खाना खायेंगे।

—तो इन्हें कह देंगे कि अन्दर से दरवाजा बन्द कर लें। मैं बाहर से ताला लगा दूंगा। या माँ को कह देता हूँ कि अन्दर सोयें नहीं, बैठी रहें, और क्या ?

—और जो सो गयीं, तो ? डिनर का क्या मालूम कब तक चले। ग्यारह-ग्यारह

बजे तक तो तुम लोग ड्रिंक ही करते रहते हो।

शामनाथ कुछ खीज उठे, हाथ झटकते हुए बोले – अच्छी-भली यह भाई के पास जा रही थीं। तुमने यूँही खुद अच्छा बनने के लिए बीच में टाँग अड़ा दी !

—वाह ! तुम माँ और बेटे की बातों में मैं क्यों बुरी बनूँ ? तुम जानो और वह जानें।

मिस्टर शामनाथ चुप रहे। यह मौका बहस का न था, समस्या का हल ढूँढ़ने का था। उन्होंने घूमकर माँ की कोठरी की ओर देखा। कोठरी का दरवाजा बरामदे में खुलता था। बरामदे की ओर देखते हुए झट से बोले—मैंने सोच लिया है,—और उन्हीं कदमों माँ की कोठरी के बाहर जा खड़े हुए। माँ दीवार के साथ एक चौकी पर बैठी, दुपट्टे में मुँह-सिर लपेटे, माला जप रही थीं। सुबह से तैयारी होती देखते हुए माँ का भी दिल धड़क रहा था। बेटे के दफ्तर का बड़ा साहब घर पर आ रहा है, सारा काम सुभीते से चल जाय।

—माँ, आज तुम खाना जल्दी खा लेना। मेहमान लोग साढ़े सात बजे आ जायेंगे।

माँ ने धीरे से मुँह पर से दुपट्टा हटाया और बेटे को देखते हुए कहा—आज मुझे खाना नहीं खाना है, बेटा, तुम जानते तो हो, मांस-मछली बने, तो मैं कुछ नहीं खाती।

—जैसे भी हो, अपने काम से जल्दी निपट लेना।

—अच्छा, बेटा।

—और माँ, हम लोग पहले बैठक में बैठेंगे। उतनी देर तुम यहाँ बरामदे में बैठना। फिर जब हम यहाँ आ जायँ, तो तुम गुसलखाने के रास्ते बैठक में चली जाना।

माँ अवाक् बेटे का चेहरा देखने लगीं। फिर धीरे से बोलीं—अच्छा बेटा।

—और माँ, आज जल्दी सो नहीं जाना। तुम्हारे खर्राटों की आवाज दूर तक जाती है।

माँ लज्जित-सी आवाज में बोलीं— क्या करूँ, बेटा मेरे बस की बात नहीं है। जब से बीमारी से उठी हूँ, नाक से साँस नहीं ले सकती।

मिस्टर शामनाथ ने इन्तजाम तो कर दिया, फिर भी उनकी उधेड़-बुन खत्म नहीं हुई। जो चीफ अचानक उधर आ निकला, तो ? आठ-दस मेहमान होंगे, देसी अफसर, उनकी स्त्रियाँ होंगी, कोई भी गुसलखाने की तरफ जा सकता है। क्षोभ और क्रोध में वह फिर झुंझलाने लगे। एक कुर्सी को उठाकर बरामदे में कोठरी के बाहर रखते हुए बोले—आओ माँ, इस पर जरा बैठो तो।

माँ माला सँभालती, पल्ला ठीक करती उठीं, और धीरे से कुर्सी पर आकर बैठ गयीं।

—यूँ नहीं, माँ, टाँगें ऊपर चढ़ाकर नहीं बैठते। यह खाट नहीं है।

माँ ने टाँगें नीचे उतार लीं।

—और खुदा के वास्ते नंगे पाँव नहीं घूमना। न ही वह खड़ाऊँ पहनकर सामने आना। किसी दिन तुम्हारी वह खड़ाऊँ उठाकर मैं बाहर फेंक दूंगा।

माँ चुप रहीं।

—कपड़े कौन-से पहनोगी, माँ ?

—जो हैं, वही पहनूंगी, बेटा ! जो कहो, पहन लूं।

मिस्टर शामनाथ सिगरेट मुंह में रखे, फिर अधखुली आँखों से माँ की ओर देखने लगे, और माँ के कपड़ों की सोचने लगे। शामनाथ हर बात में तरतीब चाहते थे। घर का सब संचालन उनके अपने हाथ में था। खूंटियाँ कमरों में कहाँ लगायी जायं, बिस्तर कहाँ पर बिछें, किस रंग के पर्दे लगाये जायँ, श्रीमती कौन-सी साड़ी पहनें, मेज किस साइज की हो···शामनाथ को चिन्ता थी कि अगर चीफ का साक्षात् माँ से हो गया, तो कहीं लज्जित नहीं होना पड़े। माँ को सिर से पाँव तक देखते हुए बोले—तुम सफेद कमीज और सफेद सलवार पहन लो, माँ, पहन के आओ तो जरा देखूं।

माँ धीरे से उठीं और अपनी कोठरी में कपड़े पहनने चली गयीं।

—यह माँ का झमेला ही रहेगा,—उन्होंने फिर अंग्रेजी में अपनी स्त्री से कहा—कोई ढंग की बात हो, तो भी कोई कहे। अगर कहीं कोई उल्टी-सीधी बात हो गयी, चीफ को बुरा लगा, तो सारा मजा जाता रहेगा।

माँ सफेद कमीज और सफेद सलवार पहनकर बाहर निकलीं। छोटा-सा कद, सफेद कपड़ों में लिपटा, छोटा-सा सूखा हुआ शरीर धुंधली आँखें केवल सिर के आधे झड़े हुए बाल पल्ले की ओट में छिप पाये थे। पहले से कुछ ही कम कुरूप नजर आ रही थीं।

—चलो, ठीक है। कोई चूड़ियाँ-वूड़ियाँ हों, तो वह भी पहन लो। कोई हर्ज नहीं।

—चूड़ियाँ कहाँ से लाऊँ, बेटा ! तुम तो जानते हो, सब जेवर तुम्हारी पढ़ाई में बिक गये।

यह वाक्य शाम को तीर की तरह लगा। तिनक कर बोला—यह कौन-सा राग छेड़ दिया, माँ ! सीधा कह दो, नहीं है जेवर, बस ! इससे पढ़ाई-वढ़ाई का क्या तअल्लुक है ? जो जेवर बिका, तो कुछ बनकर ही आया हूँ, निरा लँडूरा तो नहीं लौट आया। जितना दिया था, उससे दुगना ले लेना।

—मेरी जीभ जल जाय, बेटा, तुमसे जेवर लूंगी ? मेरे मुँह से यूँही निकल गया। जो होते, तो लाख बार पहनती !

साढ़े पाँच बज चुके थे। अभी मिस्टर शामनाथ को खुद भी नहा-धोकर तैयार होना था। श्रीमती कब की अपने कमरे में जा चुकी थीं। शामनाथ जाते हुए एक बार फिर माँ को हिदायत करते गये—माँ, रोज की तरह गुमसुम बन के नहीं बैठी रहना। अगर साहब इधर आ निकलें और कोई बात पूछें, तो ठीक तरह से बात का जवाब देना।

—मैं न पढ़ी, न लिखी, बेटा, मैं क्या बात करूँगी ? तुम कह देना, माँ अनपढ़ है, कुछ जानती-समझती नहीं। वह नहीं पूछेगा।

सात बजते-बजते माँ का दिल धक्-धक् करने लगा। अगर चीफ सामने आ गया और उसने कुछ पूछा, तो वह गया जवाब देंगी ? अंग्रेज को तो दूर से ही देखकर वह घबरा उठती थीं, यह तो अमरीकी है। न मालूम क्या पूछे ? मैं क्या कहूँगी ? माँ का जी चाहा कि चुपचाप पिछवाड़े विधवा सहेली के घर चली जायँ। मगर बेटे के हुक्म को कैसे टाल सकती थी। चुपचाप कुर्सी पर से टाँगें लटकाये वहीं बैठी रहीं।

एक कामयाब पार्टी वह है, जिसमें ड्रिंक कामयाबी से चल जाय। शामनाथ की पार्टी सफलता के शिखर चूमने लगी। वार्तालाप उसी रौ में बह रहा था, जिस रौ में गिलास भरे जा रहे थे। कहीं कोई रुकावट न थी, कोई अड़चन न थी। साहब को ह्विस्की पसन्द आयी थी। मेमसाहब को पर्दे पसन्द आये थे, सोफा-कवर का डिजाइन पसन्द आया था, कमरे की सजावट पसन्द आयी थी। इससे बढ़ कर क्या चाहिए ! साहब तो ड्रिंक के दूसरे दौर में ही चुटकले और कहानियाँ कहने लग गये थे। दफ्तर में जितना रोब रखते थे, यहाँ पर उतने ही दोस्त-परवर हो रहे थे। और उनकी स्त्री, काला गाउन पहने, गले में सफेद मोतियों का हार, सेन्ट और पाउडर की महक से ओत-प्रोत, कमरे में बैठी सभी देसी स्त्रियों की आराधना का केन्द्र बनी हुई थीं। बात-बात पर हँसतीं, बात-बात पर सिर हिलातीं। और शामनाथ की स्त्री से तो ऐसे बातें कर रही थीं, जैसे उनकी पुरानी सहेली हों।

और इसी रौ में पीते-पिलाते साढ़े दस बज गये। वक्त गुजरता पता ही न चला।

आखिर सब लोग अपने-अपने गिलासों में से आखिरी घूंट पीकर खाना खाने के लिए उठे और बैठक से बाहर निकले। आगे-आगे शामनाथ रास्ता दिखाते हुए, पीछे चीफ और दूसरे मेहमान।

बरामदे में पहुँचते ही शामनाथ सहसा ठिठक गये। जो दृश्य उन्होंने देखा, उससे उनकी टाँगें लड़खड़ा गयीं, और क्षण भर में सारा नशा हिरन होने लगा। बरामदे में ऐन कोठरी के बाहर माँ अपनी कुर्सी पर ज्यों-की-त्यों बैठी थीं, मगर दोनों पाँव कुर्सी की सीट पर रखे हुए, और सिर दायें से बायें, और बायें से दायें झूल रहा था और मुँह में से लगातार गहरे खर्राटे की आवाजें आ रही थीं। जब सिर कुछ देर के लिए टेढ़ा होकर एक तरफ को थम जाता, तो खर्राटे और भी गहरे हो उठते। और फिर जब झटके से नींद टूटती, तो सिर फिर दायें से बायें झूलने लगता। पल्ला सिर पर से खिसक आया था, और माँ के झरे हुए बाल, आधे गंजे सिर पर अस्त-व्यस्त बिखर रहे थे।

देखते ही शामनाथ क्रुद्ध हो उठे। जी चाहा कि माँ को धक्का देकर उठा दें, और उन्हें कोठरी में धकेल दें, मगर ऐसा करना सम्भव न था, चीफ और बाकी मेह-

मान पास खड़े थे ।

माँ को देखते ही देसी अफसरों की कुछ स्त्रियाँ हँस दीं कि इतने में चीफ ने धीरे से कहा—पूअर दियर !

माँ हड़बड़ा के उठ बैठीं। सामने खड़े इतने लोगों को देखकर ऐसी घबरायीं कि कुछ कहते न बना। झट से पल्ला सिर पर रखती हुई खड़ी हो गयीं और जमीन को देखने लगीं। उनके पाँव लड़खड़ाने लगे और हाथों की उँगलियाँ थर-थर काँपने लगीं।

—माँ, तुम जाके सो जाओ, तुम क्यों इतनी देर तक जाग रही थीं ?—और खिसियायी हुई नजरों से शामनाथ चीफ के मुँह की ओर देखने लगे।

चीफ के चेहरे पर मुस्कराहट थी। वह वहीं खड़े-खड़े बोले—नमस्ते !

माँ ने झिझकते हुए, अपने में सिमटते हुए दोनों हाथ जोड़े, मगर एक हाथ दुपट्टे के अन्दर माला को पकड़े हुए था, दूसरा बाहर, ठीक तरह से नमस्ते भी न कर पायीं। शामनाथ इस पर भी खिन्न हो उठे।

इतने में चीफ ने अपना दायाँ हाथ, हाथ मिलाने के लिए माँ के आगे किया। माँ और भी घबरा उठीं।

— माँ, हाथ मिलाओ।

पर हाथ कैसे मिलातीं ! दायें हाथ में तो माला थी। घबराहट में माँ ने बायाँ हाथ ही साहब के दायें हाथ में रख दिया। शामनाथ दिल-ही-दिल में जल उठे। देसी अफसरों की स्त्रियाँ खिलखिलाकर हँस पड़ीं।

—यूँ नहीं, माँ ! तुम तो जानती हो, दायाँ हाथ मिलाया जाता है। दायाँ हाथ मिलाओ।

मगर तब तक चीफ माँ का बायाँ हाथ ही बार-बार हिलाकर कह रहे थे—हौ डू यि डू ?

—कहो, माँ, मैं ठीक हूँ, खैरियत से हूँ।

माँ कुछ बड़बड़ायीं।

—माँ कहती हैं, मैं ठीक हूँ। कहो मा, हौ डू यू डू !

माँ धीरे से सकुचाते हुए बोलीं—हौ डू डू…

एक बार फिर कहकहा उठा।

वातावरण हल्का होने लगा। साहब ने स्थिति सँभाल ली थी। लोग हँसने-चहकने लगे थे। शामनाथ के मन का क्षोभ भी कुछ-कुछ कम होने लगा था।

साहब अपने हाथ में माँ का हाथ अब भी पकड़े हुए थे, और माँ सिकुड़ी जा रही थीं। साहब के मुँह से शराब की बू आ रही थी।

शामनाथ अंग्रेजी में बोले—मेरी माँ गाँव की रहनेवाली हैं। उमर-भर गाँव में रही हैं। इसलिए आप से लजाती हैं।

साहब इस पर खुश नजर आये। बोले—सच ? मुझे गाँव के लोग बहुत पसन्द हैं। तब तो तुम्हारी माँ गाँव के गीत और नाच भी जानती होंगी ?—चीफ खुशी से

सिर हिलाते हुए माँ को टिकटिकी बाँधे देखने लगे ।

—माँ, साहब कहते हैं, कोई गाना सुनाओ । कोई पुराना गीत, तुम्हें तो कितने ही याद होंगे ।

माँ धीरे से बोलीं—मैं क्या गाऊँगी, बेटा ? मैंने कब गाया है ?

—वाह, माँ ! मेहमान का कहा भी कोई टालता है ? साहब ने इतनी रीझ से कहा है, नहीं गाओगी, तो साहब बुरा मानेंगे ।

—मैं क्या गाऊँ, बेटा, मुझे क्या आता है ?

—वाह ! कोई बढ़िया टप्पे सुना दो । दो पत्तर अनाराँ दे···

देशी अफसर और उनकी स्त्रियों ने इस सुझाव पर तालियाँ पीटीं । माँ कभी दीन दृष्टि से बेटे के चेहरे को देखतीं, कभी पास खड़ी बहू के चेहरे को ।

इतने में बेटे ने गम्भीर आदेश-भरे, लहजे में कहा—माँ !

इसके बाद हाँ या ना का सवाल ही न उठता था । माँ बैठ गयीं और क्षीण, दुर्बल, लरजती आवाज में एक पुराना विवाह का गीत गाने लगीं—

हरिया नी मायँ, हरिया नी भैणे
हरिया तें भागी भरिया ह !

देसी स्त्रियाँ खिलखिला के हँस उठीं । तीन पंक्तियाँ गाके माँ चुप हो गयीं ।

बरामदा तालियों से गूँज उठा । साहब तालियाँ पीटना बन्द ही न करते थे । शामनाथ की खीज प्रसन्नता और गर्व में बदल उठी थी । माँ ने पार्टी में नया रंग भर दिया था ।

तालियाँ थमने पर साहब बोले—पंजाब के गाँवों की दस्तकारी क्या है ?

शामनाथ खुशी में झूम रहे थे । बोले ओ, बहुत कुछ साहब ! मैं आपको एक सेट उन चीजों का भेंट करूँगा । आप उन्हें देखकर खुश होंगे ।

मगर साहब ने सिर हिलाकर अँग्रेज़ी में फिर पूछा—नहीं, मैं दुकानों की चीज नहीं माँगता । पंजाबियों के घरों में क्या बनता है, औरतें क्या बनाती हैं ?

शामनाथ कुछ सोचते हुए बोले—लड़कियाँ गुड़ियाँ बनाती हैं, औरतें फुलकारियाँ बनाती हैं ।

—फुलकारी क्या ?

शामनाथ फुलकारी का मतलब समझाने की असफल चेष्टा करने के बाद माँ को बोले—क्यों, माँ, कोई पुरानी फुलकारी घर में है ?

माँ चुपचाप अन्दर गयीं और अपनी पुरानी फुलकारी उठा लायीं ।

साहब बड़ी रुचि से फुलकारी देखने लगे । पुरानी फुलकारी थी, जगह-जगह से उसके तागे टूट रहे थे और कपड़ा फटने लगा था । साहब की रुचि देखकर शामनाथ बोले—यह फटी हुई है, साहब, मैं आपको नयी बनवा दूँगा । माँ बना देंगी । क्यों, माँ, साहब को फुलकारी बहुत पसन्द है, इन्हें ऐसी ही एक फुलकारी बना दोगी न ?

माँ चुप रहीं । फिर डरते-डरते धीरे से बोलीं—अब मेरी नजर कहाँ है, बेटा !

बूढ़ी आँखें क्या देखेंगी ?

मगर माँ का वाक्य बीच ही में तोड़ते हुए, शामनाथ साहब को बोले—वह जरूर बना देंगी। आप उसे देखकर खुश होंगे।

साहब ने सिर हिलाया, धन्यवाद दिया और हल्के-हल्के झूमते हुए खाने की मेज की ओर बढ़ गये। बाकी मेहमान भी उनके पीछे हो लिये।

जब मेहमान बैठ गये और माँ पर से सब की आँखें हट गयीं, तो माँ धीरे से कुर्सी पर से उठीं, और सबसे नजरें बचाती हुई अपनी कोठरी में चली गयीं।

मगर कोठरी में बैठने की देर थी कि आँखों से छल-छल आँसू बहने लगे। वह दुपट्टे से बार-बार उन्हें पोंछतीं, पर वह बार-बार उमड़ आते, जैसे बरसों का बाँध तोड़कर उमड़ आये हों। माँ ने बहुतेरा दिल को समझाया, हाथ जोड़े, भगवान का नाम लिया, बेटे के चिरायु होने की प्रार्थना की, बार-बार आँखें बन्द कीं, मगर आँसू बरसात के पानी की तरह जैसे थमने में ही न आते थे।

आधी रात का वक्त होगा। मेहमान खाना खाकर एक-एक करके जा चुके थे। माँ दीवार से सट कर बैठी आँखें फाड़े दीवार को देखे जा रही थीं। घर के वातावरण में तनाव ढीला पड़ चुका था। मुहल्ले की निस्तब्धता शामनाथ के घर पर भी छा चुकी थी, केवल रसोई में प्लेटों के खनकने की आवाज आ रही थी। तभी सहसा माँ की कोठरी का दरवाजा जोर से खटकने लगा।

—माँ, दरवाजा खोलो।

माँ का दिल बैठ गया। हड़बड़ाकर उठ बैठीं। क्या मुझ से फिर कोई भूल हो गयी है ? माँ कितनी देर से अपने-आप को कोस रही थीं कि क्यों उसे नींद आ गयी, क्यों वह ऊँघने लगी। क्या बेटे ने अभी तक क्षमा नहीं किया ? माँ उठीं और काँपते हाथों से दरवाजा खोल दिया।

दरवाजा खुलते ही शामनाथ झूमते हुए आगे बढ़ आये और माँ को आलिंगन में भर लिया।

—ओ अम्मी ! तुमने तो आज रंग ला दिया !··· साहब तुमसे इतना खुश हुआ कि क्या कहूँ। ओ अम्मी ! अम्मी !

माँ की छोटी-सी काया सिमटकर बेटे के आलिंगन में छिप गयी। माँ की आँखों में फिर आँसू आ गये। उन्हें पोंछती हुई धीरे से बोलीं—बेटा, तुम मुझे हरिद्वार भेज दो। मैं कब से कह रही हूँ।

शामनाथ का झूमना सहसा बन्द हो गया और उनकी पेशानी पर फिर तनाव के बल पड़ने लगे। उनकी बाहें माँ के शरीर पर से हट आयीं।

—क्या कहा, माँ ? यह कौन-सा राग तुमने फिर छेड़ दिया ?—शामनाथ का क्रोध बढ़ने लगा था। बोलते गये—तुम मुझे बदनाम करना चाहती हो, माँ ! तुम जानबूझकर हरिद्वार जा बैठना चाहती हो, ताकि दुनिया कहे कि बेटा माँ को अपने पास नहीं रख सकता।

—नहीं, बेटा, अब तुम अपनी बहू के साथ जैसा मन चाहे रहो । मैंने अपना खा-पहन लिया । अब यहाँ क्या करूँगी ? जो थोड़े दिन जिन्दगानी के बाकी हैं, भगवान का नाम लूँगी । तुम मुझे हरिद्वार भेज दो ।

—तुम चली जाओगी, तो फुलकारी कौन बनायेगा ? साहब से तुम्हारे सामने ही फुलकारी देने का इकरार किया है ।

—मेरी आँखें अब नहीं हैं, बेटा, जो फुलकारी बना सकूँ । तुम कहीं और से बनवा लो । बनी-बनायी ले लो ।

—माँ, तुम मुझे धोखा देके यूँ चली जाओगी ? मेरा बनता काम बिगाड़ोगी ? जानती नहीं, साहब खुश होगा, तो मुझे तरक्की मिलेगी !

माँ चुप हो गयीं । फिर बेटे के मुँह की ओर देखती हुई बोलीं—क्या तेरी तरक्की होगी ? क्या साहब तेरी तरक्की कर देगा ? क्या उसने कुछ कहा है ?

—कहा नहीं, मगर देखती नहीं, कितना खुश गया है । कहता था, जब तेरी माँ फुलकारी बनाना शुरू करेंगी, तो मैं देखने आऊँगा कि कैसे बनाती हैं । जो साहब खुश हो गया, तो मुझे इससे बड़ी नौकरी भी मिल सकती है, मैं बड़ा अफसर बन सकता हूँ ।

माँ के चेहरे का रंग बदलने लगा, धीरे-धीरे उनका झुर्रियों भरा मुँह खिलने लगा, आँखों में हल्की-हल्की चमक आने लगी ।

—तो तेरी तरक्की होगी, बेटा ?

—तरक्की यूँही हो जायेगी ? साहब को खुश रखूँगा, तो कुछ करेगा, वर्ना उसकी खिदमत करने वाले और थोड़े हैं ?

—तो मैं बना दूँगी, बेटा, जैसे बन पड़ेगा, बना दूँगी ।

और माँ दिल-ही दिल में फिर बेटे के उज्ज्वल भविष्य की कामनायें करने लगीं । और मिस्टर शामनाथ, अब सो जाओ, माँ—कहते हुए, तनिक लड़खड़ाते हुए अपने कमरे की ओर घूम गये ।

अमृतसर आ गया है

गाड़ी के डिब्बे में बहुत मुसाफिर नहीं थे। मेरे सामने वाली सीट पर बैठकर सरदार जी देर से मुझे लाम के किस्से सुनाते रहे थे। वह लाम के दिनों में बर्मा की लड़ाई में भाग ले चुके थे। और बात-बात पर खी-खी करके हँसते और गोरे फौजियों की खिल्ली उड़ाते रहे थे। डिब्बे में तीन पठान व्यापारी भी थे, उनमें से एक हरे रंग की पोशाक पहने ऊपर वाली बर्थ पर लेटा हुआ था। वह आदमी बड़ा हँसमुख था और बड़ी देर से मेरे साथ वाली सीट पर बैठे एक दुबले-से बाबू के साथ उसका मजाक चल रहा था। वह दुबला बाबू पेशावर का रहने वाला जान पड़ता था। क्योंकि किसी-किसी वक्त वे आपस में पश्तो में बातें करने लगते थे। मेरे सामने दाईं ओर कोने में, एक बुढ़िया मुँह-सिर ढाँपे बैठी थी और देर से माला जप रही थी। यही कुछ लोग रहे होंगे। सम्भव है दो-एक और मुसाफिर भी रहे हों, पर वे स्पष्टतः मुझे याद नहीं।

गाड़ी धीमी रफ्तार से चली जा रही थी, और गाड़ी में बैठे मुसाफिर बतिया रहे थे और बाहर गेहूँ के खेतों में हल्क-हल्की लहरियाँ उठ रही थीं, और मैं मन ही मन बड़ा खुश था क्योंकि मैं दिल्ली में होने वाला स्वतन्त्रता-दिवस समारोह देखने जा रहा था।

उन दिनों के बारे में सोचता हूँ, तो लगता है, हम किसी झुटपुटे में जी रहे हैं। शायद बीत जाने पर अतीत का सारा व्यापार ही झुटपुटे में बीता जान पड़ता है। ज्यों-ज्यों भविष्य के पट खुलते जाते हैं, यह झुटपुटा और भी गहराता चला जाता है।

उन्हीं दिनों पाकिस्तान के बनाए जाने का एलान किया गया था और लोग तरह-तरह के अनुमान लगाने लगे थे कि भविष्य में जीवन की रूपरेखा कैसी होगी। पर किसी की भी कल्पना बहुत दूर तक नहीं जा पाती थी। मेरे सामने बैठे सरदार जी बार-बार मुझसे पूछ रहे थे कि पाकिस्तान बन जाने पर जिन्ना साहिब बम्बई में ही रहेंगे या पाकिस्तान में जाकर बस जायेंगे, और मेरा हर बार यही जवाब होता 'बम्बई क्यों छोड़ेंगे, पाकिस्तान में आते-जाते रहेंगे, बम्बई छोड़ देने में क्या तुक है !' लाहौर और गुरुदासपुर के बारे में भी अनुमान लगाए जा रहे थे कि कौन-सा शहर किस ओर जाएगा। मिल बैठने के ढंग में, गप-शप में, हँसी-मजाक में कोई विशेष अन्तर नहीं आया था। कुछ लोग अपने घर छोड़कर जा रहे थे, जबकि अन्य लोग उनका मजाक उड़ा रहे थे। कोई नहीं जानता था कि कौन-सा कदम ठीक होगा और कौन-सा गलत। एक ओर पाकिस्तान बन जाने का जोश था तो दूसरी ओर हिन्दुस्तान के आजाद

हो जाने का जोश। जगह-जगह दंगे भी हो रहे थे, और योम-ए-आजादी की तैयारियाँ भी चल रही थीं। इस पृष्ठभूमि में लगता, देश आजाद हो जाने पर दंगे अपने-आप बन्द हो जायेंगे। वातावरण में इस झुटपुटे में आजादी की सुनहरी धूल-सी उड़ रही थी और साथ ही साथ अनिश्चय भी डोल रहा था, और इसी अनिश्चय की स्थिति में किसी-किसी वक्त भावी रिश्तों की रूपरेखा झलक दे जाती थी।

शायद जेहलम का स्टेशन पीछे छूट चुका था जब ऊपर वाली बर्थ पर बैठे पठान ने एक पोटली खोल ली और उसमें से उबला हुआ मांस और नान-रोटी के टुकड़े निकाल-निकालकर अपने साथियों को देने लगा। फिर वह हँसी-मजाक के बीच मेरी बगल में बैठे बाबू की ओर भी नान का टुकड़ा और मांस की बोटी बढ़ाकर खाने का आग्रह करने लगा था, "का ले, बाबू, ताकत आएगी। अम जैसा ओ जाएगा। बीवी बी तेरे सात कुश रएगी। का ले दालकोर, तू दाल काता ए, इसलिए दुबला ए…"

डिब्बे में लोग हँसने लगे थे। बाबू ने पश्तो में कुछ जवाब दिया और फिर मुस्कराता सिर हिलाता रहा।

इस पर दूसरे पठान ने हँसकर कहा, "ओ जालिम, अमारे आथ से नई लेता ए तो अपने आथ से उटा ले। खुदा कसम, बर का गोश्त ए, और किसी चीज का नई ए।"

ऊपर बैठा पठान चहककर बोला, "ओ खंजीर के तुखम, इदर तुमें कौन देखता ए? अम तेरी बीवी को नई बोलेगा। ओ तू अमारे साथ बोटी तोड़। अग तेरे साथ दाल पिएगा…"

इस पर कहकहा उठा, पर दुबला-पतला बाबू हँसता, सिर हिलाता रहा और कभी-कभी दो शब्द पश्तो में भी कह देता।

"ओ कितना बुरा बात ए, अम खाता ए, और तू अमारा मुं देखता ए…" सभी पठान मगन थे।

"यह इसलिए नहीं लेता कि तुमने हाथ नहीं धोए हैं," स्थूलकाय सरदार जी बोले और बोलते ही खी-खी करने लगे। अधलेटी मुद्रा में बैठे सरदार जी की आधी तोंद सीट के नीचे लटक रही थी, "तुम अभी सोकर उठे हो और उठते ही पोटली खोलकर खाने लग गए हो, इसीलिए बाबू जी तुम्हारे हाथ से नहीं लेते, और कोई बात नहीं।" और सरदार जी ने मेरी ओर देखकर आँखें मारीं और फिर खी-खी करने लगे।

"मांस नई काता ए, बाबू, तो जाओ जनाना डब्बे में बैटो, इदर क्या करता ए?" फिर कहकहा उठा।

डब्बे में और भी अनेक मुसाफिर थे लेकिन पुराने मुसाफिर यही थे जो सफर शुरू होने में गाड़ी में बैठे थे। बाकी मुसाफिर उतरते-चढ़ते रहे थे। पुराने मुसाफिर होने के नाते उनमें एक तरह की बेतकल्लुफी आ गई थी।

"ओ इदर आकर बैटो। तुम अमारे साथ बैटो। आओ जालम, किस्सा-खानी

की बातें करेंगे।"

तभी किसी स्टेशन पर गाड़ी रुकी थी और नये मुसाफिरों का रेला अन्दर आ गया था। बहुत-से मुसाफिर एकसाथ अन्दर घुसते चले आए थे।

"कौन-सा स्टेशन है ?" किसी ने पूछा।

"वजीराबाद है शायद," मैंने बाहर की ओर देखकर कहा।

गाड़ी वहाँ थोड़ी देर के लिए खड़ी रही पर छूटने से पहले एक छोटी-सी घटना घटी। एक आदमी साथ वाले डिब्बे में से पानी लेने उतरा और नल पर जाकर पानी लोटे में भर रहा था तभी वह भागकर अपने डिब्बे की ओर लौट आया। छलछलाते लोटे में से पानी गिर रहा था। लेकिन जिस ढंग से वह भागा था, उसी ने बहुत कुछ बता दिया था। नल पर खड़े और लोग भी—तीन-चार आदमी रहे होंगे—इधर-उधर अपने-अपने डिब्बे की ओर भाग गए थे। इस तरह घबराकर भागते लोगों को मैं देख चुका था। देखते ही देखते प्लेटफार्म खाली हो गया। मगर डिब्बे के अन्दर अभी भी हँसी-मजाक चल रहा था।

"कहीं कोई गड़बड़ है," मेरे पास बैठे दुबले बाबू ने कहा।

कहीं कुछ था, लेकिन क्या था, कोई भी स्पष्ट नहीं जानता था। मैं अनेक दंगे देख चुका था। इसलिए वातावरण में होने वाली छोटी-सी तब्दीली को भी भाँप गया था। भागते व्यक्ति, खटाक से बन्द होते दरवाजे, घरों की छतों पर खड़े लोग, चुप्पी और सन्नाटा, सभी दंगों के चिह्न थे।

तभी पिछले दरवाजे की ओर से, जो प्लेटफार्म की ओर न खुलकर दूसरी ओर खुलता था, हल्का-सा शोर हुआ। कोई मुसाफिर अन्दर घुसना चाह रहा था।

"कहाँ घुसा जा रहा है, नहीं है जगह ! बोल दिया जगह नहीं है," किसी ने कहा।

"बन्द करो जी दरवाजा। यों ही मुँह उठाए घुसे आते हैं।" आवाजें आ रही थीं।

जितनी देर कोई मुसाफिर डिब्बे के बाहर खड़ा अन्दर आने की चेष्टा करता रहे, अन्दर बैठे मुसाफिर उसका विरोध करते रहते हैं। पर एक बार जैसे-तैसे वह अन्दर आ जाए तो विरोध खत्म हो जाता है, और वह मुसाफिर जल्दी ही डिब्बे की दुनिया का निवासी बन जाता है, और अगले स्टेशन पर वही सबसे पहले बाहर खड़े मुसाफिरों पर चिल्लाने लगता है, 'नहीं है जगह, अगले डिब्बे में जाओ···घुसे आते हैं···'

दरवाजे पर शोर बढ़ता जा रहा था। तभी मैले-कुचैले कपड़ों और लटकती मूँछों वाला एक आदमी दरवाजे में से अन्दर घुसता दिखाई दिया। चीकट, मैले कपड़े, जरूर कहीं हलवाई की दुकान करता होगा। वह लोगों की शिकायतों-आवाजों की ओर ध्यान दिए बिना दरवाजे की ओर घूमकर बड़ा-सा काले रंग का सन्दूक अन्दर की ओर घसीटने लगा।

"आ जाओ, आ जाओ, तुम भी चढ़ जाओ !" वह अपने पीछे किसी से कहे जा रहा था। तभी दरवाजे में एक पतली सूखी-सी औरत नजर आई और उसके पीछे सोलह-सतरह बरस की सांवली-सी एक लड़की अन्दर आ गई। लोग अभी भी चिल्लाए जा रहे थे। सरदार जी को कूल्हों के बल उठकर बैठना पड़ा।

"बन्द करो जी दरवाजा, बिना पूछे चढ़े आते हैं, अपने बाप का घर समझ रखा है। तुम घुसने मत दो जी, क्या करते हो, धकेल दो पीछे···" और लोग भी चिल्ला रहे थे।

वह आदमी अपना सामान अन्दर घसीटे जा रहा था और उसकी पत्नी और बेटी संडास के दरवाजे के साथ लगकर खड़ी थी।

"और कोई डिब्बा नहीं मिला ? औरत जात को भी यहाँ उठा लाया है ?"

वह आदमी पसीने से तर था और हाँफता हुआ सामान अन्दर घसीटे जा रहा था। सन्दूक के बाद रस्सियों से बँधी खाट की पाटियाँ अन्दर खींचने लगा।

"टिकट है जो मेरे पास, मैं बेटिकट नहीं हूं।" इस पर डिब्बे में बैठे बहुत-से लोग चुप हो गए, पर बर्थ पर बैठा पठान उचककर बोला, "निकल जाओ इदर से, देखता नई ए, इदर जगा नई ए।"

और पठान ने आव देखा न ताव, आगे बढ़कर ऊपर से ही उस मुसाफिर के लात जमा दी, पर लात उस आदमी को लगने की बजाय उसकी पत्नी के कलेजे में लगी और वह वहीं 'हाय-हाय' करती बैठ गई।

उस आदमी के पांस मुसाफिरों के साथ उलझने के लिए वक्त नहीं था। वह बराबर अपना सामान अन्दर घसीटे जा रहा था। पर डिब्बे में मौन छा गया। खाट की पाटियों के बाद बड़ी-बड़ी गठरियाँ आईं। इस पर ऊपर बैठे पठान की सहन-क्षमता चुक गई। "निकालो इसे, कौन ए ये ?" वह चिल्लाया। इस पर दूसरे पठान ने, जो नीचे की सीट पर बैठा था, उस आदमी का सन्दूक दरवाजे में से नीचे धकेल दिया जहाँ लाल वर्दी वाला एक कुली खड़ा सामान अन्दर पहुँचा रहा था।

उसकी पत्नी के चोट लगने पर कुछ मुसाफिर चुप हो गए थे। केवल कोने में बैठी बुढ़िया कुरलाए जा रही थी, "ऐ नेकबख्तो, बैठने दो। आ जा बेटी, तू मेरे पास आ जा। जैसे-तैसे सफर काट लेंगे। छोड़ो बे जालिमो, बैठने दो।"

अभी आधा सामान ही अन्दर आ पाया होगा जब सहसा गाड़ी सरकने लगी।

"छूट गया ! सामान छूट गया !" वह आदमी बदहवास-सा होकर चिल्लाया।

"पिता जी, सामान छूट गया !" संडास के दरवाजे के पास खड़ी लड़की सिर से पाँव तक काँप रही थी और चिल्लाए जा रही थी।

"उतरो, नीचे उतरो," वह आदमी हड़बड़ाकर चिल्लाया और आगे बढ़कर नीचे उतर गया। उसके पीछे उसकी व्याकुल बेटी और फिर उसकी पत्नी, कलेजे को दोनों हाथों से दबाये हाय-हाय करती नीचे उतर गई।

"बहुत बुरा किया है तुम लोगों ने, बहुत बुरा किया है।" बुढ़िया ऊँचा-ऊँचा

बोल रही थी, "तुम्हारे दिल में दर्द मर गया है। छोटी-सी बच्ची उसके साथ थी। बेरहमो, तुमने बहुत बुरा किया है, धक्के देकर उतार दिया है।"

गाड़ी सूने प्लेटफार्म को लाँघती आगे बढ़ गई। डिब्बे में व्याकुल-सी चुप्पी छा गई। बुढ़िया ने बोलना बन्द कर दिया था। पठानों का विरोध कर पाने की हिम्मत नहीं हुई।

तभी मेरी बगल में बैठे दुबले बाबू ने मेरे बाजू पर हाथ रखकर कहा, "आग है, देखो आग लगी है।"

गाड़ी प्लेटफार्म छोड़कर आगे निकल आई थी और शहर पीछे छूट रहा था। तभी शहर की ओर से उठते धुएँ के बादल और उनमें लपलपाती आग के शोले नजर आने लगे।

"दंगा हुआ है। स्टेशन पर भी लोग भाग रहे थे। कहीं दंगा हुआ है।"

शहर में आग लगी थी। बात डिब्बे-भर के मुसाफिरों को पता चल गई और वे लपक-लपककर खिड़कियों में से आग का दृश्य देखने लगे।

जब गाड़ी शहर छोड़कर आगे बढ़ गई तो डिब्बे में सन्नाटा छा गया। मैंने घूमकर डिब्बे के अन्दर देखा, दुबले बाबू का चेहरा पीला पड़ गया था और माथे पर पसीने की परत किसी मुर्दे के माथे की तरह चमक रही थी। मुझे लगा, जैसे अपनी-अपनी जगह बैठे सभी मुसाफिरों ने अपने आसपास बैठे लोगों का जायजा ले लिया है। सरदार जी उठकर मेरी सीट पर आ बैठे। नीचे वाली सीट पर पठान उठा और अपने दो साथी पठानों के साथ ऊपर वाली बर्थ पर चढ़ गया। यही क्रिया शायद रेलगाड़ी के अन्य डिब्बों में भी चल रही थी। डिब्बे में तनाव आ गया। लोगों ने बतियाना बन्द कर दिया। तीनों पठान ऊपर वाली बर्थ पर एकसाथ बैठे चुपचाप नीचे की ओर देखे जा रहे थे। सभी मुसाफिरों की आँखें पहले से ज्यादा खुली-खुली, ज्यादा शंकित-सी लगीं। यही स्थिति सम्भवतः गाड़ी के सभी डिब्बों में व्याप्त हो रही थी।

"कौन-सा स्टेशन था यह ?" डिब्बे में किसी ने पूछा।

"वजीराबाद," किसी ने उत्तर दिया।

जवाब मिलने पर डिब्बे में एक और प्रतिक्रिया हुई। पठानों के मन का तनाव फौरन ढीला पड़ गया। जबकि हिन्दू-सिक्ख मुसाफिरों की चुप्पी और ज्यादा गहरी हो गई। एक पठान ने अपनी वास्कट की जेब में से नसवार की डिबिया निकालकर नसवार चढ़ाने लगे। बुढ़िया बराबर माला जपे जा रही थी। किसी-किसी वक्त उसके बुदबुदाते होंठ नज़र आते, लगता, उनमें से कोई खोखली-सी आवाज निकल रही है।

अगले स्टेशन पर जब गाड़ी रुकी तो वहाँ भी सन्नाटा था। कोई परिन्दा तक नहीं फड़क रहा था। हाँ, एक भिश्ती, पीठ पर पानी की मशक लादे, प्लेटफार्म लाँघकर आया और मुसाफिरों को पानी पिलाने लगा।

"लो, पियो पानी, पानी पियो।" औरतों के डिब्बे में से औरतों और बच्चों के अनेक हाथ बाहर निकल आए थे।

"बहुत मार-काट हुई है, बहुत लोग मरे हैं। लगता था, वह इस मार-काट में अकेला पुण्य कमाने चला आया है।"

गाड़ी सरकी तो सहसा खिड़कियों के पल्ले चढ़ाए जाने लगे। दूर-दूर तक, पहियों की गड़गड़ाहट के साथ, खिड़कियों के पल्ले चढ़ाने की आवाज आने लगी।

किसी अज्ञात आशंकावश दुबला बाबू मेरे पास वाली सीट पर से उठा और दो सीटों के बीच फर्श पर लेट गया। उसका चेहरा अभी भी मुर्दे जैसा पीला हो रहा था। इस पर बर्थ पर बैठा पठान उससे ठिठोली करने लगा, "ओ बेगैरत, तुम मर्द ए कि औरत ए? सीट पर से उठकर नीचे लेटता ए। तुम मर्द के नाम को बदनाम करता ए।" वह बोल रहा था और बार-बार हँसे जा रहा था। फिर वह उससे पश्तो में कुछ कहने लगा। बाबू चुप बना लेटा रहा। अन्य सभी मुसाफिर चुप थे। डिब्बे का वातावरण बोझिल बना हुआ था।

"ऐसे आदमी को अम डिब्बे में नहीं बैठने देगा। ओ बाबू, अगले स्टेशन पर उतर जाओ, और जनाना डिब्बे में बैठो।"

मगर बाबू की हाजिरजवाबी अपने कंठ में सूख चली थी। वह हकलाकर चुप हो रहा। पर थोड़ी देर बाद अपने-आप सीट पर जा बैठा और देर तक अपने कपड़ों की धूल झाड़ता रहा। वह क्यों उठकर फर्श पर लेट गया था? शायद उसे डर था कि बाहर से गाड़ी पर पथराव होगा या गोली चलेगी? शायद इसी कारण खिड़कियों के पल्ले चढ़ाये जा रहे थे।

कुछ भी कहना कठिन था। उसकी देखा-देखी, बिना सोचे-समझे धड़ाधड़ खिड़कियों के पल्ले चढ़ाये जाने लगे थे।

बोझिल-अनिश्चित-से वातावरण में सफ़र कटने लगा। रात गहराने लगी। डिब्बे के मुसाफिर स्तब्ध और शंकित ज्यों के त्यों बैठे थे। कभी गाड़ी की रफ्तार सहसा टूटकर धीमी पड़ जाती थी तो लोग एक-दूसरे की ओर देखने लगते। कभी रास्ते में ही रुक जाती तो डिब्बे के अन्दर का सन्नाटा और भी गहरा हो उठता। केवल पठान निश्चित बैठे थे। हाँ, उन्होंने भी बतियाना छोड़ दिया था, क्योंकि उनकी बातचीत में कोई भी शामिल होने वाला नहीं था।

धीरे-धीरे पठान ऊँघने लगे जबकि अन्य मुसाफिर फटी-फटी आँखों से शून्य में देखे जा रहे थे। बुढ़िया मुँह-सिर लपेटे, टाँगें सीट पर चढ़ाए, बैठी-बैठी सो गई थी। ऊपर वाली बर्थ पर एक पठान ने, अधलेटे ही, कुर्त्ते की जेब में से काले मनकों की तसबीह निकाली और उसे धीरे-धीरे हाथ में चलाने लगा।

खिड़की के बाहर आकाश में चाँद निकल आया और चाँदनी में बाहर की दुनिया और भी अनिश्चित, और भी अधिक रहस्यमयी हो उठी। किसी-किसी वक्त दूर किसी ओर आग के शोले उठते नजर आते, कोई नगर जल रहा था। गाड़ी किसी वक्त चिंघाड़ती हुई आगे बढ़ने लगती, फिर किसी वक्त उसकी रफ्तार धीमी पड़ जाती और मीलों तक धीमी रफ्तार से ही चलती रहती।

सहसा दुबला बाबू खिड़की में से बाहर देखकर ऊँची आवाज़ में बोला, "हरबंसपुरा निकल गया है।" उसकी आवाज में उत्तेजना थी, वह जैसे चीखकर बोला था। डिब्बे के सभी लोग उसकी आवाज सुनकर चौंक गए। उसी वक्त डिब्बे के अधिकांश मुसाफिरों ने मानो उसकी आवाज को ही सुनकर करवट बदली।

"ओ बाबू, चिल्लाता क्यों ए ?" तसबीह वाला पठान चौंककर बोला, "इदर उतरेगा तुम ? जंजीर खींचूँ ?" और खी-खी करके हँस दिया। जाहिर है वह हरबंसपुरा की स्थिति से अथवा उसके नाम से अनभिज्ञ था।

बाबू ने कोई उत्तर नहीं दिया, केवल सिर हिला दिया और एकआध बार पठान की ओर देखकर फिर खिड़की के बाहर झाँकने लगा।

डिब्बे में फिर मौन छा गया। तभी इंजन ने सीटी दी और उसकी एकरस रफ्तार टूट गई। थोड़ी ही देर बाद खटाक् का-सा शब्द भी हुआ। शायद गाड़ी ने लाइन बदली थी। बाबू ने झाँककर उस दिशा में देखा जिस ओर गाड़ी बढ़ी जा रही थी।

"शहर आ गया है।" वह फिर ऊँची आवाज़ में चिल्लाया, "अमृतसर आ गया है।" उसने फिर से कहा और उछलकर खड़ा हो गया, और ऊपर वाली बर्थ पर लेटे पठान को सम्बोधित करके चिल्लाया, 'आ बे पठान के बच्चे ! नीचे उतर तेरी माँ की ···नीचे उतर, तेरी उस पठान बनाने वाले की मैं···"

बाबू चिल्लाने लगा और चीख-चीखकर गालियाँ बकने लगा था। तसबीह वाले पठान ने करवट बदली और बाबू की ओर देखकर बोला, "ओ क्या ए बाबू ? अमको कुछ बोला ?"

बाबू को उत्तेजित देखकर अन्य मुसाफिर भी उठ बैठे।

"नीचे उतर, तेरी मैं··· हिन्दू औरत को लात मारता है। हरामजादे ! तेरी उस···!"

"ओ बाबू, बक-बक नई करो। ओ खंजीर के तुख्म, गाली मत बको, अमने बोल दिया। अम तुम्मारा जबान खींच लेगा।"

"गाली देता है मादर···!" बाबू चिल्लाया और उछलकर सीट पर चढ़ गया। वह सिर से पाँव तक काँप रहा था।

"बस-बस।" सरदार जी बोले, "यह लड़ने की जगह नहीं है। थोड़ी देर का सफर बाकी है, आराम से बैठो।"

"तेरी मैं लात न तोड़ूँ, तो कहना, गाड़ी तेरे बाप की है ?" बाबू चिल्लाया।

"ओ अमने क्या बोला ! सबी लोग उसको निकालता था, अमने बी निकाला। ये इदर अमको गाली देता ए। अम इसका जबान खींच लेगा।"

बुढ़िया बीच में फिर बोल उठी—"बे जीण जोगयो, अराम नाल बैठो। बे रब्ब दिए बन्दयो, कुछ होश करो।"

उसके होंठ किसी प्रेत की तरह फड़फड़ाए जा रहे थे और उनमें से क्षीण-सी फुसफुसाहट सुनाई दे रही थी।

बाबू चिल्लाए जा रहा था—"अपने घर में शेर बनता था। अब बोल, तेरी मैं उस पठान बनाने वाले की···।"

तभी गाड़ी अमृतसर में प्लेटफार्म पर रुकी। प्लेटफार्म लोगों से खचाखच भरा था। प्लेटफार्म पर खड़े लोग झाँक-झाँककर डिब्बों के अन्दर देखने लगे। बार-बार लोग एक ही सवाल पूछ रहे थे, "पीछे क्या हुआ है ? कहाँ पर दंगा हुआ है ?"

खचाखच भरे प्लेटफार्म पर शायद इसी बात की चर्चा चल रही थी कि पीछे क्या हुआ है। प्लेटफार्म पर खड़े दो-तीन मुसाफिर टूटे पड़ रहे थे। सभी को सहसा भूख और प्यास परेशान करने लगी थी। इसी दौरान तीन-चार पठान हमारे डिब्बे के बाहर प्रकट हो गए और खिड़की में से झाँक-झाँककर अन्दर देखने लगे। अपने पठान साथियों पर नजर पड़ते ही वे उनसे पश्तो में कुछ बोलने लगे। मैंने घूमकर देखा, बाबू डिब्बे में नहीं था। न जाने कब वह डिब्बे में से निकल गया था। मेरा माथा ठनका। गुस्से से वह पागल हुआ जा रहा था। न जाने क्या कर बैठे। पर इस बीच डिब्बे में तीनों पठान, अपनी-अपनी गठरी उठाकर बाहर निकल गए और अपने पठान साथियों के साथ गाड़ी के अगले किसी डिब्बे की ओर बढ़ गए। जो विभाजन पहले प्रत्येक डिब्बे के भीतर होता रहा था, अब सारी गाड़ी के स्तर पर होने लगा था।

खोंचे वालों के इर्द-गिर्द भीड़ छँटने लगी। लोग अपने-अपने डिब्बों में लौटने लगे। तभी सहसा एक ओर से मुझे बाबू आता दिखाई दिया। उसका चेहरा अभी भी बहुत पीला था और माथे पर बालों की लट झूल रही थी। नजदीक पहुँचा, तो मैंने देखा, उसने अपने दायें हाथ में लोहे की एक छड़ उठा रखी थी। जाने वह उसे कहाँ मिल गई थी। डिब्बे में घुसते समय उसने छड़ को अपनी पीठ के पीछे कर लिया और साथ वाली सीट पर बैठने से पहले उसने हौले से छड़ को सीट के नीचे सरका दिया। सीट पर बैठते ही उसकी आँखें पठानों को देख पाने के लिए ऊपर को उठीं। पर डिब्बे में पठानों को न पाकर वह हड़बड़ाकर चारों ओर देखने लगा।

"निकल गए हरामी, मादर···सबके सब निकल गए !" फिर वह सिटपिटाकर उठ खड़ा हुआ और चिल्लाकर बोला, "तुमने उन्हें जाने क्यों दिया ? तुम सब नामर्द हो, बुजदिल !"

पर गाड़ी में भीड़ बहुत थी। बहुत-से नये मुसाफिर आ गए थे। किसी ने उसकी ओर ध्यान नहीं दिया।

गाड़ी सरकने लगी तो वह फिर मेरी बगल वाली सीट पर आ बैठा, पर वह बड़ा उत्तेजित था और बराबर बड़बड़ाए जा रहा था।

धीरे-धीरे हिचकोले खाते गाड़ी आगे बढ़ने लगी। डिब्बे में पुराने मुसाफिरों ने भरपेट पूरियाँ खा ली थीं और पानी पी लिया था और गाड़ी उस इलाके में आगे बढ़ने लगी थी, जहाँ उनके जान-माल का खतरा नहीं था।

नये मुसाफिर बतिया रहे थे। धीरे-धीरे गाड़ी फिर समतल गति से चलने लगी थी। कुछ देर बाद लोग ऊँघने भी लगे थे। मगर बाबू अभी भी फटी-फटी आँखों से

सामने की ओर देखे जा रहा था। बार-बार मुझसे पूछता कि पठान डिब्बे में से निकलकर किस ओर को गए हैं। उसके सिर पर जनून सवार था।

गाड़ी के हिचकोलों में मैं खुद ऊँघने लगा था। डिब्बे में लेट पाने के लिए जगह नहीं थी। बैठे-बैठे ही नींद में मेरा सिर कभी एक ओर को लुढ़क जाता, कभी दूसरी ओर को। किसी-किसी वक्त झटके से मेरी नींद टूटती और मुझे सामने की सीट पर अस्त-व्यस्त-से पड़े सरदार जी के खर्राटे सुनाई देते। अमृतसर पहुँचने के बाद सरदार जी फ़िर से सामने वाली सीट पर टाँगें पसारकर लेट गये थे। डिब्बे में तरह-तरह की आड़ी-तिरछी मुद्राओं में मुसाफिर पड़े थे। उनकी बीभत्स मुद्राओं को देखकर लगता, डिब्बा लाशों से भरा है। पास बैठे बाबू पर नजर पड़ती तो कभी तो वह खिड़की के बाहर मुँह किए देख रहा होता, कभी दीवार से पीठ लगाए तनकर बैठा नजर आता।

किसी-किसी वक्त गाड़ी किसी स्टेशन पर रुकती तो पहियों की गड़गड़ाहट बंद होने पर निस्तब्धता-सी छा जाती। तभी लगता, जैसे प्लेटफार्म पर कुछ गिरा है या जैसे कोई मुसाफिर गाड़ी में से उतरा है और मैं झटके से उठकर बैठ जाता।

इसी तरह जब एक बार मेरी नींद टूटी तो गाड़ी की रफ्तार धीमी पड़ गई थी और डिब्बे में अँधेरा था। मैंने उसी तरह अधलेटे खिड़की में से बाहर देखा। दूर, पीछे की ओर किसी स्टेशन सिगनल के लाल कुमकुमे चमक रहे थे। स्पष्टतः गाड़ी कोई स्टेशन लाँघकर आई थी। पर अभी तक उसने रफ्तार नहीं पकड़ी थी।

डिब्बे के बाहर मुझे धीमे से अस्फुट स्वर सुनाई दिए। दूर ही एक धूमिल-सा काला पुंज नजर आया। नींद की खुमारी में मेरी आँखें कुछ देर तक लगी रहीं, फिर मैंने उसे समझ पाने का विचार छोड़ दिया। डिब्बे के अन्दर अँधेरा था, बत्तियाँ बुझी हुई थीं, लेकिन बाहर लगता था, पौ फटने वाली है।

मेरी पीठ-पीछे, डिब्बे के बाहर किसी चीज को खरोंचने की-सी आवाज आई। मैंने दरवाजे की ओर घूमकर देखा। डिब्बे का दरवाजा बन्द था। मुझे फिर से दरवाजा खरोंचने की आवाज सुनाई दी। फिर मैंने साफ-साफ सुना, लाठी से कोई डिब्बे का दरवाजा पटपटा रहा था। मैंने झाँककर खिड़की के बाहर देखा। सचमुच एक आदमी डिब्बे की दो सीढ़ियाँ चढ़ आया था। उसके कंधे पर एक गठरी झूल रही थी और हाथ में लाठी थी और उसने बदरंग-से कपड़े पहन रखे थे और उसके दाढ़ी भी थी। फिर मेरी नजर बाहर नीचे की ओर गई। गाड़ी के साथ-साथ एक औरत भागती चली आ रही थी नंगे पांव और उसने दो गठरियाँ उठा रखी थीं। बोझ के कारण उससे दौड़ा नहीं जा रहा था। डिब्बे के पायदान पर खड़ा आदमी बार-बार उसकी ओर मुड़कर देख रहा था और हाँफता हुआ कहे जा रहा था, "आ जा, आ जा, तू भी चढ़ आ, आ जा !"

दरवाजे पर फिर से लाठी पटपटाने की आवाज आई, "खोलो जी दरवाजा, खुदा के वास्ते दरवाजा खोलो।"

वह आदमी हाँफ रहा था, "खुदा के लिए दरवाजा खोलो। मेरे साथ में औरत

जात है। गाड़ी निकल जाएगी…"

सहसा मैंने देखा, बाबू हड़बड़ाकर उठ खड़ा हुआ और दरवाजे के पास जाकर दरवाजे में लगी खिड़की में से मुँह बाहर निकालकर बोला, "कौन है ? इधर जगह नहीं है।"

बाहर खड़ा आदमी फिर गिड़गिड़ाने लगा, "खुदा के वास्ते दरवाजा खोलो, गाड़ी निकल जाएगी…" और वह आदमी खिड़की में से अपना हाथ अन्दर डालकर खोल पाने के लिए सिटकनी टटोलने लगा।

"नहीं है जगह, बोल दिया, उतर जाओ गाड़ी पर से।" बाबू चिल्लाया और उसी क्षण लपककर दरवाजा खोल दिया।

"या अल्लाह !" उस आदमी के अस्फुट-से शब्द सुनाई दिए। दरवाजा खुलने पर जैसे उसने इत्मीनान की साँस ली हो।

और उसी वक्त मैंने बाबू के हाथ में छड़ चमकते देखा। एक ही भरपूर वार बाबू ने उस मुसाफिर के सिर पर किया था। मैं देखते ही डर गया और मेरी टाँगें लरज गईं। मुझे लगा, जैसे छड़ के वार का उस आदमी पर कोई असर नहीं हुआ। उसके दोनों हाथ अभी भी जोर से डंडहरे को पकड़े हुए थे, कंधे पर से लटकती गठरी खिसककर उसकी कोहनी पर आ गई थी।

तभी सहसा उसके चेहरे पर लहू की दो-तीन धारें एकसाथ फूट पड़ीं। मुझे उसके खुले होंठ और चमकते दाँत नजर आए। वह दो-एक बार 'या अल्लाह !' बुदबुदाया, फिर उसके पैर लड़खड़ा गए। उसकी आँखों ने बाबू की ओर देखा, अधमुँदी-सी आँखें, जो धीरे-धीरे सिकुड़ती जा रही थीं मानो उसे पहचानने की कोशिश कर रही हों कि वह कौन है और उससे किस अदावत का बदला ले रहा है। इस बीच अँधेरा कुछ और छन गया था। उसके होंठ फिर से फड़फड़ाए और उनमें उसके सफेद दाँत फिर से झलक उठे। मुझे लगा, जैसे वह मुस्कराया है, पर वास्तव में केवल क्षय के ही कारण उसके होंठों में बल पड़ने लगे थे।

नीचे पटरी के साथ-साथ भागती औरत बड़बड़ाए और कोसे जा रही थी। उसे अभी भी मालूम नहीं हो पाया था कि क्या हुआ है। वह अभी भी शायद यही समझ रही थी कि गठरी के कारण उसका पति गाड़ी पर ठीक तरह से चढ़ नहीं पा रहा है, कि उसका पैर जम नहीं पा रहा है। वह गाड़ी के साथ-साथ भागती हुई, अपनी दो गठरियों के बावजूद अपने पति के पैर को पकड़-पकड़कर सीढ़ी पर टिकाने की कोशिश कर रही थी।

तभी सहसा डंडहरे से उस आदमी के दोनों हाथ छूट गए और वह कटे पेड़ की भाँति नीचे जा गिरा। और उसके गिरते ही औरत ने भागना बन्द कर दिया, मानो दोनों का सफर एक साथ ही खत्म हो गया हो।

बाबू अभी भी मेरे निकट, डिब्बे के खुले दरवाजे में बुत का बुत बना खड़ा था, लोहे की छड़ अभी भी उसके हाथ में थी। मुझे लगा, जैसे वह छड़ को फेंक देना

चाहता है लेकिन उसे फेंक नहीं पा रहा, उसका हाथ जैसे उठ नहीं रहा था। मेरी साँस अभी भी फूली हुई थी और डिब्बे के अँधियारे कोने में मैं खिड़की के साथ सटकर बैठा उसकी ओर देखे जा रहा था।

फिर वह आदमी खड़े-खड़े हिला। किसी अज्ञात प्रेरणावश वह एक कदम आगे बढ़ आया और दरवाजे में से बाहर पीछे की ओर देखने लगा। गाड़ी आगे निकलती जा रही थी। दूर, पटरी के किनारे अँधियारा पुंज-सा नजर आ रहा था।

बाबू का शरीर हरकत में आया। एक झटके में उसने छड़ को डिब्बे के बाहर फेंक दिया। फिर घूमकर डिब्बे के अन्दर दायें-बायें देखने लगा। सभी मुसाफिर सोये पड़े थे। मेरी ओर उसकी नजर नहीं उठी।

थोड़ी देर तक वह खड़ा डोलता रहा, फिर उसने घूमकर दरवाजा बन्द कर दिया। उसने ध्यान से अपने कपड़ों की ओर देखा, अपने दोनों हाथों की ओर देखा, फिर एक-एक करके अपने दोनों हाथों को नाक के पास ले जाकर उन्हें सूंघा, मानो जानना चाहता हो कि उसके हाथों से खून की बू तो नहीं आ रही है। फिर वह दबे पाँव चलता हुआ आया और मेरी बगल वाली सीट पर बैठ गया।

धीरे-धीरे झुटपुटा छँटने लगा, दिन खुलने लगा। साफ-सुथरी-सी रोशनी चारों ओर फैलने लगी। किसी ने जंजीर खींचकर गाड़ी को खड़ा नहीं किया था, छड़ खाकर गिरी उसकी देह मीलों पीछे छूट चुकी थी। सामने गेहूँ के खेतों में फिर से हल्की-हल्की लहरियाँ उठने लगी थीं।

सरदार जी बदन खुजलाते उठ बैठे। मेरी बगल में बैठा बाबू दोनों हाथ सिर के पीछे रखे सामान की ओर देखे जा रहा था। रात-भर में उसके चेहरे पर दाढ़ी के छोटे-छोटे बाल उग आए थे। अपने सामने बैठा देखकर सरदार उसके साथ बतियाने लगा, "बड़े जीवट वाले हो बाबू, दुबले-पतले हो, पर बड़े गुर्दे वाले हो। बड़ी हिम्मत दिखाई है। तुमसे डरकर ही वे पठान डिब्बे में से निकल गए। यहाँ बने रहते तो एक न एक की खोपड़ी तुम जरूर दुरुस्त कर देते···" और सरदार जी हँसने लगे।

बाबू जवाब में मुस्कराया—एक बीभत्स-सी मुस्कान, और देर तक सरदार जी के चेहरे की ओर देखता रहा।

वाङ् चू

भीष्म साहनी की इस कहानी में वह सांकेतिकता अपने चरम उत्कर्ष पर दिखाई देती है जिसे कहानी-रचना के क्षेत्र में एक बहुत बड़ी उपलब्धि मानी जाती है। वाङ चू एक व्यक्ति के रूप में जितना सत्य है उतना ही एक प्रतीक के रूप में भी। वह सार्वभौमिकता की भावना का प्रतीक है। दूसरे शब्दों में, वह उन मुट्ठी भर लोगों का प्रतिनिधि है जो सार्वभौमिकता की भावना को जीने के कारण सब जगह निर्वासन भोगते हैं। सामान्यतः लोग देश-काल की छोटी-छोटी कोठरियों में बन्द रहकर दुनिया, उसके लोगों और सम्बन्धों को देखने-समझने के आदी होते हैं। ऐसे लोगों के बीच देश-काल की एक सतत और अविच्छिन्न धारा में जीने वाले इक्के-दुक्के लोग अपने आपको कितना अकेला महसूस करते हैं और उस अकेलेपन की पीड़ा कैसी होती है इसकी अभिव्यक्ति ही इस कहानी की मूल संवेदना है।

इसका अर्थ यह नहीं है, कि वाङ चू मात्र एक प्रतीक बनकर रह गया है। उसका अपना व्यक्तित्व अपनी एक-एक सूक्ष्म रेखा के साथ उभरकर सामने आया है। कहानीकार की सबसे बड़ी सफलता यही है कि वाङ् चू व्यक्ति और प्रतीक दोनों साथ-साथ है।

प्रस्तुत कहानी साहनी जी की व्यापक और गहन दृष्टि की परिचायक है। देशकाल-निस्संग मानवता के प्रति इतनी गहरी सहानुभूति को सफलता से साथ अंकित करने वाली कोई दूसरी कहानी हिन्दी में शायद ही लिखी गई हो। साथ ही, शिल्प की दृष्टि से भी कहानी अत्यन्त सफल है। दो देशों के सामाजिक-राजनीतिक परिवेशों को इतने संक्षेप में और इतने अधिकार के साथ अंकित कर देना, इतने संयम और तटस्थता के साथ वर्णन प्रस्तुत करते हुए भी पाठक में वाङ् चू के प्रति समवेदना उत्पन्न कर देना और इतनी लंबी कहानी में भी औत्सुक्य का अबाध निर्वाह शिल्प की दृष्टि से कहानी की उत्कृष्टता का ही परिचय देते हैं।

तभी दूर से वाङ् चू आता दिखाई दिया।

नदी के किनारे, लालमंडी की सड़क पर धीरे-धीरे डोलता-सा चला आ रहा था, धूसर रंग का चोगा पहने था और दूर से लगता था कि बौद्ध भिक्षुओं की ही भाँति उसका सिर भी घुटा हुआ है। पीछे शंकराचार्य की ऊँची पहाड़ी थी और ऊपर स्वच्छ नीला आकाश। सड़क के दोनों ओर ऊँचे-ऊँचे सफेदे के पेड़ों की कतारें। क्षण-भर

के लिए मुझे लगा, जैसे वाङ् चू इतिहास के पन्नों पर से उतर कर आ गया है। प्राचीन काल में इसी भाँति देश-विदेश से आने वाले चीवर धारी भिक्षु पहाड़ों और घाटियों को लाँघकर भारत में आया करते होंगे। अतीत के ऐसे ही रोमांचकारी धुँधलके में मुझे वाङ् चू चलता हुआ नजर आया। जब से वह श्रीनगर में आया था, बौद्ध विहार के खंडहरों और संग्रहालयों में घूम रहा था। इस समय भी वह लाल मंडी के संग्रहालयों में से निकलकर आ रहा था, जहाँ बौद्धकाल के अनेक अवशेष रखे हैं। उसकी मनःस्थिति को देखते हुए वह सचमुच ही वर्तमान से कटकर अतीत के ही किसी काल-खंड में विचर रहा था।

—बोधिसत्वों से भेंट हो गयी ? पास आने पर मैंने चुटकी ली।

वह मुस्करा दिया, हलकी टेढ़ी-सी मुस्कान, जिसे मेरी मौसेरी बहन डेढ़ दाँत की मुस्कान कहा करती थी, क्योंकि मुस्कराते वक्त वाङ चू का ऊपर का होठ केवल एक ओर से थोड़ा-सा ऊपर को उठता था।

—संग्रहालय के बाहर बहुत-सी मूर्तियाँ रखी हैं। मैं वही देखता रहा। उसने धीमे से कहा। फिर वह सहसा भावुक होकर बोला—एक मूर्ति के केवल पैर-ही-पैर बचे हैं···

मैंने सोचा, आगे कुछ कहेगा, परन्तु वह इतना भावविह्वल हो उठा था कि उसका गला रुँध गया और उसके लिए बोलना असंभव हो गया।

हम एक साथ घर की ओर लौटने लगे।

—महाप्राण के भी पैर ही दिखाये जाते थे। उसने काँपती-सी आवाज में कहा और अपना हाथ मेरी कोहनी पर रख दिया। उसके हाथ का हलका-सा कंपन, धड़कते दिल की तरह महसूस हो रहा था।

आरम्भ में महाप्राण की मूर्ति नहीं बनागी जाती थीं न। ! तुम तो जानते हो, पहले स्तूप के नीचे केवल पैर ही दिखाये जाते थे, मूर्तियाँ तो बाद में बनायी जाने लगी थीं।

जाहिर है, बोधिसत्व के पैर देख कर उसे महाप्राण याद हो आये थे और वह भावुक हो उठा था। कुछ पता नहीं चलता था, कौन-सी बात किस वक्त वाङ् चू को पुलकाने लगे, किस वक्त गद्‌गद होने लगे।

—तुमने बहुत देर कर दी। सभी लोग तुम्हारा इन्तजार कर रहे हैं। मैं चिनारों के नीचे भी तुम्हें खोज आया हूँ। मैंने कहा।

—मैं संग्रहालय में था···

—वह तो ठीक है, पर दो बजे तक हमें हब्बा कदल पहुँच जाना चाहिए, वरना जाने का कोई लाभ नहीं।

उसने छोटे-छोटे झटकों के साथ तीन बार सिर हिलाया और कदम बढ़ा दिये।

वाङ् चू भारत में मतवाला बना घूम रहा था। वह महाप्राण के जन्म-स्थान लुम्बिनी की यात्रा नंगे पाँव कर चुका था। सारा रास्ता हाथ जोड़े हुए। जिस-जिस

दशा में महाप्राण के चरण उठे थे। वाङ चू मन्त्रमुग्ध-सा उसी-उसी दिशा में घूम आया था। सारनाथ में, जहाँ महाप्राण ने अपना पहला प्रवचन किया था और दो मृग-शावक मंत्रमुग्ध-से झाड़ियों में से निकल कर उनकी ओर देखते चले गये थे, वाङ चू एक पीपल के पेड़ के नीचे घंटों नतमस्तक बैठा रहा था, यहाँ तक कि उसके कथनानुसार उसके मस्तक में अस्फुट से वाक्य गूँजने लगे थे और उसे लगा था, जैसे महाप्राण का पहला प्रवचन सुन रहा है। वह इस भक्तिपूर्ण कल्पना में इतना डूब गया था कि सारनाथ में ही रहने लगा था। गंगा की धारा को वह दसियों शताब्दियों के धुँधलके में पावन जल-प्रवाह के रूप में देखता। जब से श्रीनगर में आया था, बर्फ से ढँके पहाड़ों की चोटियों की ओर देखते हुए अकसर मुझसे कहता—वह रास्ता ल्हासा को जाता है ना। उसी रास्ते बौद्धग्रन्थ तिब्बत में भेजे गये थे। वह उस पर्वतमाला को पुण्य-पावन मानता था, क्योंकि उन पर बिछी पगडंडियों के रास्ते बौद्ध भिक्षु तिब्बत की ओर गये थे।

× × ×

वाङ चू कुछ वर्षों पहले वृद्ध प्रोफेसर तान शान के साथ भारत आया था। कुछ दिनों तक तो वह उन्हीं के साथ रहा और हिन्दी और अंग्रेजी भाषाओं का अध्ययन करता रहा, फिर प्रोफेसर शान चीन लौट गये और वह यहीं बना रहा और किसी बौद्ध सोसायटी से अनुदान प्राप्त कर सारनाथ में आकर बैठ गया। भावुक, काव्यमयी प्रकृति का जीव, जो प्राचीनता के मनमोहक वातावरण में विचरते रहना चाहता था। वह यहाँ तथ्यों की खोज करने नहीं आया था। वह तो बोधिसत्वों की मूर्तियों को देखकर गद्गद होने आया था। महीने-भर से संग्रहालयों के चक्कर काट रहा था, लेकिन उसने कभी नहीं बताया कि बौद्ध धर्म की किस शिक्षा से उसे सबसे अधिक प्रेरणा मिलती है। न तो वह किसी तथ्य को पाकर उत्साह से खिल उठता, न उसे कोई संशय परेशान करता। वह भक्त अधिक और जिज्ञासु कम था।

मुझे याद नहीं कि उसने हमारे साथ कभी खुलकर बात की हो, या किसी विषय पर अपना मत पेश किया हो। उन दिनों मेरे और मेरे दोस्तों के बीच घंटों बहसें चला करतीं, कभी देश की राजनीति के बारे में, कभी धर्म के बारे में, लेकिन वाङ चू इनमें कभी भाग नहीं लेता था। वह सारा वक्त धीमे-धीमे मुस्कराता रहता और कमरे के एक कोने में दबक कर बैठा रहता। उन दिनों देश में वलवलों का सैलाव-सा उठ रहा था। स्वतन्त्रता-आंदोलन जोरों पर था और हमारे बीच उसी की चर्चा रहती—कांग्रेस कौन-सी नीति अपनायेगी, आंदोलन कौन-सा रुख पकड़ेगा। क्रियात्मक स्तर पर तो हम लोग कुछ करते-कराते नहीं थे, लेकिन भावनात्मक स्तर पर उसके साथ बहुत कुछ जुड़े हुए थे। इस पर वाङ् चू की तटस्थता कभी हमें अखरने लगती, तो कभी अचंभे में डाल देती। वह हमारे देश की ही गतिविधि के बारे में नहीं, अपने देश की गतिविधि में भी कोई विशेष दिलचस्पी नहीं लेता था। उसके अपने देश के बारे में भी पूछो तो मुस्कराता सिर हिलाता रहता था।

कुछ दिनों से श्रीनगर की हवा भी बदली हुई थी। कुछ मास पहले यहाँ गोली चली थी। काश्मीर के लोग महाराजा के खिलाफ उठ खड़े हुए थे। और अब कुछ दिनों से शहर में एक नयी उत्तेजना पायी जाती थी। नेहरूजी श्रीनगर आने वाले थे और उनका स्वागत करने के लिए नगर को दुल्हन की तरह सजाया जा रहा था। आज ही दोपहर को नेहरूजी श्रीनगर पहुँच रहे थे। नदी के रास्ते नावों के जुलूस की शक्ल में उन्हें लाने की योजना थी और इसी कारण मैं वाङ चू को खोजता हुआ उस ओर आ निकला था।

हम घर की ओर बढ़े जा रहे थे, जब सहसा वाङ चू ठिठक कर खड़ा हो गया।

—क्या मेरा जाना बहुत जरूरी है ? जैसा तुम कहो।

मुझे धक्का-सा लगा। ऐसे समय में, जब लाखों लोग नेहरूजी के स्वागत के लिए इकट्ठे हो रहे थे। वाङ चू का यह कहना कि अगर वह साथ में न जाये, तो कैसा रहे, मुझे सचमुच बुरा लगा। लेकिन फिर स्वयं ही कुछ सोचकर उसने अपने आग्रह को दोहराया नहीं और हम घर की ओर साथ-साथ जाने लगे।

कुछ देर बाद हब्बा कदल के पुल के निकट लाखों की भीड़ में हम लोग खड़े थे—मैं, वाङ् चू तथा मेरे दो-तीन मित्र। चारों ओर, जहाँ तक नजर जाती, लोग-ही-लोग थे—मकानों की छतों पर, पुल पर, नदी के ढालवाँ किनारों पर। मैं बार-बार कनखियों से वाङ् चू के चेहरे की ओर देख रहा था कि उसकी क्या प्रतिक्रिया हुई है, कि हमारे दिल में उठने वाले वलवलों का उस पर क्या असर हुआ है। यों भी यह मेरी आदत-सी बन गयी है, जब भी कोई विदेशी साथ में हो, मैं उसके चेहरे का भाव पढ़ने की कोशिश करता रहता हूँ कि हमारे रीति-रिवाज, हमारे जीवन-यापन के बारे में उसकी क्या प्रतिक्रिया होती है। वाङ् चू अधमुँदी आँखों से सामने का दृश्य देखे जा रहा था। जिस समय नेहरू जी की नाव सामने आयी, तो जैसे मकानों की छतें भी हिल उठीं। राजहंस की शक्ल की सफेद नाव में नेहरूजी स्थानीय नेताओं के साथ खड़े हाथ हिला-हिलाकर लोगों का अभिवादन कर रहे थे। और हवा में फूल-ही-फूल बिखर गए। मैंने पलट कर वाङ् चू के चेहरे की ओर देखा। वह पहले ही की तरह निश्चेष्ट-सा सामने का दृश्य देखे जा रहा था।

—आपको नेहरूजी कैसे लगे ? मेरे एक साथी ने वाङ चू से पूछा।

वाङ् चू ने अपनी टेढ़ी-सी आँखें उठाकर उसके चेहरे की ओर देखा, फिर अपनी डेढ़ दाँत की मुसकान के साथ कहा—अच्चा, बहुत अच्चा !

वाङ चू मामूली-सी हिंदी और अंग्रेजी जानता था। अगर तेज बोलो, तो उसके पल्ले कुछ नहीं पड़ता था।

नेहरूजी की नाव दूर जा चुकी थी, लेकिन नावों का जुलूस अभी भी चलता जा रहा था, जब वाङ चू सहसा मुझ से बोला—मैं थोड़ी देर के लिए संग्रहालय में जाना चाहूँगा। इधर से रास्ता जाता है, मैं स्वयं चला जाऊँगा। और वह बिना कुछ

कहे, एक बार अधमिची आँखों से मुसकराया और हलके-से हाथ हिलाकर मुड़ गया।

हम सभी हैरान रह गये। इसे सचमुच जुलूस में रुचि नहीं रही होगी, जो इतनी जल्दी संग्रहालय की ओर अकेला चल दिया है।

—यार, किस बूदम को उठा लाए हो? यह क्या चीज है? कहाँ से पकड़ लाए हो इसे? मेरे एक मित्र ने कहा।

—बाहर का रहने वाला है, इसे हमारी बातों में कैसे रुचि हो सकती है! मैंने सफाई देते हुए कहा।

—वाह, देश में इतना कुछ हो रहा हो और इसे रुचि ही न हो!

वाङ चू अब तक दूर जा चुका था और भीड़ में से निकलकर पेड़ों की कतार के नीचे आँखों से ओझल होता जा रहा था।

—मगर यह है कौन? दूसरा एक मित्र बोला—न यह बोलता है, न चहकता है। कुछ पता नहीं चलता, हँस रहा है, या रो रहा है! सारा वक्त एक कोने में दबक कर बैठा रहता है!

—नहीं, नहीं, बड़ा समझदार आदमी है। पिछले पाँच साल से यहाँ पर रह रहा है। बड़ा पढ़ा-लिखा आदमी है। बौद्ध धर्म के बारे में बहुत कुछ जानता है। मैंने फिर उसकी सफाई देते हुए कहा।

मेरी नजर में इस बात का बड़ा महत्त्व था कि वह बौद्ध ग्रन्थ बाँचता है और उन्हें बाँचने के लिए इतनी दूर से आया है।

—अरे भाड़ में जाये ऐसी पढ़ाई! वाह जी, जुलूस को छोड़कर म्यूजियम की ओर चल दिया है।

—सीधी-सी बात है, यार! मैंने जोड़ा—इसे यहाँ भारत का वर्तमान खींच-कर नहीं लाया, भारत का अतीत लाया है। ह्यू न त्सांग भी तो यहाँ बौद्ध ग्रन्थ ही बाँचने आया था। यह भी शिक्षार्थी है। बौद्ध मत में इसकी रुचि है।

× × ×

घर लौटते हुए हम लोग सारा रास्ता वाङ चू की ही चर्चा करते रहे। अजय का मत था कि अगर वह पाँच साल भारत में काट गया है, तो अब वह जिंदगी-भर यहीं पर रहेगा।

—अब आ गया है, तो लौटकर नहीं जायेगा। भारत में एक बार परदेशी आ जाये, तो लौटने का नाम नहीं लेता।

—भारत देश वह दलदल है कि जिसमें एक बार बाहर के आदमी का पाँव पड़ जाये, तो वह धँसता ही चला जाता है, निकलना चाहे भी, तो नहीं निकल सकता! दिलीप ने मजाक में कहा—न जाने कौन-से कमलफूल तोड़ने के लिए इस दलदल में घुसा है।

—हमारा देश हम हिन्दुस्तानियों को पसन्द नहीं, बाहर के लोगों को तो बहुत पसन्द है! मैंने कहा।

—पसन्द क्यों न होगा ! यहाँ थोड़े में गुजर हो जाती है, सारा वक्त धूप खिली रहती है, फिर बाहर के आदमी को लोग परेशान नहीं करते, जहाँ बैठा है वहीं बैठा रहने देते हैं। इस पर उन्हें तुम जैसे झुड्डू भी मिल जाते हैं, जो उनका गुणगान करते रहते हैं और उनकी आवभगत करते रहते हैं ! तुम्हारा वाङ्‌ चू भी यहीं पर मरेगा…!

हमारे यहाँ उन दिनों मेरी छोटी मौसेरी बहन ठहरी हुई थी, वही जो वाङ्‌ चू की मुसकान को डेढ़ दाँत की मुसकान कहा करती थी। चुलबुली-सी लड़की, बात-बात पर ठिठोली करती रहती थी। मैंने दो-एक बार वाङ्‌ चू को कनखियों से उसकी ओर देखते पाया था, लेकिन कोई विशेष ध्यान नहीं दिया, क्योंकि वह सभी को कनखियों से ही देखता था। पर उस शाम नीलम मेरे पास आयी और बोली—आपके दोस्त ने मुझे उपहार दिया है ? प्रेमोपहार ?

मेरे कान खड़े हो गये—क्या दिया है ?

—झूमरों का जोड़ा !

और उसने दोनों मुठ्ठियाँ खोल दीं, जिनमें चाँदी के कश्मीरी चलन के दो सफेद झूमर चमक रहे थे। और फिर वह दोनों झूमर अपने कानों के पास ले जाकर बोली—कैसे लगते हैं ?

मैं हत्‌बुद्धि-सा नीलम की ओर देख रहा था।

—उसके अपने कान कैसे भूरे-भूरे हैं ! नीलम ने हँसकर कहा।

किसके ?

—मेरे इस प्रेमी के !

—तुम्हें उसके भूरे कान पसन्द हैं ?

—बहुत ज्यादा ! जब शर्माता है, तो ब्राउन हो जाते हैं, गहरे ब्राउन ! और नीलम खिलखिला कर हँस पड़ी।

लड़कियाँ कैसे उस आदमी के प्रेम का मजाक उड़ा सकती हैं, जो उन्हें पसन्द न हो ! या कहीं नीलम मुझे बना तो नहीं रही है ?

पर मैं इस सूचना से बहुत विचलित नहीं हुआ था। नीलम लाहौर में पढ़ती थी और वाङ्‌ चू सारनाथ में रहता था और अब वह हफ्ते-भर में श्रीनगर से वापस जाने वाला था। इस प्रेम का अंकुर अपने आप ही जल-भुन जायेगा।

—नीलम ये झूमर तो तुमने उससे ले लिए हैं, पर इस प्रकार की दोस्ती अन्त में उसके लिए दुःखदायी होगी। बने-बनायेगा कुछ नहीं !

—वाह भैया, तुम भी कैसे दकियानूसी हो ! मैंने भी चमड़े का एक राइटिंग पैड उसे उपहार में दिया है। मेरे पास पहले से पड़ा था, मैंने उसे दे दिया। जब लौटेगा, तो प्रेम-पत्र लिखने में उसे आसानी होगी !

—वह क्या कहता था ?

—कहता क्या था, सारा वक्त उसके हाथ काँपते रहे और चेहरा कभी लाल होता रहा, कभी पीला। कहता था, मुझे पत्र लिखना, मेरे पत्रों का जवाब देना। और

क्या कहेगा बेचारा, भूरे कानों वाला !

मैंने ध्यान से नीलम की ओर देखा, पर उनकी आँखों में मुझे हँसी के अतिरिक्त कुछ दिखाई नहीं दिया। लड़कियाँ दिल की बात छिपाना खूब जानती हैं। मुझे लगा, नीलम उसे बढ़ावा दे रही है। उसके लिए यह खिलवाड़ था, लेकिन वाङ् चू जरूर इसका दूसरा ही अर्थ निकालेगा।

इसके बाद मुझे लगा कि वाङ् चू अपना सन्तुलन खो रहा है। उसी रात मैं अपने कमरे की खिड़की के पास खड़ा बाहर मैदान में चिनारों की पाँत की ओर देख रहा था, जब चाँदनी में, कुछ दूरी पर पेड़ों के नीचे मुझे वाङ् चू टहलता दिखाई दिया। वह अकसर रात को देर तक पेड़ों के नीचे टहलता रहता था। पर आज वह अकेला नहीं था। नीलम भी उसके साथ ठुमक-ठुमक चलती जा रही थी। मुझे नीलम पर गुस्सा आया। लड़कियाँ कितनी जालिम होती हैं ! यह जानते हुए भी कि इस खिलवाड़ से वाङ् चू की बेचैनी बढ़ेगी, वह उसे बढ़ावा दिये जा रही थी।

दूसरे रोज खाने की मेज पर नीलम फिर उसके साथ ठिठोली करने लगी। किचन में से एक चौड़ा-सा एलुमीनियम का डिब्बा उठा लायी। उसका चेहरा तपे ताँबे जैसा लाल हो रहा था।

—आपके लिए रोटियाँ और आलू बना लायी हूँ। आम के अचार की फाँक भी रखी है। आप जानते हैं, फांक किसे कहते हैं ? एक बार कहो तो, 'फाँक !' कहो वाङ् चू जी, 'फाँक' !

उसने नीलम की ओर खोयी-खोयी आँखों से देखा और बोला—बाँक ! हम सभी खिलखिलाकर हँस पड़े।

—बाँक नहीं, फाँक !

—बाँक ! फिर हँसी का फव्वारा फूट पड़ा।

नीलम ने डिब्बा खोला। उसमें से आम के अचार का टुकड़ा निकाल कर उसे दिखाते हुए बोली—यह है फाँक, फाँक इसे कहते हैं ! और उसे वाङ् चू की नाक के पास ले जाकर बोली—इसे सूँघने पर मुँह में पानी भर आता है। आया मुँह में पानी ? अब कहो 'फाँक' !

—नीलम, क्या फिजूल बातें कर रही हो ! बैठो आराम से ! मैंने डाँटते हुए कहा।

नीलम बैठ गयी, पर उसकी हरकतें बन्द नहीं हुईं। बड़े आग्रह से वाङ् चू से कहने लगी—बनारस जाकर हमें भूल नहीं जाइयेगा ! हमें खत जरूर लिखियेगा। और अगर किसी चीज की जरूरत हो, तो संकोच नहीं कीजियेगा।

वाङ् चू शब्दों के अर्थ तो समझ लेता था, लेकिन उनके पीछे व्यंग्य की ध्वनि वह नहीं पकड़ पाता था। वह अधिकाधिक विचलित महसूस कर रहा था।

—भेड़ की खाल जरूरत हो, या कोई नमदा, या अखरोट…

—नीलम !

—क्यों भैया, भेड़ की खाल पर बैठ कर ग्रन्थ बाँचेंगे !

वाङ् चू के कान लाल होने लगे। शायद पहली बार उसे भास होने लगा था कि नीलम ठिठोली कर रही है। उसके कान सचमुच भूरे रंग के हो रहे थे, जिसका नीलम मजाक उड़ाया करती थी।

—नीलमजी, आप लोगों ने मेरा बड़ा अतिथि-सत्कार किया है। मैं बड़ा कृतज्ञ हूँ।

हम सब चुप हो गये। नीलम भी झेंप-सी गयी। वाङ् चू ने जरूर ही उसकी ठिठोली को समझ लिया होगा। उसके मन को जरूर ठेस लगी होगी। पर मेरे मन में यह विचार भी उठा कि एक तरह से यह अच्छा ही है कि नीलम के प्रति उसकी भावना बदले, वरना उसे ही सबसे अधिक परेशानी होगी।

शायद वाङ् चू अपनी स्थिति को जानते-समझते हुए भी एक स्वाभाविक आकर्षण की चपेट में आ गया था। भावुक व्यक्ति का अपने पर कोई काबू नहीं होता। वह पछाड़ खाकर गिरता है, तभी अपनी भूल को समझ पाता है।

सप्ताह के अन्तिम दिनों में वह रोज कोई-न-कोई उपहार लेकर आने लगा। एक बार मेरे लिए भी एक चोगा ले आया और बच्चों की तरह ज़िद करने लगा कि मैं और वह अपना-अपना चोगा पहन कर एक साथ घूमने जायें। संग्रहालय में वह अब भी जाता था, दो-एक बार नीलम को भी अपने साथ ले गया था और लौटने पर सारी शाम नीलम बोधिसत्वों की खिल्ली उड़ाती रही थी। मैं मन-ही-मन नीलम के इस व्यवहार का स्वागत ही करता रहा, क्योंकि मैं नहीं चाहता था कि वाङ् चू की कोई भावना हमारे घर में जड़ जमा पाये। सप्ताह बीत गया और वाङ् चू सारनाथ वापस लौट गया।

× × ×

वाङ् चू के चले जाने के बाद उसके साथ मेरा सम्पर्क वैसा ही रहा, जैसा आम तौर पर एक परिचित व्यक्ति के साथ रहता है। गाहे-ब-गाहे कभी खत आ जाता, कभी किसी आते-जाते व्यक्ति से उसकी सूचना मिल जाती। वह उन लोगों में से था, जो बरसों तक औपचारिक परिचय की परिधि पर ही डोलते रहते हैं, न परिधि लाँघ कर अन्दर आते हैं और न पीछे हटकर आँखों से ओझल होते हैं। मुझे इतनी ही जानकारी रही कि उसकी समतल और बँधी-बँधायी दिनचर्या में कोई अन्तर नहीं आया। कुछ देर तक मुझे कुतूहल-सा बना रहा कि नीलम और वाङ् चू के बीच की बात आगे बढ़ी या नहीं, लेकिन लगा कि वह प्रेम भी वाङ् चू के जीवन पर हावी नहीं हो पाया।

बरस और साल बीतते गये। हमारे देश में उन दिनों बहुत कुछ घट रहा था। आये दिन सत्याग्रह होते, बंगाल में दुर्भिक्ष फूटा, 'भारत छोड़ो' का आंदोलन हुआ, सड़कों पर गोलियाँ चलीं, बम्बई में नाविकों का विद्रोह हुआ, देश में ख़ूँरेजी हुई, फिर देश का बँटवारा हुआ, और सारा वक्त वाङ् चू सारनाथ में ही बना रहा। वह अपने में

सन्तुष्ट जान पड़ता था। कभी लिखता कि तन्त्र ज्ञान का अध्ययन कर रहा है, कभी पता चलता कि कोई पुस्तक लिखने की योजना बना रहा है।

इसके बाद मेरी मुलाकात वाङ चू से दिल्ली में हुई। यह उन दिनों की बात है, जब चीन के प्रधान मन्त्री चू एन लाई भारत यात्रा पर आने वाले थे। वाङ चू अचानक सड़क पर मुझे मिल गया और मैं उसे अपने घर ले आया। मुझे अच्छा लगा कि चीन के प्रधान मंत्री के आगमन पर वह सारनाथ से दिल्ली चला आया है। पर जब उसने मुझे बताया कि वह अपने अनुदान के सिलसिले में आया है और यहीं पहुँचने पर उसे चू एन लाई के आगमन की सूचना मिली है, तो मुझे उसकी मनोवृत्ति पर अचम्भा हुआ। उसका स्वभाव वैसे का वैसा ही था। पहले की ही तरह हौले-हौले अपनी डेढ़ दाँत की मुसकान मुसकराता रहा। वैसा ही निश्चेष्ट, असंपृक्त। इस बीच उसने कोई पुस्तक अथवा लेखादि भी नहीं लिखे थे। मेरे पूछने पर इस काम में उसने कोई विशेष रुचि भी नहीं दिखायी। तन्त्र ज्ञान की चर्चा करते समय भी वह बहुत चहका नहीं। दो-एक ग्रन्थों के बारे में बताता रहा, जिनमें से वह कुछ टिप्पणियाँ लेता रहा था। अपने किसी लेख की भी चर्चा उसने की, जिस पर वह अभी काम कर रहा था। नीलम के साथ उसकी चिट्ठी-पत्री चलती रही, उसने बताया, हालाँकि नीलम कब की ब्याही जा चुकी थी और दो बच्चों की माँ बन चुकी थी। समय की गति के साथ हमारी मूल धारणाएँ भले ही न बदलें, पर उनके आग्रह में परिवर्तन होता रहता है। अपने अध्ययन आदि की भी उसने चर्चा की, वहाँ भी आग्रह और उत्सुकता में स्थिरता-सी आ गयी थी। पहले जैसी भावविह्वलता नहीं थी। बोधिसत्वों के पैरों पर अपने प्राण निछावर नहीं करता फिरता था। लेकिन अपने जीवन से सन्तुष्ट था। पहले की ही भाँति थोड़ा खाता, थोड़ा पढ़ता, थोड़ा भ्रमण करता और थोड़ा सोता था। और दूर लड़कपन के झुटपुटे में किसी भावावेश में चुने गये अपने जीवन-पथ पर कछुए की चाल मजे से चलता आ रहा था।

खाना खाने के बाद हमारे बीच बहस छिड़ गयी—सामाजिक शक्तियों को समझे बिना तुम बौद्ध धर्म को भी कैसे समझ पाओगे ? ज्ञान का प्रत्येक क्षेत्र एक-दूसरे से जुड़ा है, जीवन से जुड़ा है। कोई चीज जीवन से अलग नहीं है। तुम जीवन से अलग होकर धर्म को भी कैसे समझ सकते हो ?

कभी वह मुसकराता, कभी सिर हिलाता और सारा वक्त दार्शनिकों की तरह मेरे चेहरे की ओर देखता रहा। मुझे लग रहा था कि मेरे कहे का उस पर कोई असर नहीं हो रहा, कि चिकने घड़े पर मैं पानी उँड़ेले जा रहा हूँ।

—हमारे देश में न सही, तुम अपने देश के जीवन में तो रुचि लो ! इतना तो जानो-समझो कि वहाँ पर क्या हो रहा है !

इस पर भी वह सिर हिलाता और मुसकराता रहा। मैं जानता था कि एक भाई को छोड़कर चीन में उसका कोई नहीं है। 1929 में वहाँ पर कोई राजनीतिक उथल-पुथल हुई थी, उसमें उसका गाँव जला डाला गया था और सब सगे-सम्बन्धी मर

गये थे, या भाग गये थे। ले-दे कर एक भाई बचा था और वह पेकिंग के निकट किसी गाँव में रहता था। बरसों से वाङ्चू का सम्पर्क उसके साथ टूट चुका था। वाङ्चू पहले अपने गाँव के स्कूल में पढ़ता रहा था, बाद में पेकिंग के एक विद्यालय में पढ़ने लगा था। वहीं से वह प्रोफेसर शान के साथ भारत चला आया था।

—सुनो, वाङ् चू, भारत और चीन के बीच बन्द दरवाजे अब खुल रहे हैं। अब दोनों देशों के बीच सम्पर्क स्थापित हो रहे हैं और इसका बड़ा महत्त्व है। अध्ययन का यही काम जो तुम अभी तक अलग-थलग करते रहे हो, वही अब तुम अपने देश के मान्य प्रतिनिधि के रूप में कर सकते हो। तुम्हारी सरकार तुम्हारे अनुदान का प्रबन्ध करेगी। अब तुम्हें अलग-अलग पड़े नहीं रहना पड़ेगा। तुम पन्द्रह साल से अधिक समय से भारत में रह रहे हो, अँग्रेजी और हिन्दी भाषाएँ जानते हो, बौद्ध ग्रंथों का अध्ययन करते रहे हो, तुम दोनों देशों के सांस्कृतिक सम्पर्क में एक बहुमूल्य कड़ी बन सकते हो।

उसकी आँखों में हलकी-सी चमक आयी। सचमुच उसे कुछ सुविधाएँ मिल सकती थीं। क्यों न उनसे लाभ उठाया जाये? दोनों देशों के बीच पायी जाने वाली सद्भावना से वह भी प्रभावित हुआ था। उसने बताया कि कुछ ही दिनों पहले अनुदान की रकम लेने जब वह बनारस में गया, तो सड़कों पर राह चलते लोग उससे गले मिल रहे थे। मैंने उसे मश्विरा दिया कि कुछ समय के लिए जरूर अपने देश लौट जाये और वहाँ होने वाले विराट परिवर्तनों को देखे और समझे, कि सारनाथ में अलग-थलग बैठे रहने से उसे कुछ लाभ नहीं होगा, आदि-आदि।

वह सुनता रहा, सिर हिलाता और मुसकराता रहा, लेकिन मुझे कुछ मालूम नहीं हो पाया कि उस पर कोई असर हुआ है, या नहीं।

लगभग छह महीने बाद उसका पत्र आया कि वह चीन जा रहा है। मुझे बड़ा सन्तोष हुआ। अपने देश में जागेगा, तो धोबी के कुत्ते वाली उसकी स्थिति खत्म होगी, कहीं का होकर तो रहेगा। उसके जीवन में नयी स्फूर्ति आयेगी। उसने लिखा कि वह अपना एक ट्रंक सारनाथ में छोड़े जा रहा है, जिसमें उसकी कुछ किताबें और शोध के कागज आदि रखे हैं, कि बरसों तक भारत में रह चुकने के बाद वह अपने को भारत का ही निवासी मानता है, कि वह शीघ्र ही लौट आयेगा और फिर अपना अध्ययन कार्य करने लगेगा। मैं मन-ही-मन हँस दिया, एक बार अपने देश में गया, तो लौट कर यहाँ नहीं आने का।

× × ×

चीन में वह लगभग दो वर्षों तक रहा। वहाँ से उसने मुझे पेकिंग के प्राचीन राजमहल का चित्र-कार्ड भेजा, दो-एक पत्र भी लिखे। पर उनसे उसकी मनःस्थिति के बारे में कोई विशेष जानकारी नहीं मिली।

उन दिनों चीन में भी बड़े वलवले उठ रहे थे, बड़ा जोश था और उस जोश की लपेट में लगभग सभी लोग थे। जीवन नयी करवट ले रहा था। लोग काम करने जाते, तो टोलियाँ बनाकर, गाते हुए, लाल ध्वज में हाथ उठाये हुए। वाङ्चू सड़क के

किनारे खड़ा उन्हें देखता रह जाता। अपने संकोची स्वभाव के कारण वह टोलियों के साथ गाते हुए जा तो नहीं सकता था, लेकिन उन्हें जाते देखकर हैरान-सा खड़ा रहता, मानो किसी दूसरी दुनिया में पहुँच गया हो।

उसे अपना भाई तो नहीं मिला, लेकिन एक पुराना अध्यापक, दूर-पार की उसकी मौसी और दो-एक परिचित मिल गये थे। वह अपने गाँव गया, गाँव में बहुत कुछ बदल गया था। स्टेशन से घर की ओर जाते हुए उसका एक सहयात्री उसे बताने लगा—वहाँ, उस पेड़ के नीचे जमींदार के सभी कागज, सभी दस्तावेज जला डाले गये थे और जमींदार हाथ बाँधे खड़ा रहा था।

वाङ्‌चू ने बचपन में जमींदार का बड़ा घर देखा था, उसकी रंगीन खिड़कियाँ उसे अभी भी याद थीं। दो-एक बार जमींदार की बग्घी को भी कसबे की सड़कों पर जाते देखा था। अब वह घर ग्राम-प्रशासन-केन्द्र बना हुआ था। और भी बहुत कुछ बदला था। पर यहाँ पर भी उसके लिए वैसी ही स्थिति थी, जैसी भारत में रही थी। उसके मन में उछाह नहीं उठता था। दूसरों का उत्साह उसके दिल पर से फिसल-फिसल जाता था। यह यहाँ भी दर्शक ही बना घूमता था। शुरू-शुरू के दिनों में उसकी आव-भगत भी हुई। उसके पुराने अध्यापक की पहलकदमी पर उसे स्कूल में आमंत्रित किया गया। भारत-चीन सांस्कृतिक सम्बन्धों की महत्त्वपूर्ण कड़ी के रूप में उसे सम्मानित भी किया गया। वहाँ वाङ्‌चू देर तक लोगों को भारत के बारे में बताता रहा। लोगों ने तरह-तरह के सवाल पूछे, रीति-रिवाज के बारे में, तीर्थों, मेलों-पर्वों के बारे में। वाङ्‌चू केवल उन्हीं प्रश्नों का सन्तोषप्रद उत्तर दे पाता, जिनके बारे में वह अपने अनुभव के आधार पर कुछ जानता था। लेकिन बहुत कुछ ऐसा था, जिसके बारे में भारत में रहते हुए भी वह कुछ नहीं जानता था।

कुछ दिनों बाद चीन में 'बड़ी छलांग' की मुहिम जोर पकड़ने लगी। उसके गाँव में भी लोग लोहा इकट्ठा कर रहे थे। एक दिन सुबह उसे भी रद्दी लोहा बटोरने के लिए एक टोली के साथ भेज दिया था। दिन-भर वह लोगों के साथ रहा था। एक नया उत्साह चारों ओर व्याप रहा था। एक-एक लोहे का टुकड़ा लोग बड़े गर्व से दिखा-दिखाकर ला रहे थे और साझे ढेर पर डाल रहे थे। रात के वक्त आग के लप-लपाते शोलों के बीच उस ढेर को पिघलाया जाने लगा। आग के इर्द-गिर्द बैठे लोग क्रान्तिकारी गीत गा रहे थे। सभी लोग एक स्वर में सहगान में भाग ले रहे थे। अकेला वाङ्‌चू मुँह बाये बैठा था।

चीन में रहते, धीरे-धीरे वातावरण में तनाव-सा आने लगा और एक झुटपुटा-सा घिरने लगा। एक रोज एक आदमी नीले रंग का कोट और नीले ही रंग की पतलून पहने उसके पास आया और उसे अपने साथ ग्राम-प्रशासन-केन्द्र में लिवा ले गया। रास्ते-भर वह आदमी चुप बना रहा। केन्द्र में पहुँचने पर उसने पाया कि एक बड़े-से कमरे में पाँच व्यक्तियों का एक दल मेज के पीछे बैठा उसकी राह देख रहा है।

जब वाङ्‌चू उनके सामने बैठ गया, तो वे बारी-बारी से उसके भारत-निवास

के बारे में सवाल पूछने लगे—तुम भारत में कितने वर्षों तक रहे ?

—वहाँ पर क्या करते थे ? कहाँ-कहाँ घूमे ? आदि । फिर बौद्ध धर्म के प्रति वाङ्‌चू की जिज्ञासा के बारे में जानकर उनमें से एक व्यक्ति बोला—तुम क्या सोचते हो, बौद्ध धर्म का भौतिक आधार क्या है ?

सवाल वाङ चू की समझ में नहीं आया । उसने आँखें मिचमिचायीं ।

—द्वन्द्वात्मक भौतिकवादी की दृष्टि से तुम बौद्ध धर्म को कैसे आँकते हो ?

सवाल फिर भी वाङ्‌चू की समझ में नहीं आया, लेकिन उसने बुदबुदाते हुए उत्तर दिया—मनुष्य के आध्यात्मिक विकास में उसके सुख और शान्ति के लिए बौद्ध धर्म का पथ-प्रदर्शन बहुत ही महत्त्वपूर्ण है । महाप्राण के उपदेश···

और वाङ्‌चू बौद्ध धर्म के आठ उपदेशों की व्याख्या करने लगा । वह अपना कथन अभी समाप्त नहीं कर पाया था जब प्रधान की कुर्सी पर बैठे पैनी तिरछी आँखों वाले एक व्यक्ति ने बात काट कर कहा—भारत की विदेश नीति के बारे में तुम क्या सोचते हो ?

वाङ चू मुसकराया अपनी डेढ़ दाँत की मुसकान, फिर बोला—आप भद्रजन इस सम्बन्ध में ज्यादा जानते हैं । मैं तो साधारण बौद्ध जिज्ञासु हूँ । पर भारत बड़ा प्राचीन देश है । उसकी संस्कृति शान्ति और मानवीय सद्‌भावना संस्कृति है···

—नेहरू के बारे में तुम क्या सोचते हो ?

—नेहरू को मैंने तीन बार देखा है । एक बार तो उनसे बातें भी की हैं । उन पर कुछ-कुछ पश्चिमी विज्ञान का प्रभाव अधिक है, परन्तु प्राचीन संस्कृति के वह भी बड़े प्रशंसक हैं ।

उसके उत्तर सुनते हुए कुछ सदस्य तो सिर हिलाने लगे, कुछ का चेहरा तमतमाने लगा । फिर तरह तरह के पैने सवाल पूछे जाने लगे । उन्होंने पाया कि जहाँ तक तथ्यों का और भारत के वर्तमान जीवन का सवाल है, वाङ्‌ चू की जानकारी अधूरी और हास्यास्पद है ।

—राजनीतिक दृष्टि से तो तुम शून्य हो ! बौद्ध धर्म की अवधारणाओं को भी समाजशास्त्र की दृष्टि से तुम आँक नहीं सकते ! न ज़ाने वहाँ बैठे क्या करटे रहे हो ! पर हम तुम्हारी मदद करेंगे ।

पूछताछ घण्टों तक चलती रही । पार्टी-अधिकारियों ने उसे हिन्दी पढ़ाने का काम दे दिया, साथ ही पेकिंग के संग्रहालय में सप्ताह में दो दिन काम करने की इजाजत दे दी ।

जब वाङ्‌ चू पार्टी दफ्तर से लौटा तो थका हुआ था । उसका सिर भन्ना रहा था । अपने देश में उसका दिल जम नहीं पाया था । आज वह और भी ज्यादा उखड़ा-उखड़ा महसूस कर रहा था । छप्पर के नीचे लेटा, तो उसे सहसा ही भारत की याद सताने लगी । उसे सारनाथ की अपनी कोठरी याद आयी, जिसमें दिन-भर बैठा पोथी बाँचा करता था । नीम का घना पेड़ याद आया, जिसके नीचे कभी-कभी सुस्ताया

करता था। स्मृतियों की श्रृंखला लम्बी होती गयी। सारनाथ की कैंटीन का रसोइया याद आया, जो सदा प्यार से मिलता था, सदा हाथ जोड़कर 'कहो भगवन' कहकर अभिवादन करता था।

एक बार वाङ् चू बीमार पड़ गया था, तो दूसरे रोज कैंटीन का रसोइया अपने-आप उसकी कोठरी में चला आया था'''मैं भी कहूँ, चीनी बाबू चाय पीने नहीं आये, दो दिन हो गये। पहले आते थे, तो दर्शन हो जाते थे। हमें खबर की होती, भगवन, तो हम डाक्टर बाबू को बुला लाते'''मैं भी कहूँ, बात क्या है। फिर उसकी आँखों के सामने गंगा का तट आया, जिस पर वह घण्टों घूमा करता था। फिर सहसा दृश्य बदल गया और कश्मीर की झील आँखों के सामने आ गयी और पीछे हिमाच्छादित पर्वत, फिर नीलम सामने आयी, उसकी खुली-खुली आँखें, मोतियों-सी झिलमिलाती दंतपंक्ति'''उसका दिल बेचैन हो उठा।

ज्यों-ज्यों दिन बीतने लगे, भारत की याद उसे ज्यादा परेशान करने लगी वह जल में से बाहर फेंकी हुई मछली की तरह तड़पने लगा। सारनाथ के बिहार में सवाल-जवाब नहीं होते थे। जहाँ पड़े रहो, पड़े रहो रहने के लिए कोठरी और भोजन का प्रबन्ध बिहार की ओर से था। यहाँ पर नयी दृष्टि से धर्मग्रंथों को पढ़ने और समझने के लिए उसमें धैर्य नहीं या, जिज्ञासा भी नहीं थी। बरसों तक एक ही ढर्रे पर चलते रहने के कारण वह परिवर्तन से कतराता था। इस बैठक के बाद वह फिर से सकुचाने-सिमटने लगा था। कहीं-कहीं पर उसे भारत सरकार-विरोधी वाक्य भी सुनने को मिलते। सहसा वाङ चू बेहद अकेला महसूस करने लगा और उसे लगा कि जिंदा रह पाने के लिए उसे अपने लड़कपन के उस 'दिवा-स्वप्न' में फिर से लौट जाना होगा, जब वह ब्रौद्ध भिक्षु बनकर भारत में विचरने की कल्पना किया करता था।

उसने सहसा भारत लौटने की ठान ली। लौटना आसान नहीं था, भारतीय दूतावास से तो बीसा मिलने में कठिनाई नहीं हुई, लेकिन चीन की सरकार ने बहुत-से एतराज उठाये। वाङ् चू की नागरिकता का सवाल था, और अनेक सवाल थे। पर भारत और चीन के सम्बन्ध अभी तक बहुत बिगड़े नहीं थे, इसलिए अन्त में वाङ चू को भारत लौटने की इजाजत मिल गयी। उसने मन-ही-मन निश्चय कर लिया कि वह भारत में ही अब जिंदगी के दिन काटेगा। बौद्ध भिक्षु ही बने रहना उसकी नियति था।

× × ×

जिस रोज वह कलकत्ता पहुँचा, उसी रोज सीमा पर चीनी और भारतीय सैनिकों के बीच मुठभेड़ हुई थी और दस भारतीय सैनिक मारे गये थे। उसने पाया कि लोग घूर-घूर कर उसकी ओर देख रहे हैं। वह स्टेशन के बाहर अभी निकला ही था, जब दो सिपाही आकर उसे पुलिस के दफ्तर में ले गये और वहाँ घंटे-भर एक अधिकारी उसके पासपोर्ट और कागजों की छानबीन करता रहा।

—दो बरस पहले आप चीन गये थे। वहाँ जाने का क्या प्रयोजन था ?

—मैं बहुत बरस तक यहाँ रहता था, कुछ समय के लिए अपने देश जाना

चाहता था। पुलिस-अधिकारी ने उसे सिर से पैर तक देखा, वाङ चू आश्वस्त था और मुसकरा रहा था—वही टेढ़ी-सी मुसकान।

—आप वहाँ पर क्या करते रहे ?

—वहाँ एक कम्यून में मैं खेती-बारी की टोली में काम करता था।

—मगर आप तो कहते हैं कि आप बौद्ध ग्रन्थ पढ़ते हैं ?

—हाँ, पेकिंग में एक संस्था में हिन्दी पढ़ाने लगा था और पेकिंग म्यूजियम में मुझे काम करने की इजाजत मिल गयी थी।

—अगर इजाजत मिल गयी थी, तो आप अपने देश से भाग क्यों आये ? पुलिस अधिकारी ने गुस्से में कहा।

वाङ चू क्या जवाब दे ? क्या कहे ?

—मैं कुछ समय के लिए ही वहाँ गया था, अब लौट आया हूँ...

पुलिस-अधिकारी ने फिर से सिर से पाँव तक उसे घूर कर देखा। उसकी आँखों में संशय उतर आया था। वाङ् चू अटपटा-सा महसूस करने लगा। भारत में पुलिस-अधिकारियों के सामने खड़े होने का उसका पहला अनुभव था। उससे जामिनी के लिए पूछा गया, तो उसने प्रोफेसर तान शान का नाम लिया, फिर गुरुदेव का, पर दोनों मर चुके थे। उसने सारनाथ की संस्था के मंत्री का नाम लिया, शांतिनिकेतन के पुराने दो-एक सहयोगियों के नाम लिये, जो उसे याद थे। सुपरिंटेंडेंट ने सभी का नाम और पते नोट कर लिये। उसके कपड़ों की तीन बार तलाशी ली गयी। उसकी डायरी को रख लिया गया, जिसमें उसने अनेक उद्धरण और टिप्पणियाँ लिख रखे थे। और सुपरिंटेंडेंट ने उसके नाम के आगे टिप्पणी लिख दी कि इस आदमी पर नजर रखने की जरूरत है।

रेल के डिब्बे में बैठा, तो मुसाफिर गोली-कांड की चर्चा कर रहे थे। उसे बैठते देख सब चुप हो गये और उसकी ओर घूरने लगे।

कुछ देर बाद जब मुसाफिरों ने देखा कि वह थोड़ी-बहुत बंगाली और हिंदी बोल लेता है, तो एक बंगाली बाबू उचक कर उठ खड़े हुए और हाथ झटक-झटक कर कहने लगे—या तो कहो कि तुम्हारे देश वालों ने विश्वासघात किया है, नहीं तो हमारे देश से निकल जाओ...निकल जाओ...निकल जाओ !

डेढ़ दांत की मुस्कान जाने कहाँ ओझल हो चुकी थी। उसकी जगह पर त्रास उतर आया था। भयाकुल और मौन वाङ् चू चुपचाप बैठा रहा। कहे भी तो क्या कहे ? गोली-कांड के बारे में जान कर उसे भी गहरा धक्का लगा था। उस झगड़े के कारण के बारे में उसे कुछ भी स्पष्टतः मालूम नहीं था। और वह जानना चाहता भी नहीं था।

हाँ, सारनाथ में पहुँच कर वह सचमुच भावविह्वल हो उठा। अपना थैला रिक्शा में रखे जब वह आश्रम के निकट पहुँचा, तो कैंटीन का रसोइया सचमुच लपक-कर बाहर निकल आया—आ गये भगवन ? आ गये मेरे चीनी बाबू ! बहुत दिनों

बाद दर्शन दिये ! हम भी कहें, इतना अरसा हो गया, चीनी बाबू नहीं लौटे ! और कहिये, सब कुशल-मंगल है ? आप यहाँ नहीं थे, हम कहें, जाने कब लौटेंगे ! यहाँ पर थे, दिन में दो बातें हो जाती थीं, भले आदमी के दर्शन हो जाते थे । इसमें बड़ा पुण्य होता है । और उसने हाथ बढ़ा कर थैला उठा लिया—हम दें पैसे, चीनी बाबू ?

वाङ् चू को लगा, जैसे वह अपने घर पहुँच गया है ।

—आपकी ट्रंक, चीनी बाबू, हमारे पास रखी है । मंत्री जी से हमने ले ली। आपकी कोठरी में एक दूसरे सज्जन रहने आये, तो हमने कहा, कोई चिंता नहीं, यह ट्रंक हमारे पास रख जाइये । और चीनी बाबू, आप अपना लोटा बाहर ही भूल गये थे ? हमने मंत्रीजी से कहा, यह लोटा चीनी बाबू का है, हम जानते हैं, हमारे पास छोड़ जाइये ।

वाङ् चू का दिल भर आया । उसे लगा, जैसे उसकी डावांडोल जिन्दगी में संतुलन आ गया है । डगमगाती जीवन-नौका फिर से स्थिर गति से चलने लगी है।

मंत्री जी भी स्नेह से मिले, पुरानी जान-पहचान के आदमी थे । उन्होंने एक कोठरी भी खोल कर दे दी, परन्तु अनुदान के बारे में कहा कि उसके लिए फिर से कोशिश करनी होगी । वाङ चू ने फिर से कोठरी के बीचोबीच चटाई बिछा ली, खिड़की के बाहर वही दृश्य फिर से उभर आया । खोया हुआ जीव अपने स्थान पर लौट आया ।

× × ×

तभी मुझे उसका पत्र मिला कि वह भारत लौट आया है और फिर से जम कर बौद्ध ग्रन्थों का अध्ययन करने लगा है । उसने यह भी लिखा कि उसे मासिक अनुदान के बारे में थोड़ी चिंता है और इस सिलसिले में मैं बनारस में यदि अमुक सज्जन को पत्र लिख दूँ, तो अनुदान मिलने में सहायता होगी ।

पत्र पाकर मुझे खटका हुआ । कौन-सी मृगतृष्णा इसे फिर से वापस खींच लायी है ? यह लौट क्यों आया है ? अगर कुछ दिन और वहाँ बना रहता, तो अपने लोगों के बीच इसका मन लगने लगता । पर किसी की सनक का कोई इलाज नहीं। अब जो लौट आया है, तो क्या चारा है । मैंने 'अमुक' जी को पत्र लिख दिया और वाङ् चू के अनुदान का छोटा-मोटा प्रबन्ध हो गया ।

पर वाङ चू के लौटने के दसेक दिन बाद वह एक दिन प्रातः चटाई पर बैठा एक ग्रन्थ पढ़ रहा था और बार-बार पुलक रहा था, जब उसकी किताब पर किसी का साया पड़ा । उसने नजर उठा कर देखा, तो पुलिस का थानेदार खड़ा था, हाथ में एक पर्चा उठाये हुए था । वाङ् चू का दिल बैठ गया । अब यह कौन-सी नयी परेशानी उठने वाली है ? वाङ चू को बनारस के बड़े पुलिस स्टेशन में बुलाया गया था । वाड़् चू का मन आशंका से भर उठा था ।

तीन दिनों बाद वाड़्-चू बनारस के पुलिस स्टेशन के बरामदे में बैठा था । उसी के साथ बैंच पर बड़ी उम्र का एक और चीनी व्यक्ति भी बैठा था, जो जूते

बनाने का काम करता था। आखिर बुलावा आया और वाङ् चू चिक उठा कर बड़े अधिकारी की मेज के सामने जा खड़ा हुआ।

—तुम चीन से कब लौटे ?

वाङ् चू ने बता दिया।

—कलकत्ता में तुमने अपने बयान में कहा कि तुम शांतिनिकेतन जा रहे हो, फिर तुम यहाँ क्यों चले आये? पुलिस को पता लगाने में बड़ी परेशानी उठानी पड़ी है।

—मैंने दोनों स्थानों के बारे में कहा था। शांतिनिकेतन तो मैं केवल दो दिन के लिए जाना चाहता था।

—तुम चीन से क्यों लौट आये ?

—मैं भारत में रहना चाहता हूँ...! उसने पहले का जवाब दोहरा दिया।

—जो लौट आना था, तो गये क्यों थे ?

यह सवाल वह बहुत बार पहले भी सुन चुका था। जवाब में बौद्ध ग्रंथों का हवाला देने के अतिरिक्त उसे कोई और उत्तर नहीं सूझ पाता था।

बहुत लम्बी इंटरव्यू नहीं हुई। वाङ् चू को हिदायत की गयी कि हर महीने के पहले सोमवार को बनारस के बड़े पुलिस-स्टेशन में उसे आना होगा और अपनी हाजिरी लिखानी होगी।

वाङ् चू बाहर आ गया, पर खिन्न-सा महसूस करने लगा। महीने में एक बार आना कोई बड़ी बात नहीं थी, लेकिन वह उसके समतल जीवन में बाधा थी, व्यवधान था।

वाङ् चू मन-ही-मन इतना खिन्न महसूस कर रहा था कि बनारस से लौटने के बाद कोठरी में जाने की बजाय वह सबसे पहले उस नीरव पुण्यस्थान पर जा कर बैठ गया, जहां शताब्दियों पहले महाप्राण ने अपना पहला प्रवचन किया था, और देर तक बैठा मनन करता रहा। बहुत देर बाद उसका मन फिर से ठिकाने पर आने लगा और दिल में फिर से भावना की तरंगें उठने लगीं।

× × ×

पर वाङ् चू को चैन नसीब नहीं हुआ। कुछ ही दिन बाद सहसा चीन और भारत के बीच जंग छिड़ गयी। देश भर में जैसे तूफान उठ खड़ा हुआ। उसी रोज शाम को पुलिस के कुछ अधिकारी एक जीप में आये और वाङ् चू को हिरासत में ले कर बनारस चले गये। सरकार यह न करती, तो और क्या करती ? शासन करने वालों को इतनी फुरसत कहां कि संकट के समय संवेदना और सद्भावना के साथ दुश्मन के एक-एक नागरिक की स्थिति की जांच करते फिरें ?

दो दिनों तक दोनों चीनियों को पुलिस स्टे न की एक कोठरी में रखा गया। दोनों के बीच किसी बात में भी समानता नहीं थी। जूते बनाने वाला चीनी सारा वक्त सिगरेट फूँकता रहता और घुटनों पर कोहनियां टिकाये बड़बड़ाता रहता, जबकि वाङ् चू उद्भ्रांत और निढाल-सा दीवार के साथ पीठ लगाये बैठा शून्य में देखता रहा।

जिस समय वाङ् चू अपनी स्थिति को समझने की कोशिश कर रहा था, उसी समय दो-तीन कमरे छोड़ कर पुलिस सुपरिंटेंडेंट की मेज पर उसकी छोटी-सी पोटली की तलाशी ली जा रही थी। उसकी गैर मौजूदगी में पुलिस के सिपाही कोठरी में से उसकी ट्रंक उठा लाये थे। सुपरिंटेंडेंट के सामने कागजों का पुलिंदा रखा था, जिस पर कहीं पाली में तो कहीं संस्कृत भाषा में उद्धरण लिखे थे, लेकिन बहुत-सा हिस्सा चीनी भाषा में था। साहब कुछ देर तक तो कागजों को उलटते-पलटते रहे, रोशनी के सामने रख कर उनमें लिखी किसी गुप्त भाषा को ढूंढते भी रहे, अन्त में उन्होंने हुक्म दिया कि कागजों के पुलिंदे को बांध कर दिल्ली के अधिकारियों के पास भेज दिया जाये, क्योंकि बनारस में कोई आदमी चीनी भाषा नहीं जानता था।

पांचवें दिन लड़ाई बन्द हो गयी, लेकिन वाङ् चू को सारनाथ लौटने की इजाजत एक महीने बाद मिली। चलते समय जब उसे उसकी ट्रंक दी गयी और उसने उसे खोल कर देखा, तो सकते में आ गया। उसके कागज उसमें नहीं थे, जिन पर वह बरसों से अपनी टिप्पणियां और लेखादि लिखता रहा था और जो एक तरह से उसके सर्वस्व थे। पुलिस-अधिकारी के कहने पर कि उन्हें दिल्ली भेज दिया गया है, वह सिर से पैर तक कांप उठा था।

वे मेरे कागज आप मुझे दे दीजिए। उन पर मैंने बहुत कुछ लिखा है, वे बहुत जरूरी हैं।

इस पर अधिकारी रुखाई से बोला—मुझे उन कागजों का क्या करना है, आपके हैं, आपको मिल जायेंगे। और उसने वाङ् चू को चलता किया। वाङ् चू अपनी कोठरी में लौट आया। अपने कागजों के बिना वह अधमरा-सा हो रहा था। न पढ़ने में मन लगता, न कागजों पर नये उद्धरण उतारने में। और फिर उस पर कड़ी निगरानी रखी जाने लगी थी। खिड़की से हट कर नीम के पेड़ के नीचे एक आदमी रोज बैठा नजर आने लगा। डंडा हाथ में लिये वह कभी एक करवट बैठता, कभी दूसरी करवट। कभी उठ कर डोलने लगता, कभी कुएँ की जगत पर जा बैठता, कभी कैंटीन की बेंच पर बैठता, कभी गेट पर जा खड़ा होता। इसके अतिरिक्त अब वाङ् चू को महीने में एक बार के स्थान पर सप्ताह में एक बार बनारस में हाजिरी लगवाने जाना पड़ता था।

तभी मुझे वाङ् चू की चिट्ठी मिली। सारा ब्योरा देने के बाद उसने लिखा कि बौद्ध विहार का मंत्री बदल गया है और नये मंत्री को चीन से नफरत है और वाङ् चू को डर है कि अनुदान मिलना बंद हो जायेगा। दूसरे, कि मैं जैसे भी हो, उसके कागजों को बचा लूं। जैसे भी बन पड़े, उन्हें पुलिस के हाथों से निकलवा कर सारनाथ में उसके पास भिजवा दूं। और अगर बनारस के पुलिस स्टेशन में प्रति सप्ताह पेश होने की बजाय उसे महीने में एक बार जाना पड़े, तो उसके लिए सुविधा-जनक होगा, क्योंकि इस तरह महीने में लगभग दस रुपये आने-जाने में लग जाते हैं और फिर काम में मन नहीं लगता, सिर पर तलवार टंगी रहती है।

वाङ् चू ने पत्र तो लिख दिया लेकिन उसने यह नहीं सोचा कि मुझ जैसे आदमी से यह काम नहीं हो पायेगा। हमारे यहां कोई काम बिना जान-पहचान और सिफारिश के नहीं हो सकता। और मेरे परिचय का बड़े-से बड़ा आदमी मेरे कालेज का प्रिंसिपल था। फिर भी मैं कुछेक संसद-सदस्यों के पास गया, एक ने दूसरे की ओर भेजा, दूसरे ने तीसरे की ओर। मैं भटक-भटक कर लौट आया। आश्वासन तो बहुत मिले, पर सब यही पूछते—वह चीन जो गया था, वहां से लौट क्यों आया ? या फिर पूछते—पिछले बीस साल से अध्ययन ही कर रहा है ?

पर मैं जब उसकी पांडुलिपियों का जिक्र करता, तो सभी यह कहते—हां, यह तो कठिन नहीं होना चाहिए। और सामने रखे कागज पर कुछ नोट कर लेते। इस तरह के आश्वासन मुझे बहुत मिले, सभी सामने रखे कागज पर मेरा आग्रह नोट कर लेते। पर सरकारी काम के रास्ते चक्रव्यूह के रास्तों के समान होते हैं और हर मोड़ पर कोई-न-कोई आदमी तुम्हें तुम्हारी हैसियत का बोध कराता रहता है। मैंने जवाब में उसे अपनी कोशिशों का पूरा ब्योरा दिया, यह भी आश्वासन दिया कि मैं फिर से लोगों से मिलूँगा। पर साथ ही मैंने यह भी सुझाव दिया कि जब स्थिति बेहतर हो जाये, तो वह अपने देश वापस लौट जाये, कि उसके लिए यही बेहतर है।

खत से उसके दिल की क्या प्रतिक्रिया हुई, मैं नहीं जानता। उसने क्या सोचा होगा। पर उन तनाव के दिनों में जब मुझे स्वयं चीन के व्यवहार पर गुस्सा आ रहा था, मैं वाङ् चू की स्थिति को बहुत सहानुभूति के साथ नहीं देख सकता था।

उसका फिर एक खत आया। उसमें चीन लौट जाने का कोई जिक्र नहीं था। उसमें केवल अनुदान की चर्चा की गयी थी। अनुदान की रकम अभी भी चालीस रुपये ही थी, लेकिन उसे पूर्वसूचना दे दी गयी थी कि साल खत्म होने पर उस पर फिर से विचार किया जायेगा कि वह मिलती रहेगी, या बंद कर दी जायेगी।

लगभग साल भर बाद वाङ् चू को एक पूर्जा मिला कि तुम्हारे कागज वापस किये जा सकते हैं, कि तुम पुलिस स्टेशन आकर उन्हें ले जा सकते हो। उन दिनों वह बीमार पड़ा था लेकिन बीमारी की हालत में भी वह गिरता-पड़ता बनारस पहुँचा। लेकिन उसके हाथ एक-तिहाई कागज लगे। पोटली अभी भी अधखुली थी। वाङ् चू को पहले तो यकीन नहीं आया, फिर उसका चेहरा जर्द पड़ गया और हाथ-पैर काँपने लगे। इस पर थानेदार रुखाई के साथ बोला—हम कुछ नहीं जानते ! इन्हें उठाओ और यहाँ से ले जाओ, वरना इधर लिख दो कि हम लेने से इनकार करते हैं।

काँपती टाँगों से वाङ् चू पुलिंदा बगल में दबाये लौट आया। कागजों में केवल एक पूरा निबंध और कुछ टिप्पणियाँ बची थीं।

उसी दिन से वाङ् चू की आँखों के सामने धूल उड़ने लगी थी।

× × ×

वाङ् चू की मौत की खबर मुझे महीने भर बाद मिली, वह भी बौद्ध विहार के मंत्री की ओर से कि मरने के पहले वाङ् चू ने आग्रह किया था कि उसकी छोटी-सी

ट्रंक और उसकी गिनी-चुनी किताबें मुझे पहुँचा दी जायें।

उम्र के इस हिस्से में पहुँचकर इनसान बुरी खबरें सुनने का आदी हो जाता है और वे दिल पर गहरा आघात नहीं करतीं।

मैं फौरन तो सारनाथ नहीं जा पाया, जाने में कोई तुक भी नहीं थी, क्योंकि वहाँ वाङ् चू का कौन बैठा था, जिसके सामने अफसोस करता, वहाँ तो केवल ट्रंक ही रखी थी। पर कुछ दिनों बाद मौका मिलने पर मैं गया। मंत्रीजी ने वाङ् चू के प्रति सद्भावना के शब्द कहे—बड़ा नेकदिल आदमी था, सच्चे अर्थों में बौद्ध भिक्षु था, आदि-आदि। मेरे दस्तखत लेकर उन्होंने ट्रंक मेरे हवाले की। ट्रंक में वाङ् चू के कपड़े थे, वह फटा-पुराना चोगा था, जो किसी जमाने में उसने श्रीनगर में खरीदा था। छोटा-सा कामदार चमड़े का पैंड था, जो नीलम ने उसे उपहार-स्वरूप दिया था। तीन-चार किताबें थीं, पाली की और संस्कृत की। चिट्ठियाँ थी, जिनमें कुछ चिट्ठियाँ मेरी, कुछ नीलम की रही होंगी, कुछ और लोगों की।

ट्रंक उठाये मैं बाहर की ओर जा रहा था, जब मुझे अपने पीछे कदमों की आहट मिली। मैंने मुड़ कर देखा, कैंटीन का रसोइया भागता चला आ रहा था। अपने पत्रों में अकसर वाङ् चू उसका जिक्र किया करता था।

—बाबू आपकी बहुत याद करते थे। मेरे साथ आपकी चर्चा बहुत करते थे। बहुत भले आदमी थे···

और उसकी आँखें डबडबा आयीं। सारे संसार में शायद यही अकेला जीव था, जिसने वाङ् चू की मौत पर दो आँसू बहाये थे।

—बड़ी भोली तबीयत थी। बेचारे को पुलिस वालों ने बहुत परेशान किया। शुरू-शुरू में तो चौबीस घंटे की निगरानी रहती थी। मैं उस हवलदार से कहूँ, भैया, तू क्यों इस बेचारे को परेशान करता है? वह कहे, मैं तो ड्यूटी कर रहा हूँ···!

मैं ट्रंक और कागजों का पुलिंदा ले आया हूँ। इस पुलिंदे का क्या करूँ? कभी सोचता हूँ, इसे छपवा डालूँ। पर अधूरी पांडुलिपि को कौन छापेगा? पत्नी रोज बिगड़ती है कि मैं घर में कचरा भरता रहता हूँ! दो-तीन बार वह फेंकने की धमकी भी दे चुकी है, पर मैं इसे छिपाता रहता हूँ। कभी किसी तख्ते पर रख देता हूँ, कभी पलंग के नीचे छिपा देता हूँ। पर मैं जानता हूँ, किसी दिन ये भी गली में फेंक दिये जायेंगे।

लीला नन्दलाल की

किस्सा यह कि मेरा स्कूटर चोरी हो गया। बिल्कुल नया स्कूटर था। खरीदे दो महीने भी नहीं हुए थे और पूरे चार साल तक इन्तजार करते रहने के बाद उसे खरीद पाने का मेरा नम्बर आया था। इधर वह पलक झपकते गायब हो गया। मैं वर्षों तक बड़े चाव से उसकी राह देखता रहा था और तरह-तरह के सपने देखता रहा था कि कब स्कूटर आएगा और मैं दिल्ली की सड़कों पर फर्राटे-से घूमा करूँगा। गले में रेशमी रूमाल लहरा रहा होगा, बाल उड़ रहे होंगे, आँखों पर मोटा चश्मा होगा। दिल्ली में स्कूटर के बिना जिन्दगी का लुत्फ ही क्या है। स्कूटर पर आगे युवक पीछे युवती, युवक की कमर में हाथ डाले हुए, उसकी पीठ पर झुकी हुई, उसकी भी चुन्नी या साड़ी का पल्लू हवा में लहराता हुआ, दिल्ली की खचाखच भरी, नीरस सड़कों पर रोमांस का रंग छिटक जाता है। पर सभी अरमान धरे के धरे रह गए। और अब मैं सड़क के किनारे भौचक्क-सा खड़ा,कभी दाएँ तो कभी बाएँ, आँखें फाड़-फाड़ कर देख रहा था कि स्कूटर गया तो कहाँ गया। मैं पीछे की ओर उस नाट्यगृह के आँगन में भी बार-बार चक्कर काट रहा था, जहाँ पर मैं एक भौण्डा-सा प्रहसन देखता रहा था, जिस बीच स्कूटर की चोरी हुई थी। मेरी टाँगों में पानी भरता जा रहा था और गला बराबर सूखता जा रहा था। उधर दर्शकों की भीड़ छँटती जा रही थी।

थिएटर-सिनेमा की भीड़ भी अपनी तरह की होती है। घड़ी भर के लिए लगता है कोई गुलजार खिल उठा है, कोई नगरी बस गई है, और घड़ी भर बाद वहाँ उल्लू बोलने लगते हैं। मैं लपक-लपक कर विदा होते दर्शकों से पूछने लगा। मगर सब बेसूद। किसे क्या मालूम कि मेरा स्कूटर किसने उठाया है? सभी तो मेरी तरह नाट्य-गृह के अन्दर बैठे थे। एक मनचले नें जिस पर नाटक का प्रभाव अभी तक बना हुआ था, चहक कर कहा, "गनीमत समझो कि तुम खुद उस पर सवार नहीं थे। वर्ना तुम्हें भी चोर उठा ले जाते···।"

दिल्ली के लोगों की बेरुखी मुझे यों भी सालती रहती है। इस भौण्डे मजाक पर मैं और भी खिन्न हो उठा।

आखिर मन मार कर बाहर निकल आया और रास्ता पूछता हुआ, इलाके के पुलिस-स्टेशन की ओर चल दिया। पुलिस में रिपोर्ट तो कर दो, आगे जो होगा, देखा जाएगा।

पुलिस में रपट लिखवाने के बाद पाँव घसीटता और बसों में धक्के खाता जब मैं घर पहुँचा और घरवालों को सारा किस्सा सुनाया, तो पहले तो उन्हें गहरा सदमा हुआ, फिर वे तरह-तरह की टिप्पणियाँ करने लगे। पिताजी ने कहा, "मुझसे पूछो तो वहाँ पर स्कूटर ले जाना ही भूल थी। थिएटरों में दुनिया भर के उचक्के जमा होते हैं।" पत्नी बोली, "मैं तो समझती हूँ तुम जरूर ताला लगाना भूल गए होंगे, स्कूटर को ताला लगा हो तो कोई कैसे उठा सकता है!" फिर सभी को सम्बोधन करके बोली, "मैं तो समझती हूँ, स्कूटर वहीं कहीं रखा होगा, इन्होंने देखा नहीं। इनकी आँखों के सामने चीज पड़ी रहे तो भी इन्हें नजर नहीं आती।" इस पर चाचाजी बोले, "स्कूटर हमेशा किसी के सुपुर्द किया जाता है। बाहर जरूर कोई रखवाला खड़ा होगा, तुम दस पैसे बचाने की खातिर उसे न जाने कहाँ रख गए होंगे।" मतलब कि मेरे सम्बन्धियों को ऐसा लग रहा था जैसे स्कूटर की चोरी में ज्यादा हाथ मेरा ही रहा हो। केवल माँ एक ही वाक्य बार-बार दोहरा रही थीं, "अगर भगवान के घर में न्याय है तो मेरे बेटे का स्कूटर उसे जरूर मिल जाएगा। जो चीज भगवान ने उसके लिए भेजी है, वह उसे छोड़ किसी दूसरे के पास नहीं जा सकती।"

जब मैंने बताया कि पुलिस में रिपोर्ट लिखवा आया हूँ तो चाचाजी सिर हिलाने लगे, "तुम समझते हो पुलिस तुम्हारा स्कूटर बरामद करवा देगी? अगर पुलिस इतनी चुस्त होती तो तुम्हारा स्कूटर उठता ही नहीं। अब स्कूटर को भूल जाओ और बीमा कम्पनी से अपना मुआवजा वसूल करने की कोशिश करो। बीमा तो करवाया था न?"

इस पर पिताजी बिगड़ उठे और चाचाजी और पिताजी के बीच बहस छिड़ गई। पिताजी का मत था कि स्कूटर को बरामद करवाने की पूरी-पूरी कोशिश की जाय, जबकि चाचाजी मानो शताब्दियों के संचित अनुभव के आधार पर कहे जा रहे थे कि इससे कुछ न होगा, जल्दी से जल्दी अपने मुआवजे की रकम बीमा कम्पनी से वसूल करो। आखिर यही फैसला हुआ कि दोनों की ओर समान रूप से ध्यान दिया जाए।

चुनाचे मैं सुबह के वक्त पुलिस स्टेशन और दोपहर के वक्त बीमा कम्पनी के चक्कर काटने लगा। पुलिस वाले बड़ी रुखाई से पेश आते। पहले दो-एक दिन तो मेरे साथ सीधे बोले, फिर झिड़क-झिड़क कर बोलने लगे। "मेरे स्कूटर का कुछ पता चला?" मैं दरख्वास्तियों की तरह दहलीज पर खड़े-खड़े पूछता। जवाब में या तो अन्दर चुप्पी छाई रहती, या रूखी-सी आवाज में कोई इन्स्पेक्टर कहता, "मिलने पर इत्तला कर दी जाएगी। इधर रोज-रोज मत आइए।"

पर एक दिन जब मैं इसी तरह डरता-सा पुलिस स्टेशन के दफ्तर की दहलीज तक पहुँचा तब इन्स्पेक्टर कुर्सी पर से उठ कर मेरी ओर बढ़ आया। मेरी टाँगें तो थर्रा गयीं, पर उसके चेहरे पर फैली मुस्कान को देखकर मैं द्विविधा में पड़ गया। क्या मालूम स्कूटर मिल ही गया हो जो यह मुस्करा रहा है? उसने मेरे साथ हाथ

मिलाया, मुझे दफ्तर के अन्दर ले जाकर कुर्सी पर बैठाया, अर्दली को आवाज देकर मेरे लिए ठण्डा पानी का गिलास मँगवाया और उसी तरह मुस्कराते हुए बोला, "आप इत्मीनान रखिए। हमें आपके स्कूटर का बड़ा फिक्र है। उसे बरामद करने की पूरी कोशिश की जा रही है। मिलने पर मैं खुद आकर आपको इत्तला करूँगा।"

मैं हवा में उड़ता-सा घर पहुँचा। स्कूटर मिल जाने की खुशी शायद इतनी नहीं होती जितनी इन्स्पेक्टर के आत्मीयता भरे आश्वासन से।

"मीठा क्यों नहीं बोलेगा। उसे ऊपर से जूत पड़ा होगा।" पिताजी बोले। बात मेरी समझ में नहीं आई। बाद में पता चला कि जब से स्कूटर खो गया था, पिताजी जगह-जगह चिट्ठियाँ लिख रहे थे और उनमें से एक चिट्ठी निशाने पर चोट कर गई थी। यह चिट्ठी उन्होंने मेरे बहनोई के छोटे भाई द्वारा उसके ससुर को लखनऊ लिखवाई थी जो लखनऊ में पुलिस का बड़ा अफसर था। ऐसी चिट्ठियाँ वह न जाने कहाँ-कहाँ लिखवा रहे थे।

पर इस आश्वासन के बावजूद स्कूटर कहीं प्रगट होता नजर नहीं आ रहा था। स्थिति वैसी की वैसी थी। केवल मेरे प्रति पुलिसवालों का रुख बदल गया था।

इधर बीमा कम्पनी वाले पैरों पर पानी नहीं पड़ने दे रहे थे। पुलिस स्टेशन में कम-से-कम वे मेरे साथ बोलने तो लगे थे, यहाँ तो मैं हैडक्लर्क के सामने दिन भर बैठा रहता, कोई मुझे पूछता ही नहीं था। मैं बात उठाता तो वह तरह-तरह की तहकीकात की बात करता और फिर से अपनी फाइलों में खो जाता। इस तरह पूरा एक महीना गुजर गया।

"इस तरह भी कभी दुनिया के काम हुए हैं?" एक दिन पिताजी ने चाचाजी को डाँटते हुए कहा, "दफ्तरी कार्रवाइयों के सहारे बैठे रहोगे तो तुम्हें मुआवजा मिल चुका।"

फिर मेरी ओर देख कर बोले, "डिब्बे में से घी निकालना हो तो टेढ़ी उँगली से निकालते हैं। सीधी उँगली से घी नहीं निकलता।"

दूसरे दिन, चाचाजी के साथ-साथ चलता हुआ मैं अजमेरी गेट की ओर जा रहा था। मेरे अन्तःकरण से जब ले गए, वहाँ से एक सज्जन हमारे साथ हो लिए और हम आसफअली रोड के एक बड़े दफ्तर में जा पहुँचे। वहाँ हर एक सज्जन ने हमें एक खत लिख कर दिया। इस खत को लेकर हम तीनों दरियागंज की ओर रवाना हो गए। तभी मेरे दिल में से आवाज उठने लगी कि कुछ होने जा रहा है, जरूर कुछ होने जा रहा है। मेरे अन्तःकरण से जब कभी ऐसी आवाज आने लगे तो कोई न कोई घटना घटती है।

उसके बाद हम एक बड़े दफ्तर में बैठे थे और हमारे सामने बड़ी-सी मेज के पीछे एक मोटा-सा आदमी बैठा था। यही मोटा नन्दलाल था जिसके लिए हम चिट्ठी लाए थे।

मोटे नन्दलाल ने चिट्ठी पढ़ी, और फिर अपनी बड़ी-बड़ी नमदार आँखों से

सामने की ओर देखा, "उनकी ऐसी-की-तैसी, मुआवजा कैसे नहीं देंगे।"

उसने ऐसे ढंग से कहा कि मेरा दिल बैठ गया। मोटे नन्दलाल ने हाथ बढ़ाकर टेलीफोन का चोंगा उठाया पर मेरे चाचाजी झट से बोल उठे, "टेलीफोन पर कहने के बजाय अगर आप तकलीफ करके हमारे साथ चले चलें तो बेहतर होगा। आप जानते हैं बीमा कम्पनी वाले···"

"उनकी ऐसी की तैसी···" मोटे नन्दलाल ने फिर से कहा, और फिर से मेरा दिल बैठ गया। पर उसने चोंगा रख दिया, और मेरी ओर देख कर बोला, "तुम कल मेरे पास आ जाओ। मैं तुम्हें बीमा कम्पनी के दफ्तर में ले चलूँगा।"

दूसरे दिन मोटा नन्दलाल मेरे आगे-आगे बीमा कम्पनी के दफ्तर की तीन मंजिला इमारत की सीढ़ियाँ चढ़ रहा था और मेरा दिल धक्-धक् कर रहा था कि न जाने अब कौन-सा सीन होगा, कहीं मेरा बनता काम बिगड़ तो नहीं जाए। यह आदमी अक्खड़ किस्म का जान पड़ता है और कम्पनियों के अफसर अपनी जगह बड़े बददिमाग होते हैं।

हम ऊपर पहुँचे। जहाँ मैं हैडक्लर्क की मेज के सामने दिन भर बैठा गिड़गिड़ाता रहता था, वहाँ मोटा नन्दलाल सीधा डायरेक्टर के कमरे का दरवाजा खोल कर अन्दर चला गया और सीधा उसकी मेज पर दोनों हथेलियाँ टिकाकर—जैसे भालू हमला करने के पहले अपने पाँव तौलता है—खड़े-खड़े ही बोला, "यह क्या तमाशा है! इनका स्कूटर चोरी हो गया। सारी बात साफ है। आप इन्हें मुआवजा क्यों नहीं देते?"

डायरेक्टर कुर्सी पर से उठ खड़ा हुआ। पर वह अभी अपना मुँह भी नहीं खोल पाया था कि मोटे नन्दलाल ने कहा, "मैं साल में पाँच लाख का बिजनेस आपको देता हूँ, और इधर आप मेरे भाई साहब को महीने भर से परेशान कर रहे हैं?"

फौरन चैक बन गया। अभी मोटा नन्दलाल कुर्सी पर बैठा भी नहीं था, और डायरेक्टर के इसरार का जवाब भी नहीं दे पाया था कि ठण्डा पिएगा या गर्म, चाय-कॉफी लेगा या शर्बत-शिकंजी कि वही हैडक्लर्क जिसकी मेज के सामने दिन भर बैठा रहा था चैक, फार्म और रजिस्टर लेकर अन्दर दाखिल हुआ और दफ्तर में प्रवेश करने के ऐन दस मिनट बाद मैं और मोटा नन्दलाल दफ्तर की सीढ़ियाँ उतर रहे थे। चैक मेरी जेब में था और मोटा नन्दलाल कह रहा था, "इनकी ऐसी की तैसी। मुआवजा कैसे नहीं देते···।"

जिसे सुन कर मेरा दिल गुदगुदा उठा। उसकी गर्दन और मोटे-मोटे कूल्हों और भालू-जैसी लम्बी-लम्बी बाँहों को देख-देख कर मैं श्रद्धा से पुलक रहा था।

उस रोज घर में घण्टों मोटे नन्दलाल की चर्चा रही।

"रख-रखाव से ही काम बनते हैं।" पिताजी कह रहे थे। फिर पिताजी, एक-एक करके, उन तीनों आदमियों का गुणगान करने लगे—एक, जो अजमेरी गेट से हमारे साथ हो लिया था, दूसरा, जो अजमेरी गेट से आसफअली रोड तक हमारे साथ

गया था, तीसरा, जिसने पत्र दिया था। पर इन सब में मोटा नन्दलाल तो साक्षात् देवता था।

इस पर चाचाजी बोले, "है तो आदमी टेढ़ा, पर न जाने कैसे काम करवा दिया है।"

"सब नन्दलाल की लीला है," माँ बोलीं।

"मोटे नन्दलाल की, माँ?" मैंने कहा।

पर माँ इतनी गद्गद हो रही थीं कि उन्होंने मेरी ओर ध्यान नहीं दिया और अपनी बात कहती गयीं, "सब भगवान की लीला है। उन्हें मेरे बेटे को रुपया दिलवाना है, तो नन्दलाल को निमति बनाकर भेज दिया।"

बीमा कम्पनी के दफ्तर की सीढ़ियाँ उतरते हुए मोटे नन्दलाल की गर्दन और मोटे-मोटे हाथ देख-देख कर मेरा रोम-रोम पुलक रहा था, केवल भगवान के दर्शन से ही ऐसी पुलकन भक्तों के तन-मन में उठती होगी।

माँ ने ठीक ही कहा था, क्योंकि इसके बाद जो कुछ हुआ उसे नन्दलाल की लीला का ही नाम दिया जा सकता है।

कुछ दिन तो बड़े आराम से कट गए। जेब में पैसे आ गए थे। हौसले बढ़ गए थे। पहले स्कूटर को ले पाने के चार बरस तक चुपचाप इन्तजार करना पड़ा था। अब मोटे नन्दलाल की कृपा हुई तो दूसरे दिन नया स्कूटर मिल जाएगा। लेकिन घर के लोग इस हक में नहीं थे कि मैं स्कूटर लूँ।

"जिसका एक स्कूटर चोरी हो सकता है, उसका दूसरा स्कूटर भी चोरी हो सकता है। तुम बस में ही आया-जाया करो। तुम इसी लायक हो।" पिताजी कहते।

मैं खुद भी दूसरा स्कूटर लेने के हक में नहीं था। मेरे दिल का सारा रोमांस एक ही स्कूटर ने खत्म कर दिया था। धक्के तो बस में भी पड़ते हैं, पर जो धक्के स्कूटर खो जाने पर पड़ते हैं, उन्हें देखते हुए बसों में चढ़ना ही बेहतर है। पर पत्नी गुमसुम रहने लगी। शाम को मैं उससे कहीं चलने को कहता तो वह ठण्डी साँस भरकर कहती कि उसका कहीं भी जाने को मन नहीं है। मैं समझ गया कि इसके मुँह को स्कूटर की सवारी का खून लग गया है, इसे अब बसों में चढ़ना हिमाकत जान पड़ने लगा है। पत्नियाँ आमतौर पर रात के अँधेरे में अपने दिल की बात कहती हैं। एक बार ठण्डी साँस भरकर बोली, "जब से तुम्हारे घर में आई हूँ, मेरी हालत बद से बदतर होती जा रही है।" और फिर सिर-दर्द का बहाना करके मेरी ओर पीठ फेर ली।

स्कूटर को खोए लगभग छह महीने बीत चुके थे, और मैं फिर से दिल्ली की सड़कों पर पाँव घसीटने लगा था।

अचानक पुलिस स्टेशन की ओर से एक विचित्र-सा पत्र प्राप्त हुआ। लिखा था, "आपका स्कूटर नं. डी. एल—बरामद कर लिया गया है। इस समय श्यामनगर की सड़क नम्बर चार के बाड़ा दयाराम में रखा है। जाकर शिनाख्त कर लीजिए और हमें इत्तला कीजिए कि आप उसे वापस लेना चाहते हैं या नहीं।"

मेरी बाँछें खिल गईं। स्कूटर मिल गया, कमाल हो गया। इसके खो जाने पर इतना अफसोस नहीं हुआ था जितना इसके मिल जाने पर खुशी। दिल्ली में स्कूटर के बिना जिन्दगी का लुत्फ ही क्या है।

घरवालों को खबर हुई तो सब की प्रतिक्रिया अलग-अलग थी। माँ ने दुपट्टे के नीचे हाथ जोड़ते हुए कहा, "भगवान के घर में देर है, अंधेर नहीं। मैंने पहले ही कहा था कि मेरे बेटे का स्कूटर मिल जाएगा।" पत्नी भी चहक उठी। उसने मेरी ओर यों देखा जैसे उसकी नजर में फिर मेरी कीमत कुछ-कुछ बहाल होने लगी है। पर पिताजी में तनिक भी उत्साह नहीं था। कहने लगे, "अब वह चोरी का माल है, जिस चीज को चोर का हाथ लग जाए, उसमें कोई बरकत नहीं रह जाती। फिर छह महीने बाद मिल रहा है। स्कूटर का रह ही क्या गया होगा, उसकी हड्डी-पसली हिल गई होगी।" इस पर चाचाजी ने सहमति में सिर हिलाया और मेरा दिल धक से रह गया। पिताजी और चाचाजी सहमत हो रहे थे, यह शगुन अच्छा नहीं था। उनके बीच झगड़ा चलता रहे तो लगता है जीवन स्वाभाविक गति से चल रहा है।

"तुम स्कूटर वापस ले ही कैसे सकते हो? तुम तो बीमा कम्पनी से मुआवजा वसूल कर चुके हो।"

"मुआवजे का क्या है। वह तो लौटाया भी जा सकता है।"

"अगर बीमा कम्पनी वाले इन्कार कर दें, तो?"

"मोटा नन्दलाल जो है, उसके रहते वह इन्कार नहीं करेंगे।" मैंने बड़े साहस से कहा।

आखिर फैसला हुआ कि स्कूटर को शिनाख्त करके पहले अच्छी तरह से दिखवा लेना चाहिए। फैसला बाद में करेंगे कि वापस लेंगे या नहीं।

दूसरे दिन पुलिस की चिट्ठी जेब में रखे मैं श्यामनगर की ओर चला जा रहा था। मन फिर से स्कूटर की सैर के सपने देखने लगा था। पत्नी भी खुश हो जाएगी, स्कूटर के खो जाने पर घर में जो मायूसी छा गई थी, वह दूर हो जाएगी।

देर तक मुझे श्यामनगर की सड़कों की खाक छाननी पड़ी। वह बाड़ा मुझे नहीं मिल रहा था जिसका पता पुलिस वालों ने मुझे दिया था। स्कूटर को बाड़े में रखने में क्या तुक थी, पुलिस स्टेशन में उसे क्यों नहीं रखा गया? फिर सोचा कि शायद बाड़ा भी पुलिस का ही होगा जहाँ पुलिस चोरी का बरामदी माल रखती है, एक तरह का गोदाम बना रखा होगा।

आखिर मैंने बाड़े के अन्दर कदम रखा। बड़ा-सा आँगन था और आँगन के पीछे एक छोटा-सा बँगला था। आँगन में सात-आठ मोटरें और चार-पांच स्कूटर खड़े थे। क्या यह बरामद माल है? क्या मैं किसी गलत जगह पर तो नहीं आ गया? यह तो किसी अमीर आदमी का बँगला जान पड़ता है। मैं कहाँ आ पहुँचा हूँ? मैंने पुलिस की चिट्ठी निकाल कर पता ध्यान से पढ़ना चाहा, तभी बंगले की ओर से एक सज्जन आते दिखाई दिए, सफेद नाइलान की कमीज और टेरीकोट की पतलून पहने हुए थे।

"माफ कीजिए, मुझ से भूल हुई। मैं किसी दूसरे बाड़े की तलाश में हूँ।"

और मैंने पुलिस का पर्चा अनायास ही उनके हाथ में दे दिया।

उन्होंने सरसरी नजर से पर्चे की ओर देखा और एक ओर को हाथ का इशारा करते हुए बोले, "वहाँ स्कूटर रखे हैं, उनमें से अपना स्कूटर पहचान लीजिए।"

मैंने उन सज्जन को सिर से पाँव तक देखा। क्या यह पुलिस के अफसर हैं जिन्होंने अपने बँगले में ही बरामद का माल रख लिया है? पुलिस के बड़े अफसर घर पर वर्दी नहीं पहनते, इसीलिए यह नागरिक वेश में हैं। पर पुलिस के अफसर इतनी ज्यादा अँगूठियाँ भी अँगुलियों में नहीं पहनते जितनी इन्होंने पहन रखी हैं। पर क्या मालूम पहनते ही हों। वर्दी पहनी तो अँगूठियाँ उतार दीं, वर्दी उतारी तो अँगूठियाँ चढ़ा लीं।

मुझे अपना स्कूटर देखने की उत्सुकता थी, मैं बिना कुछ कहे उस ओर घूम गया जहाँ स्कूटर रखे थे।

मैं एक ही नजर में पाँचों स्कूटरों को देख गया, लेकिन इनमें मेरा स्कूटर मुझे नजर नहीं आया। फिर मैं बड़े ध्यान से एक-एक स्कूटर को देखने लगा। एक स्कूटर कुछ-कुछ मेरे स्कूटर से मिलता-जुलता था, लेकिन उस पर बढ़िया-सा शीशा लगा था और हैण्डल के पास से ही रेडियो के एरियल की छड़ ऊपर को उठ रही थी, उसमें सचमुच लाउडस्पीकर लगा था। यह स्कूटर मेरा कैसे हो सकता है?

तभी वह सज्जन मेरे पास आ गए।

"पहचान लिया? यही आपका स्कूटर है ना!" उन्होंने कहा और मेरे स्कूटर के हैण्डल को सहलाते हुए बोले, "इसे तो मैंने खास ख्याल से रखा है। इसे कहीं आँच तक नहीं आई।"

"आपने? क्या मतलब?"

इस स्कूटर को तो मैं केवल अपने लिए इस्तेमाल करता था। मुझे इसकी सवारी बड़ी पसन्द है।" फिर बड़े चाव से स्कूटर पर लगे एरियल को छूते हुए बोले, "यह एरियल मैंने लगवाया है। मैकेनिक कहने लगा, स्कूटर पर एरियल नहीं लग सकता। मैंने कहा, ऐसी की तैसी, लगता कैसे नहीं।" वह भी उसी लहजे में बोल रहे थे जिसमें मैंने मोटे नन्दलाल को बोलते सुना था। क्या वे सभी लोग जिनकी अँगुलियों में अँगूठियाँ दमकती हैं, एक-जैसे ही लहजे में बोलते हैं, सभी की ऐसी की तैसी करते फिरते हैं?

आखिर यह आदमी कौन है? मेरे स्कूटर के बारे में इतने अधिकार से कैसे बात कर रहा है?

"क्या यह सब बरामदी का माल है?"

"और क्या?" उसने तनिक ऐंठ के साथ कहा, मानो कह रहा हो कि 'हम उठाएँगे तो क्या एक ही स्कूटर उठाएँगे?'

"क्या आप ही ने—?" मैं इतना ही कह पाया। यों भी सूट-बूट वाले आदमी का मुझ पर रोआब छा जाता है। यहाँ तो इसके दोनों हाथों की अँगुलियों पर नगीने चमक रहे थे, और नाइलान की कमीज के नीचे सोने की चेन थी।

मेरा सिर चकरा रहा था। यह आदमी चोर कैसे हो सकता है? न इसकी बगल में छुरा, न दाढ़ी-मूँछों के बीच चमकते खूँखार दाँत, पर दिनदहाड़े अपने मुँह से मुझे कह रहा है कि तुम्हारा स्कूटर मैंने उठाया है। क्या चोर ऐसे होते हैं? अली-बाबा का भाई कासिम चोरों की गुफा में गया था, और वहाँ से जिन्दा लौट नहीं पाया था। मैं इसके बाड़े में खड़ा हूँ और यह इस तरह मेरे साथ बतिया रहा है जैसे मेरा मौसेरा भाई हो! आखिर यह माजरा क्या है?

"क्या ये सभी मोटरें और स्कूटर आप ही के हाथ की सफाई···" मैंने बेतकल्लुफी से कहा।

"और क्या—" उसने बड़े आत्म-विश्वास के साथ कहा, और फिर से मेरे स्कूटर को सहलाने लगा, "यह शीशा तो इस पर मैंने बाद में लगवाया था जब मैं वैष्णोदेवी की यात्रा करने जा रहा था। इलाका पहाड़ी है न, पीछे से आने वालों की खबर रहनी चाहिए। बड़े तीखे मोड़ हैं। घर के लोग बहुत कहते रहे, हम तुम्हें स्कूटर पर नहीं जाने देंगे, पर मैं नहीं माना। मैंने कहा, देवी की कृपा होगी तो कुछ नहीं होगा।"

"आप वैष्णोदेवी की यात्रा पर गए थे?" मैं बुदबुदाया।

"मैं हर साल जाता हूँ। और कहीं जाऊँ या नहीं जाऊँ, पर वैष्णोदेवी के दर्शन करने जरूर जाता हूँ।"

उसने धर्मपरायण व्यक्ति की तरह तनिक गद्गद हो कहा, "साल में एक बार तो देवी का प्रसाद मिलना ही चाहिए।"

"बेशक," मैंने कहा, "मेरे स्कूटर पर और भी कोई तीर्थ-यात्रा की है?" मैंने पूछा। पर वह सुना-अनसुना कर के स्कूटर को फिर से सहलाने लगा।

"इसे तो मैंने बड़े चाव से रखा है। इसे केवल अपने इस्तेमाल के लिए रखता था···हालाँकि मैं स्कूटर की सवारी ज्यादा पसन्द नहीं करता।"

"बेशक," मैंने फिर कहा, "जिसके पास इतनी मोटरें हों, वह स्कूटर की सवारी क्यों करेगा।" मुझे लगा जैसे मैं उसकी चापलूसी करने लगा हूँ। "पुलिस वालों ने पूछा है कि मैं अपना स्कूटर वापस लेना चाहता हूँ या नहीं, आप क्या सोचते हैं?"

"ले लो, ले लो, इसका इंजन अच्छा है, और मैंने इसे बड़ी हिफाजत से रखा है।" उसने बड़े भाइयों की तरह मुझे मशविरा देते हुए कहा।

"लेकिन अब यह मुझे मिलेगा कैसे?"

"इसकी सुपुर्दगी तो पुलिस वाले ही करेंगे।" वह बोला, "आपने तो बीमा कम्पनी से मुआवज़ा ले लिया है ना?"

"आपको कैसे मालूम है मैंने मुआवजा ले लिया है ?"

"इतनी खबर तो रहती ही है ना, भाई साहब !" उसने उस्तादाना मुस्कराहट के साथ कहा ।

बाड़े में से लौटते हुए मैं मन ही मन सोच रहा था, यार, यह माजरा क्या है ? यह आदमी अपने मुँह से कह रहा है कि इसने स्कूटर चोरी किया है, पुलिस ने पर्चा देकर मुझे इसके घर भेजा है, पर इसकी पेशानी पर शिकन नहीं । कभी चोर भी लोगों के सामने कबूल करते हैं कि उन्होंने चोरी की है ?

दूसरे दिन जब मैं पुलिस स्टेशन पहुँचा तो मुझ से न रहा गया । मैंने पुलिस-इन्स्पेक्टर से पूछ ही लिया, "एक बात समझाइए, इन्स्पेक्टर साहब, जिस आदमी के बाड़े में मेरा स्कूटर रखा था उसने मेरे सामने कबूल किया है कि स्कूटर उसी ने उठाया था । बल्कि और भी बहुत-सी गाड़ियाँ और स्कूटर उसी ने उठाए थे । फिर उसे पकड़ा क्यों नहीं गया ?"

पुलिस अफसर ने मुझे इस नजर से देखा जैसे बाप अपने नन्हे से बेटे का बचकाना सवाल सुनकर उसे देखता है, "आपसे खुद कहा था कि उसने चोरी की है ?"

"जी ।"

"कोई गवाही है आपके पास ?"

"मगर मैं जो कह रहा हूँ कि उसने खुद मुझसे कहा ।"

"आप सच बोल रहे हैं, मगर कोई गवाही है आपके पास ?"

"पुलिस भी तो जानती है कि उसीने गाड़ियाँ चुराई हैं, वरना आप मुझे उसके बाड़े में क्यों भेजते ?"

"हमने उसी के यहाँ से गाड़ियाँ बरामद की हैं ।"

"फिर उसे पकड़ा क्यों नहीं गया ?"

"पकड़ा था लेकिन जमानत पर रिहा कर दिया गया है । अब मुकदमा चलेगा ।"

मैं चुपचाप सुन रहा था । वह मुझे समझाते हुए बोले, "पुलिस पकड़ सकती है मगर सजा तो नहीं दे सकती । सजा देना तो अदालत का काम है । अब अदालत में मुकदमा पेश होगा ।"

"पर उसे छोड़ क्यों दिया गया है ?"

इस पर इन्स्पेक्टर हँस पड़ा, "आप तो पढ़े-लिखे आदमी जान पड़ते हैं, स्कूटर चलाते हैं । कानून कभी ऐसे भी चलता है ? कानून, कानून है साहब । कानून में उस वक्त तक वह आदमी बेकसूर है जिस वक्त तक उसका कसूर साबित नहीं हो जाता," और मुस्कराते हुए, गहरे आत्मविश्वास के साथ मेज पर उँगलियों के पपोटे बजाने लगा, और अपने इस विलक्षण वाक्य का प्रभाव मेरे चेहरे पर आँकने लगा ।

"अदालत में आपको भी बुलाया जाएगा । आपकी भी गवाही होगी, बल्कि

आपको अपना स्कूटर वहाँ पेश करना होगा। बाकायदा मुकद्दमा चलेगा, अदालत तहकीकात करेगी, पुलिस अपनी जानिब से मुकदमे की पैरवी करेगी। कानून कानून है साहब। यह नादिरशाही तो नहीं कि बादशाह ने जिसका सिर चाहा कलम करा दिया। कानून, कानून है।"

पुलिस स्टेशन से निकला तो मुझे लगा जैसे मैं किसी मन्दिर में से निकल रहा हूँ। सिर झुका हुआ, दोनों हाथ पीठ पर और दिमाग के अन्दर न्यायप्रियता और प्रजातन्त्र का जैसे संगीत बज रहा था। उस वक्त तक वह आदमी बेकसूर है जिस वक्त तक उसका कसूर साबित नहीं हो जाय। वाह, वाह मैं अश-अश कर उठा। पर सड़क पर चलते-चलते, मेरी आँखों के सामने उस आदमी का, वैष्णोदेवी के उस भक्त का चेहरा घूम गया, और मैं फिर असमंजस में पड़ गया। यह क्या कैफियत है यार? पुलिस इससे माल बरामद करती है और कहती है, यह चोर है, चोर खुद निराले में कह रहा है कि उसने चोरी की है। पर अदालत कहती है कि साबित करो कि उसने चोरी की है।

खैर, तो कुछ दिन बाद मैंने बीमा कम्पनी को मुआवजे की रकम वापस कर दी और स्कूटर को घर ले आया। फिर से गले में रेशमी रूमाल बाँधा, आँखों पर काला चश्मा लगाया, बीबी को पीछे बैठाया और फिर से दिल्ली की सड़कों पर सैर करने निकल आया। मारो गोली, कानून जाने, कानून का बाप! हमारी चीज हमें मिल गई, अब कानून अपना इंसाफ करता फिरे। लगभग छह महीने के बाद कूल्हों के नीचे स्कूटर उड़ रहा था। उसकी सुरताल में कोई विशेष अन्तर नहीं आया था। तीर्थयात्री ने सचमुच इसकी अच्छी देखभाल की थी। वह सचमुच ज्यादा सहज, धीर-गम्भीर गति से चलने लगा था, उसे जैसे सकून मिल गया हो, तैरता-सा चलता था। पत्नी की नजर में भी मेरा दर्जा हल्के-हल्के ऊँचा उठने लगा, हालाँकि अब कभी-कभी मुझे महसूस होता कि मेरा दर्जा अब स्कूटर के मालिक का न होकर एक ड्राइवर का-सा हो गया है जैसे मैं अपनी बीबी को कहीं पहुँचाने के लिए स्कूटर चला रहा हूँ। अब वह मेरी कमर में हाथ भी डालती तो प्यार के कारण नहीं, सम्भल कर बैठ पाने के लिए, और बात करती तो लगता हुक्म दे रही है।

पर वह सुख क्या जो दिल्ली में दो दिन से ज्यादा निर्विघ्न चलता रहे।

एक और पर्चा आया। अब की बार अदालत की ओर से था कि अमुक दिन, प्रातः दस बजे, तीस हजारी में हाजिर हो जाओ। साथ में स्कूटर का लाना जरूरी है। अब तक स्कूटर लेने के बाद लगभग नौ महीने का वक्त बीत चुका था। मेरे मन में खीझ उठी। जिन दिनों स्कूटर मिला था, उन दिनों मेरी दिलचस्पी चोर में, अदालत में और इन्साफ में थी, पर अब तो स्कूटर भी वैष्णोदेवी की चढ़ाई भूल चुका है, अब मुझे क्या लेना-देना।

पर फिर भी मैं हाजिर हो गया। मेरी दिलचस्पी इन्साफ में न हो, अदालत की दिलचस्पी तो इन्साफ में है।

कचहरी में पहुँचा तो वहाँ आदमी ही आदमी थे, सीढ़ियों पर आदमी, दीवारों से चिपके आदमी, फर्श पर बैठे, लोटे, अधलेटे आदमी, दरवाजों में, खिड़कियों में, आदमी ही आदमी, और उनके बीच रेंगते-से काले कोट वाले वकील, हर दस आदमियों के पीछे एक रेंगता वकील। मैंने किसी मेले-ठेले में किसी जलसे-जुलूस में इतने आदमी नहीं देखे थे, जितने वहाँ मौजूद थे। और सभी किसी की राह देख रहे थे, किसी का इन्तजार कर रहे थे। ये किसकी राह देख रहे थे ? इन्साफ की ?

अदालत के एक कमरे के पास से गुजरा तो पीछे से किसी की ऊँची-सी आवाज सुनाई दी :

"मूलराज बल्दे हुक्मचन्द !"

और दीवार से चिपक कर बैठा कोई मूलराज हड़बड़ा कर उठा और भागता हुआ, आदमियों की गाँठ को चीरता हुआ अदालत के कमरे में जा पहुँचा। आदमियों की गाँठ फिर बन्द हो गई। जिस जगह पर मूलराज बैठा था, उस जगह पर अब कोई दूसरा मूलराज चिपक कर बैठ गया था।

मैं भी उचक-उचक कर, कमरों के नम्बर पढ़ता, आखिर कमरा नं.—के बाहर जा पहुँचा। दरवाजे के पास ही उस दिन के मुकदमों की सूची लगी थी। मैंने ध्यान से सूची को पढ़ा। सूची में मेरा नाम नहीं था। पहले तो दिल को धक्का-सा लगा। जब भी कभी किसी सूची में मेरा नाम न हो, मेरे दिल को धक्का लगता है, मैं सोचता हूँ, मुझे इस काबिल नहीं समझा गया कि सूची में मेरा नाम दिया जाए। जब से दिल्ली में रहने लगा हूँ, सूची में अपना नाम देख पाने की ललक उत्तरोत्तर बढ़ती रही है, भले ही चोरों की सूची ही क्यों न रही हो, नाम तो होना ही चाहिए। फिर मन में विचार उठा, सूची में मुजरिमों का नाम होगा, मेरा क्यों होगा, पर मन माना नहीं। नाम देने में क्या हर्ज है, जिसका स्कूटर चुराया गया, क्या वह कम महत्त्व का आदमी है ? चोर-चकार का नाम दिया जा सकता है ?

मुझे बुलावा भी नहीं आया। कुछ देर बाहर डोलने के बाद मैंने भीड़ में इधर-उधर आँख दौड़ाई। वह चोर महाशय तो जरूर यहीं पर होंगे, आखिर इस बारात के दूल्हा तो वही हैं। पर वह सज्जन कहीं दिखाई नहीं दिए। साहस बटोर कर मैं मुवक्किलों-मुद्दइयों की गाँठ को चीर कर अदालत के कमरे में जा पहुँचा। वहाँ लकड़ी के ऊँचे-से चबूतरे पर, एक लम्बी-चौड़ी मेज के पीछे काला कोट पहने और आँखों पर मोटा-सा चश्मा लगाए मजिस्ट्रेट साहब बैठे थे। उनके सामने, नीचे, फर्श पर, दस-बारह आदमी खड़े थे। जिनमें से दो-तीन काले कोट वाले वकील थे, दो-तीन पुलिस की वर्दी में थे। चोर वहाँ पर भी नहीं था। मेज पर फाइलों का अम्बार लगा था।

"यह आदमी कौन है ? इधर क्यों घूम रहा है ?"

मजिस्ट्रेट साहब की कड़ी आवाज थी और इशारा मेरी ओर था।

मैं मजिस्ट्रेट साहब के सामने जा खड़ा हुआ।

"युअर एक्सिलेंसी !" मैंने कहा, "मेरा स्कूटर चोरी हो गया था। और उस सम्बन्ध में आज मुझे यहाँ बुलाया गया है।"

युअर एक्सिलेंसी कहने का सचमुच लाभ हुआ। किसी जमाने में मुझे एक बुजुर्ग ने नसीहत की थी कि सिपाही को सिपाही कहकर मत बुलाओ, हवलदार कह कर बुलाओ, और हवलदार को थानेदार, इससे हाकिम नर्म पड़ जाता है। मैंने भी युअर एक्सिलेंसी कहा तो मजिस्ट्रेट के चेहरे की माँसपेशियाँ ढीली पड़ गईं।

"कौन-सा मुकद्दमा है यह ?"

"हुजूर !" सरकारी वकील बोला, "यह मोटरों की चोरी वाला केस है। मगर हुजूर आज यह मुकद्दमा पेश नहीं होगा। मुजरिम के वकील ने दूसरी तारीख दी जाने की दर्खास्त दी है।'

"क्यों ?"

'गवाह पेश नहीं किए जा सके, हुजूर !"

"हाँ, हाँ।" मजिस्ट्रेट ने कहा, फिर मुझे सम्बोधन करके बोले, "आज आप तशरीफ ले जाइए। अगली तारीख की आपको इत्तला कर दी जाएगी।" और फिर अपने काम की ओर मुखातिब हो गए।

मैंने चैन की साँस ली। बात टल जाए तो मैं चैन की साँस लेता हूँ, विशेषकर जब कोई सरकारी मामला हो। पर तभी मुझे ख्याल आया कि अगली तारीख को मुझे फिर अदालत में पेश होना पड़ेगा। इसमें क्या तुक है। कुछ देर तक वहीं डोलते रहने के बाद, यह सोच कर कि मुमकिन है मजिस्ट्रेट साहब को गलतफहमी हुई हो, मैं फिर उनके सामने जा खड़ा हुआ। मजिस्ट्रेट के चेहरे की माँस पेशियाँ तन गईं।

"युअर एक्सिलेंसी, दरअसल मेरा स्कूटर चुराया गया था। मुझ पर कोई मुकद्दमा नहीं है। इसीलिए…"

"मैं जानता हूँ।" हिज एक्सिलेंसी बोले, "आपको भी इस मुकद्दमे में बयान देना है।"

"बयान तो हुजूर मैं दे चुका हूँ। मैंने पुलिस को पहले दिन ही बयान लिखा दिया था।"

"वह पुलिस को दिया गया था, तुम्हें अदालत में बयान देना होगा।"

"युअर एक्सिलेन्सी, अगर आज ही मेरा बयान ले लिया जाए…"

"मैं और काम छोड़ दूँ ?" मजिस्ट्रेट गुस्से से बोले, "आज यह मुकद्दमा पेश नहीं होगा।"

मैं कुछ कहने जा ही रहा था कि किसी ने मेरी आस्तीन खींची। नाटे-से कद का एक गोरा-सा आदमी मेरी बगल में खड़ा था, वह मुझे इशारे से एक ओर ले गया, "मजिस्ट्रेट से जिरह नहीं करते। आप अगली तारीख को आ जाइए, मैं आपको जल्दी फारिग करवा दूँगा।"

मैं बाहर आ गया स्कूटर को किक लगाई और घर के लिए रवाना हो गया।

अगली तारीख तीन महीने के बाद आई। मैं दफ्तर से छुट्टी लेकर स्कूटर दौड़ाता फिर पहुँच गया। उस रोज भी चोर महाशय माजूद नहीं थे। पता चला कि आज वह किसी दूसरे मुकद्दमे में पेश होने गए हैं, वक्त पर आ गए तो यहाँ उनका मुकद्दमा पेश होगा, वरना नई तारीख दे दी जाएगी।

मैं डोलता हुआ फिर हिज ऐक्सिलेन्सी के सामने जा खड़ा हुआ। मेरी टाँगें लरजने लगी थीं, क्योंकि मुझे डर था कि वह फिर मुझे डाँट देंगे।

"युअर एक्सिलेन्सी ! मेरा स्कूटर चोरी हो गया था, उस सिलसिले में मैं हाजिर हुआ हूँ।"

उन्होंने मुझे ऊपर से नीचे तक देखा।

"यह क्या मामला है ?"

सरकारी वकील ने फिर केस का हवाला दिया और बताया कि आज मुलजिम किसी दूसरे मुकद्दमे में पेश हो रहा है।..."

पर मजिस्ट्रेट को केस याद हो आया और उन्होंने इस बात की इजाजत दे दी कि मैं आपका बयान लिखवा दूँ। मुलजिम का वकील मेरे पास ही खड़ा था। यहाँ मुझ से एक भूल हो गई। मैं चोर को चोर कह बैठा। अपने बयान में मैं यह भी कह बैठा कि चोर ने खुद मुझ से कहा है कि उसने मेरा स्कूटर उठाया था।

इस पर चोर का वकील तड़प उठा, "हुजूर, यह आदमी मेरे मुवक्किल को चोर कैसे कह सकता है ?"

मजिस्ट्रेट साहब ने अपनी तर्जनी उठाते हुए मुझे चुप रहने को कहा, "तुम तथाकथित मुलजिम कह सकते हो।"

"युअर एक्सिलेन्सी, मैं यह सब अपनी तरफ से नहीं जोड़ रहा हूँ। चोर ने सचमुच मुझे बताया है, वह मेरे स्कूटर पर वैष्णोदेवी भी गया था।"

चोर का वकील चिल्लाया, "माई लार्ड, यह अदालत की तौहीन है !"

इस पर मजिस्ट्रेट को भी गुस्सा आ गया, अब की बार अपनी तर्जनी को पिस्तौल की तरह मेरी छाती पर दागते हुए बोले, "मैं तुम्हें अदालत की तौहीन के जुर्म में हवालात में बन्द कर सकता हूँ। तुम सीधे-सीधे अपना बयान लिखवाओ।"

तभी मेरी कुहनी पर फिर किसीने झटकारा दिया। ठिगने कद का गोरा मुंशी था। "आप लिखवाइए साहब, वरना लेने के देने पड़ जाएँगे।"

मैं घबरा गया। और इसी घबराहट में मैं भूल गया कि वह तारीख कौन-सी थी जब मेरा स्कूटर उठाया गया था।

"पुलिस को उस रात मैंने बयान दिया था। वह जरूर यहाँ फाइल में मौजूद होगा। उसमें तारीख लिखी है।..."

"आप फाइल नहीं देख सकते !" वकील चिल्लाया।

"माई लार्ड, गवाह को फाइल नहीं दिखाया जा सकता।"

नाटे मुंशी ने फिर मेरी कुहनी को दबाया।

"लिखाइए साहब, लिखाइए।" वह फुसफुसाया। मैं डर रहा था कि अगर मैंने तारीख गलत लिखवा दी तो मेरा सारा बयान गड़बड़ा जाएगा।

खैर, जैसे-तैसे मैंने बयान लिखाया। पर लिखवाते-लिखवाते मेरा पसीना छूट गया। यही डर बना रहा कि कहीं कोई गलत-बयानी हो गई तो मुझे ही हवालात में न भेज दें।

आखिर बयान पर मैंने दस्तखत किए और चैन की साँस ली। चलो, छुट्टी हुई, अब कभी अदालत का मुँह नहीं देखूँगा।

मैंने झुक कर बड़े अदब से कहा :

"युअर एक्सिलेन्सी, मैंने बयान लिखवा दिया है।"

"स्कूटर लाए हो ?" मजिस्ट्रेट ने पूछा।

"जी, बाहर रखा है।"

"अगली पेशी पर भी ले आना।"

"अगली पेशी ? यह किसलिए युअर एक्सिलेन्सी ? मैंने अपना बयान तो लिखवा दिया है !"

इस पर मजिस्ट्रेट ने फिर तर्जनी दागते हुए कहा, "हर पेशी पर स्कूटर का पेश किया जाना जरूरी है।" उन्होंने फर्माया, फिर तनिक ढीले पड़ कर बोले, "तुम खुद नहीं आ सकते तो किसी ड्राइवर के हाथ भेज दो।"

"हुजूर, स्कूटरों के ड्राइवर नहीं होते, केवल मोटरों के ड्राइवर होते हैं।"

"स्कूटर का यहाँ पेश किया जाना जरूरी है।" उन्होंने दृढ़ता से कहा, "और सुनो, जब तक मुकद्दमे का फैसला नहीं हो जाता, तुम अदालत की इजाजत के बगैर, उसे बेच नहीं सकते।" फिर सरकारी वकील से बोले, "अगली पेशी की तारीख इसे अभी से बता दो, बल्कि इससे लिखवा लो कि इसका स्कूटर यहाँ पहुँचाया जाएगा।"

अगली तारीख 11 जून रखी गई थी।

11 जून आई। मैं अदालत में पहुँचा। फिर 15 अक्तूबर आई, मैं स्कूटर लेकर अदालत में मौजूद था। फिर 3 फरवरी आई, मैं अदालत में मौजूद था। और इसके बाद पेशियों का ऐसा ताँता शुरू हुआ कि थमने में नहीं आया। पेशियाँ अभी तक बराबर चल रही हैं। हर तीसरे-चौथे महीने पेशी होती है। एक बार अदालत में पहुँचा तो मजिस्ट्रेट बदल चुके थे। दूसरी बार पहुँचा तो अदालत बदल चुकी थी, तीस हजारी के स्थान पर मुकदमे की पैरवी पार्लियामेंट की अदालत में होने लगी थी। पर तथाकथित मुलजिम केवल एकाध बार ही देखने को मिला। एक बार पता चला कि वह किसी दूसरी कचहरी में शहादत देने गया है। दूसरी बार पता चला कि शहर में नहीं है, वैष्णोदेवी की यात्रा पर गया है। नाटे मुंशी ने बताया कि उसका यहाँ रहना इतना जरूरी नहीं है जितना उसके वकील का रहना जरूरी है,

या फिर मेरे स्कूटर का ।

मुक़द्दमा बराबर अभी भी चल रहा है । इस बीच मेरी कनपटियों के बाल सफ़ेद हो चुके हैं । इस बीच मेरी पत्नी दो बच्चों की माँ बन चुकी है । मुकद्दमे के तीन मजिस्ट्रेट बदले जा चुके हैं । दो सरकारें बदल चुकी हैं, लेकिन मेरे स्कूटर के चोर का अभी तक सही तौर पर पता नहीं चल पाया, तहकीकात बराबर जारी है ।

सब कुछ सामान्य गति से चल रहा है, केवल एक बात पहले की-सी नहीं रही । अब स्कूटर वह स्कूटर नहीं रहा, अब वह बुढ़ाने लगा है । सड़क पर चलते-चलते खाँसने-छींकने लगता है । कभी-कभी चलते-चलते खड़ा हो जाता है । किक पर किक मारो, चलने का नाम नहीं लेता । मैं अब गले में रूमाल बाँध कर स्कूटर पर हवाखोरी के लिए नहीं जाता । पत्नी ने स्कूटर की सवारी करना छोड़ दिया है ।

परसों अदालत में पेशी थी । स्कूटर ने जाने से इन्कार कर दिया । मैं घण्टा भर किकें जमाता रहा, दो हमसायों से धक्के मरवाए, पर उसने ऐसी जिद्द पकड़ी कि दो गज दूर तक चलने का नाम नहीं लिया । एक मैकेनिक के पास ले गया तो बोला, "साहब, गाड़ी ओवरहाल माँगती है, मैंने पहले भी कहा है । रोज की ठक-ठक से क्या फायदा ? इस वक्त ठीक कर भी दूँ तो इसका कोई भरोसा नहीं ।" मैंने कचहरी का वास्ता डाला । वहाँ वक्त पर नहीं पहुँचा तो मुकद्दमे की कार्रवाई शुरू नहीं हो पाएगी । इस पर मैकेनिक हँस दिया, "साहब, हर बार आप यही कहते हैं ।"

मैं ऐन वक्त पर कचहरी पहुँच गया । मतलब कि मैं और स्कूटर दोनों कचहरी पहुँच गए । स्कूटर अपनी मशीन के बल पर भले चलने से इन्कार कर दे, अकेले जाने पर सचमुच चलने लगता है । चुनाँचे 'फिलिमस्तान' सिनेमाघर से लेकर कचहरी तक का रास्ता हम दोनों ने साथ-साथ चल कर ही तय किया ।

मैंने मजिस्ट्रेट साहब को पसीना पोंछते हुए सलाम किया ।

"स्कूटर ले आए ?"

"जी !'

यह पाँचवें मजिस्ट्रेट हैं जो इस मुकद्दमे की देखभाल कर रहे हैं । बार-बार कचहरी आने के कारण मुझे पहचानने लगे हैं, इस कारण मेरे साथ मेहरबानी से पेश आते हैं । कचहरी में पहुँचने के घण्टे भर के अन्दर ही मेरी हाजिरी लगा कर मुझे अगली तारीख दे देते हैं ।

अगली तारीख मिल जाने पर मैंने बड़ी विनम्रता से कहा, "हुजूर, मेरा स्कूटर अब इस हालत में नहीं है कि अदालत तक पहुँच सके ।"

उन्होंने पलकें उठाईं ।

"आज मैं स्कूटर को पैदल धकेल कर लाया हूँ ।" मैंने बड़ी आजिजी से कहा ।

मजिस्ट्रेट सोच में पड़ गए, फिर सिर हिला कर बोले, "किसी छकड़े-टाँगे पर रख कर ले आया करो । छकड़े पर तो स्कूटर आसानी से रखा जा सकता है ।" उन्होंने कहा और तीन महीने आगे की तारीख दे दी ।

मैं चुप हो गया कहता भी तो क्या। उसी रोज मैंने एक छकड़े पर मरे हुए भैंसे की लाश को ले जाए जाते देखा था। अगर मरे हुए भैंसे को लादा जा सकता है तो स्कूटर भी लादा जा सकता है।

फिर भी मैंने साहस बटोर कर कहा, "यूअर एक्सिलेन्सी, मुझे एक बात का डर है। अगर इस बीच मेरे स्कूटर ने दम तोड़ दिया तो, इस तहकीकात का क्या होगा?"

मजिस्ट्रेट ने क्षण भर के लिए सोचा, फिर बोले, "तहकीकात जारी रहेगी!"

मैं बाहर आया। यार्ड में खड़े स्कूटर का नाक-मुँह पोंछा, पुचकारा, फिर किक लगाई। जवाब नदारद। फिर किक लगाई, फिर भी जवाब नदारद। फिर एक के बाद एक, किकें लगाने लगा। कभी पेट्रोल खोलता, कभी बन्द करता। जवाब नदारद।

इस बीच अदालत लंच के लिए उठ गई। फर्राटे से एक कार मेरे पास से गुजरी। मैंने पसीना पोंछते हुए, आँख उठा कर देखा, मजिस्ट्रेट साहब की कार थी। वह पीछे की सीट पर बैठे थे और उन्होंने पीछे की ओर मुड़कर मेरी ओर देखा भी। इसके कुछ देर वाद एक स्टेशन बेगन पास से गुजरी। वह भी फर्राटे से गुजर गई। उसमें से भी कुछ लोगों ने घूम कर मेरी ओर देखा। वह पुलिस की जीप थी, मैंने पुलिस इन्स्पेक्टर और नाटे मुंशी को पहचान लिया। मुंशी ने मुझे देख कर हाथ हिलाया।

फिर मेरी किकें जारी रहीं। मन में आया फिर इसे धकेल कर ले चलूँ। लेकिन स्कूटर वाले के दिल में इस बात की आशा सदा बनी रहती है कि अगली किक पर स्कूटर का इंजन चलने लगेगा।

तभी एक कार आई और पास आकर रुक गई। काले रंग की चमकती 'फिएट' कार थी।

"कहिए भाई साहब, स्कूटर चल नहीं रहा है? परेशान कर रहा है?"

अरे, यह तो दयाराम था! मेरे स्कूटर का चोर! नहीं, नहीं तथाकथित चोर। इन वर्षों में केवल दो-एक बार ही कचहरी में इसकी झलक मिली थी। कार में बैठे-बैठे ही बोला, "इसकी क्या हालत बना रखी है यार! इतना बढ़िया स्कूटर हुआ करता था।"

वह बड़ी सद्‌भावना से स्कूटर की ओर देखता रहा, मानो इसके साथ बड़ी सुखद स्मृतियाँ जुड़ी हों।

"वैष्णोदेवी की पूरी चढ़ाई यह स्कूटर चढ़ गया था। यह मशीन है आखिर। मशीन का ध्यान नहीं करोगे तो मशीन तुम्हारी खिदमत नहीं करेगी।"

मैं हाँफ रहा था। उसकी नसीहत सुनकर मुझे बड़ी कोफ्त हुई पर उसके हाथ की अँगूठियों की ओर नजर गई तो सहसा एक विचार मेरे मन में कौंध गया। मैं स्कूटर को छोड़ कर उसके पास चला गया।

"एक परेशानी है, दयारामजी।"

"कहो, हुक्म करो। क्या बात है?"

"हर पेशी पर मुझे स्कूटर लाना पड़ता है। यह छठा साल चल रहा है। इस लाश को उठा कर लाना अब मेरे लिए बहुत मुश्किल है।"

"वाह, इतनी-सी बात के लिए परेशान हो रहे हो? पहले क्यों नहीं कहा। चिन्ता नहीं करो। हो जाएगा, कोई न कोई तरकीब निकल आएगी। इनकी ऐसी की तैसी!" कहते हुए मेरा कन्धा थपथपाया। उसके हाथ की अनगिनत अँगूठियाँ चमक उठीं। "हो जाएगा।" उसने कहा और कार चला दी और फर्राटे से वहाँ से निकल गया।

मैं अभिभूत-सा खड़ा रह गया और ठीक तरह से अपना आभार भी प्रकट नहीं कर पाया।

परिशिष्ट

भीष्म साहनी : मूल्यांकन व महत्त्व[1]

'महत्त्व भीष्म' समारोह में भाग लेने का वचन देकर भी कुछ अपरिहार्य कारणों से मैं नहीं पहुँच सका। अपनी अनुपस्थिति के लिए सभी साथियों से, विशेष रूप से प्रगतिशील लेखक संघ, बिलासपुर के महामंत्री जी से माफी माँगता हूँ।

वस्तुतः इस समारोह में भाग लेना मेरे लिए गौरव की बात होती। स्वयं भीष्म जी के मुँह से उनके साहित्य के बारे में कुछ सुनने और समझने को मिलता—उनकी रचना-प्रक्रिया के बारे में, उनके चरित्रों की पृष्ठभूमि के बारे में और उस सोच के बारे में, जो उनकी रचनाओं में प्राण की तरह व्याप्त है। इसके अलावा, बहुत-से अन्य साथियों से भीष्म जी के साहित्य के बारे में सुनने को मिलता और उस सम्बन्ध में कोई बहस होती तो उस बहस में हिस्सा लेने का अवसर मिलता। स्पष्ट है कि इस तरह के महत्त्वपूर्ण आयोजन में भाग लेना एक तरह की शिक्षा है, जिससे मुझे वंचित होना पड़ा है।

किसी रचनाकार के महत्त्व को आँकना आसान काम नहीं है, खास तौर से भीष्म साहनी जैसे महत्त्वपूर्ण लेखक के महत्त्व को। इसके लिए लगातार परिश्रम की जरूरत होती है। भीष्म जी ने बहुत कुछ लिखा है, उनकी सभी रचनाओं को पढ़ना और समेटना और अन्ततः भीष्म जी के रचनात्मक महत्त्व को रेखांकित करना काफी कठिन है। यह कार्य सार्थक ढंग से उसी समय किया जा सकता है, जब कोई समर्थ आलोचक एक लम्बे अरसे के परिश्रम से उनके साहित्य पर कोई अच्छी-खासी पुस्तक लिखने का निश्चय करे। पर हमारे समर्थ आलोचकों के पास शायद ऐसे काम के लिए फुरसत नहीं है। मैं स्वयं कोई आलोचक नहीं हूँ, इसलिए आप स्वयं समझ सकते हैं कि मेरी क्या सीमाएँ हो सकती हैं। फिर मेरी वैसी तैयारी भी नहीं है। अतः मैं चाहूँगा कि यदि मेरे कथन में कुछ त्रुटियाँ और असंगतियाँ आ गई हों तो उनको दुरुस्त करने की कोशिश की जाय।

अभी एक लेखक से बात हो रही थी तो उन्होंने कहा कि 'भीष्म जी निम्न-मध्यमवर्ग के एक समर्थ रचनाकार हैं।' किसी भी समर्थ रचनाकार को एक वर्ग तक ही सीमित करके उसका मूल्यांकन करना उसकी क्षमता एवं उसके प्रभाव को सीमित करके देखना होगा। यदि किसी लेखक की रचनाओं से मध्यमवर्गीय मानसिकता को

---

1. 'महत्त्व भीष्म' के उद्घाटन के अवसर पर पढ़ा जाने वाला लेख

ही गौरवान्वित किया गया है तो उसे मध्यमवर्ग का रचनाकार कहा भी जा सकता है। पर मध्यमवर्गीय परिवेश की रचनाओं में यदि व्यापक जनसमुदाय की आशा-आकांक्षाओं, उसके दु:ख, पीड़ा, अभाव, उसके संघर्ष एवं उसकी विडम्बनाओं के प्रामाणिक चित्र मिलते हैं तो उस रचनाकार को एक सीमा में बाँधना उचित नहीं है। लेखक के लिए अपने अनुभव-क्षेत्र से ही कथानक का चयन करना उचित है, तभी वह प्रामाणिक रचनाएँ दे भी सकता है। विशेष बात यह है कि लेखक युग की सच्चाइयों से जुड़ा है या नहीं और उसकी कृतियों में गहरी संवेदना एवं व्यापक सहानुभूति है या नहीं। बहुत-से लेखकों की कृतियों का परिवेश ग्रामीण है, पर किसी में संवेदना की कमी है, किसी में मध्यमवर्गीय मानसिकता है, किसी में अतिशय भावुकता और रोमांटिसिज्म हैं—यहाँ तक कि स्वतन्त्रता के बाद ग्रामीण जीवन पर लिखने वाले सबसे समर्थ कथाकार रेणु भी रूमानी प्रवृत्तियों से ग्रस्त हैं और अपनी रचनाओं को प्रेमचन्द की तरह इतिहास की वास्तविकताओं से जोड़ नहीं सके। कहने का अर्थ है कि भीष्म की रचनाओं को भी सीमित ढंग से नहीं देखा जा सकता, क्योंकि उनकी अनेक रचनाओं में ऐसी कलात्मक संलग्नता है, ऐसा सोच एवं व्यापक चिन्ता है, जिससे वे हमारे साहित्य की विशेष उपलब्धियाँ बन गई हैं।

मैं पहले ही कह चुका हूँ कि भीष्म जी के सम्पूर्ण साहित्य पर कुछ कहना मेरा उद्देश्य नहीं और न ही संभव है। पर मैं यहाँ भीष्म जी के रचनाकार की कुछ ऐसी विशेषताओं का उल्लेख करना चाहूँगा, जिनसे हम सभी रचनाकार सीख सकते हैं, विशेष रूप से ये विशेषताएँ प्रगतिशील रचनाकारों के लिए अत्यधिक महत्त्वपूर्ण हैं।

इस सम्बन्ध में बलराज साहनी के कथन पर विचार करना उचित है। बलराज जी ने 'सारिका' के अगस्त, 1965 के अंक में रचनाकार के रूप में भीष्म जी के साहित्य पर निम्नलिखित मन्तव्य प्रकट किये थे—

'भीष्म के मिजाज में एक और खूबी मैंने यह देखी है कि उसमें जल्दबाजी नहीं है। सोचकर और थोड़ा बोलता है। कहानी की कथावस्तु का चुनाव भी वह बड़े धीरज से करता है। साधारण लोगों के जीवन की छोटी-छोटी बातें वह खुद अपनी आँखों से देखता है, उन लोगों की सामाजिक और व्यक्तिगत प्रतिक्रियाओं का अध्ययन करता है, पात्रों को कल्पना से नहीं, जीवन से खोजता और चुनता है। लिखते समय भी वह यथार्थ से ज्यादा और अपनी कल्पना से कम काम लेता है। वह कहता है कि इस यथार्थ पद्म में ही कहीं रतू-माणिक छिपा हुआ होता है, जो कलाकार या लेखक की प्यार-भरी जोड़-तोड़ के कारण कभी-न-कभी नंगा होकर अपनी चमक दिखा जाता है। भीष्म न तो किसी साहित्यिक वाद-विवाद में पड़ता है और न ही किसी सिद्धांत पर लिखता है। वह वही कुछ लिखता है, जो उसे खुद को अच्छा लगे, जो उसे खुद समझ में आये। जो कुछ भी उसने आज तक लिखा है, ईमानदारी से लिखा है। उसकी कुछ कहानियाँ किसी भी सर्वोत्तम कहानी-संग्रह की शान बन सकती हैं...।'

बलराज साहनी जी के उपर्युक्त कथन के सन्दर्भ में कुछ बातों पर विस्तार से

विचार किया जा सकता है । कोई भी लेखक हो, शुरू में वह कुछ प्रभावों को ग्रहण करता है । फिर कुछ लेखक होते हैं कि उन प्रभावों से मुक्त होकर स्वतन्त्र व प्रखर रचना व्यक्तित्व का विकास करते हैं, लेकिन दूसरे लेखक होते हैं, जो कई कारणों से रचनात्मक रूप से गिरते जाते हैं और विस्मृति की खाइयों में लुढ़ककर लुप्त हो जाते हैं । निश्चय ही भीष्म जी प्रथम कोटि के रचनाकारों में आते हैं । मुझे लगता है कि शुरू में भीष्म जी पर शायद सुदर्शन और शायद टालस्टाय, तथा कहीं-कहीं यशपाल का प्रभाव रहा हो । 'पहला पाठ' नामक कहानी-संग्रह में कुछ कहानियों पर ऐसे प्रभाव का आभास होता है—संभव है, यह मेरा भ्रम ही हो । 'रानी महतो' कहानी आपको याद होगी । इसी प्रकार 'भटकती राख', 'माता-विमाता' तथा दो-चार ऐसी ही अन्य कहानियाँ । इन रचनाओं में समसामयिक जीवन पर उनकी वैसी मजबूत पकड़ नहीं है, जैसी अन्य कई रचनाओं में दृष्टिगोचर होती है । इनमें कुछ हद तक आदर्शवादी सदिच्छाएँ हैं अथवा काल्पनिक आदर्श के सपने हैं । मेरी बात से मतभेद संभव है, उचित यही होगा कि स्वयं भीष्म जी इस पर प्रकाश डालें । यहाँ भी महत्त्वपूर्ण यह है कि भीष्म जी ने जल्दी ही अपने को इन प्रभावों से मुक्त करके अपने को विकसित किया, निरन्तर विकसित होते रहे और आज भी उनकी यह प्रक्रिया जारी है ।

यहाँ यथार्थ के सम्बन्ध में भी कुछ कहना अनुचित नहीं होगा । यथार्थ और यथातथ्यता में अन्तर है । प्रगतिवादी युग में बहुत-से रचनाकारों ने यथार्थ के नाम पर कई लम्बी-लम्बी रचनाएँ लिखीं, पर वे यथार्थवादी रचनाएँ न बनकर यथातथ्यता के अधिक निकट पहुँच गईं । जो कुछ हम देख रहे हैं, उसका यथातथ्य वर्णन ही यथार्थ नहीं है । यथार्थ समाज और देश के इतिहास से जुड़ी हुई वस्तु है । इसको थोड़ा स्पष्ट करें तो हम कह सकते हैं कि यथार्थ हमें मनुष्य के तथा अपने देश एवं समाज के प्राचीन इतिहास की सर्वोत्तम परम्पराओं से भी जोड़ता है तथा उससे शक्ति एवं प्रेरणा लेकर आज की वास्तविकताओं को उद्घाटित करके उन शक्तियों का पक्षधर भी होता है, जो इतिहास को आगे ले जाने वाली होती हैं । वस्तुतः यथार्थवाद एक गहरी सौन्दर्य-मूलक, संवेदनात्मक एवं ऐतिहासिक दृष्टि होती है, जो एक ओर रचनात्मक स्तर पर अपने इतिहास को मनुष्यता के इतिहास के जोड़ती है और दूसरी ओर समसामयिक समाज की आशा-आकांक्षाओं, दुःख, पीड़ा, अभाव, अन्तर्विरोध, जिजीविषा, एवं संघर्षों तथा उसकी जीत और पराजयों के चित्रण में भी परिवर्तन को प्रगतिशील शक्तियों का अन्वेषण करती है और उनको बल प्रदान करती है ।

यहाँ बह उदाहरण से इसको स्पष्ट करने की कोशिश करता हूँ । भीष्म जी की एक कहानी है 'अभी तो मैं जवान हूं' । इसी तरह अलेक्जेन्डर कुप्रिन का उपन्यास है 'यामा द पिट' (गाड़ी वालों का कटरा) । वेश्या-जीवन पर लिखी हुई ये दो रचनाएँ हैं । निश्चय ही भीष्म जी ने इस जीवन का बहुत ही सफल चित्रण किया है । उस जीवन की विकृतियों और विरूपता के अन्दर वह गये भी हैं, पर वहाँ से वह कुछ ला नहीं सके हैं और रचना यथातथ्यता के निकट चली जाती है । अलेक्जेन्डर कुप्रिन की

पूरी कहानी आपको झकझोर देती है, आपको उत्तेजित और व्याकुल करती है और सदा-सदा आपके मन पर छाई रहती है। इसी तरह है प्रेमचन्द की कहानी 'कफन'। इस कहानी में भी इतिहास की विरूपता को उद्घाटित किया गया है, पर कुछ इस ढंग से कि हम व्यवस्था के अन्तर्विरोध को समझने लगते हैं और उसके प्रति नफरत व आक्रोश से भर उठते हैं। भीष्म जी की कुछ अन्य कहानियों में भी इस प्रकार यथा-तथ्यता है। सभी रचनाकारों के पास ऐसी रचनाएँ होती हैं, हैरत की बात यह है कि भीष्म जी के पास काफी कम हैं। शायद भीष्म जी इस पर कुछ रोशनी डालना चाहें।

बलराज जी के इस कथन में सच्चाई है कि भीष्म जी धीरज के साथ अपनी कथावस्तु का चुनाव करते हैं। लेकिन सिर्फ कथावस्तु की ही बात नहीं है। निश्चय ही लेखक को अपनी कथावस्तु के लिए जीवन और उसमें बिखरे पात्रों के निकट जाना पड़ता है। यह तो हुआ कच्चा माल। कच्चे माल को जुटाने में बहुत ही धीरज व परिश्रम की जरूरत होती है। लेकिन उस कच्चे माल को कलात्मक कृति के रूप में प्रस्तुत करने के लिए और भी धैर्य की जरूरत होती है। इस कच्ची वस्तु को अपने सोच, समझ व दृष्टि के अनुरूप आकार प्रदान करना भारी जीवट का काम है। भीष्म जी की अनेक रचनाओं में यह धैर्य देखने में आता है। विशेष रूप से मैं यहाँ 'तमस' का जिक्र करना चाहूंगा। साम्प्रदायिकता जैसे नाजुक विषय पर सही दृष्टि से लिखने के लिए जिस अपरिसीम धैर्य की जरूरत है, उसका आभास इस रचना को पढ़कर ही हो सकता है। पंजाब के दंगों पर रामानंद सागर की रचना 'और इंसान मर गया' तथा यशपाल जी की रचना 'झूठा सच' दो महत्त्वपूर्ण कृतियाँ हैं। सागर की रचना के हिला देने वाले प्रसंग अन्त में एक सस्ती भावुकता में पिघल गये हैं। 'झूठा सच' में विवरणात्मक विस्तार है और वह यथातथ्यता के अधिक निकट पहुँच गया है। इन दोनों रचनाकारों ने कच्चे माल की 'मैन्यूफैक्चरिंग' मेहनत और धैर्य के साथ नहीं की है। पर भीष्म जी इस रचना में एक अद्भुत शिल्पी के रूप में उभर कर आये हैं। उन्होंने इस रचना में अपार धैर्य एवं अनुशासन का परिचय दिया है और इस रचना की कोई चूल ढीली नहीं है। एक सही ऐतिहासिक दृष्टि व समझ से बनाया गया यह एक ऐसा ठोस भवन है, जो सरल, सुन्दर, मजबूत व विशाल है और हमारे बीच प्रकाश-स्तम्भ की तरह जगमगा रहा है। इस सम्बन्ध में मैं आगे कुछ विस्तार से कहना चाहूँगा। मेरे कहने का यहाँ यही मतलब है कि प्रगतिशील लेखकों को भीष्म जी के लेखन से शिक्षा लेनी चाहिए—यानी रचना के साथ जिस धैर्य व मेहनत की जरूरत होती है और जो भीष्म जी में है—वैसे ही धैर्य व परिश्रम से उन्हें रचनाएँ लिखनी चाहिये। जब तक आप किसी लोहार की तरह लगातार अपना हथोड़ा नहीं चलायेंगे, किसी रचना को सुन्दर आकार नहीं दे पायेंगे।

इसी के साथ मैं एक और भी विशेषता पर (भीष्म जी की) जोर दूंगा—वह है भीष्म जी का कहानी कहने का कौशल। इस समय हिन्दी में भीष्म जी से अच्छा स्टोरी-टेलर कोई नहीं। वह कहानी लिखते नहीं, बल्कि कहानी या कहनी कहते हैं।

कहानी कहने की ऐसी कुशलता आप शरच्चन्द्र में देख सकते हैं। भीष्म जी कहीं से भी कोई बात उठा लेते हैं और उसको बहुत ही आसानी से कहानी का रूप दे देते हैं। आप उनकी कोई भी कहानी उठाइये—एक बार शुरू करने पर छोड़ने का मन नहीं होता। कभी-कभी भीष्म जी की कहानियों को पढ़कर बुनाई, कढ़ाई, गृहशिल्प आदि में निपुण उस महिला का चित्र मेरे सामने उपस्थित हो जाता है, जो मामूली ऊन व धागों से बहुत ही जल्दी सुन्दर डिजाइन बना लेती है। शायद इसका कारण यही है कि भीष्म जी अपने पात्रों के निकट जाते हैं अथवा उन्हीं पर लिखते हैं, जिनको वह निकट से जानते हैं। साथ ही वह अपने पात्रों, अपने कथानकों को जीवन की तरह ही प्रामाणिक बनाने के लिए कठोर परिश्रम करते हैं। यहाँ भीष्म जी से यह पूछना उचित होगा कि वे अपनी रचनाओं के साथ किस तरह मेहनत करते हैं, उनको रोचक कैसे बनाते हैं। जाहिर है कि यदि हम कहानी लिख रहे हैं तो हमारे लेखन में उच्चकोटि का 'कहानीपन' तो चाहिये ही।

भीष्म जी की एक और विशेषता है उनकी अद्भुत निरीक्षण-शक्ति। इस मामले में उनमें अद्भुत जागरूकता है। आप पन्ने पर पन्ने उलटते जाइये, आपका कहीं भी रसभंग नहीं होगा। जिस तल्लीनता से रचनाकार ने अपनी रचना लिखी होगी, वैसी ही तल्लीनता में आप खो जायेंगे। आप भीष्म जी के चरित्रों की सम्पूर्ण संरचना—उसका ढांचा, उसकी हड्डियाँ, मांस-मज्जा, उसकी शिराएँ, उसका सोच, समझ, मानसिकता, संस्कार—आपके मानस-पटल पर उभर आयेगी। और इसके लिए भीष्म जी बहुत विस्तार में नहीं जाते, बल्कि छोटे-छोटे सधे हुए आघातों से पूरा ही चित्र आपके सामने खड़ा कर देते हैं। उनकी लगभग हर कहानी में से इस तरह के प्रसंग चुने जा सकते हैं। 'पैरों का निशान' कहानी में लेखक अस्पताल के बरामदे का चित्रण करते हुए लिखता है—

'हर बार, हर आये दिन, कोई-न-कोई नया बखेड़ा उठ खड़ा होता है, जिससे मुझे या तो लाइनों में खड़ा होना पड़ता है या लम्बे बरामदे लाँघने पड़ते हैं। हमारी सड़कें भी लम्बे बरामदों जैसी ही बन गई हैं, तुम लाँघते जाओ और धक्के खाते जाओ, एक राहगीर दूसरे को नहीं देखता, केवल ठोकर लगने पर गाली बकता है और अपनी परेशानीं का मारा आगे बढ़ जाता है···'

इसी कहानी में आगे कुछ वाक्य और पढ़िये—'बरामदे के सिरे पर रोशनी थी, उजाला था। हम धीरे-धीरे उस ओर बढ़ने लगे। तभी एक बहुत बड़ी घटना की भाँति एक खुला चौड़ा कमरा हमारे सामने खड़ा था, धूप में नहाया, रोशनी से भरा और उसमें बड़ी हरकत थी···'

इस तरह की व्यंजना—इस तरह के चित्र खड़ा करना कोई मामूली बात नहीं है। इसका मतलब है कि भीष्म जी ही जीवन के निकट जाते हैं, 'जीवन' उनके कमरे में नहीं आता। इसके साथ उनका दिमाग सदा जागरूक और सतर्क रहता है। वह छोटी-छोटी चीजों को देखते हैं, उस पर लगातार सोचते हैं, और सोचते रहते हैं।

इसके बिना कोई अच्छी रचना लिखना संभव नहीं है। निश्चय ही भीष्म जी एक दृष्टि से जीबन को देखते और परखते हैं फिर उस जीवन को अपनी दृष्टि में ढाल-ढाल कर उसे विभिन्न कला-रूपों में निर्मित करते जाते हैं।

बलराज जी ने कहा है, कि 'भीष्म किसी साहित्यिक विवाद में नहीं पड़ता और किसी सिद्धान्त पर नहीं लिखता'—उनका यह कथन मेरे लिए स्पष्ट नहीं है। भीष्म जी प्रकृति से भी बहुत स्नेही और विनम्र है। उनमें 'सेन्स आफ ह्यूमर' भी प्रचुर मात्रा में है। उनका यह गुण उनकी रचनाओं में भी विद्यमान है। भीष्म जी की रचनाओं में लेखकीय हस्तक्षेप नहीं है, वह कोई स्पष्ट वैचारिक झटका नहीं देते। यह किसी भी लेखक के लिए जोखिम का काम है। पर इसका मतलब यह नहीं कि भीष्म जी किसी सिद्धांत पर नहीं लिखते अथवा साहित्यिक विवादों में वह किसी मत के पक्षधर नहीं हैं। जीवन और साहित्य के सम्बन्ध में आज जो विभिन्न दृष्टिकोण पाये जाते हैं, उनमें भीष्म जी जरूर एक मत के पक्षधर हैं। उसी तरह यह भी नहीं कहा जा सकता कि भीष्म जी किसी सिद्धान्त पर नहीं लिखते। बिना किसी सिद्धान्त के आज के जीवन का कोई अर्थ नहीं है। विशेष रूप से राजनीति हमारे जीवन पर हावी है, इसलिए राजनीति से अथवा राजनीतिक सिद्धान्त से उदासीन रहना सम्भव नहीं है। या यह सही है कि रचनात्मक साहित्य में राजनीतिक सिद्धान्तों की व्याख्या न संभव है और न जरूरी ही। इसके लिए राजनीति शास्त्र की पुस्तकें ही पर्याप्त हैं। लेखक तो अपने समय की सही राजनीति से प्रेरणा लेकर अपनी कलातमक दृष्टि को विकसित करता है और उस दृष्टि से ही जीवन की व्याख्या एवं आलोचनाएँ प्रस्तुत करता है। भीष्म जी अगर सिद्धांत से जुड़े नहीं होते तो उनकी बहुत-सी रचनाओं में सम्प्रदायवाद का विरोध क्यों होता? यथार्थ की उनकी पकड़ इतनी मजबूत क्यों होती? आज की व्यवस्था पर अथवा आज के हमारे सामाजिक जीवन की विडम्बनाओं पर सशक्त टिप्पणियाँ क्यों देखने में आतीं? उनकी कहानियाँ 'निमित्त', 'खिलौने', 'रामचन्दानी', 'लीला नन्दलाल की', 'अमृतसर आ गया है', 'नया मकान', 'मौकापरस्त' तथा उपन्यास 'तमस' और नाटक 'कबिरा खड़ा बजार में'—ये तथा ऐसी रचनाएँ किन सच्चाइयों को व्यक्त करती हैं? यह सही है कि भीष्म जी अपनी ओर से बहुत कम कहते हैं, कभी-कभी कुछ भी नहीं कहते, और हमें एक ऐसी जगह ले जाकर छोड़ते हैं, जहाँ हम आनन्दित और आह्लादित होते हैं, वहीं हमारे अन्दर कुछ बदल जाता है, कुछ टूटता है और कुछ जुड़ता है और किसी दुर्लभ अनुभव के एहसास से हमारे अन्दर एक गहन सन्तोष व सुख का भाव पैदा होता है।

भीष्म जी एक प्रतिबद्ध कलाकार हैं और कुछ आदर्शों के प्रति उनको शायद निर्ममता की सीमा तक मोह है। 'रामचन्दानी' में यह भावना बहुत ही गहराई से व्यक्त हुई है। राष्ट्रीय आंदोलन और महात्मा गांधी ने 'रामचन्दानी' जैसे चरित्र का निर्माण किया है, जो इतना सरल है कि बोर भी करता है। उसमें जहाँ सबके प्रति सहानुभूति है, वहीं उसमें जातीय व राष्ट्रीय स्वाभिमान की आग भी है, इसलिए होटल

की अंग्रेज मालिकिन जब रंग-भेद का परिचय देती है तो वह उसका भोजन खाने से इन्कार कर देता है। दूसरी ओर मुख्तारसिंह जैसा आधुनिक नौजवान है, जो राष्ट्रीय स्वाभिमान से शून्य है, जिसमें एक हीनता ग्रन्थि है और अंग्रेजों की हर बात में एक अच्छाई देखता है। वह अन्त तक सच्चाई को देख नहीं पाता और रामचन्दानी की ही आलोचना करता रहता है। राष्ट्र के प्रति गौरव की भावना रखने वाले स्वाभिमानी चरित्र तेजी से लुप्त होते जा रहे हैं और मुख्तारसिंह जैसे आधुनिक चरित्रों की बाढ़ आ गई है जो मनुष्य से, समाज से और अपनी जमीन से कतई जुड़े नहीं हैं, जो दूसरों की सफलताओं और अपनी हीनताओं पर ही नजर रखते हैं। यहाँ भीष्म साहनी अपने इतिहास की एक श्रेष्ठ परम्परा से अपने को जोड़ते हैं— वह राष्ट्रीय गौरव व राष्ट्रीय स्वाभिमान की भावना—वह है अन्याय व भेदभाव के प्रति विरोध की भावना।

इसी तरह भीष्म जी की एक अन्य सशक्त कहानी है 'नया मकान', जिसमें एक भूतपूर्व क्रांतिकारी (कामरेड ?) के जीवन की विडम्बना की कहानी कही गई है। गिरिजा बाबू अपनी जवानी में क्रांतिकारी रह चुके थे, पर बाद में शादी होने पर जीवन की वास्तविकता उन्हें दूसरे चक्करों में डाल देती है। वह धंधा करते हैं, पैसा कमाते हैं और एक नया मकान बनवा लेते हैं। इस मकान की एक खूबी यह भी है कि उसमें एक इन्कलाबी कमरा भी है— अन्य कमरों की तरह शानदार और भव्य नहीं, बल्कि मामूली। गिरिजा बाबू के सामने यही विकल्प है कि क्रांति को महसूस करने के लिए वह अपने उस इन्कलाबी कमरे में जाकर कुछ देर तक रह लें अथवा शराब के नशे में क्रांतिकारी भाषण करें। अब उसकी सारी क्रांति शराबखोरी के समय ही प्रकट हुआ करती है। जब कोई उसका मित्र आता है, वह शराब की बोतल खोल लेता है और भाषण देने लगता है 'मैं क्रांति के लिए बना था', 'मैं क्रांति के लिए बना हूँ।' भीष्म यह चित्र आपके सामने रख देते हैं, पर आपसे कुछ कहते नहीं। पर आप इसका अर्थ खूब समझ सकते हैं। भीष्म जी शायद अपनी रचना के द्वारा यह याद दिलाना चाहते हैं कि जीवन में घटिया समझौते करके, धन के पीछे दौड़ लगा के, क्रांति का काम नहीं हो सकता। उसके लिए निर्मम त्याग आदि कर्म की जरूरत है। पर पार्टियों ने तथा उसके कार्यकर्ताओं ने उस मार्ग का त्याग कर दिया है। बहुत-से क्रांतिकारी लोगों का काम रह गया है जीवन में जोड़-तोड़, साठ-गाँठ करके भौतिक सफलताएँ प्राप्त करना, शराब पीना और क्रान्ति के लिए कुछ न करते हुए भी अपने को क्रांतिकारी समझना और क्रांति की माला जपना। यह एक घातक प्रवृत्ति है, अगर तुम ऐसे भौतिक समझौतों के पीछे दौड़ोगे तो तुम क्रांति की माला चाहे जितनी जपो, क्रांति कभी आ नहीं सकती। स्वयं मौज करके दूसरों के बल पर क्रांति नहीं आ सकती, बल्कि उसके लिए स्वयं जूझना पड़ेगा, उसके लिए त्याग और बलिदान करना पड़ेगा। शायद जीवन इतना क्रूर है कि बहुत-से लोग इस रास्ते पर नहीं चल पाते और घर-गृहस्थी बसाने के बाद समझौते करने पर मजबूर हो जाते हैं। पर तब

क्रांतिकारी होने का भ्रम भी अपने अन्दर से निकाल देना चाहिये। क्रांतिकारी के लिए दोहरा जीवन एक अभिशाप है और यह अक्षम्य भी है। क्रांति का मार्ग आपने अपनाया है, तो ईमानदारी यही है कि आप उसी रास्ते पर चलें। क्रांति के प्रति कोई रोमाण्टिक और मध्यमवर्गीय लगाव आपको समझौते करने के लिए बाध्य कर देगा। क्रांति के लिए क्रांतिकारी जीवन अपनाना अत्यधिक जरूरी है।

एक और कहानी है 'मौकापरस्त'। आज के राजनीतिक जीवन, खास तरह से चुनावबाजी की मानसिकता के विरोध में एक सशक्त टिप्पणी है। चुनावबाजी के चक्कर ने हमें सारी मानवीय संवेदनाओं से भी शून्य कर दिया है। चुनावबाजी के इस महौल में त्याग, कुर्बानी आदि का कोई महत्त्व नहीं है, महत्त्वपूर्ण है पैसे के बल पर दादा किस्म के नेताओं का विकास और कुर्सी हथियाने के लिए होड़। पार्टी का एक मामूली, गरीब कार्यकर्ता शम्भु मर जाता है। एक प्रभावशाली व्यक्ति से कहा जाता है कि वह उसकी अन्त्येष्टि का इन्तज़ाम कर दे। चुनाव का दौर है। रामदयाल नामक वह प्रभावशाली व्यक्ति अनोखी प्रतिभा का परिचय देते हुए अन्त्येष्टि के जुलूस का भव्य इन्तजाम करता है और उसका अपनी पार्टी और अपने उम्मीदवार के प्रचार के लिए इस्तेमाल करता है। किसी पार्टी के नेताओं तथा कार्यकर्ताओं द्वारा इससे अधिक पार्टी का अपमान क्या हो सकता है? आज मौत का, दुःख और गरीबी का, ऊँचे आदर्शों का इस्तेमाल कुर्सी हथियाने के लिए किया जाता है। हम यह सब जानते हैं। भ्रष्टाचार, घूस, जातिवाद, सम्प्रदायवाद, आदि के रास्ते पर चलने वाली पार्टियाँ गांधी, नेहरू, समाजवाद, क्रांति, राष्ट्रप्रेम, भावात्मक एकता, हरिजन-कल्याण आदि आदर्शों का इस्तेमाल चुनाव द्वारा कुर्सी पर पहुँचने के लिए करती हैं। चुनाव में जीत के लिए कुछ भी किया जा सकता है, आदर्श के नाम पर हर आदर्श को तिलांजलि दी जा सकती है—फिर चुनावबाजी के इस चक्कर में देश कहाँ जायेगा? इस देश में रहने वाले करोड़ों गरीबों का क्या होगा? उन साधारण पार्टी कार्यकर्ताओं का क्या होगा, जो गहरी आस्था के साथ पार्टी के लिए काम करते हैं और चुपचाप जान दे दिया करते हैं? ये बहुत-से ऐसे प्रश्न हैं, जो उपर्युक्त कहानियाँ पढ़ने पर दिमाग में उठते हैं और मेरा अनुरोध है कि भीष्म जी बताएँ कि ये सवाल कहाँ तक सही हैं और उनके मन्तव्यों से इन प्रश्नों का कोई अन्तर्विरोध तो नहीं है?

प्रतिबद्धता का सबसे प्रखर रूप मिलता है भीष्म जी के उपन्यास 'तमस' में। साम्प्रदायिकता और सामाजिक दंगों पर बहुत कुछ लिखा गया है। उसके कारणों का विश्लेषण भी कई विद्वानों ने किया है। भीष्म जी के पहले इस पर कई रचनाकारों ने लिखा है, पर संवेदना के धरातल पर स्थितियों का इस प्रकार का निर्मम विश्लेषण दुर्लभ है। भीष्म जी इस रचना में एक द्रष्टा और इतिहास के सजग प्रहरी के रूप में हमारे सामने आते हैं। पता नहीं हमारे नेता लोग ऐसी कृतियों को पढ़ते हैं या नहीं। शायद रामचन्दानी कहानी के मुख्तारसिंह की तरह उन्होंने राष्ट्रीय स्वाभिमान का रास्ता छोड़ दिया है और वे एक हीनता का जीवन व्यतीत कर रहे हैं। यदि उनमें

राष्ट्रीय स्वाभिमान रहता तो वे ऐसी रचनाएँ पढ़ते, उनसे कुछ सीखते और वे गलतियाँ न करते, जो पहले हो चुकी हैं। पर उनको मुख्तारसिंह की तरह, राष्ट्रीय स्वाभिमान, राष्ट्रीय त्याग व साधना का जीवन 'बोर' करता है और वे झूठी शान-शौकत के पीछे भाग रहे हैं। 'तमस' उपन्यास में हमारे इतिहास के तमस के सूत्र दिये गये हैं। अपने इतिहास के तमस का दर्शन इस उपन्यास में आपको पढ़ने को मिलेगा। इस दर्शन को समझना होगा और उन सूत्रों की व्याख्या प्रस्तुत करनी होगी। एक गम्भीर राजनीतिक षड़यंत्र के फलस्वरूप दंगे होते हैं और इस षड़यन्त्र में साम्राज्यवाद, शासकवर्ग और नयस्त स्वार्थों का हाथ होता है। कोई पीछे से सूत्र संचालन करता है जिससे सभी कठपुतलियों की तरह नाचने लगते हैं। यदि शासकवर्ग न चाहे तो दंगे नहीं हो सकते। नत्थू एक सूअर मारता है, पर उसे पता नहीं कि वह उसे क्यों मार रहा है। मुरादअली ने उसे यह काम सौंपा था। फिर मुरादअली की एकाध बार झलक दिखाई देती है। फिर बाद में मस्जिद पर सूअर रखा हुआ मिलता है। एक प्रतिनिधिमंडल कमिश्नर से मिलता है। अंग्रेज कमिश्नर वैसे तो भारत के प्राचीन इतिहास और पुरातत्व में दिलचस्पी रखता है, पर प्रतिनिधिमंडल से कहता है कि धर्म के मामले में हस्तक्षेप करने की उसकी नीति नहीं है। मस्जिद पर सूअर रखने के बाद दंगे शुरू हो जाते हैं। कौन रखता है सूअर वहाँ पर, किसी को पता नहीं। दंगे में सदा-सदा का अमन-चैन भंग हो जाता है, सारी पार्टियाँ अप्रासंगिक एवं पंगु हो जाती हैं। फिर भी नत्थू को पता नहीं कि मुरादअली कहाँ गया और मस्जिद पर सूअर किसने रखा। हिन्दुओं और मुसलमानों के धार्मिक संघटन सक्रिय हो जाते हैं। धर्म के नाम पर लोग निर्दोष लोगों का कत्लेआम करते हैं, एक-दूसरे की बहू-बेटियों के साथ ज़िना करते हैं और वह सब-कुछ करते हैं, जो जानवर भी शायद नहीं करेगा। धर्म का यही रूप हमारे पास बचा है। यूरोप के इतिहास में कभी धर्म की प्रबलता रही। तब धार्मिक युद्ध हुए। लेकिन बाद में वहाँ के लोग धर्म से मुक्त हुए, उनमें राष्ट्रीयता की भावना पैदा हुई और वे जनतन्त्र के मार्ग पर आगे बढ़ चले। दुनिया के अनेक विकसित देशों में धर्म का व्यक्ति के निजी जीवन में महत्त्व तो है, पर उसका राजनीति में हस्तक्षेप नहीं है। पर धर्म के मामले में हमारे देश के लोग सदियों पीछे रह रहे हैं। हमारे देश में धर्म एवं सम्प्रदायों के कार्य राष्ट्रविरोधी होते जा रहे हैं। उनका लगातार राष्ट्रीय जीवन में हस्तक्षेप बढ़ रहा है और वे राष्ट्रीय एकता के लिए एक भारी चुनौती बनकर आ गये हैं। जब तक हमारे देश की राजनीति और सही ढंग की राष्ट्रीयता शासक वर्गों, नयस्त स्वार्थों तथा साम्राज्यवादियों के षड़यन्त्र को विफल करके नष्ट नहीं करती, इस तरह के दंगे बार-बार होंगे। निश्चित रूप से यह एक राजनीतिक समस्या है और इसको राजनीतिक कार्रवाइयों के द्वारा ही खत्म किया जा सकता है। हमारे देश में राष्ट्रीयता महत्त्वपूर्ण है, देश की एकता महत्त्वपूर्ण है, विभिन्न सम्प्रदायों के बीच प्रेम-सौहार्द महत्त्वपूर्ण है। और जरूरत है धर्म व राजनीति को एक-दूसरे से अलग करने की। जातिवाद को पूर्ण रूप से समाप्त करने की। यदि हमारे

शासकगण नहीं चेतते तो आगे चलकर किसी भी बहाने से विभिन्न सम्प्रदायों एवं जातियों में दंगे होकर रहेंगे। 'तमस' एक ऐसा दस्तावेज है, जिसको बार-बार पढ़ने की जरूरत है, उसके सूत्रों को समझने की जरूरत है और उन सूत्रों से प्रेरणा लेकर एक ऐसे समाज के निर्माण का प्रयास करने की जरूरत है जिसमें इस प्रकार के दंगे न हों, जिसमें जनता की एकता मजबूत हो और जनता साम्राज्यवाद-विरोधी, सम्प्रदायवाद एवं जातिवाद-विरोधी वसूलों के आधार पर अपनी प्रगति की मजबूत मंजिल बनाये।

भीष्म जी की रचनाओं में साधारण लोगों के जीवन की विविध रंगों वाली कहानियाँ हैं। उनमें इन लोगों की जिजीविषा है, कुंठा है, हताशा और निराशा है, उनका दुःख और पीड़ा है, उनके सपने और आदर्श हैं। उन सारी रचनाओं की यहः चर्चा सम्भव नहीं है। पर यह कहना उचित है कि भीष्म जी की रचनाएँ जीवन की तरह ही प्रिय हैं, दिलचस्प हैं, सुखकर हैं। हमारे जीवन में रोज ही छोटी-छोटी बातें आती हैं—हमारा खाना-पीना, उल्लास, प्रेम, हँसी, निराशा, कुंठा, राग-द्वेष, संघर्ष और संकल्प, हमारी जीत व हार। इन्हीं बातों से हमारा जीवन रुचिकर है। ये सारी बातें हमें जीने का एहसास देती हैं। उन्हीं से हम अपने अन्दर जीवन की धड़कनें महसूस किया करते हैं। भीष्म जी की रचनाएँ भी उन्हीं की तरह हमें जीवित रहने का एहसास कराती हैं, हमें सुखी व तृप्त करती हैं, हमें समाज से जोड़ती हैं। वस्तुतः वे हमारी ही कहानियाँ लगती हैं। जीवन से बेहद प्यार करके ही ऐसी रचनाएँ लिखी जा सकती हैं—ऐसा प्यार, जो हम स्वयं अपने से व अपने जीवन से किया करते हैं।

भीष्म जी की तरह रचनाकार होना बहुत कठिन है। वर्षों तक चुपचाप और लगातार परिश्रम करते रहने से ही उनका ऐसा प्रखर रचना-व्यक्तित्व उभर कर आया है। चींटी की तरह वह मेहनती व संग्रही हैं। वे हमारे रास्ते से लगातार काँटे हटाते रहे हैं और रंग-बिरंगे फूल चुन-चुन कर हमें देते रहे हैं। पर, वे हमारे इतने निकट हैं कि उसके लिए उन्हें हम न कोई धन्यवाद दे सकते हैं और न उनके प्रति कोई आभार ही प्रकट कर सकते हैं।

—अमरकान्त

□□